Bankruptcy
and Litigation
Practice Handout

破产与诉讼实践讲义

张杜超/著

法律出版社 LAW PRESS·CHINA
北京

图书在版编目(CIP)数据

破产与诉讼实践讲义 / 张杜超著. -- 北京 : 法律出版社, 2023
ISBN 978-7-5197-7517-9

Ⅰ. ①破… Ⅱ. ①张… Ⅲ. ①破产法-研究-中国 Ⅳ. ①D922.291.924

中国国家版本馆 CIP 数据核字(2023)第 015089 号

破产与诉讼实践讲义
POCHAN YU SUSONG SHIJIAN JIANGYI

张杜超 著

策划编辑 肖 越 魏艳丽
责任编辑 肖 越 魏艳丽
装帧设计 马 帅

出版发行 法律出版社
编辑统筹 法商出版分社
责任校对 王晓萍
责任印制 胡晓雅
经 销 新华书店

开本 710 毫米×1000 毫米 1/16
印张 30.25 字数 451 千
版本 2023 年 2 月第 1 版
印次 2023 年 2 月第 1 次印刷
印刷 三河市兴达印务有限公司

地址:北京市丰台区莲花池西里 7 号(100073)
网址:www.lawpress.com.cn
投稿邮箱:info@lawpress.com.cn
举报盗版邮箱:jbwq@lawpress.com.cn
销售电话:010-83938349
客服电话:010-83938350
咨询电话:010-63939796

书号:ISBN 978-7-5197-7517-9
定价:128.00 元
凡购买本社图书,如有印装错误,我社负责退换。电话:010-83938349

序

经济社会是杠杆社会,也是债务社会。杠杆制造债务,不加控制的债务引发金融风险,摧毁市场信心。中国经济正处于从高速发展向高质增长的关键时期,经济引擎不论以何种平滑的方式完成切换,仍会有企业在动能转换过程中遭遇各种债务问题。其中,陈旧、落后与过剩的产能,面临着更新迭代与市场出清;同样,当下被资本热烈追捧的明星企业,未来也可能被市场冷落抛弃。每个历史时期,都会有不同的行业或企业遭遇债务问题。解决债务问题,除需投入更多的资本、更少的杠杆或者提供更加丰沛的流动性等增量资源外,还应从处置存量债务上找出路,如重塑资产负债表,降低短期负债规模,缩减财务费用支出等。

事实证明,政府调控与市场之手的有效结合,有利于阻止债务风险蔓延与发酵。破产制度作为一种强调市场、行政与司法之间相互联动的特殊机制,成为提振各方信心的有效手段。《企业破产法》是中国法治化的重要组成部分,是构建高水平社会主义市场经济体制的重要法律保障。鉴于其在解决存量债务问题的巨大作用,现已成为政策工具箱的标配。

破产制度解放了债务企业被诉讼追债手段锁定的生产资料,让堵塞的经济要素重新流动起来。一方面,破产制度有利于发挥市场在资源配置中的决定作用;另一方面,破产制度下的府院联动机制,重视行政力量在破产重组中的引导作用,推动了有效市场和有为政府更好结合,引导激活市场活力。正因如此,世界贸易组织、经济合作与发展组织将破产制度的完备性作为衡量与评价一个国家或地区营商环境优劣的重要指标,充分认可其在促进产权有效激励、要素自由流动、价格反应灵活、竞争公平有序、企业优胜劣汰等方面的实践价值。

破产制度解决了很多问题，也衍生出新问题。早期，企业家们看待破产有一种道德上的羞耻感，不到万不得已，不会接受破产。随着破产实践的发展，企业虽逐步开始接受“破产并不可耻”的观念，但有些“矫枉过正”：市场出现了从忌讳破产转为滥用破产的潜在倾向或风险，部分主体主动利用破产程序，凭借其在信息、专业、资金与经验等方面的优势地位，从破产企业相关主体中抢夺资源，将破产程序变成强盗式工具。因此，中国尽快塑造一个鼓励创新，但同时强调创新与责任相互匹配的破产实践运行体系，既重要又紧迫。

本书作者是战斗在债务重组一线的律师，是部分重大案件的亲历者与问题解决者。在本书的撰写中，作者通过叙事化的语言，结合实践中的具体案例，将晦涩的破产法律条文，以日常交流的方式加以解释。为便于读者知悉该条文在具体情境下的不同理解与运用，作者同步将诉讼争议与法律条文进行了充分地结合与列举。这种结合更有利于针对实践中的具体问题，读者能够快速地读取、理解与运用。作者从复杂晦涩的法律文本出发进而指导实践，再从实践中回归法律制度本身进行重构与解读，便于读者认识破产法律制度的积极作用，以及清楚其在现实层面是如何解决问题，产生矛盾，以及博弈、补正、更新的全过程，解读了破产一线的法律人正在做什么以及为何如此作为。实际上，通过诉讼程序对破产实践加以规制，也是尽快塑造良好的创新与责任相互匹配的破产实践运行体系的重要方式之一。

这本书的出版，在当下是一件非常有意义的事情，希望以作者为代表的债务重组者们，在债务重组实践中继续前行，用实践智慧打造更为理想的债务解决样本，给出一个更为完备、更能适应这个时代的“实践讲义”。

著名经济学家、国务院参事室特约研究员
姚景源
2023 年 1 月 28 日

自序

在中国律师行业的专业化发展过程中，大型律所常将破产重组与诉讼仲裁两项业务笼统归口于争议解决部门，但这两项业务差异明显，业务技能与人员配置基本独立。当下回顾，我们早年从事破产重整业务时，有时会对具体问题持有“单向”理解，习惯从《企业破产法》出发，基于破产实践的角度与经验看待债权人、投资人与出资人等利益群体提出的诉求或问题并做出回应。

就执业流程、风险和效率等狭义的破产律师视角而言，上述单向认识和操作是正确与安全的。但实际上，在我们从事破产重组业务的许多年间，亲历了无数的事情与案件，遇见了形形色色的冲突，积累了源源不断的经验后，我们的观点一直在发生着难以察觉的变化。关于这些冲突，我们经常重新思考、复盘很久之前或不止一次讨论过的案件或问题，现今反而对这些冲突产生了更多的好奇。这些盖棺定论的事实和案件中，很多在《企业破产法》与破产实践视角下理所当然的“常规”“一般”“通行”的观点或认识，衍生出了新鲜观点与感悟。

我们有意识地强迫自己暂时放下一切既往的破产重组的经验与认识，完全从商事诉讼、从相对方的角度思考。在部分问题上，破产与诉讼从法律依据、起始逻辑、推演过程到意见结论，有着巨大的分野。虽然结论截然相反，但双方皆是有法可依、逻辑自洽的，或者说都具备正确且合理的部分。这也是创作本书的初衷之一，即将从事破产重组与商事诉讼等法律领域的专业与经验壁垒打通，从实践的角度，探寻破产重组律师与商事诉讼律师在处理交叉类型案件中，每个环节的外在与内生逻辑。因此，我们继《债务重组》宏观地介绍最新的破产实践之后，再次以更加微观的视角，观察推演二者在领域交互、争议触发与风险解决等层面的不同过程和结果。

另外，在新冠疫情的冲击下，前所未有的危机席卷全球，摧毁了大量企业，并导致破产重整企业的数量激增。目前，市场不断积累着破产权利滥用的风险和倾向。我们也一直警惕破产案件流程的同质化，以及利益主体诉求和保护程度的尖锐对抗化，亦在《债务重组》、相关文章以及研讨等场合中表达了忧虑。破产案件的增多，以及破产权利被滥用引发的纠纷案件比例的提升，也为我们创作本书提供了更多的素材和视野。尤其是诉讼仲裁案件的增多，为诉讼程序规制无序破产，进而促进破产重组更加规范地发展，提供了新的思路。

所以，本书希望重新思考破产重组的运行机制与权责边界，以及诉讼仲裁对破产重组的积极作用，即从实用主义出发，回溯《企业破产法》的条文原旨，解决在促进破产制度创新的同时，如何以诉讼之手规制破产重组的无序之害，从而将分化的主体利益重新统一，以图接近实质性的公平等问题提供建议与思路。

是为序。

张杜超

2023 年 1 月 30 日

缩略语

在本讲义内，为了表达的简洁，对讲义内出现频率较高的一些法律法规和司法解释名称采取了简称，简称的表述规则说明如下：

文件全称	文件简称
《中华人民共和国企业破产法》（中华人民共和国主席令第54号）	《企业破产法》
《中华人民共和国民法典》（中华人民共和国主席令第45号）	《民法典》
《中华人民共和国民事诉讼法》（中华人民共和国主席令第106号）	《民事诉讼法》
《中华人民共和国刑法》（中华人民共和国主席令第66号）	《刑法》
《中华人民共和国信托法》（中华人民共和国主席令第50号）	《信托法》
《中华人民共和国仲裁法》（中华人民共和国主席令第76号）	《仲裁法》
《中华人民共和国企业破产法（试行）》（中华人民共和国主席令第45号）（已失效）	《企业破产法（试行）》（已失效）
最高人民法院《关于适用〈中华人民共和国企业破产法〉若干问题的规定（一）》（法释〔2011〕22号）	《破产法司法解释（一）》
最高人民法院《关于适用〈中华人民共和国企业破产法〉若干问题的规定（二）》（法释〔2020〕18号）	《破产法司法解释（二）》
最高人民法院《关于适用〈中华人民共和国企业破产法〉若干问题的规定（三）》（法释〔2020〕18号）	《破产法司法解释（三）》
最高人民法院《关于审理企业破产案件若干问题的规定》（法释〔2002〕23号）	《破产案件若干问题规定》
最高人民法院《关于适用〈中华人民共和国公司法〉若干问题的规定（一）》（法释〔2014〕2号）	《公司法司法解释（一）》
最高人民法院《关于适用〈中华人民共和国公司法〉若干问题的规定（二）》（法释〔2020〕18号）	《公司法司法解释（二）》
最高人民法院《关于适用〈中华人民共和国公司法〉若干问题的规定（三）》（法释〔2020〕18号）	《公司法司法解释（三）》
最高人民法院《关于适用〈中华人民共和国民事诉讼法〉的解释》（法释〔2022〕11号）	《民事诉讼法司法解释》

续表

文件全称	文件简称
最高人民法院《关于适用〈中华人民共和国民法典〉有关担保制度的解释》(法释〔2020〕28 号)	《担保制度司法解释》
《全国法院民商事审判工作会议纪要》(法〔2019〕254 号)	《九民纪要》
《全国法院破产审判工作会议纪要》(法〔2018〕53 号)	《破审纪要》
《全国法院审理债券纠纷案件座谈会纪要》(法〔2020〕185 号)	《债券纪要》
《关于审理上市公司破产重整案件工作座谈会纪要》(法〔2012〕261 号)	《上市公司重整纪要》
最高人民法院与香港特别行政区政府《关于内地与香港特别行政区法院相互认可和协助破产程序的会谈纪要》	《内地与香港破产协助纪要》
最高人民法院《关于开展认可和协助香港特别行政区破产程序试点工作的意见》(法发〔2021〕15 号)	《认可和协助香港破产程序试点意见》
最高人民法院《关于人民法院办理执行异议和复议案件若干问题的规定》(法释〔2020〕21 号)	《执行异议复议规定》

目录

09 第九章 破产重整的涅槃作用

10 第十章 破产和解的威力渐显

实践焦点目录

01

第一章

破产实践的宏观体系

一、法律规定的体系构成

中国现代破产法律制度，最早溯于《企业破产法（试行）》（已失效），其在当时引发了社会主义国家尤其是国有企业是否适用破产制度的全民讨论。2007年中国颁布了《企业破产法》，这部法律意义重大，尤其在其后10余年的国家政治经济生活中展现出了旺盛的生命力。实践证明，《企业破产法》并非消灭财富的制度，而是关于财富公平持续积累乃至促进经济持续增长、中断和重续的法律制度。①

① 《企业破产法》实施之后，近年部分案件中的利益冲突变得尖锐，对此，我们通过实践的视角，更加正确地理解法律制度与条文。例如苏力在《制度是如何形成的》一文中的观点，一个制度并不会因为它是制度，就不在具体问题上，甚至是重大历史判断上出错。我们评价一个制度时，无论如何不能以个别事实的实质性对错为标准，而要做出总体上的利害权衡，而这种权衡是公众在历史中进行的。

《企业破产法》第1条开篇明义的规定,“为规范企业破产程序,公平清理债权债务,保护债权人和债务人的合法权益,维护社会主义市场经济秩序,制定本法”。

本条款阐明了早期的破产立法理念是以保护债权人利益为首要目标,但在现代司法实践中,这一条款所蕴含的保护位阶已从债权人优先主义转为均衡保护主义。最高人民法院在工作报告中的关注重点同样体现这种均衡主义,“2021年审结破产重整案件732件,盘活资产1.5万亿元,35万名员工稳住就业”,这一数据显示了司法机关就破产制度在盘活资产与维护稳定方面的均衡感。这种均衡并非仅债权人与债务人之间的均衡,更是涵盖债权人、债务人、员工、投资人乃至地方营商环境的全面均衡。

中国破产制度在运行中有着“实践先行”的显著特征。中国破产制度框架以2007年《企业破产法》为肇始,随后3部司法解释陆续出台,共同构筑了破产制度的主体框架与核心内容,其后辅以最高人民法院的工作纪要、各地方人民法院的工作指引等文件,形成了一个部门庞杂的部门法律体系。可以说,中国早期的破产实践,百衲成衣,摸索潜行,乘时轻舟疾进,最终完善统一。例如,上市公司破产重整程序的法律规则,就是在实际操作中逐步成型的,法律规范是对现实中已有的操作模式的反映。

二、企业破产法与其他法律体系的联系

破产实践中,与企业破产法产生交叉的法律领域很多,其中在破产程序中较为常见、密切的交叉类型包括破产程序与民事诉讼程序的交叉,破产程序与执行程序的交叉,破产程序与公司清算程序的交叉以及破产程序与刑事诉讼程序的交叉等。

(一)破产程序与民事诉讼程序

企业破产法将出现债务危机的企业暂时性地保护起来,提供司法平台给债权人等主体,使其可以统一协商、处理债务问题,这一司法平台就是破产程序。某种意义上,破产程序与诉讼程序类似,都是化解争议的法律程序。同时,破产程序本身具有

民事诉讼及强制执行制度的特点，除法律明文规定的外，企业债务问题均由破产程序统一解决。

诉讼主体有时在破产程序中将占据特殊优势。例如，对于在破产申请受理前6个月内进行的个别清偿，管理人有权请求法院撤销。这一规定的例外是，如果个别清偿经过诉讼程序，出于对生效判决的尊重，只有在债务人与债权人恶意串通损害其他债权人利益的情况下才可被撤销，否则视该等“个别清偿”为合法。

如果有债权人提起诉讼，债务人被裁定破产，此时诉讼程序尚未完结，该如何处理？根据法律规定和实务经验，可将其从受理时间上分成两类：其一，在破产申请受理前，法院已经受理且尚未终结的诉讼；其二，破产申请受理后，当事人新提起的有关债务人的诉讼。

(1)关于在破产申请受理前已经发生的诉讼，法院受理破产申请后，这类诉讼需要暂时中止，等待管理人接管债务人财产后再继续进行。此时，适用诉讼程序关于管辖的一般规定，即在法院受理破产申请后，该等案件不再移送管辖。另外，在破产程序启动后，诉讼法院对债务人财产采取的保全措施，如查封、冻结、扣押等保全措施均自动解除。关于还没有开始执行，或者已经执行但尚未执行完毕的案件，一律中止执行，但如果法院最终裁定驳回破产申请，则中止的执行程序可以继续进行。

(2)关于在破产申请受理后新提起的诉讼，需要区分诉请内容。如果诉讼是债权人主张债务人向其清偿债务，则有违集体清偿的原则，这类诉讼不会被法院受理，债权人只能向债务人的管理人申报债权。如果诉争内容并非“追债”，则仍可在破产程序中提起，该类诉讼称为“破产衍生诉讼”。此时，法律出于集中清偿和程序统一之考虑，规定由受理破产申请的法院集中管辖。破产衍生诉讼的常见类型包括破产债权确认纠纷、对外追收债权纠纷、破产撤销权纠纷、请求撤销个别清偿行为纠纷、请求确认债务人行为无效纠纷、追收未缴出资纠纷、追收抽逃出资纠纷、追收非正常收入纠纷、取回权纠纷、破产抵销权纠纷、别除权纠纷、损害债务人利益赔偿纠纷、无法清算赔偿责任纠纷等。

破产程序呈现4种基本形态或结局：破产重整、破产和解、宣告破产以及全部到期债务得到清偿或得到足额担保。不同的破产程序或结果与其诉讼程序的关系具有显著差异,具体如下。

在破产重整情况下,如果债务人重整成功,自重整计划执行完毕时起,债务人不再承担清偿责任,因此,绝大部分债权已经获得偿付,不必再通过诉讼解决。但亦有例外,如果债权人没有及时申报债权,在重整计划执行完毕后,其可以按照重整计划规定的同类债权的清偿条件,要求债务企业继续承担赔付责任。此时,如果债务人对债权人的身份或金额提出质疑,或拒不履行偿付义务,则可能产生新的诉讼。

破产和解与重整程序相似,一般情况下,已申报债权不易产生新的诉讼。未申报债权的债权人可以在和解协议执行完毕之后行使权利,但若该笔债权本身出现争议,则债权人可能启动诉讼程序来解决债权争议;如果债务人被宣告破产并完成清算,那么这意味债务人已经没有财产可供分配,且债务人在破产程序终结后即被注销,债权人再提起诉讼也无意义,因此新诉产生的概率较小。但特殊情况下,债务人可供分配的财产可能在破产程序终结后被发现,且在先前的分配程序中,债权人并未获得足额清偿,这时债权人可以请求法院进行追加分配。典型情况是,债权人在破产程序终结后,共同起诉未实缴出资的股东,要求其在认缴出资范围内承担偿付责任。如果全部债务都得到清偿或足额担保,企业即"恢复正常",之后的民事关系和维权程序便不再适用破产程序,而是适用一般的诉讼程序。

(二)破产程序与执行程序

以往在实践操作中,债权人经常面临一种困境,即赢了官司却无法实际获偿,虽然走到强制执行程序,但债务人财产已经严重不足,无法向债权人进行分配。此时,执行法院通常会与申请人(债权人)协商,表示客观上已经执行了全部被执行人能够发现并处置变现的资产,故应终止执行程序。但为保护申请人的合法权益,法院有时也会特别强调,在申请人或法院发现被执行人有了可供执行的财产后,还可恢复执行。但是,这就产生一个弊端,本应市场出清的企业主体,却在市场上永远存续,造成了市场主体只进不出的"堰塞湖"。

最高人民法院于2015年正式推出"执转破"制度,该制度建立了二者之间的"直通车",扩展了破产业务领域发展的空间。在民事强制执行程序中,如果被申请执行人已无财产可供执行,就说明债务人已不能清偿到期债权,且资产不足以清偿全部到期债权。至少,执行法院证明了企业现已无法清偿申请人的到期债权,以及法院没有调查出其拥有足额的有价值财产可供执行。因此,执行不能的结果证明债务人符合破产条件。

2017 年 1 月,最高人民法院贯彻中央供给侧结构性改革部署,从健全市场主体救治和退出机制以及化解执行积案出发,制定与颁布了《关于执行案件移送破产审查若干问题的指导意见》,对“执转破”的具体操作程序与规则予以细化和明确。其后,2018 年 3 月,最高人民法院再次在《破审纪要》第七部分中专门对“执转破”的衔接问题作出规定,强调执行程序与破产程序的有效衔接是全面推进破产审判工作的有力抓手,也是破解“执行难”的重要举措,要求全国各级法院深刻认识执行转破产工作的重要意义,大力推动符合破产条件的执行案件,包括执行不能案件进入破产程序,充分发挥破产程序的制度价值。

司法实践中,法院启动“执转破”程序的前提条件是:(1)被执行人为企业法人;(2)被执行人或者有关被执行人的任何一个执行案件中的申请执行人书面同意将执行案件移送破产审查;(3)被执行人不能清偿到期债务,并且资产不足以清偿全部债务或者明显缺乏清偿能力。法院初步审查确认符合上述“执转破”条件后,启动后续流程,征询当事人、移送审查、及时变价处置、确保保全措施的连续性、裁定是否受理、异议救济和终结执行等。

人民法院的“执转破”程序打破了制度之篱,浚清了影响供给侧结构性改革和市场出清的障碍,为中国供给侧结构性改革提供了强有力的制度保障。

(三)破产程序与公司清算

破产清算与公司清算应严格区分。公司清算包括自行清算和强制清算,其中自行清算是公司注销前必须履行的流程;强制清算是正常公司出现清算僵局,即应清算而未清算时,债权人或公司股东申请法院指定清算组进行清算的一种程序。

一般情况下,在公司自行清算或强制清算过程中,若清算组发现债务人的财产不足以清偿债务,则债务人应依法转入破产清算程序。如果债务人同时符合破产清算条件和强制清算条件，根据《九民纪要》关于公司解散清算与破产清算衔接的相关规定，应优先适用破产清算程序，对于当事人的强制清算申请，法院应当裁定不予受理。① 简言之，常态公司的强制清算程序，适用尚未达到破产条件的企业，其清算原因往往祸起萧墙，故原则上适用公司法的规定，清算组将公司资产予以清点、处置，变现资金向债权人清偿，如有剩余资金或实物，应根据公司章程等规定向股东内部分配，此时债权人可以得到全额受偿。但是，在公司清算过程中，如果发现不足以清偿债权人全部债权，达到了破产条件，除非全体债权人一致同意，否则原则上必须转入破产清算条件。

债务企业由强制清算转入破产清算后，原清算组是否留用将成为一个棘手问题。债务人由强制清算转入破产清算时，关于如何确定管理人，在实践中有两种做法：一是指定新的机构担任破产管理人；二是清算组的部分成员转为管理人成员。如果强制清算是由法院指定的机构担任清算组，且作为清算组的该机构具备破产管理人资质，法院通常会指定该机构继续作为破产管理人参与破产清算。

第一种情况下，清算组应当及时将清算事务及有关材料移交给破产管理人；强制清算中已经完成的清算事项，例如在强制清算程序中已经进行的工商内档调查、财产调查或审计报告等清算成果，若无违法情况或错误，则应在破产清算程序中承认其效力。

(四)破产程序与刑事诉讼程序

既往司法实践中，破产程序与诉讼程序、执行程序及公司清算程序的法律交叉类型尚属常见，亦存在比较成熟的衔接机制与实操惯例。但是市场各方需要特别注意的是，未来将会集中涌现，甚至引发突出问题的，是破产程序与刑事程序的交叉适用问题。

假设在某房地产企业经营过程中，股东涉及刑事犯罪进而导致企业资金流出现

---

① 《九民纪要》第 117 条规定："要依法区分公司解散清算与破产清算的不同功能和不同适用条件。债务人同时符合破产清算条件和强制清算条件的，应当及时适用破产清算程序实现对债权人利益的公平保护。债权人对符合破产清算条件的债务人提起公司强制清算申请，经人民法院释明，债权人仍然坚持申请对债务人强制清算的，人民法院应当裁定不予受理。"

断裂，那么刑事程序究竟从何种程度上与企业债务重组程序产生交集与融合，将会产生较多的衍生法律问题。例如，在河北某房地产公司的破产重整案中，其实际控制人因涉嫌非法集资犯罪而被公安机关逮捕。项目公司融资被迫中断，叠加项目本身在项目审批、违规销售等环节就存在诸多问题，故项目公司难以运转，工程烂尾并被债权人申请破产重整。在刑事程序中的非法集资的受害人，自然渴望在刑事程序中获得补偿，但房地产企业的社会购房者则渴望在破产程序中实现优先清偿。此时，如何界定刑事程序中的赃款赃物，以及其与公司破产财产的划分问题，就变成了超越法律本身的复杂社会问题。一旦处理不当，这将导致破产程序中的购房者优先权人与刑事程序中的受害人形成尖锐对立。

我们扩展一步，假设该房地产企业是一家上市公司。在该公司实际控制人被公安机关或中国证监会立案调查后，如果公司开展纾困自救活动，那么和常规的企业自救相比，该公司在信息披露、公司责任与个人责任区分、破产程序的债务人财产与刑事程序中的赃款赃物甄别等方面的法律问题就会更显复杂。此时，暂不考虑债务重组该如何设计方案等实质内容或环节，仅就上市公司信息披露而言，就不仅需要证券代表与董事会秘书的专业技能，还需要证券律师与破产律师共同介入。

三、破产程序的法律适用

《企业破产法》第4条规定："破产案件审理程序，本法没有规定的，适用民事诉讼法的有关规定。"

《企业破产法》与《民事诉讼法》是特别法和一般法的关系。《企业破产法》规定的是破产案件的申请和受理程序、债权申报程序、重整程序、和解程序、破产清算程序等破产领域的特定事项，此类事项根据特别法优先于一般法的原则，优先适用《企业破产法》的有关规定。若《企业破产法》未做规定，但其与《民事诉讼法》规定的事项存在交叉，并且《民事诉讼法》有明确规定的事项，如级别管辖、回避、证据、期间和送达、妨害司法程序的强制措施、破产程序中所涉民事裁定的生效、可以上诉的裁定的范围等，则适用《民事诉讼法》的一般规定。

实践焦点 001

在破产程序中各类裁判文书的救济途径

破产法院在破产程序中可能出具的司法文书类型多样。《民事诉讼法》第157条规定,除了不予受理、管辖权异议、驳回起诉的裁定可上诉外,其他裁定均不可上诉。因此,除《企业破产法》存在特别规定外,关于破产程序中的司法文书的救济方式,原则上适用《民事诉讼法》的相关规定,具体而言:

破产程序的启动阶段:(1)对于不予受理破产申请的裁定,申请人可以自裁定送达之日起10日内向上一级人民法院提起上诉;(2)对于驳回申请的裁定,申请人可以自裁定送达之日起10日内向上一级人民法院提起上诉;(3)对于基于外国法院作出的发生法律效力的破产案件中涉及债务人在中国的财产,申请或者请求人民法院承认和执行的裁定,不得提起上诉、申请再审;(4)对于受理破产申请的裁定,不得提起上诉、申请再审。

破产程序持续进行阶段:(1)确认债权无异议的裁定,能否针对该裁定提起诉讼还存在争议,在实践中有针对该裁定起诉的案例,同样也有驳回起诉的案例;(2)撤销债权人会议决议的裁定,不得提起上诉、申请再审;(3)法院批准被债权人会议否决的债务人财产的管理方案、变价方案的裁定,自裁定宣布之日或收到通知之日起15日内,债权人有权向作出裁定的法院申请复议;(4)法院批准经债权人会议2次表决但仍未通过的债务人财产分配方案的裁定,债权额占无财产担保债权总额1/2以上的债权人,可自裁定宣布之日或收到通知之日起15日内向作出裁定的法院申请复议;(5)法院批准经债权人会议2次讨论未获通过的清算组财产分配方案的裁定,占无财产担保债权总额半数以上的债权人可自作出裁定之日起10日内向上一级法院申诉;(6)债权人会议召开违反法定程序的、表决违反法定程序的、决议内容违法的、决议超出债权人会议职权范围的，且债权人会议决议损害债权人利益，债权人可以从采取现场方式表决作出决议之日或采取非现场方式表决且收到表决决议通知之日起15日内，向法院书面申请撤销债权人决议。

破产重整程序的特殊规定：（1）对于不予受理、驳回重整申请的裁定，申请人可自裁定送达之日起10日内向上一级法院提起上诉；（2）对于受理破产重整申请的裁定，不得提起上诉、申请再审；（3）对于重整的裁定，不得提起上诉、申请再审；（4）对于重整计划草案提交延期3个月的裁定，不得提起上诉、申请再审；（5）对于终止重整程序的裁定，不得提起上诉、申请再审；（6）对于批准重整计划的裁定，不得提起上诉、申请再审；（7）对于重整计划部分表决组不通过，但经人民法院审查认为重整计划草案符合法律规定，对重整计划予以批准的裁定，不得提起上诉、申请再审；（8）对于延长重整计划执行的监督期限的裁定，不得提起上诉、申请再审；（9）对于终止重整计划执行的裁定，不得提起上诉、申请再审；（10）对于不予批准恢复担保物权行使的裁定，担保权人可自收到裁定之日起的10日内，向作出裁定的人民法院申请复议；（11）对于实质合并审理的裁定，相关利害关系人可自裁定送达之日起的15日内，向受理法院的上一级法院申请复议。

破产和解程序的特殊规定：（1）对于破产和解的裁定，不得提起上诉、申请再审；（2）对于认可债权人会议通过的和解协议的裁定、认可债务人和债权人达成的和解协议的裁定，不得提起上诉、申请再审；（3）对于终止和解协议的裁定，不得提起上诉、申请再审；（4）对于和解协议无效的裁定，不得提起上诉、申请再审；（5）对于破产和解终结的裁定，不得提起上诉、申请再审。

破产清算程序的特殊规定：（1）对于破产宣告的裁定，申请人可自法院宣告破产之日起10日内，向上一级法院申诉；（2）对于破产程序终结的裁定，不得提起上诉、申请再审；（3）对于实质合并审理的裁定，相关利害关系人可自裁定送达之日起的15日内，向受理法院的上一级法院申请复议。

四、破产程序的域外效力

《企业破产法》第5条规定："依照本法开始的破产程序，对债务人在中华人民共和国领域外的财产发生效力。对外国法院作出的发生法律效力的破产案件的判决、裁定,涉及债务人在中华人民共和国领域内的财产,申请或者请求人民法院承认和执行的,人民法院依照中华人民共和国缔结或者参加的国际条约,或者按照互惠原则进行审查,认为不违反中华人民共和国法律的基本原则,不损害国家主权、安全和社会公共利益,不损害中华人民共和国领域内债权人的合法权益的,裁定承认和执行。"

(一)中国破产程序的境外效力

债务人在境外的财产也在债务人财产的范围内。如果债务人依照《企业破产法》进入破产程序,那么破产管理人可以持中国法院的司法文书,取回债务人位于境外的财产。债务人境外财产的持有人亦有义务向管理人交付财产。同时,《企业破产法》对债务人财产作出的相关规定,如保全解除和执行中止、民事诉讼和仲裁的中止、个别清偿行为、欺诈转让行为等,其效力及于债务人的境外财产。不过需要说明的是,该规定实施效果如何,取决于外国法院是否承认中国境内的破产程序。

破产实践中,已有外国法院承认中国境内破产程序效力的裁决。例如,2019 年 10 月,美国怀尔斯(Wiles)法官发出正式裁定,承认洛娃科技事业集团有限公司在中国的重整程序为《美国破产法》第十五章意义上的"外国主要程序"。中国重整程序任命的管理人被赋予处理债务人在美财产和事务的充分权利。在此之前,美国新泽西州虽于 2014 年承认过中国债务人(浙江尖山光电股份有限公司)在中国的破产程序为"外国主要程序",但洛娃科技事业集团有限公司是首例破产程序与管理人均得到美国法院承认的案例,这极大地推进了中国法院与美国法院展开跨境破产国际司法合作的进程。再如,2020 年 6 月,新加坡高等法院大法官维诺德・库马拉斯瓦米(Vinodh Coomaraswamy)签署命令,承认江苏省南京市中级人民法院就舜船发展公司启动的破产程序,并确认指定境内破产管理人作为外国主要程序中的破产管理人。这是中国首例获得新加坡法院承认破产程序及管理人身份的案件。

(二)域外破产程序的境内效力

域外国家(地区)法院作出的判决、裁定,在符合法律规定条件的前提下,中国法院可以承认和执行。破产管理人可取得位于中国境内的债务人财产并将其纳入境外的破产程序,按其破产规则对债权人进行顺序清偿。

中国《破审纪要》特别强调了推进跨境破产审判工作的重要性。中国法院承认和执行域外国家(地区)法院的破产判决、裁定的前提条件包括:(1)该判决、裁定必须是外国法院作出的发生法律效力的确定判决;(2)该判决、裁定涉及的债务人财产必须位于中国境内且由中国法院执行;(3)有关承认和执行该判决、裁定的申请或请求必须存在依据,即中国与申请人所在国(地区)签订或共同参加了与破产程序相互承认有关的条约,或者在无条约的情况下,符合互惠原则。

中国目前尚未与任何国家(地区)签订或共同参加该等条约,实践中主要依据事实互惠原则,重点审查双方互惠关系是否存在,即审查申请人所在国(地区)是否存在承认和执行中国法院判决的先例。就互惠原则而言,在跨国民商事判决的相互承认与执行方面,新加坡高等法院与我国法院多次相互承认民商事判决。

除需同时具备上述3项条件外,中国法院承认和执行域外法院的破产判决、裁定的,该判决、裁定还应不违反中国法律的基本原则,例如不损害国家主权、安全和社会公共利益,不损害中华人民共和国领域内债权人的合法权益等。何等情况属于对上述条件的违反,法律暂无明确规定。

目前,中国法院承认境外破产程序的案件逐步增多。例如,2021年8月19日,厦门海事法院作出(2020)闽72民初334号民事裁定,承认新加坡高等法院作出的HC/ORC 6341/2020号命令和HC/ORC 2696/2021号命令,即认可委托帕雷什·特里布万·乔坦格亚(Paresh Tribhovan Jotangia)作为西河公司管理人。中国厦门海事法院认为:"上述命令确系新加坡高等法院作出,而西河公司因船舶运营在我国领域内亦有财产,承认上述两命令并不违反我国法律基本原则,亦不存在损害主权、安全和社会公共利益之虞,也无证据证明存在损害我国领域内债权人合法权益的情形或可能。"①

① 参见夏先鹏、余怡璇:《申请承认外国破产裁判中的互惠审查》,载《人民司法》2022年第23期。早期案件还有2001年佛山市中级人民法院承认意大利米兰法院破产庭宣告伊恩集团股份集团公司破产案、2005年广州市中级人民法院承认法国普瓦提艾商业法院宣告百高洋行破产案、2012年武汉市中级人民法院承认德国蒙特巴地区法院在科勒博士诉斯豪斯案中所作的破产判决等。

2021年5月,为进一步完善内地与香港特别行政区司法协助制度体系,促进经济融合发展,优化营商环境,最高人民法院与香港特别行政区政府结合司法实践,就内地与香港特别行政区法院相互认可和协助破产程序工作进行会谈协商,并形成《内地与香港破产协助纪要》。除此之外,最高人民法院制定《认可和协助香港破产程序试点意见》,在案件受理、审查条件、认可对象、协助方式、破产财产分配等方面,提供了更为细致与明确的工作指引。

实践中,既存在香港特区法院对内地破产程序的承认与协助案例,也存在内地法院对香港特区破产程序的承认与协助案例。例如,2001年,香港高等法院承认了广东国际信托投资公司破产程序及债务人位于香港特区财产的判决;2020年1月13日,香港高等法院作出承认与协助上海华信国际集团有限公司破产清算程序的裁决,与广东国际信托投资公司破产案相比,这是香港高等法院首次正式承认内地法院任命的破产管理人地位,并赋予了管理人在香港特区关于债务人财产的履职权;2020年5月26日,香港高等法院作出裁决,承认深圳市中级人民法院开展的深圳市年富供应链有限公司的破产清算程序及指定的破产管理人,同时对管理人履职签发了授权令;[①] 2021年12月17日,香港高等法院作出裁决,认可了北大方正集团有限公司的破产管理人身份,但驳回了北大方正管理人搁置诺熙资本有限公司等原告在香港特区提起的诉讼的申请;2021年12月15日,深圳市中级人民法院认可森信洋纸公司清盘程序及黎某恩、何某樑作为森信洋纸公司清盘人的身份,并允许其在申请事项范围内履行职责。

① 参见石静霞:《香港法院对内地破产程序的承认与协助——以华信破产案裁决为视角》,载《环球法律评论》2020年第3期;张烁:《从"广信案"到"华信案":香港对内地公司跨境破产清算承认与协助的新发展》,载《法律适用》2020年第14期。

第二章

破产世界的重要主体

债务人是破产案件的主角，但是其在破产程序中经常会被喧宾夺主。

一、破产世界的主要参与者

(一)债务人

《企业破产法》第2条规定："企业法人不能清偿到期债务，并且资产不足以清偿全部债务或者明显缺乏清偿能力的，依照本法规定清理债务。企业法人有前款规定情形，或者有明显丧失清偿能力可能的，可以依照本法规定进行重整。"

这一条规定说明困境企业进行破产重组，应具有符合法律规定的主体资格，并非任何企业都适用于破产程序。《企业破产法》

的适用对象为取得法人资格的企业,包括有限责任公司、股份有限公司和其他取得法人资格的企业法人。事业单位、社会团体、基金会、社会服务机构等非营利法人,机关法人、农村集体经济组织法人、城镇农村的合作经济组织法人、基层群众性自治组织法人等特别法人,个人独资企业、合伙企业、不具有法人资格的专业服务机构等非法人组织,存在破产需求的,根据《企业破产法》第135条的规定,参照适用破产程序。① 商业银行、证券公司、保险公司等金融机构作为企业法人应当适用该法所规定的程序,但如有其他法律、行政法规特别规定的,优先适用特别规定。

破产实践中,我们认同债务周期论,陷入困境的企业虽有部分是受短期政策或经济变量的影响,例如从事国外旅游定制服务行业的企业,原本盈利能力不错,但受疫情影响,跨境旅游市场低迷,该类自然陷入困境之中;除此之外,还有受到国家教育政策影响的企业。但是,我们观察到大部分危困企业的流动性危机通常是在市场行情不错时进行多元化经营或扩张导致的。这一点与瑞·达利欧关于泡沫始于牛市的观点一致。例如,在长期债务周期中,央行降息增加财产现值,提高资产价格,增加财富,人们预期这一走势的持续时间,从而导致泡沫出现,然后股价与房地产价格上涨,经济改善,企业净利润增加,资产负债表改善,可以承担更多的债务,其后贷款人和投机者轻松挣钱,助长泡沫膨胀。② 这种始于央行信贷宽松的经营扩张,一旦市场流动性缩减,就会影响企业偿付能力甚至波及主营业务。

《安娜·卡列尼娜》中写道,"幸福的家庭都是相似的,不幸的家庭各有各的不幸"。从造成债务问题的原因上看,债务人的困境也呈现不同特点,但皆在一定程度上表现出财务困境的特征:(1)经营性现金流不足,生产和销售不足以产生足够现金;(2)短期流动性不足,在一定时期内面临到期债务集中兑付压力;(3)利用借入资金投资风险较高的债务或其他风险资产,但未能及时创造足额利润;(4)资产负债结构失衡,权益资本不足,偿付能力出现问题。破产有时仅为财务困境的一个结果,因

---

① 《企业破产法》第135条规定:"其他法律规定企业法人以外的组织的清算,属于破产清算的,参照适用本法规定的程序。"

② 参见[美]瑞·达利欧:《债务危机:我的应对原则》,赵灿、熊建伟、刘波译,中信出版集团股份有限公司2019年版,第14~15页。

此，我们在为困境企业设计纾困方案时，重点在于恢复企业流动性，首要解决财务困境并对症下药。

实践焦点 002

全国统一大市场建设对破产制度的要求与实践意义

2022 年 3 月 25 日，中共中央办公厅、国务院发布《关于加快建设全国统一大市场的意见》，提出为构建新发展格局的基础支撑和内在要求，需要从全局和战略高度加快建设全国统一大市场。

2022 年 7 月 14 日，为充分发挥人民法院职能作用，加快建设全国统一大市场，提供高质量司法服务和保障，最高人民法院发布《关于为加快建设全国统一大市场提供司法服务和保障的意见》，明确提出“完善市场主体救治和退出机制。坚持破产审判市场化、法治化、专业化、信息化方向，依法稳妥审理破产案件，促进企业优胜劣汰。坚持精准识别、分类施策，对陷入财务困境但仍具有发展前景和挽救价值的企业，积极适用破产重整、破产和解程序，促进生产要素优化组合和企业转型升级，让企业重新焕发生机活力，让市场资源配置更加高效。积极推动完善破产法制及配套机制建设，完善执行与破产工作有序衔接机制，推动企业破产法修改和个人破产立法，推动成立破产管理人协会和设立破产费用专项基金，推进建立常态化‘府院联动’协调机制”。

上述意见对破产实践的意义在于，主要从“完善民事执行案件与破产案件相关工作有序衔接机制”“推动企业破产法修改和个人破产立法”“成立破产管理人协会和设立破产费用专项基金”“建立常态化府院联动协调机制”等方面，从破产案件的开路拓源、解决个人债务问题的个人破产立法、解决管理人工作经费短缺问题以及政府资源投入与支持等破产实践痛点入手，抓住了目前破产案件中各方亟须的法律制度缺失之处。

整体而言，上述意见有利于中国全面促进、推动、完善破产法制及配套机制建设，促进破产制度功能发挥，更好地营造市场化、法治化、国际化的营商环境，实现市场资源的优化配置，消除地域壁垒与制度龃龉，加快国内经济的高效循环，加强中国经济的国际竞争力。

(二)债权人

《企业破产法》第44条规定："人民法院受理破产申请时对债务人享有债权的债权人，依照本法规定的程序行使权利。"

自债权人的角度进入破产世界，需更为准确地理解《企业破产法》中"债权人"这一概念。这一条款的定义看似简单，其实是整个破产程序的基石。破产世界的债权人不是民法概念中的债权人，而是适用破产法规范，依照破产程序行使破产权利的破产世界的参与者。

破产世界债权人的首要条件是时间要件。在法院受理破产申请的裁定书作出之日，对债务人享有债权的主体，为破产程序中的债权人。另外，债权也必须在此刻满足一定的条件，具体包括：(1)必须具有财产给付内容。例如，存在争议的服务合同，其本身虽不以财产给付为内容，但因合同产生的违约赔偿请求具有财产给付内容。(2)必须以债务人的财产为受偿基础。债务人财产的范围应当严格符合《企业破产法》第四章的规定，在此范围之外的债权不符合条件，如信托财产。(3)必须合法有效且在诉讼时效之内。对这一条件的判断主要以《民法典》为依据。

从反面来看，部分债权不是破产法语境下的破产债权：(1)以法院受理破产申请为时间点，在此之后产生的所谓迟延利息和滞纳金，不能作为破产债权；(2)财产性行政处罚的债权人也被排除在债权世界之外，这是因为行政机关对债务人的行政处罚会导致债务人财产的减少，损害债权人利益。行政处罚的目的在于惩戒而非与民争利，将行政罚金等纳入破产清偿体系，将与立法初衷相悖。这些债权虽不属于破产债权，但是在普通破产债权完全受偿后，债务人仍有剩余财产的，可被作为劣后债权受偿。

我们在明确企业破产法中债权人的各种要件后，在实践中如何依据上述要件来认定债权人呢？这就涉及证明责任的问题。原则上，债权人就其是否属于适格债权人承担证明责任。换句话说，如果管理人认为债权人申报的不是合法有效的债权，应当由申报人承担举证责任,否则就排除其破产债权人的身份。

债权人在一定程度上是破产程序中最重要的主体。破产程序是调和债权人与债务人关系的程序,二者在经济诉求上的对立性导致双方在破产程序中存在严重分歧。破产程序如何调和这种分歧,关键要从双方的意识经验入手。在实践中,我们会发现二者看待破产程序的思维与角度完全不同。债权人坚持的是"欠债还钱,天经地义",而债务人显然更能接受另一种观点,即根据标准的经济学理论,欠债还钱并非必然,债权人理应承担一定程度的风险。如果不论多么愚蠢的贷款都能获得偿还,假如不存在破产法,那么结果将是毁灭性的,还有什么理由阻止债权人放出愚蠢的贷款呢?① 有时我们会发现,债权人与债务人在破产程序中的很多尖锐对抗,实际源于两种思维观念的对立。

实践焦点
003

债务人宣告破产后,债权人是否有权直接起诉次债务人

以"江苏天亿建设工程有限公司(以下简称天亿公司)、江苏安富置业无锡有限公司(以下简称无锡安富)等债权人代位权纠纷案"为例,②2021 年 9 月 13 日,因江苏安富不能清偿到期债务,并且资产不足以清偿全部债务,符合破产条件,故宜兴市人民法院裁定宣告江苏安富破产。

2019 年 8 月 8 日,债权人天亿公司起诉,要求次债务人直接向其清偿债务。③

① 参见[美]大卫·格雷伯:《债——5000 年债务史》,孙碳、董子云译,中信出版社 2020 年版,第 4 页。

② 参见江苏省无锡市中级人民法院民事判决书,(2019)苏 02 民初 0401 号。

③ 次债务人是指债务人的债务人。债权人可以起诉次债务人,由其代替债务人向次债务人主张权利,即债权的代位权。这是法律赋予债权人的一种权利。因债务人怠于行使其到期债权,对债权人造成损害的,债权人可以向人民法院请求以自己的名义代位行使债务人的债权,但该债权专属于债务人自身的除外。

2021年11月29日,无锡市中级人民法院公开开庭进行了审理。无锡市中级人民法院认为,债权人的诉讼请求是要求次债务人直接向其清偿债务。如果法院在债务人被宣告破产后支持了债权人的诉讼请求,等于支持债务人以其应当收回的财产向提起诉讼的债权人进行了个别清偿,违反了《企业破产法》关于债权公平清偿的基本原理。

综上,无锡市中级人民法院驳回了天亿公司的诉讼请求。但是,法院驳回债权人的诉讼请求并不会影响债权人的债权申报。债权人仍然可以依据《企业破产法》第44条规定向管理人申报债权。本案中,债务人江苏安富已宣告破产,其对次债务人无锡安富享有的债权,需被纳入破产财产范畴并经破产程序处理,不能单独向债权人天亿公司清偿,否则可认定为个别清偿,但天亿公司可以通过申报债权解决自身清偿问题。

(三)管辖法院

《企业破产法》第3条规定:"破产案件由债务人住所地人民法院管辖。"

破产管辖法院的确定程序有些类似于诉讼管辖法院的确定,需要结合地域管辖与级别管辖两方面共同确定。例如,拟破产企业的设立登记部门是县、区一级工商主管部门,则由住所地的基层人民法院管辖;拟破产企业的登记机关是市一级工商行政管理部门,则由所属地区的中级人民法院管辖。

1. 地域管辖

(1)关于住所地的认定

《企业破产法》对破产案件的地域管辖作出了明确规定,即破产案件由债务人住所地人民法院管辖。这里涉及一个住所地的概念如何确定的问题。从表面上看,何为住所是显而易见的,但这一概念在司法实践中往往存在不同理解与认识,尤其是在诉讼案件关于住所地的认定中常常发生争议。原告、被告双方会竭力将案件留在对自己有利的地域进行审理。在诉讼案件中,被告利用住所地认定的争议,提出管辖权异议,拖延诉讼进程,争取准备时间,也是一种常见的诉讼策略。同样的道理,关于住所地的争议在破产领域也时常出现。因此,在实践中,住所地争议往往是诉讼原告与被告之间、破产申请人与被申请人之间的第一场交锋。

(2)关于争议的处理

例如,在河南某房地产企业的破产清算案件中,申请人向某基层法院申请启动对该房地产企业的破产清算,而该房地产企业最先向法院抗辩的不是公司不符合破产清算案件的受理条件,而是提出管辖权异议。该房地产企业认为根据住所地管辖原则,该基层法院并无管辖权。

那么,如何确定住所地呢?根据《民法典》等相关法规的规定,①"债务人住所地"指债务人的主要办事机构所在地,通常是指企业的法人机关所在地。若有实践争议,法院一般结合公司董事会、监事会、高级管理人员经常性的办公地址;公章、财务章、营业执照等重要证照的存放地址;企业对外公布的办公地址等事实综合判断。主要办事机构所在地不能确定的,则住所地为企业的注册登记地。在债务人有多个办事机构且难以区分主次的情况下,有可能发生同一债务人在两家或多家法院被申请破产的情况,从而导致不同法院之间的管辖权争议。此时,根据《民事诉讼法》的相关规定②,首先由发生争议的法院协商解决;协商不成的,应报请争议法院的共同上级人民法院,由其指定管辖。

(3)关于住所地的主动适用

在债务重组司法实践中,管辖原则并非仅为被动适用的问题,其也是债务企业可以主动调整并借此满足现实需要的路径。破产法律领域除"实践先行"的特点外,另一显著特点在于法律与政治的关系最为融洽。法治核心价值之一在于司法独立,其强调的是司法体系独立而不受行政权力的干预或影响。但是,破产自法律到实践,皆

---

① 《民法典》第63条规定:"法人以其主要办事机构所在地为住所。依法需要办理法人登记的,应当将主要办事机构所在地登记为住所。"《民事诉讼法司法解释》第3条规定:"公民的住所地是指公民的户籍所在地,法人或者其他组织的住所地是指法人或者其他组织的主要办事机构所在地。法人或者其他组织的主要办事机构所在地不能确定的,法人或者其他组织的注册地或者登记地为住所地。"《破产案件若干问题规定》第1条规定:"企业破产案件由债务人住所地人民法院管辖。债务人住所地指债务人的主要办事机构所在地。债务人无办事机构的,由其注册地人民法院管辖。"

② 《民事诉讼法》第38条第2款规定:"人民法院之间因管辖权发生争议,由争议双方协商解决;协商解决不了的,报请它们的共同上级人民法院指定管辖。"

强调“积极发挥政府机关在破产领域中的指导作用”“破产关于营商环境与社会稳定的重大作用”“破产关于市场出清，市场供给侧改革的促进”等。破产制度并不绝对排斥行政权力，二者反而有着明显的协同效应。

破产实践中，管辖原则不能简单地被理解为仅能被动适用，即债务人或债权人启动破产程序时，应当最大化利用规则，充分发挥破产程序在经济要素重新组合中的正面作用，实现单体经济效益与整体社会效益的同时满足。例如，上市公司作为市场经济的晴雨表，在所处行业或区域经济中的地位重要，而上市公司破产重整也是盘活资产、解决债务问题、维护社会稳定的重要手段。现今市场中，基于各地司法、经济与专业资源等考虑，已有部分上市公司“主动”迁址以提升重组成功预期，保证破产程序的高效开展。当然这种主动迁址也体现了对公司目前住所地的破产竞争性指标的负面评价。

在中国目前的债务重组市场，债务企业与实控人有意迁址深圳的案例较多。这可能是出于投资者的要求，更可能是基于深圳在破产领域的特殊优势：深圳政府的行政支持、破产法院经验丰富、地区经济与业务资源优势等。这一系列合力导致债务企业有较为强烈的动机进行迁址。在国外，很多公司也会将破产制度作为评价一个地区是否适合企业发展的重要因素。如果一个地区不能从政府政策到经济资源给予优质企业全方位的支持，就会导致很多优质企业在发生债务问题后将涅槃重生的地点选择在类似中国深圳这样的城市。以美国为例，基于各种对破产企业的友好规则与裁判思路，特拉华州的联邦破产法院在破产实践中迅速脱颖而出，成为美国最重要的破产法院。①

中国已有部分地区政府将破产重组的司法资源与经济资源作为条件，在优质企业出现问题之时，吸引优质企业落户当地。例如* ST 猛狮债务纾困案。* ST 猛狮曾用名为广东猛狮电源科技股份有限公司，原注册地址是广东省汕头市。2019 年 8 月以来，在三门峡市政府的支持下，由三门峡市投资集团有限公司、河南高科技创业投

① 参见[美]小戴维·A. 斯基尔：《债务的世界：美国破产法史》，赵炳昊译，中国法制出版社 2010 年版，第 288 页。

资股份有限公司联合北京致云资产管理有限公司,通过特殊机会投资对*ST猛狮进行纾困重组。2019年11月28日,*ST猛狮发布公告,“变更公司注册地址、变更公司名称、修订《公司章程》”。在“迁址”完成后,*ST猛狮正式成为2020年河南省首家新增上市公司,也是三门峡市第1家A股上市公司。① 虽然*ST猛狮自迁址后隶属于中国证监会河南监管局管辖,但其主要产能基地与研发基地均位于深圳,尤其是其公开披露的办公地址亦位于深圳。因此,*ST猛狮向深圳市中级人民法院提交重整申请,深圳市中级人民法院于2021年6月15日接收材料并立案。2021年8月4日,深圳市中级人民法院下发决定书,正式受理了*ST猛狮的破产申请。② 一家“河南上市公司”,却可以在深圳启动破产重整程序,这充分体现了深圳破产法庭的专业性与开放性。

2. 级别管辖

(1)管辖法院级别的确定

在破产案件中,各方经常会发出疑问,如何确定破产案件是由基层人民法院管辖,还是由中级人民法院管辖?有时,我们经常看到债务规模相近的企业,有的被同一地区的中级人民法院管辖,有的则被基层法院管辖。

《企业破产法》关于破产案件的级别管辖未作规定,但《破产案件若干问题规定》第2条规定:“基层人民法院一般管辖县、县级市或者区的工商行政管理机关核准登记企业的破产案件;中级人民法院一般管辖地区、地级市(含本级)以上的工商行政管理机关核准登记企业的破产案件;纳入国家计划调整的企业破产案件,由中级人民法院管辖。”在前述对破产案件的“一般”规定之外,上市公司破产重整案件与“执转

① 河南创业圈:《河南斥巨资引进的上市公司,又亏损了!》,载微信公众号“河南创业圈”2020年9月1日,https://mp.weixin.qq.com/s/NHHAzq921gk7CHUA4KWIIQ。

② 令人遗憾的是,虽几经尝试,*ST猛狮重整重组工作并未成功,仍因2021年年报被会计师事务所出具无法表示意见的审计报告等原因,触及深交所规定的终止上市情形。2022年5月29日,*ST猛狮公告披露,深交所决定终止其公司股票上市。

破”案件一般由中级人民法院管辖。①

(2)破产案件的集中管辖

近年来随着破产案件数量的增多，以及案件审理难度的加大，最高人民法院印发通知，允许各地根据自身经济发展水平、“僵尸企业”处置工作的实际需求、破产案件审判工作情况，设立清算与破产审判庭集中管辖破产案件。自2018年12月起，最高人民法院先后批复同意深圳市中级人民法院、北京市第一中级人民法院、上海市第三中级人民法院、重庆市第五中级人民法院、温州市中级人民法院、厦门市中级人民法院、济南市中级人民法院、南京市中级人民法院等多个法院设立独立运作的破产法庭，集中管辖当地破产案件。

3. 实质合并破产的管辖原则

立法者在制订颁布《企业破产法》时，难以预见随着中国经济的高速增长，像北大方正、海航集团这样的大型企业集团会出现大量债务“铁索连舟”的情况。单体债务重组时代已无法满足纾困需要，在这种情况下，合并重整的需求越来越多，同一实际控制人的企业集团合并破产时代已然来临。

《破审纪要》第35条规定：“实质合并审理的管辖原则与冲突解决。采用实质合并方式审理关联企业破产案件的，应由关联企业中的核心控制企业住所地人民法院管辖。核心控制企业不明确的，由关联企业主要财产所在地人民法院管辖。多个法院之间对管辖权发生争议的，应当报请共同的上级人民法院指定管辖。”基于上述规定，对于合并重整的大型企业集团，应由核心控制企业住所地法院管辖。若核心控制企业不明确，则由关联企业主要财产所在地人民法院管辖。

① 《上市公司重整纪要》第2条规定：“上市公司破产重整案件应当由上市公司住所地的人民法院，即上市公司主要办事机构所在地法院管辖；上市公司主要办事机构所在地不明确、存在争议的，由上市公司注册登记地人民法院管辖。由于上市公司破产重整案件涉及法律关系复杂，影响面广，对专业知识和综合能力要求较高，人力物力投入较多，上市公司破产重整案件一般应由中级人民法院管辖。”最高人民法院《关于执行案件移送破产审查若干问题的指导意见》第3条规定：“执行案件移送破产审查，由被执行人住所地人民法院管辖。在级别管辖上，为适应破产审判专业化建设的要求，合理分配审判任务，实行以中级人民法院管辖为原则、基层人民法院管辖为例外的管辖制度。中级人民法院经高级人民法院批准，也可以将案件交由具备审理条件的基层人民法院审理。”

债务人发生债务危机时,往往处于诉讼案件的集中爆发期,任由不同诉讼程序与破产程序同步开展,容易在实践中产生司法冲突。债权人对于在 A 地区起诉的案件,将恳请法院尽快裁决并据此执行,而债务人更希望中止诉讼程序,不要影响企业的正常运转。双方诉求在各自法院看来都是合理的,但问题在于,虽然《企业破产法》规定了债务人进入破产程序后,诉讼程序在管理人接管债务人财产前应当中止,但实践情形往往更为复杂。例如,困境企业尚未进入司法程序,但债务问题严重,金额巨大,对经济与民生影响甚巨,那么任由诉讼程序遍地开花,无疑会加大管理人的处理难度与工作成本。原告即使赢了诉讼也只能据此参与债权申报程序并在破产程序中受偿,这与直接向管理人申报债权的效果相近,司法资源的损耗并不能带给该等诉讼债权人额外的财产价值。

因此,根据最高人民法院等专门规定或流程,可以将特定集团的诉讼案件集中于某一法院,而这一法院在未来企业适用破产重整等司法程序时,也将是破产案件的管辖法院。例如在恒大集团陷入流动性危机后,最高人民法院下发通知,将涉及恒大集团及其关联公司债务风险相关的全部诉讼案件,统一移送至广州市中级人民法院集中管辖。

实践焦点
004

破产管理人申请撤销/不予执行仲裁裁决时的管辖法院

根据《破产法司法解释(三)》第 7 条的规定,破产管理人应向受理破产申请的人民法院申请撤销仲裁裁决。这是基于该条关于破产案件集中管辖规定的考虑,但可能由此引发级别管辖的冲突。《仲裁法》第 58 条规定,撤裁案件的管辖法院为仲裁机构所在地中级法院;若受理破产申请的法院为基层法院,破产管理人申请撤裁,该基层法院是否具有管辖权?

对此，最高人民法院认为，此时基层法院原则上可以受理，但考虑到撤裁案件依据《仲裁法》的规定应由中级法院管辖，因此，若破产受理法院确实不便于对管理人申请撤裁案件行使管辖权，可以考虑由上级人民法院提审。①

实践焦点 005

内地法院对境外注册公司的管辖权问题

中国跨境企业集团按照控股关系可以分为两大类：一类是内地母公司—境外子公司以及其他股权投资；另一类是以 VIE 结构为典型特点的商业集团，其由实际控制人在境外设立离岸母公司，在我国香港等地区上市融资，在内地开展实体经营活动。内地法院对跨境企业的破产程序是否有管辖权？

关于第一类跨境企业，参照《企业破产法》第 3 条关于破产管辖权以及第五条关于境内破产程序在境外效力的规定，内地法院启动对内地母公司的破产程序后，其效力及于境外子公司和其他股权投资，可向境外法院寻求认可和协助中国破产程序。在境外法院予以认可后，破产管理人根据当地法律规定归集变卖财产，公平对待境内外债权人并予以清偿。例如，"广东国际信托投资公司破产案"即为该等方式的首次实践，其后的"浙江尖山光电股份有限公司破产案""洛娃科技事业集团有限公司破产案""上海华信国际集团有限公司破产案""深圳市年富供应链有限公司破产案"等皆延续了这一司法裁判思路。

关于第二类跨境企业集团，以"森信洋纸公司（以下简称森信公司）破产案"为典型。森信公司的控股母公司森信集团在百慕大注册成立，在香港联交所主板上市。森信集团在内地多个地区设立子公司并开展经营活动。森信集团于 2020 年陷入流

① 参见最高人民法院民事审判第二庭编著：《最高人民法院关于企业破产法司法解释（三）理解与适用》，人民法院出版社 2019 年版，第 155 页。

动性危机,向百慕大法院提交清盘申请。作为集团临时清盘程序的组成部分,森信集团向深圳市中级人民法院申请认可和协助香港地区的破产程序。从该案件可知,跨境企业集团破产程序涉及离岸中心、上市融资地和运营地等多个国家或者地区,涉及多个司法辖区。

《企业破产法》尚未规定内地法院对注册在境外的公司具有破产管辖权。内地法院对于破产案件的管辖,通常适用属地管辖原则,即由债务人公司住所地法院管辖。住所地一般指公司登记成立地,但登记成立地与主要营业机构所在地不一致的,以主要营业机构所在地为准。因此,在现行规定下,实践只能对主要办事机构所在地的概念作出扩大解释,对于注册地在境外但主要办事机构所在地在境内的企业,认定其住所地在境内,以此解决内地法院对跨境企业母公司破产管辖权问题,进而获得破产程序的域外管辖效力。

实践焦点 006

破产事务专门管理机构的成立与发展

2021 年 3 月 1 日,中国首家个人破产事务管理机构——深圳市破产事务管理署挂牌成立。根据《深圳经济特区个人破产条例》规定,个人破产事务管理职能由深圳市人民政府确定的工作部门或者机构行使。因此,深圳市委市政府决定成立“深圳市破产事务管理署”,将其作为深圳市司法局下设独立法人单位,承担深圳市破产事务管理工作。

深圳市破产事务管理署作为深圳市司法局下属事业单位,内设 3 个主要部门,具体职责包括下述 4 类。

第一类职责:确定个人破产管理人资质,建立个人破产管理人名册;依法提出个人破产管理人人选;管理、监督个人破产管理人履行职责;拟定个人破产管理人的任用、履职和报酬管理具体办法。第二类职责：组织实施破产信息登记和信息公开制度；及时登记并公开破产申请、行为限制决定、财产申报、债权申报及分配方案、重整计划、和解协议、免责考察等信息；协助调查破产欺诈和相关违法行为。第三类职责：提供破产事务咨询和援助服务；建立完善政府各相关部门办理破产事务的协调机制。第四类职责：配合人民法院开展与破产程序有关的其他工作；完成上级部门交办的其他任务。

深圳是中国破产实践最为发达与完善的地区之一。深圳市委市政府成立破产事务管理署的目的在于：其一，政府主动加深"府院联动"机制。在政府端牵头与人民法院建立衔接协同联动机制，共同推进个人破产程序发展，提高破产案件办理质效。其二，政府主导、强化、升级内部机构与部门间的协同性，推动构建高效、有序的个人破产事务业务办理、信息共享、反破产欺诈等方面的工作机制，落实条例各项要求。其三，政府系为实现破产事务专业化、集约化管理。深圳市政府通过资源整合，为市场主体提供更多的专业支持和服务，主要还是为经济发展保驾护航，激发创业活力，积极营造市场化、法治化、国际化营商环境。

2022 年 7 月 18 日，《深圳市破产事务管理署暂行办法（征求意见稿）》及其说明全文公布，征求社会各界意见。我们相信，随着相关制度的完善，深圳市破产事务管理署的管理和运作也将更加规范，这可以为后续全国建立统一的破产事务管理机构提供经验，有助于行政保障责任和破产司法责任形成有效对接，有序调整政府在破产中的地位和作用。

（四）管理人

《企业破产法》第 13 条规定："人民法院裁定受理破产申请的，应当同时指定管理人。"

不论破产重整、破产和解还是破产清算，皆应对债务企业进行持续的监管，包括必要的财产清理、营业维持、权利行使和财产处分等事项。在公司可能无法安然化解风险，最终彻底倒闭、注销的心理预期下，债务企业的管理层存在较高的道德风险。另外，各方主体亦存在不同程度的利益冲突，那么谁来防范企业管理层的道德风险，以及平衡各方的天然矛盾呢？

企业破产法设立了中立的专业机构来履行管理职责，特别是对债务人财产和运营事务的管理。这种中立的专业机构即破产管理人。根据《企业破产法》第13条规定，法院在受理破产申请的同时，应当指定管理人。当然这种“同时”并不严格要求为同一天，可以先裁定受理破产申请，再指定管理人，但破产受理裁定与指定管理人的时间间隔不宜过长，避免债务企业长期处于失控状态而损害各方利益。

破产管理人的工作是一个既具体又抽象，既复杂又简单的工作。正如企业破产法实践先行的概念，需要大量经验作为支撑，管理人如果不能将管理人工作抽象出指导性原则，而是简单地僵化理解具体法律条文，就将给破产工作造成严重损失。

例如很多破产清算案件的时间周期十分漫长，除案件固有的难度外，有时案件结果与管理人工作有着非常直接的联系。管理人工作是整个破产工作的中台——例如，债权人对破产程序的信息基本来自咨询管理人。他们对破产程序的希望、质疑、建议与共识，依赖管理人的直接沟通与具体传达；法院的意见不会直接体现在与债权人以及各方主体的沟通上，事实上，管理人的上传下达也是法院控制破产程序进展的有效手段；投资人的决策程序与结果，亦依赖于管理人的配合意愿与程度。例如，在重整案件中，管理人的意见将直接影响重整投资者的最终遴选结果。简而言之，管理人的重要性或对案件走向的影响力，显然是极其巨大的。

实践中，管理人与债权人产生激烈冲突的案件不断增多。截至2022年4月14日，裁判文书网的判例信息共披露管理人作为当事人的裁判文书3.6万余份。尤其值得关注的是，管理人引进投资者，但投资者投入资金不足以达到债权人满意的清偿率，于是对管理人和潜在投资者提出异议的现象已变得常见。除此之外，市场尤应警惕的是，债权人对投资者的方案普遍满意，但管理人却提出反对和异议的案例已开始增多。

现以重庆某置业有限公司(以下简称A公司)重整案件为例，债务人涉及社会购房者数量逾千，社会层面影响巨大。2020年5月，破产管理人发布重整意向投资人招募公告，公开向市场招募投资者。2020年10月，重庆某地产企业(以下简称B公司)报名并提交重整投资方案，拟对A公司进行承债式收购。在投资方案中，B公司计划重组 A 公司董事会及管理团队,全面负责 A 公司存量地产项目的开发建设。同时,B 公司向全体债权人承诺,职工债权、优先债权、税收债权均将 100% 清偿,而普通债权本金清偿比例在 70% 以上。同时,B 公司承诺优先保证停工未交房项目在 1 年内交房,彻底解决社会购房者问题。因此,B 公司得到广大债权人及债务人等主体的认同。

2020 年 10 月,管理人收到投资方案后发布公告,管理人将在人民法院的指导下成立评审委员会,对 B 公司提交的投资方案进行评审。此后,管理人制作评审方案,确定评审委员会由 13 人组成。2020 年 11 月,管理人主持召开评审会,会前,债权人会议在主席会上提交声明称,评审委员会无合法授权,不能代替债权人"决定意向投资人的'生死'",且有委员受到胁迫,无法保证投票结果的公正,要求终止评审,将决定权交由全体债权人会议决议。但管理人未采纳此要求,继续由 13 名评审委员进行投票,结果评审委员会不同意 B 公司成为正式重整投资人。基于前述评审结果,重庆某区法院于 2020 年 12 月 14 日作出民事裁定,认为 A 公司资不抵债,宣告 A 公司破产。A 公司债权人因对破产裁定不服,向重庆市某中级人民法院申请监督。同时,债权人会议主席向重庆市高级人民法院提交诉状,起诉本案的破产管理人。

在该案中,管理人并非企业破产法明确的权力机构,不享有决策重整投资人的法定职权。管理人可以聘请专业机构弥补管理人对某项专业技能的不足,但无权授予该专业机构特殊的权利,更不能授予连管理人本身都不具备的权利。因此,该案的破产管理人可聘请评审委员会,就重整投资人的行业资质、经济实力、投资价格与履约保证等事项,进行评估并出具专业意见,但二者皆无权对投资方案进行表决。债务企业能否成功招募投资者是破产重整能否成功的关键,亦是债权人整体利益能否实现最大化与受偿比例能否提高的决定性因素。由此,关于 A 公司重整程序中的唯一的投资报价,管理人连同其聘请的专业机构可以提出专业意见,将其作为债权人会议表决的重要依据。但不论从何种角度而言,二者皆无权利代表债务人企业和债权人直接予以否决,导致 A 公司丧失涅槃重生的最后生机,也使得债权人失去了获得较破产清算更好的清偿条件的可能。

这一案件折射出的管理人权利越界问题,在实践中已多有发生。当然,我们并不完全了解上述案件的背后是否有着其他不为人知的隐情。但无论如何,管理人应是“管理之人”而非“管控之人”,这应成为管理人自我约束的底线思维。

如何将管理人机构尽可能地置入破产程序且不受程序僵化的制约,也是现实中的一大问题:一是如何让优秀的管理人勤勉尽责地开展各项工作?事实上,虽然现今破产管理人业务比较热门,但是体现在具体案件上,并非所有的破产案件都能令优秀的专家团队趋之若鹜。一些小案、难案如何统筹协调与吸引好的中介机构参与,正困扰着破产法院。二是如何为影响面大的案件选任出适合的破产管理人。现在的预重整程序中,在如何将前期参与的中介机构选任为管理人这一问题上,就存在利益冲突和案件成败的对立关系。例如在北京某环保上市公司债务重组案中,一方面是上市公司债务问题的复杂性,需要中介机构提前入场制定方案,另一方面是人民法院公开竞聘机构的程序要求。

这种法定的公开招标和选聘甚至“摇号”程序,使得专业机构提前“无偿或低成本”参与企业纾困变成“盲盒”,即付出未必会有回报。如何使得之前参与的中介机构可以继续提供法律服务,激发中介机构提前介入企业纾困并取得多赢的效果,成为破产领域司法改革的一个难题。目前,各地人民法院也在尝试通过接受债权人推荐而选任管理人,并明确中介机构在债务人进入破产程序前,曾经为债务人提供庭外重组、预重整等与破产有关的中介服务的,可以不认定为不得担任管理人的利害关系。

1. 管理人的动态随补机制

管理人不是一成不变的。“履职——追责”不能简单地二元划分,应该形成动态随补机制。例如,管理人在正常履职过程中,如果出现债权人反映的利益冲突事项,或者对部分决策中出现利益失衡等问题,法院就应随时动态调整。也许这种操作方式会导致新的问题出现,即债权人会基于债权优势或者其他手段倒逼管理人按照其诉求行事。但是,这种权力制衡依然是有效且必需的,不论是紫光集团破产重整案件中的原股东对重整方案的举报事件,还是上述重庆某地产重整案中的债权人会议主席诉讼追责事件,都说明重新完善管理人的权力制约机制已成为市场各方的共同愿望。

2. 清算组担任管理人时存在的问题

《企业破产法》第24条规定,清算组由有关部门、机构的人员组成。基于这一规定,实践中一些人民法院在指定管理人时,习惯性地指定地方机关、部门为破产管理人,或者将原来的清算组直接变更为破产管理人。由此,清算组在破产实践中浮现诸多问题。

其一,清算组若由政府官员临时组成,其专业性、中立性和独立性易招质疑。这是因为清算组成员在负责清算事务的同时,还承担政府机关或企事业单位的本职工作。这不仅在工作时间上可能发生冲突,而且由于破产事务并非其本职工作,且清算组完成工作后就会解散而无从追责,除特定人员外,清算工作好坏对部分官员来讲影响不大。市场担心此类清算组成员不具有破产相关的专业知识与积极性,导致的工作质量等问题难以避免。

其二,在国有企业的破产案件中,清算组的主要成员往往是由债务人的出资人,例如国有资产管理部门或上级主管部门的领导出任。清算组与债务人存在多种利害关系,尤其是在解决债务人企业破产后衍生的社会问题等方面,有着密切的利益关系。这使得市场疑虑清算组可能在清算过程中带有一定程度的地方保护主义、本位主义,难以客观、公正地处理破产案件。

其三,清算组非完全市场化地运作,实践中可能偏离法律规定。比如在破产财产的处理与分配中,清算组早年对职工利益与稳定问题更为关切,故对投资者的要求并非价高者得,而是谁能安置债务企业职工,谁就可以获得投资者资格甚至低价取得破产财产的机会。此类行为以实际损害债权人利益的方式,导致整个破产制度的立法宗旨与实施目标在运行层面出现偏离。

其四,这种清算组直接转为管理人的方式,可能成为规避法律的特殊通道。例如,根据法律规定,破产重整管理人须由法院指定。法院应当在管理人名册中,通过公开招标或摇号的方式选任中介机构担任管理人。但是,法院直接指定清算组担任管理人的方式规避了上述公开遴选程序。法院指定成为管理人的清算组,有的并不在当地法院的管理人名册中,有的在法院裁定批准重整时刚刚成立,有的甚至其与管理人同时诞生。

市场对清算组的担忧主要源于对非市场化因素干扰破产进程的疑虑。面对市场质疑,行政力量需要扮演好双重角色,我们在实践中可以参照菲利普·阿吉翁的观点。其一,清算组可在破产企业的引资过程中坚持市场化,保证竞争与投资人的自由进入,这是促进竞争政策与保护大多数主体权益和打击腐败等政策的关键所在;其二,在上述目标的前提下,清算组与其要求潜在投资者额外提供其他岗位的安置,不如更多地保护员工免受在破产企业的本职岗位消失的潜在危害,尽量盘活破产企业,维持工作岗位就是对其最大的保护。①

二、特殊主体的破产程序

(一)国有企业的破产程序

《企业破产法》第 133 条规定:"在本法施行前国务院规定的期限和范围内的国有企业实施破产的特殊事宜,按照国务院有关规定办理。"

对国有企业与民营企业采取区别对待的态度是《企业破产法》实施前的历史规定。在 1994 年至 1997 年期间,国务院各部门陆续发布了一系列文件,针对国有企业市场退出机制,建立了一套特殊的程序和实体规定。这些特别规定区别于《企业破产法》中的破产制度,在实践中被称作"政策性破产"。自 2004 年起,政策性破产范围不再扩大,国务院关于国有企业破产的规定仅限于职工安置等"特殊事宜",其他事宜统一适用《企业破产法》。

目前,国有企业在积极进行供给侧结构性改革。如对国有控股企业进行破产清算,一般较其他类型企业,应特殊关注两项问题:其一,在申请破产时,破产企业是国家出资的,根据部分省高院的破产审理规程等指引性文件,清算责任人申请破产时,需要提交经履行出资人职责的机构备案的职工安置预案;其二,管理人在处理破产财产前,破产企业是国家出资企业的,其资产的评估流程和要求应按照国有资产评估的

① 参见[法]菲利普·阿吉翁、[法]赛利娜·安托南、[法]西蒙·比内尔:《创造性破坏的力量:经济剧变与国民财富》,余江、赵建航译,中信出版集团股份有限公司 2021 年版,第 15 ~17 页。

规定办理。

国有控股的企业进行破产清算，职工安置属于前置性程序。此时，劳动合同无法继续履行的，破产企业需要对所有人员进行妥善安置。关于人员安置，实践中可以采取下述方式：其一，先与员工协商解除劳动合同，对于无法协商解除的员工，停业后安排待岗，待公司进入破产程序后再解除其余员工的劳动合同；其二，暂停营业后先安排所有员工待岗，待合资公司进入清算或者进入破产程序后，统一终止所有员工的劳动合同。

根据实务经验，相较于方案二，方案一在实践中更为稳妥：首先，从人员维稳的角度来看，先行成功协商解除大部分员工的劳动合同，将在一定程度上为后续人员安置工作减少困难；其次，从劳动争议的角度来看，与部分员工协商解除劳动合同，员工提起劳动争议的可能性降低，对整体清算注销程序或者破产程序的影响较小；最后，从用工成本的角度来看，对于先行协商解除的员工，合资公司自解除日后无须再承担其用工成本，总体上可能比全员待岗更有利于控制成本。同时，债务企业的一部分员工，也可能会被大股东或者其他国内股东接受，以减轻整体人员安置工作的压力。

实践焦点 007

国有企业破产程序中的退休职工的职工债权认定问题

在“蒋某莲、广西壮族自治区兴安县罐头厂（以下简称兴安县罐头厂）职工破产债权确认纠纷案”①中，被告兴安县罐头厂成立于1976年，属国有企业。原告蒋某莲主张其于1990年7月进入被告兴安县罐头厂工作，被告对此未提出异议。被告因经营不善，不能清偿到期债务，于2019年4月2日向法院申请破产清算。

---

① 参见广西壮族自治区桂林市中级人民法院民事判决书，(2021)桂03民终3045号。

蒋某莲就管理人审查确认的职工债权提出异议和诉讼，双方争议焦点在于经济补偿金、生活费等是否属于职工债权。蒋某莲因不服破产管理人的债权确认结果，以及不服一审法院判决，故向桂林市中级人民法院提起上诉并在二审中表示："本案应适用国有企业职工的各项待遇。例如，关于经济补偿金，在国发〔1994〕59 号文件、桂林市发〔2000〕61 号文件、桂林市发〔2004〕24 号文件没有废止，兴安县罐头厂没有改制时，国有企业应适用国有企业改制、破产职工补偿标准给予安置补偿。国有企业职工的经济补偿包含职工身份置换费在内，工龄低于 21 年的按三倍÷21 年工龄×实际工作年限计算，超过 21 年的按三倍计算。但一审法院避开本条的明确规定，不承认计划经济时代，劳动者为国家创造的历史价值，职工有着国有职工身份的事实，是对《企业破产法》的曲解。"

二审法院桂林市中级人民法院认为，关于经济补偿金，上诉人与被上诉人劳动合同关系终止的原因为上诉人达到法定退休年龄，这并不符合《劳动合同法》第 46 条规定的 7 种用人单位应当向劳动者支付经济补偿的情形。关于停产期间的生活费，上诉人认为根据国务院及地方的相关规定，对非因劳动者造成用人单位停工停产的，应按照相关标准支付劳动者生活费。但是，上述规定的本意是企业由于自身原因暂时停产，职工未能及时自谋职业解决，企业发放一定数额的生活费，解决职工基本生活问题。该案中，被上诉人停工停产已长达 20 余年，并非暂时停产，而是停产停工后一直没有恢复生产，包括上诉人在内的企业职工一般都已自谋出路，自行解决生活问题，期间也没有向被上诉人主张发放停产停工生活费。

基于上述理由，二审法院最终没有支持蒋某莲关于经济补偿金、停产期间生活费等属于职工债权的主张。

(二)金融机构的破产程序

《企业破产法》第 134 条规定："商业银行、证券公司、保险公司等金融机构有本法第二条规定情形的，国务院金融监督管理机构可以向人民法院提出对该金融机构进行重整或者破产清算的申请。国务院金融监督管理机构依法对出现重大经营风险的金融机构采取接管、托管等措施的，可以向人民法院申请中止以该金融机构为被告或者被执行人的民事诉讼程序或者执行程序。金融机构实施破产的,国务院可以依据本法和其他有关法律的规定制定实施办法。”

《企业破产法》之所以要有该条规定,是因为金融机构在中国经济环境中具有特殊地位,对其采取特殊规定,有利于维护中国金融稳定。中国现行金融监管体系,实行的是由国务院金融稳定发展委员会、中国人民银行、中国银行保险监督管理委员会和中国证券监督管理委员会组成的“一委一行两会”架构。“两会”是监管金融市场主体的主要部门。金融机构破产适用重整或清算程序,不适用和解程序,这是区别于一般企业破产制度的重点。金融机构破产的申请主体包括国务院金融监督管理机构、债务人和债权人。金融监管机构对出现重大经营风险的金融机构采取接管、托管或者整顿措施的,可以向法院申请终止以金融机构为被告或者被执行人的民事诉讼或执行程序。

以中国第1家保险公司破产重整案为例,北京金融法院发布的(2022)京74破申1号民事裁定书显示,2022年6月29日,银保监会原则上同意作为中国4家专业互联网保险公司之一的易安财险进入破产重整程序。北京金融法院于2022年7月12日组织召开听证会,易安财险的法定代表人、银保监会接管组工作人员到庭旁听。在此之前,2020年7月17日,易安财险被银保监会接管,接管期至2022年7月16日。在接管到期前一日,北京金融法院依法裁定受理破产重整申请,并指定易安财险清算组担任管理人,由此,易安财险依法正式进入破产重整程序。由此可知,中国为数不多的金融机构破产案件,不论易安财险破产重整案,还是包商银行破产重整案,一般流程皆体现出工作组托管在先,银保监会审批在后,最终法院裁定受理的债务风险化解工作流程与思路。对此,法院“无权”直接裁定该等金融主体破产。

实践焦点 008

从事金融业务的企业法人启动破产的前置审批事项

在“佛山市南海蓝科饲料有限公司（以下简称蓝科公司）与华鼎融资担保有限公司（以下简称华鼎公司）申请破产清算上诉案”①中，华鼎公司为融资性担保机构，因其未能履行还款义务，蓝科公司向广州市中级人民法院申请对华鼎公司进行破产清算。

广州市中级人民法院认为，华鼎公司作为从事金融业务的融资性担保机构，其资产状况较为复杂，影响范围较为广泛，影响社会稳定的隐患十分突出。根据《企业破产法》的相关规定，其是否进入破产程序应当参考国务院金融监督管理机构的意见。目前，国务院金融监督管理机构并未对华鼎公司是否进入破产程序作出批示，而且华鼎公司涉及的多个诉讼案件尚未审结，无法认定华鼎公司具备破产原因。因此，广州市中级人民法院对蓝科公司的申请不予受理。

蓝科公司向广东省高级人民法院上诉称，不能仅因字面包含融资两字就认定华鼎公司为金融机构，且已有现行法律、法规明确规定融资性担保公司不属于金融机构。一审法院认为华鼎公司是否进入破产程序应当参考国务院金融监督管理机构的意见，是对《企业破产法》的错误理解。根据《企业破产法》第 134 条第 1 款规定，只有对商业银行、证券公司、保险公司 3 类金融机构实施破产需要参考国务院金融监督管理机构的意见。金融机构破产时需要参考国务院金融监督管理机构的意见系监管部门干预市场主体经营运作的非常措施，对此应按照行政法中“法无授权不可为”的原则来处理相关事宜。

广东省高级人民法院审查认为，华鼎公司对蓝科公司的到期债务经人民法院生

① 参见广东省高级人民法院民事裁定书，(2016)粤民破 74 号。

效民事判决确认，经强制执行不能清偿，且华鼎公司实际控制人下落不明、经营异常，已明显缺乏清偿能力。蓝科公司申请对华鼎公司进行破产清算，符合法律规定。虽然华鼎公司取得广东省人民政府金融工作办公室颁发的融资性担保机构经营许可证并从事相关金融业务，但其并非《企业破产法》第134条规定的商业银行、证券公司、保险公司。该条仅规定在商业银行、证券公司、保险公司具备破产原因时，国务院金融监督管理机构可以主动介入，并未明确规定所有金融机构必须经国务院金融监督管理机构批准之后才能进行破产清算。

除上述理由外，广东省高级人民法院进一步认为，《融资性担保公司管理暂行办法》亦未规定对融资性担保公司进行破产清算必须取得国务院金融监督管理机构的批准。华鼎公司破产清算不会对国民经济产生重大影响，故对华鼎公司进行破产清算无须取得国务院金融监督管理机构的批准，而华鼎公司涉及的多个诉讼案件是否有确定处理结果亦不影响对华鼎公司进行破产清算。综上，广东省高级人民法院撤销了一审裁定并指令广州市中级人民法院受理破产清算申请。

因此，从事金融业务的机构并非皆是金融机构，除商业银行、证券公司与保险公司外，融资性担保公司等主体进行破产，应当个案分析其是否会对国民经济产生重大影响，不必然以获得国务院金融监督管理机构的批准为前提条件。

(三)非企业法人的破产程序

《企业破产法》第135条规定："其他法律规定企业法人以外的组织的清算，属于破产清算的，参照适用本法规定的程序。"

从《企业破产法》的规定上看，中国的破产法律是主要针对企业法人的法律规定，而非企业法人被排除在了法律的适用范围之外。但是，中国目前还没有针对非企业法人破产的专门法律规范。因此，该条文规定了非企业法人可参照适用《企业破产法》，以适应现实生活的需要。根据《民法典》的规定，中国非企业法人包括非营利法人、特别法人和非法人组织3种。

03

第三章

破产程序的启动

破产申请作为一个独立阶段，是破产程序的开端。人民法院应当依照当事人的申请，启动破产程序。没有当事人的申请，人民法院不能自行启动破产程序。但债权人或债务人向人民法院提出破产申请，破产程序并不当然开始。人民法院经过审查后，依法裁定受理破产申请，才是破产程序启动的标志。

一、破产程序的启动条件

《企业破产法》第2条规定："企业法人不能清偿到期债务，并且资产不足以清偿全部债务或者明显缺乏清偿能力的，依照本法规定清理债务。企业法人有前款规定情形，或者有明显丧失清偿能力可能的，可以依照本法规定进行重整。"

上述规定是说，并非所有困境企业都可适用破产程序，此类企业必须满足两个条件：一是必须要“不能清偿到期债务”；二是该企业的“资产负债表显示资不抵债”，即资产价值少于负债总额，资产负债率高于100%，或者是虽然该企业的账面资产大于负债，但是该企业缺乏现金流动性，无力清偿到期债务。司法实践中，这一标准是法定立案标准，但并非符合该标准即可立案。

（一）“不能清偿到期债务”标准

具体而言，“不能清偿到期债务”是指债务人对到期债务因丧失即时清偿能力而无法偿还的客观事实。这是一种客观事实，不以债权人提出请求为必要条件，也不要求债权人穷尽诉讼、执行等其他救济方式。根据《破产法司法解释（一）》第2条的规定，[1]认定不能清偿到期债务，应当同时具备3个方面的要件：

其一，债权债务关系依法成立。例如，债务人不否认或无正当理由否认债权债务关系，或者债务已经生效法律文书确定。债务人提出异议的，原则上经人民法院审查后，发现没有任何证据支持的或者明显与事实不符的，不应对人民法院受理破产案件构成影响，但人民法院经审查后难以判断的，可引导申请人先行提起民事诉讼或依法申请仲裁。

其二，债务人不能清偿的是“偿还期限届满的债务”。债权人在债务到期前认为债务人到期后将无法偿还，可考虑认为是有明显丧失清偿能力可能，但不能视为不能清偿，不在该条讨论之列。此项涉及一项破产制度与诉讼制度的交叉衔接问题——若双方某一合同属于未约定期限合同，例如无固定期限的借款合同，如何判断该笔借款属于到期债权。对此，在我们处理的四川某环保企业的破产重整案中，债权人通过诉讼主张，针对没有明确约定还款期限的合同，出借人有权随时主张借款到期，因此，出借人主张到期且债务人无法偿付的，在合理履行期限届满后，可以视为到期债权不能清偿，符合法定破产条件。

其三，债务人未清偿债务的状态客观存在。至于债务人的经营状况、债权金额、停止支付的比例、停止支付的时间、是否对全部债权人丧失清偿能力等，可作为考查债

[1] 《破产法司法解释（一）》第2条规定：“下列情形同时存在的，人民法院应当认定债务人不能清偿到期债务：（一）债权债务关系依法成立；（二）债务履行期限已经届满；（三）债务人未完全清偿债务。”

务人清偿能力的因素,由人民法院在裁定是否受理破产申请时综合考量,但不要求债权人承担举证责任,只要债务人没有完全清偿到期债务,就构成不能清偿到期债务。

综上,上述3方面的要件决定,如果债权人拟申请债务人进入破产程序,最理想化的方式系自己的债权已得到生效的胜诉法律文书确认。否则,破产法院在审查债权人身份之时,出于谨慎性原则以及债务企业本身可能采取的激烈对抗或抗辩,法院可能将以债权人身份存在争议为由,倾向于驳回破产申请。

(二)"资产不足以清偿全部债务"标准

"资产不足以清偿全部债务"即资不抵债标准。英美法律亦将其称为资产负债表标准。法院启动破产程序的主要依据为债务人的资产负债表——通过资产负债表判定是否符合资不抵债。资产负债表是资债比例的直观体现,其体现的是债务人实有资产的偿还能力,剔除了信用、能力等可能影响债务人清偿能力的其他因素。

根据《破产法司法解释(一)》第3条的规定,债务人的资产负债表,或者审计报告、资产评估报告等显示其全部资产不足以偿付全部负债的,人民法院应当认定债务人"资不抵债"。① 在实践中,鉴于债权人很难取得上述证据材料,故该条款一般用于债务人自行申请破产的情形。

(三)"明显缺乏清偿能力"或"有明显丧失清偿能力可能"标准

"明显缺乏清偿能力"是指债务人的资产状况表明其明显不具有清偿全部债务的能力,实际上是推定债务人发生了破产原因的破产申请理由,在与"不能清偿到期债务"连用时,其实质作用等同于停止支付,但又可避免单独适用"不能清偿到期债务"所引发的债务人大量增加的后果。

根据《破产法司法解释(一)》第4条的规定:"债务人账面资产虽大于负债,但存在下列情形之一的,人民法院应当认定其明显缺乏清偿能力:(一)因资金严重不足或者财产不能变现等原因,无法清偿债务;(二)法定代表人下落不明且无其他人员

---

① 《破产法司法解释(一)》第3条规定:"债务人的资产负债表,或者审计报告、资产评估报告等显示其全部资产不足以偿付全部负债的,人民法院应当认定债务人资产不足以清偿全部债务,但有相反证据足以证明债务人资产能够偿付全部负债的除外。"

负责管理财产,无法清偿债务;(三)经人民法院强制执行,无法清偿债务;(四)长期亏损且经营扭亏困难,无法清偿债务;(五)导致债务人丧失清偿能力的其他情形。”

需要特别说明的是,《破产法司法解释(一)》第1条第2款规定,相关当事人以对债务人的债务负有连带责任的人未丧失清偿能力为由,主张债务人不具备破产原因的,人民法院应不予支持。因此,判断企业法人是否明显缺乏清偿能力时,应当以该企业的财务状况为准,其关联企业或者连带债务人的财务状况不能被作为判断依据。

“有明显丧失清偿能力可能”是指债务人虽然尚未具备破产原因,但是根据其经营状况和财务信息,可以明确地预知不能清偿到期债务的情况在未来一定会发生。由于破产重整的目的是挽救企业,在其不具备破产原因时赋予当事人启动重整程序的机会,有利于及早挽救,因此相对于破产清算,重整程序申请的条件更为宽松。

因此,根据《企业破产法》之规定,债务人符合破产受理条件的公式为,“不能清偿到期债务+资不抵债”、“不能清偿到期债务+明显缺乏清偿能力”以及“不能清偿到期债务+有明显丧失清偿能力可能”3种。现今重整实践中,债务人通常符合资不抵债标准,甚至部分公司为重组后的轻装上阵,也往往在进行债务重组的当年,将资产水分挤干并按照最大口径计算债务规模。这也是很多上市公司年报(尤其是净利润与资产负债率两项指标)在重组时间节点前后,财务指标经常发生较大变化的原因。

不过案件并非只要符合条件就能让法院立案受理。在疫情的影响下,为了保护本国的经济结构以及经济复苏能力,欧洲绝大多数国家的政府采取了两大措施:一是稳定企业现金流,如社保和税收的延期缴纳或减免、为银行贷款提供国家担保等;二是临时修改规范破产程序的法律框架。2020年3月27日,德国紧急颁布的《COVID-19破产中止法》生效,其将公司管理者在发现破产或负债过多的情况后3周内启动违约程序的义务暂停,有效期至2020年9月30日,并可通过法令将暂停期间延长至2021年3月31日。例外情况下,如果破产状况不是由于疫情的蔓延,或不存在消除无力支付状况的前景,那么管理者仍负有破产申请义务。①

① 参见走出去智库:《跨境合规实务丨德国因疫情调整破产申请义务,中企如何规避相关责任风险》,载观察者网2022年5月15日,https://user.guancha.cn/main/content?id=308418。

美国公司同样受到疫情侵袭。美国破产和公司重组专家罗伯特·K. 拉斯穆森(Robert K. Rasmussen)指出,现在美国的公司债务至少有15,000亿美元,公司债务与GDP之比达到了历史最高水平。2020年美国公司发行了大约4350亿美元的新债券,比之前历史最高的2012年发行的债券还高出900亿美元。约六成的美国金融和非金融公司被评为“非投资级”,这也是有史以来的最高比例。但是,2021年上半年,只有5家大型上市公司申请破产,原因是美国政府在疫情期间,实施了稳定经济的政策。加息回流再加上政府承诺将利率维持在接近于零的水平,导致在未来几年内,期待回报的投资者将货币市场基金和养老基金大量投入私人债务市场。巨量的公司债务由此产生——这些债务必须通过重组或重整的方式进行调整。但美联储不可能永远维持如此低的利率,无论利率是由于通货膨胀的爆发而很快上升,还是由于美联储继续坚持低利率而稍晚几年上升,利率处于历史最低位的这段时期都会结束。即使经济快速恢复,企业仍然可能无法解决疫情期间产生的巨额债务。最终,当利率不可避免地上升时,负债累累的公司将面临更大的压力。①

实践焦点
009

关于“债权债务关系依法成立”的证明材料

债权人在向法院申请债务人破产时,是否需要提供生效法律文书证明其与债务人之间存在真实确定的债权债务关系,司法实践中存在不同观点。

否定观点认为,债权债务关系依法成立,不需要获得生效法律文书确认。在“广东省商业集团有限公司(以下简称商业公司)申请人鹤山市鼎丰房地产有限公司(以

① 参见罗伯特·K. 拉斯穆森:《【领读】新冠债务和破产基础设施》,载腾讯网,https://new.qq.com/omn/20220424/20220424A012GI00.html。

下简称鼎丰公司)破产清算案"①中,一审法院认为,债权人商业公司没有提供债务凭证,即2017年11月14日(2016)粤01民初473号民事判决书的生效证明,作为破产申请人的资格证明。同时,根据江门市中级人民法院提供的材料,债务人鼎丰公司尚有大量的资产可供执行,不存在资产不足以清偿全部债务或明显缺乏清偿能力的情形。因此,一审法院据此驳回了债权人的破产申请。但二审法院认为,商业公司对鼎丰公司存在合法有效的到期债权,且鼎丰公司至今尚未清偿该到期债权。商业公司提交的(2016)粤01民初473号民事判决书能够进一步印证鼎丰公司不能清偿到期债务,商业公司具有申请其破产清算的主体资格。一般而言,审计报告或者资产评估报告等也可作为判断债务人资产总额是否资不抵债或者明显缺乏清偿能力的依据。一审法院以商业公司没有判决书生效证明为由,否定其资格,依据不足,二审法院对其予以纠正。

肯定观点认为,只有获得生效法律文书确认后,债权人才有资格提出破产申请。在"深圳市大晟新一佳商业运营管理有限公司(以下简称大晟公司)、广东新一佳商业投资有限公司(以下简称新一佳公司)申请破产清算案"②中,广东省高级人民法院认为,债务人不能清偿的必须是无合理争议或经生效法律文书确定的债务。在该案中,新一佳公司对大晟公司垫付的资金不予确认,并提出大晟公司尚欠新一佳公司相关费用,说明双方的债权债务关系存在争议,该争议只有通过法院或仲裁机构作出生效裁判才能予以明确。一审法院认为大晟公司主张的债权没有经过司法程序确认,不足以证明其对新一佳公司享有到期债权,并无不当。

笔者认为,尽管部分法院倾向于依据生效法律文书确认债权,但是立法本身并不要求债权一定得到生效法律文书的确认。《北京市高级人民法院企业破产案件审理规程》《江苏省高级人民法院破产案件审理指南》等法院实操指引文件均未要求债权人必须提交生效法律文书。上海市律师协会发布的《律师承办破产程序申请业务操作指引》规定,证明债权依法成立时,"债权未经生效裁判文书或者具有强制执行效力的公证文书确认的,还可以提供债权人的催款函、律师函等可证明未超过诉讼时效

① 参见广东省江门市中级人民法院民事裁定书,(2019)粤07破终1号。

② 参见广东省高级人民法院民事裁定书,(2019)粤破终2号。

的有关证据”。在很多案例中,债权人仅提供证据证明借贷法律关系存在或借款真实发生,即可成功申请债务人进入破产程序。

二、破产程序的申请人

《企业破产法》第 7 条规定:“债务人有本法第二条规定的情形,可以向人民法院提出重整、和解或者破产清算申请。债务人不能清偿到期债务,债权人可以向人民法院提出对债务人进行重整或者破产清算的申请。企业法人已解散但未清算或者未清算完毕,资产不足以清偿债务的,依法负有清算责任的人应当向人民法院申请破产清算。”

上述规定说明,债务企业在满足无法清偿到期债务且资不抵债,及无法清偿到期债务且明显缺乏清偿能力或有明显丧失清偿能力可能时,有权向管辖法院提出全部破产程序的申请,即债务人可以向人民法院提出清算、重整与和解 3 类破产程序。但是,债权人仅能向人民法院提出破产重整与清算这两类申请,其中不包含破产和解程序,而清算责任人仅可提起破产清算的申请,不包括破产重整与破产和解。

(一)债务人作为申请人的情形

在债务人具备《企业破产法》第 2 条规定的破产原因时,债务人可以向人民法院提出重整、和解或者破产清算的申请。但债务人提起破产申请提供的证据材料,需要足以证明其完全符合《企业破产法》第 2 条的规定。

债务人作为申请人,人民法院关于证据的形式要求较高,且会更大限度地进行实质性审查。根据部分人民法院内部关于审查破产申请的指引,不同的申请人所需提供的证据材料的证明程度亦会不同。例如,债权银行对债务人具备破产条件的财务指标,应比其他债权人的证明责任更重。

(二)债权人作为申请人的情形

破产实践中,在债务人不能清偿到期债务时,债权人可以向人民法院提出破产重整或者破产清算的申请。债权人提供的证据材料足以证明债务人未清偿到期债务即可。此时,只要债务人不能提供相反证据证明其并非资不抵债,也没有明显缺乏清偿能力,人民法院即可推定债务人出现了上述两个破产原因之一。法律将资不抵债等证明义务施加于债务人,是因为债权人一般很难获取债务人真实的财务数据,尤其是关于资产负债率等关键财务指标，除了上市公司必须披露外，其他企业数据很难取得。另外，即使债权人获得该等财务数据，其真实性亦难以得到保证。

债权人不能提出和解申请的原因在于，和解程序作为一种简便的程序，它以和解协议草案的提出为程序启动的条件，而这种草案在民法上应被视为一种要约，其仅能由债务人提出。但是，如果债权人认为需要与债务人和解，可以通过庭外协商，在双方达成和解意向的情况下，由债务人在破产程序启动前或启动后提出和解申请。

(三)清算义务人

一般情况下，破产申请人通常是债权人或者债务人，特殊情况下债务人的股东也可以是破产申请人。但除此之外，实践中还有一类主体比较少见，此类主体涉及《企业破产法》与《公司法》交叉适用的部分，即清算义务人。

《公司法》①规定的未清算完毕情形下已经成立的清算组，以及根据《民法典》②《公司法》③规定的应清算未清算情形下依法负有启动清算程序的清算义务人。如果债务人资产不足以清偿债务，该等清算义务人有义务申请债务人破产清算，且仅能申请债务人破产清算。关于清算义务人提出的破产申请，人民法院应当受理并于受理时宣告债务人破产。但是，根据《破产法司法解释(一)》的具体规定④，此种情况下负有清算责任的人的法定义务并不意味排除其他申请权人，尤其是不排除债权人向

① 《公司法》第187条规定："清算组在清理公司财产、编制资产负债表和财产清单后，发现公司财产不足清偿债务的，应当依法向人民法院申请宣告破产。公司经人民法院裁定宣告破产后，清算组应当将清算事务移交给人民法院。"

② 《民法典》第70条规定："法人解散的，除合并或者分立的情形外，清算义务人应当及时组成清算组进行清算。法人的董事、理事等执行机构或者决策机构的成员为清算义务人。法律、行政法规另有规定的，依照其规定。清算义务人未及时履行清算义务，造成损害的，应当承担民事责任；主管机关或者利害关系人可以申请人民法院指定有关人员组成清算组进行清算。"

③ 《公司法》第183条规定："公司因本法第一百八十条第(一)项、第(二)项、第(四)项、第(五)项规定而解散的，应当在解散事由出现之日起十五日内成立清算组，开始清算。有限责任公司的清算组由股东组成，股份有限公司的清算组由董事或者股东大会确定的人员组成。逾期不成立清算组进行清算的，债权人可以申请人民法院指定有关人员组成清算组进行清算。人民法院应当受理该申请，并及时组织清算组进行清算。"

④ 《破产法司法解释(一)》第5条规定："企业法人已解散但未清算或者未在合理期限内清算完毕，债权人申请债务人破产清算的，除债务人在法定异议期限内举证证明其未出现破产原因外，人民法院应当受理。"

法院申请债务人破产清算的权利。

上述清算义务人不必然包括在强制清算情形下人民法院指定的清算组。这是因为根据《公司法司法解释(二)》的规定,在强制清算情况下,原则上应该申请破产清算,但清算组提出的债务清偿方案得到全体债权人同意和人民法院认可的,可以不申请公司破产。①

需要注意的是,在企业法人出现不能清偿到期债务且明显缺乏清偿能力时,即企业法人解散但未清算、破产原因和强制清算原因竞合的情况下,根据《九民纪要》的相关规定,应当及时适用破产清算程序,而对于债权人的强制清算申请将不予受理。② 另外,此处《企业破产法》与《公司法》交叉适用的部分,还涉及与诉讼法领域的衔接,即强制清算与强制清算之诉。

实践焦点 010

债务人申请破产时举证责任的分配问题

在"刘某辉、龚某英诉江西亚细亚气门芯制造有限公司(以下简称亚细亚公司)等申请破产清算再审案"③中,一审法院与二审法院都以债权人提交的证据不足以证明债务人不能清偿到期债务,并且资产不足以清偿全部债务或者明显缺乏清偿能力

---

① 《公司法司法解释(二)》第 17 条规定:"人民法院指定的清算组在清理公司财产、编制资产负债表和财产清单时,发现公司财产不足清偿债务的,可以与债权人协商制作有关债务清偿方案。债务清偿方案经全体债权人确认且不损害其他利害关系人利益的,人民法院可依清算组的申请裁定予以认可。清算组依据该清偿方案清偿债务后,应当向人民法院申请裁定终结清算程序。债权人对债务清偿方案不予确认或者人民法院不予认可的,清算组应当依法向人民法院申请宣告破产。"

② 《九民纪要》第 117 条规定:"要依法区分公司解散清算与破产清算的不同功能和不同适用条件。债务人同时符合破产清算条件和强制清算条件的,应当及时适用破产清算程序实现对债权人利益的公平保护。债权人对符合破产清算条件的债务人提起公司强制清算申请,经人民法院释明,债权人仍然坚持申请对债务人强制清算的,人民法院应当裁定不予受理。"

③ 参见最高人民法院民事裁定书,(2017)最高法民再 284 号。

为由,裁定不予受理破产申请。

但最高人民法院在再审中指出,应由债务人在法定期限内举证证明其既不属于资产不足以清偿全部债务,又非明显缺乏清偿能力。如果债务人举证不能,法院应当受理对债务人的破产申请。就本案而言,债权人刘某辉、龚某英申请债务人亚细亚公司破产时,应当举证证明亚细亚公司存在不能清偿到期债务的情形。其后,举证责任转换至亚细亚公司,由亚细亚公司举证证明其不存在资产不足以清偿全部债务或者明显缺乏清偿能力的情形。否则,即应认定亚细亚公司具备破产原因,一审法院应依法受理刘某辉、龚某英提出的破产申请。

该案中,最高人民法院首先审查了债权人是否完成了举证责任。刘某辉、龚某英对亚细亚公司的债务已经为(2015)赣民一终字第 238 号民事判决所确认。亚细亚公司的土地和房产经拍卖变现为 1000 万元,扣除评估费、案件受理费、保全费、执行费后可用于债权人分配的金额约为 964 万元,而包括刘某辉、龚某英案涉债权在内的生效法律文书确认的债权本金总额为 2485 万元。根据上述分配方案,普通债权系按照查封先后顺序进行分配,刘某辉、龚某英债权处于第四顺位,已无法获得任何清偿。

因此,最高人民法院认定,现有证据已足以证明刘某辉、龚某英案涉到期债权未获清偿,并且此种状态并非因一时的资金周转困难等问题暂时中止支付,而是在较长期间内持续不能清偿,即《破产法司法解释(一)》第 2 条第 3 项"债务人未完全清偿债务"规定的条件已经成就。另外,最高人民法院亦考虑了债务人亚细亚公司是否存在"举证证明其不存在资产不足以清偿全部债务或者明显缺乏清偿能力的情形"。债务人应当在接到法院的通知之日起 7 日内提出异议,而本案债务人亚细亚公司不仅未对破产申请提出异议,反而明确认可其已处于资不抵债状态并同意破产申请。

综上所述,最高人民法院最终认定亚细亚公司已经具备破产原因,并撤销了一审和二审裁定。从这一案件中可以看出,鉴于债权人不可能完全掌握债务企业的详细财务情况,故不论申请人为债权人抑或债务人,债务人基于对自身资产负债情况最为了解的客观事实,应当承担"最终"的举证责任。

三、破产申请书和证据

《企业破产法》第 8 条规定:“向人民法院提出破产申请,应当提交破产申请书和有关证据。破产申请书应当载明下列事项:(一)申请人、被申请人的基本情况;(二)申请目的;(三)申请的事实和理由;(四)人民法院认为应当载明的其他事项。债务人提出申请的,还应当向人民法院提交财产状况说明、债务清册、债权清册、有关财务会计报告、职工安置预案以及职工工资的支付和社会保险费用的缴纳情况。”

(一)关于申请书的形式要件与内容要求

一般而言,破产申请书作为启动破产程序的法定文件,应当载明下列事项:(1)申请人、被申请人的基本情况,这里主要是指申请人、被申请人的工商登记信息或个人身份信息等,如名称(姓名)、统一社会信用代码(居民身份号码)、地址(住址)、联系方式、经营范围、法定代表人的姓名和职务等信息,涉及上市公司的还需包括股票代码等信息;(2)申请目的,这里是指申请人拟申请适用的破产程序,即《企业破产法》规定的清算程序、重整程序、和解程序,需要再次强调的是,债务人可申请适用上述三种程序,债权人可申请适用重整程序、清算程序,清算责任人仅可申请适用清算程序;(3)申请的事实和理由,主要是指债务人具备《企业破产法》第 2 条规定的破产原因或重整原因的事实,债权人申请的,还应包括其对债务人享有合法到期债权的事实;(4)人民法院认为应当载明的其他事项,该项作为兜底条款,主要是指人民法院为及时、有效审查破产申请,根据实际情况要求申请人在申请书中对特定事项做的说明,如资产负债情况、涉诉情况等。

(二)关于债权人和债务人作为申请人在证据层面的不同举证义务

不论是债权人还是债务人申请破产,均需要提出书面申请并附相关证据。对比而言,债务人自己主动提出申请的,提交的证据材料应更充分。法院对不同申请人采取不同证据标准,也是一种在证据规则上的责任划分。债务人自然是最为清楚自身情况的主体,其要作为申请人自然要受到法院最严格的审查。否则,债务人的动机会遭受“逃废债”的合理怀疑。反之,如果把严格的证明义务强加于债权人,也会造成严重的不公平。一个甚至连债务人办公地都可能没有去过的债权人，如何向法院提供足以证明其资不抵债的财务资料？这在非上市公司层面而言，显然是不可能的事项。为了不让破产申请审查制度成为“僵尸企业”的保护伞，各地法院在破产案件工作指引中对此形成了大体一致的规定——债权人仅提供最低限度的证明材料即可，剩下的交由法院在组织的听证会中向债务人提问并由其提供反向证明。

1. 债权人提出破产申请

申请人提出破产申请的，除了提交上述破产申请书，还应一并提供有关证据。债权人提出破产申请的，根据《破产法司法解释（一）》的相关规定①，债权人仅提供可证明其债权依法存在且债务人在债权到期后仍未清偿的证据即可。至于债务人财产状况的说明、债务清册、债权清册、财务会计报告等有关材料，在人民法院受理破产申请后，由人民法院责令债务人提交。

2. 债务人提出破产申请

债务人提出破产申请的，债务人需要提交证明其存在资产不足以清偿债务或者丧失清偿能力的证据材料，这些证据材料主要包括：(1)财产状况说明，该说明应列明债务人的流动资产情况、非流动资产情况，具体可按照资产负债表的科目列式；(2)债务清册、债权清册，该清册应列明债务人、债权人的名称（姓名）、地址（住址）、联系方式、债权数额、发生时间、到期时间、最后一次催收情况、担保情况等；(3)有关财务会计报告，主要是指资产负债表、利润表、现金流量表及相应的年度财务报告、审计报告（如有）；(4)职工安置预案以及职工工资的支付和社会保险费用的缴纳情况，职工安置方案主要包括法律依据、安置目标、安置原则、安置范围、经费来源、具体安置方式、经济补偿等内容，职工工资的支付和社会保险费用的缴纳情况应说明应付职工工资情况、实付职工工资情况、欠付工资情况、社会保险费用的缴纳及欠缴情况。

---

① 《破产法司法解释（一）》第6条规定：“债权人申请债务人破产的，应当提交债务人不能清偿到期债务的有关证据。债务人对债权人的申请未在法定期限内向人民法院提出异议，或者异议不成立的，人民法院应当依法裁定受理破产申请。受理破产申请后，人民法院应当责令债务人依法提交其财产状况说明、债务清册、债权清册、财务会计报告等有关材料，债务人拒不提交的，人民法院可以对债务人的直接责任人员采取罚款等强制措施。”

(三)申请特殊主体破产时应当履行的前置审批程序

1. 特殊企业破产申请

需要特别注意的是,国有企业、民办学校、金融机构等特殊主体破产的,除《企业破产法》第 8 条规定的文件外,一般还应提供其他相关资料。例如,国有企业破产,应提交其上级主管部门同意其破产的文件以及职工安置预案;民办学校破产一般需提供其审批机关作出的终止办学决定或发布终止办学公告,在读学生已安置完毕的证明文件,以及清退学杂费的预案等文件;商业银行、保险公司、证券公司等金融机构破产,应提供其监督管理机构同意的批准文件。

2. 商业银行破产程序

2022 年 4 月,河南、安徽等地村镇银行发生不能取现风波,而根据中国银保监会对外披露的信息,截至 2022 年 5 月,辽宁已有 63 名中小银行"一把手"被采取留置和刑事强制措施,①村镇银行的管理乱象和风险逐步暴露。因此,如何理顺风险银行的处置方式,以及其与破产程序的衔接适用事项,成为制度层面较为紧迫的问题。除村镇银行外,商业银行的风险同样存在,以"明天系"控制下的包商银行为例,其实际控制人通过近 40 家载体公司分散持股等方式,违规控制其 89% 的股权,最终出现了严重的信用风险。②

2019 年 5 月 24 日,中国人民银行、中国银保监会发布《关于接管包商银行股份有限公司的公告》,依照《中国人民银行法》《银行业监督管理法》《商业银行法》等法律规定,决定对包商银行实行接管,接管期限一年,由建设银行负责托管。2020 年 11 月 12 日,中国银保监会批准包商银行进入破产清算程序;2020 年 11 月 23 日,北京市第一中级人民法院裁定受理破产申请;2021 年 2 月 7 日,北京市第一中级人民法院裁定宣告包商银行破产。在本案受理流程中,破产法院以监管部门出具的批准文件为受理前置条件,与上文提及的保险公司破产重整审批流程一致。

① 参见蔡越坤、张博佳:《逾 1600 家村镇银行扫描:民营占比约四成 不良率高于农商行》,载经济观察网,http://www.eeo.com.cn/2022/0603/537703.shtml。

② 参见彭骁骁:《央行:探索研究风险处置股权减记 严格股东准入和持续监管》,载财新网,https://finance.caixin.com/2021-09-03/101768589.html。

3. 上市公司破产重整

上市公司重整申请有着较一般公司更为严格的程序和实体要求。在北京等审批上市公司重整案件较为严格的地区,上市公司重整案件数量稀少。相较于非上市企业而言,上市公司进入破产重整程序,除人民法院的司法审批之外,还须符合行政审批等前置条件。根据《上市公司重整纪要》第3条第2款的规定,申请上市公司破产重整的,还应提交关于上市公司具有重整可行性的报告、上市公司住所地省级人民政府向证券监督管理部门的通报情况材料以及证券监督管理部门的无异议函、上市公司住所地人民政府出具的维稳预案等。

根据上述规定,申请人申请上市公司破产重整的,除提交《企业破产法》第8条规定的材料外,还应当提交关于上市公司具有重整可行性的报告、上市公司住所地省级人民政府向证券监督管理部门的通报情况材料以及证券监督管理部门的意见、上市公司住所地人民政府出具的维稳预案等。上市公司自行申请破产重整的,还应当提交切实可行的职工安置方案。

因此,对于申请上市公司破产重整的,在重整申请受理前,共涉及"司法、行政"两条审批条线,具体流程如下。

行政审批条线:债务人向当地政府提出恳请支持重整工作的报告,当地政府审查同意后层报至省政府。实践中,在当地政府支持的前提下,也可以由债务人直接向省政府提出报告。省政府审查后认为具备重整条件的,向中国证监会提出关于商请支持上市公司司法重整的函件,中国证监会同意后向最高人民法院出具函件,不同意则不出具函件。

司法审批条线:人民法院收到上市公司破产重整申请材料后认为具备重整条件的,层报至高级人民法院进行审查。高级人民法院审查认为具备重整条件的,再报送至最高人民法院审查。最高人民法院收到高级人民法院的请示及中国证监会的无异议函后认为符合要求同意立案的,批复重整立案。上述任何一级人民法院审查后不同意的,均可裁定不予受理。

例如北京地区上市公司重整案件,上市公司拟启动破产重整程序的,需向区级政府申请,然后由区级政府上报北京市政府,再由北京市政府协商中国证监会(期间会与中国证监会北京证监局沟通),同时附初步重整草案。中国证监会审查同意后,回复北京市政府,抄送最高人民法院。同时,在上市公司取得政府初步同意后,可向北京市第一中级人民法院递交预重整申请,随附初步重整方案。北京一中院上报北京市高级人民法院、北京市高级人民法院报最高人民法院、最高人民法院等中国证监会复函,层报层回。在此期间,地区政府的支持非常关键,否则,即使人民法院受理预重整申请,也依然可能无法进入正式的司法重整程序。

实践焦点 011

债权人申请破产时证明材料的提供问题

以"张某谦与青海永衡工贸有限责任公司(以下简称永衡工贸公司)申请破产清算案"①为例,张某谦作为债权人,在执行程序中提出了对于债务人永衡工贸公司由执行程序转为破产清算程序的申请。一审法院认为,根据《企业破产法》第 8 条规定,张某谦与永衡工贸公司均无法提供永衡工贸公司相关财产状况说明、债务清册、债权清册、会计师事务所出具的审计报告等证据,无法查明永衡工贸公司的全部资产状况,不能证明永衡工贸公司已达到破产的条件,因此,该案不符合破产清算受理条件,一审法院不予受理。

张某谦向青海省高级人民法院上诉称,其作为债权人申请债务人破产,符合《企业破产法》第 8 条第 1 款的规定,而不应适用第 3 款债务人申请破产提供有关资料的规定,且根据《破产法司法解释(一)》第 2 条的规定,张某谦强制执行永衡工贸公司一案未执行到分文财产,依法应当认定债务人资产不足以清偿全部债务。

二审法院青海省高级人民法院经审查认为,破产申请人张某谦是被申请人的债权人,被申请人永衡工贸公司是申请人的债务人,故申请破产权利人的主体适格,且

① 参见青海省高级人民法院民事裁定书,(2021)青破终 3 号。

现有材料可以证实债权发生的事实、债权性质、数额、不能清偿到期债务等。因此，二审法院撤销了一审裁定，并指令由西宁市中级人民法院受理张某谦对永衡工贸公司的破产清算申请。

因此，根据该案裁判观点，债权人申请破产的，只需要提供一定的证据证明债务人具备破产原因，但并不强制要求其必须提交财产状况说明、债务清册、债权清册等证明材料。

四、破产申请的撤回

《企业破产法》第 9 条规定："人民法院受理破产申请前，申请人可以请求撤回申请。"

在人民法院裁定受理破产申请前，破产程序并未实质开始，此时，申请人请求撤回破产申请是对自身权利的处分，因此，《企业破产法》允许申请人提出撤回破产申请的请求，但最终是否准许，由人民法院根据实际情况裁定，考虑因素包括撤回行为是否存在恶意的权利滥用、是否损害其他当事人的利益等。《九民纪要》第 108 条亦规定："人民法院裁定受理破产申请前，提出破产申请的债权人的债权因清偿或者其他原因消灭的，因申请人不再具备申请资格，人民法院应当裁定不予受理。但该裁定不影响其他符合条件的主体再次提出破产申请……"因此，在债权人作为申请人提出破产申请后，其债权得到清偿或与债务人达成清偿安排的，有权请求撤回破产申请。此外，该条规定的主体并未局限于债权人作为申请人的情形，债务人提出破产申请后，经营状况好转或获得投资人青睐的，亦有权请求撤回破产申请。

《企业破产法》第 9 条限定了申请人请求撤回破产申请的前提，即人民法院尚未裁定受理破产申请。人民法院裁定受理破产申请系对债务人具有破产原因的初步认可，将确定地对全体债权人、债务人和其他利害关系人的权利产生重大影响。人民法院允许撤回破产申请，将导致破产程序开始的法律效果缺乏确定性，亦会造成相当的损失。

在破产实践中,人民法院受理破产申请后,债务人与全体债权人就债务的处理达成协议,破产程序已无继续必要的,可按照《企业破产法》第 105 条的规定,请求人民法院裁定认可并终结破产程序。

实践焦点 012

破产申请受理后的撤回问题

破产实践中,在人民法院裁定受理破产申请后,是否允许申请人撤回破产申请?对此,企业破产法并未明确规定,这也导致理论界和实务界皆存在不同观点。

"否定说"认为如果允许撤回破产申请将会构成对司法权的否定,也会侵害潜在利害关系人的合法权益;"肯定说"认为应尊重民事权利自主处分权,撤回破产申请属于申请人的诉权,破产申请人有权行使撤回权;"审查说"认为应由人民法院行使司法审查权,认定申请人撤回破产申请是否违反法律,是否侵害其他人利益,即由法院通过个案判断是否允许申请人撤回破产申请。

"山西联盛能源有限公司(以下简称联盛能源)破产重整案"就曾遇到在法院裁定受理破产申请后是否允许撤回破产申请的问题。据媒体报道,2013 年 11 月 29 日,联盛能源在未通知任何债权人和上级部门的情况下,公司实际控制人在柳林县召开新闻发布会。在会议上,柳林县人民法院宣布受理联盛能源及其下辖公司等 12 家企业的重整申请。但此举让联盛能源的多家金融机构债权人和当地互保民企猝不及防。其后,包括国家开发银行在内的 13 家金融机构联合向山西省委省政府提交了关于省委省政府出面协调联盛重整时间的紧急报告。

金融债权人在该报告中认为,联盛能源和地方法院置债权人利益于不顾,单方宣布联盛能源进入司法程序,但债权银行事前没有收到任何法律文书。重整程序的不公开使得债权人担心自身的利益受到侵犯。2013 年 12 月 9 日,在山西省金融办召集山西省银监局、中国人民银行太原中心支行及14家金融机构召开的协调会上，债权银行要求联盛能源撤回申请。根据后续报道，该重整实际未能顺利进行，至于人民法院是否曾经出具民事裁定书正式受理破产申请，以及联盛能源是否主动撤回破产申请，外界无从知晓。但除这一案件外，在公开渠道我们尚未检索到人民法院允许申请人撤回破产申请的案例。

参照该案与相关法律规定，我们倾向于认为，破产程序并非申请人与被申请人之间的二元关系，从保护广大债权人利益的角度出发，在破产申请被受理后，人民法院不应允许申请人撤回破产申请，尤其是在人民法院已将受理裁定进行对外公告后。如果此时破产程序确实没有继续进行之必要，人民法院可基于《企业破产法》的相关规定，驳回破产申请或终结破产程序，但不能赋予申请人在案件受理后的自由撤回权。

五、受理破产申请的期限

《企业破产法》第10条规定："债权人提出破产申请的，人民法院应当自收到申请之日起五日内通知债务人。债务人对申请有异议的，应当自收到人民法院的通知之日起七日内向人民法院提出。人民法院应当自异议期满之日起十日内裁定是否受理。除前款规定的情形外，人民法院应当自收到破产申请之日起十五日内裁定是否受理。有特殊情况需要延长前两款规定的裁定受理期限的，经上一级人民法院批准，可以延长十五日。"

当事人向法院提出破产申请后，破产程序并不当然开始。法院需要在法律规定的期限内进行审查，不仅进行形式审查，还进行实质审查。法院审查认为符合法定条件的，出具民事裁定书，裁定受理破产申请。只有法院裁定受理破产申请，破产程序才真正启动。

(一)形式审查

形式审查主要是审查破产申请是否满足法定形式。一方面，法院需要确定其对案件是否具备管辖权；另一方面，法院要对申请材料进行审查，要求申请书内容完整、相关证据齐备、法定文件齐全。

法院在收到破产申请后，应当自收到破产申请之日起 5 日内，告知申请人补充、补正相关材料。这里的告知期限应为全部应当补充、补正材料的统一告知期限。法院作出受理破产申请的裁定后，如果发现仍有材料需要补充，可要求当事人继续补充，但此时法院不得以申请材料不合格为由驳回破产申请。关于补充、补正的期限，《企业破产法》及相关司法解释未作限制，实践中可根据案件需要由法院确定，具体可参考各地法院审理破产案件的工作指引。在法院规定的补充、补正期限内，申请人未能提交或提交依然不符合规定的，则应承担“举证不能”之不利后果。然而，如果提交的证据材料已经足以支持法院对债务人是否具备破产原因作出判断，法院仍应受理破产申请。在破产申请阶段，法院只就应否受理破产申请作出裁定，其他不影响立案的事项，应当在案件受理后再查明解决。

(二)实质审查

破产法院将对破产申请进行实质审查，重点审查破产申请是否符合法律规定的实质要件，主要包含：申请主体的适格性、申请事实的真实性以及申请理由的合理性。

其一，法院在审查主体要件时会审查申请人是否具备破产申请的资格，即其是否为符合条件的债权人、债务人或者清算责任人；与之相对，法院还将审查债务人是否为可依法适用破产程序的主体，即是否为企业法人。

其二，在申请的事实和理由方面，法院会审查债务人是否具备破产原因。对于不同的申请人，法院审查的破产原因要件不尽相同。

债务人申请破产模式：对于债务人资不抵债现象明显、易于判断的案件，要审查其是否不能清偿到期债务并且资产不足以清偿全部债务；对于债务人资不抵债现象不易判断，难以根据形式证据(如资产负债表)迅速查明的案件，则审查其是否不能清偿到期债务并且明显缺乏清偿能力。

债权人申请破产模式：法院要审查的破产原因为债务人是否不能清偿到期债务，而未要求对不能清偿到期债务的原因进行审查。因为当债务人不能清偿到期债务时,可推定债务人具备破产原因。对此,债务人也可提出异议。

司法实践中,案件受理时的表面事实可能与真实情况不符,或者案件受理后情况发生变化,例如,原有破产原因消除,债务人清偿了债务,不再符合不能清偿到期债务的情形。在这种情况下,人民法院可以适用《企业破产法》第 12 条第 2 款的规定,驳回破产申请并终结破产案件,或者适用《企业破产法》第 108 条的规定,裁定终结破产程序。

(三)异议处理

对于债权人提出的破产申请,债务人有权提起异议程序进行对抗。债务人既可对债权人所持债权提出异议,也可对其是否具有清偿能力提出异议。常见的异议类型包括:债权不能成立、债权未经生效法律文书确认、债权数额错误、债权未到期、未资不抵债等。因此,在司法实践中,债务人对抗债权人启动的破产程序,可以采取双重抗辩策略:第一步,债务人可将抗辩的重点放在对方作为申请人是否适格的问题之上,请求法院对债权人身份进行实质审查;第二步,债务人应将自身是否具备破产条件作为抗辩的重点。

债务人对债权人的债权提出异议,法院应当对债权进行审查:如果法院能够依据双方签订的合同、支付凭证、询证函、对账单及还款协议等主要证据确认债权,债务人的抗辩理由缺乏有效证据和合理理由,那么人民法院应驳回债务人的异议;如果法院经审查认可债务人的异议,便应当告知债权人先提起民事诉讼并对破产申请不予受理;关于债务人提出明显不合理且缺乏证据的异议申请,法院不能不加区别地要求债权人通过诉讼解决。

此外,债务人对债权数额提出异议时,若双方对其中部分数额没有争议,且债务人对无争议债权已经丧失立即清偿能力,则该等异议不构成法院受理破产申请的阻却事由。与此同理,债务人对债权是否存在担保等提出异议,也不能阻止法院受理破产申请。债务人以其具有清偿能力提出异议,仅以资产数额大于负债数额为具有清偿能力的理由,但又不立即清偿债务或与债权人达成和解,其异议亦不能成立。

(四)审查方式

关于破产申请的审查方式,《企业破产法》及相关司法解释并无明确规定。实践中,法院针对部分案件探索出了召开听证会的方式,即在作出是否受理破产申请的裁定前,召开听证会听取各方关于破产申请的意见,对有关证据进行查证、认证,了解债务人的资产、负债、经营、职工等相关情况。根据《破审纪要》的规定,法院可以在审查重整申请时组织申请人、被申请人听证,并视情况准许债权人、出资人、重整投资人等利害关系人参加听证;关于关联企业实质合并破产案件,法院收到实质合并申请后,应当及时通知相关利害关系人并组织听证。目前,该等方式已经被法院普遍采用。

(五)审查期限

法院收到破产申请之日是破产申请审查期间的起算时点。根据审限要求,法院应自收到申请人提出的破产申请时,向申请人出具收到申请及所附证据的书面凭证。如果是债权人提出的破产申请,法院应当自收到申请之日起 5 日内通知债务人;债务人对申请有异议的,应当自收到通知之日起 7 日内向法院提出,超过期限提出异议的,法院可不予理会。异议期满后,无论债务人是否提出异议,法院有不超过 10 日的审查期。

从立法目的来看,债务人在收到法院的通知后,明确表示没有异议或放弃异议期间的,法院可以直接作出是否受理的裁定,而无须等待异议期届满。如果是债务人或清算责任人提出的破产申请,则不存在债务人异议的问题。此时,法院有不超过 15 日的审查期。但也有特殊情况,如债权人人数众多、债权债务关系复杂、资产状况混乱的,经上一级法院批准可以将审查期限延长 15 日。在此期间,补正材料以及听证期间不予计算在内。除此之外,在司法实践中,部分法院对上述时限也有特殊规定,例如广东省高级人民法院规定"竞争选任管理人、申请人与被申请人协商、和解以及依法上报法院批准的报批期间"等特殊情况,不计入破产案件的审查期间。① 因此,我们在实践中需要特别关注地方法院的这类特别规定。

① 广东省高级人民法院《关于审理企业破产案件若干问题的指引》第 16 条规定:"下列期间不计入破产案件的审查期间:(一)竞争选任管理人的期间;(二)通知补充、补正材料的期间;(三)听证期间;(四)申请人与被申请人协商、和解的期间;(五)有关事项依照法.、司法解释规定需报上级人民法院批准的报批期间。"

关于审查期限等问题，破产实践与诉讼实践有着显著区别。民事诉讼活动发展经年，诉讼活动在时间要求方面有着严格而审慎的规定。但在破产司法实践中，案件往往在现实经济生活中呈现更为复杂的面貌，至少相较于民事诉讼活动而言，其具有更为复杂的现实考虑。因此，破产案件的各项要求在实践中并未得到“严格”遵循。例如，在案件中，理论上一家公司具备破产原因，债权人有权申请破产且具备立案条件的，即应被法院裁定受理。但众所周知，上市公司的破产重整程序需经法院、政府与证券监管部门层层审批。单纯一家债权人推动一家上市企业进入破产程序难之又难，如果债权人希望将其申请破产清算，显然更为困难。

实践焦点 013

上市公司破产清算程序的实践适用问题

2022 年 4 月 20 日，申请人林某以 ST 大洲（证券代码:000571）不能清偿到期债务且明显缺乏清偿能力为由，向海口市中级人民法院申请对其进行破产清算。2022 年 6 月 16 日，海口市中级人民法院作出（2022）琼 01 破申 8 号民事裁定书，以上市公司破产案件应当由上市公司住所地的人民法院，即上市公司主要办事机构所在地法院管辖为由，认定 ST 大洲的住所地位于上海市，故其对本案并无管辖权，进而作出不予受理的决定。

但需要注意的是，债务企业的上市资格有时是破产隔离的天然屏障，但一旦失去，也可能导致在特殊情况下，被各方集中火力攻击。例如，在上市公司退市后，可能在一段时间内被各类债权人提出破产申请，将此作为一种追收债权或实现其他目的的策略。

例如，腾邦国际（证券代码:300178）退市后，即于 2021 年 6 月 13 日收到深圳市中级人民法院送达的（2022）粤 03 破申 475 号通知书、破产清算申请书，其被自然人符某以拖欠工资为由,申请对公司进行破产清算。无独有偶,2022 年 6 月 15 日,中兴天恒(证券代码:600856)收到北京市第一中级人民法院送达的通知书,申请人北京某律师事务所以其不能清偿到期债务并且明显缺乏清偿能力为由,以债权人名义申请对中兴天恒进行破产清算。

总之,上市公司破产案件的背后成因十分复杂,其中蕴藏的不同主体以及不同主体之间的复杂博弈,皆非单纯凭借某一债权人申请破产重整、和解或清算的外观所能呈现。在此过程中,债权人、债务人与投资人等形色人物,纷至沓来,"双兔傍地,雌雄难辨"。在破产实践中,法院直接裁定受理上市公司破产清算申请的可能性很小。但是,上市公司一旦退市,则可能在短时间内被多家债权人申请破产清算,届时,其破产清算的风险与概率将迅速提升。

实践焦点
014

合并破产适用条件的审查标准和启动模式

近年来,实质合并破产方式渐有流行趋势。最高人民法院已经关注到破产实践中实质合并重整程序的"滥用"问题,要求人民法院审理关联企业破产案件时,要以"慎用"为原则。《破审纪要》第 32 条规定:"关联企业实质合并破产的审慎适用。人民法院在审理企业破产案件时,应当尊重企业法人人格的独立性,以对关联企业成员的破产原因进行单独判断并适用单个破产程序为基本原则。当关联企业成员之间存在法人人格高度混同、区分各关联企业成员财产的成本过高、严重损害债权人公平清偿利益时,可例外适用关联企业实质合并破产方式进行审理。"

《破审纪要》对合并破产的适用条件予以规定,人民法院审查的因素通常包括下述 4 项:其一,构成关联企业;其二,关联企业成员之间存在法人人格高度混同,而认定人格混同最根本的判断标准是公司是否具有独立意思和独立财产,亦需结合财产、业务、人员、管理等多方面进行判定;其三,区分各关联企业成员财产的成本过高,严重损害债权人公平清偿利益时;其四,关联企业实质合并有利于增加重整的可能性,使关联企业全体债权人受益等。在满足前述因素的前提下,法院方可例外适用关联企业实质合并破产方式进行审理。

2021 年,最高人民法院就企业实质合并破产发布第 29 批指导性案例,其中指导案例 163 号明确了关联企业合并破产重整的条件以及法律效果——在关联企业成员之间出现法人人格高度混同、区分各关联企业成员财产成本过高、严重损害债权人公平清偿利益等情况下,法院可依申请适用关联企业实质合并破产方式进行审理。采用实质合并破产方式的,各关联企业成员之间的债权债务归于消灭,各成员的财产作为合并后统一的破产财产,由各成员的债权人作为一个整体在同一程序中按照法定清偿顺位公平受偿。①

根据企业关联程度以及案件进展方式的不同,各地法院关于如何启动实质合并破产程序有不同的做法。具体来说,实质合并破产的启动模式可以概括为以下 3 种模式:

其一,法院在案件受理前对关联企业实质合并破产条件进行审查,并在审查后作出裁定。例如上海市高级人民法院发布的《上海市高级人民法院破产审判工作规范指引(试行)》第三章第 5 条规定了直接裁定受理实质合并破产申请的情形,间接明确了破产案件受理前法院可以进行实质合并审查。② 再如云南省高级人民法院发布的《云南省高级人民法院破产案件审判指引(试行)》第 35 条规定,债权人同时申请多个债务人实质性合并破产,或多个债务人一并申请实质性合并破产的,法院应当编

---

① 参见江苏省南京市中级人民法院民事裁定书,(2017)苏01破9号。

② 《上海市高级人民法院破产审判工作规范指引(试行)》第三章第 5 条规定:"实质合并破产案件指定管理人。人民法院受理关联企业实质合并破产案件,可以根据下列情形指定管理人:(1)直接裁定受理实质合并破产申请的,原则上应当在一级管理人名册中指定管理人;(2)裁定关联企业与已经受理并指定管理人的案件实质合并审理的,报经高院核准,可以继续指定该管理人担任合并破产案件的管理人,或者重新指定管理人;(3)多个关联企业破产案件已经受理并指定管理人的,裁定实质合并破产后,合并破产案件受理法院可以指定核心控制企业的管理人担任管理人,或者重新指定管理人。采用本条(2)(3)方式指定管理人的,应以保证破产案件审理质效为原则,并充分尊重债权人意见。"

立一个案号进行审查，并将案件相关信息登记上网。①

其二，在关联企业分别进入破产程序后，法院根据其相互之间的关联关系，裁定实质合并破产。例如，四川省高级人民法院发布的《关于审理破产案件若干问题的解答》中明确规定，在立案审查阶段，若难以准确判断是否构成法人人格高度混同，可先分别受理破产申请，后经审查，再提请法院裁定对关联企业进行实质合并破产。②

其三，部分企业先行进入破产程序后，法院直接裁定将其他关联企业并入破产程序。例如上文提到的四川省高级人民法院发布的文件同样对该种模式作出规定，在立案审查阶段，若难以判断是否构成法人人格高度混同，可先受理控制企业的破产申请，经审查，再由法院裁定将其他关联企业纳入实质合并破产。

总之，关于实质合并破产重整程序，法院在审查裁定时，要立足于破产关联企业之间的具体关系模式，采取不同方式予以处理，既要通过实质合并审理方式处理法人人格高度混同的关联关系，确保全体债权人公平清偿，又要避免不当采用实质合并审理方式损害相关利益主体的合法权益。法院与管理人应当以"慎用为原则，适用为例外"。

① 《云南省高级人民法院破产案件审判指引(试行)》第35条规定："债权人同时申请多个债务人实质性合并破产，或多个债务人一并申请实质性合并破产的，人民法院应当编立一个'(××××)×破申×号'案号进行审查，并将案件相关信息登记在'全国企业破产重整案件信息网'。"

② 四川省高级人民法院《关于审理破产案件若干问题的解答》第六章第2条规定："对关联企业实质合并破产的审查应着重注意哪些问题？答：人民法院在对实质合并申请进行审查时，应注意关联企业分别破产是基本原则，实质合并破产是例外情形。实践中，应当注意区分控制程度较高的关联企业与法人人格高度混同情形的区别，控制程度较高的关联企业运营中的一些共性特征如资金的统一调拨使用、财务印章的统一管理等，不能简单将其作为判断是否构成法人人格高度混同的标准；法人人格高度混同的认定标准需是达到关联企业的资产及负债无法区分或区分成本过于高昂，且将严重损害债权人公平清偿利益的程度。在立案审查阶段，若难以准确判断是否构成法人人格高度混同，可先分别受理破产申请或先受理控制企业的破产申请，由管理人通过对债务人企业的资产及债务等状况进行清查，乃至借助审计等手段进行核实作出构成混同的准确判断后，再提请人民法院裁定对关联企业进行实质合并破产或将其他关联企业纳入实质合并破产。人民法院作出裁定之前，应当组织召开听证会听取各方意见。"

六、受理裁定的送达

《企业破产法》第 11 条规定:“人民法院受理破产申请的,应当自裁定作出之日起五日内送达申请人。债权人提出申请的,人民法院应当自裁定作出之日起五日内送达债务人。债务人应当自裁定送达之日起十五日内,向人民法院提交财产状况说明、债务清册、债权清册、有关财务会计报告以及职工工资的支付和社会保险费用的缴纳情况。”

法院裁定受理破产申请后需要及时通知相关人员,在债务人或清算责任人为申请人时,通知申请人;在债权人为申请人时,通知申请人和债务人。裁定的送达适用《民事诉讼法》的相关规定,采取直接送达或法律允许的其他方式。

法院为便于债务人知晓破产程序的进展并配合后续工作,无论破产申请是谁提出的,受理破产申请的裁定均应该送达债务人。考虑到债权人申请破产时,债权人提供的仅为债务人不能清偿到期债务的证据,为使法院和管理人掌握债务人的资产负债情况,保护债权人和债务人的合法权益,法院应责令债务人提交《企业破产法》第 11 条规定的相关资料,债务人亦有义务提供上述资料。债务人或相关人员违反此项义务的,法院可依照《企业破产法》第 127 条的规定追究其法律责任。

需要特别注意的是法院送达程序对上市公司的影响。债务人如果是上市公司或上市公司关联方的,除了积极知悉并应对破产申请外,还应注意信息披露的其他公司义务:

其一,在上市公司收悉法院通知,告知已有债权人申请公司破产的事项后,公司应当积极履行公开披露义务。此时,因为法院最终是否受理还是未知事项,故该公告主要作用是告知社会公众,公司存在被法院受理破产申请的不确定性。通常而言,债权人申请上市公司进入的程序一般是破产重整程序而非清算程序。

其二,伴随着债务问题的集中爆发,很多上市公司可能经营方面并不存在太大问题,但是因为多元化盲目扩张等原因,集团股东层面出现了债务爆雷等流动性危机。

因此,我们现已看到很多上市公司披露重整案件进展公告并非以上市公司自己为主体,而是从控股股东角度进行披露。有时候甚至同一控制实体层面下的多个上市公司发布公告。例如,在海航集团、北大方正重整案件中,就存在旗下多家上市公司同时发布公告的情况。

实践焦点 015

债务人在法院审查破产申请过程中的配合义务

在"广州市建穗建筑工程有限公司(以下简称建穗公司)申请广州南华高尔夫俱乐部有限公司(以下简称南华高尔夫公司)破产清算案"①中,债权人建穗公司申请债务人南华高尔夫公司破产,一审法院广州市中级人民法院以证据无法证明南华高尔夫公司具有破产原因为由,裁定不予受理;债权人在二审上诉中称,南华高尔夫公司对破产申请提出异议,应当对其不符合破产情形进行举证,向法院提交相关财产、债权债务等证据或者材料。该异议材料也应当提交给建穗公司进行质证,发表相关意见。但一审法院接收了南华高尔夫公司材料后却不送达给建穗公司,未充分听取建穗公司对南华高尔夫公司证据材料的意见就作出不予受理的裁定,程序严重违法、适用法律错误。对此,债务人南华高尔夫公司则答辩称,《企业破产法》第11条规定的债务人提交财产状况说明、债务清册、债权清册、财务会计报告等材料,均以法院受理破产申请为前提。在该案的情形中,法院尚未受理破产案件,南华高尔夫公司并不需要向法院提交相关材料。

二审法院广东省高级人民法院认为,建穗公司的债权经法院判决并强制执行后,执行法院因南华高尔夫公司的土地与规划不符、没有其他可供执行的财产而裁定终结执行程序,足以证明南华高尔夫公司经法院强制执行,不能清偿到期债务。南华高尔夫公司已停业10余年,长期亏损,财产不能变现,无法清偿债务,故符合破产申请

① 参见广东省高级人民法院民事裁定书,(2020)粤破终2号。

受理条件。因此，广东省高级人民法院裁定撤销了一审裁定。

就破产实践层面而言，债权人提出破产申请的，在法院审查过程中，债务人没有提交其财务状况的强制义务，仅在法院裁定受理破产申请后，债务人方负有《企业破产法》第 11 条第 2 款规定的义务。但由于债务人需要对其异议进行举证，因此往往“不得不”提交财产状况说明、债务清册等材料，用以说明其尚不具备破产原因。

七、不受理和受理后的驳回

《企业破产法》第 12 条规定：“人民法院裁定不受理破产申请的，应当自裁定作出之日起五日内送达申请人并说明理由。申请人对裁定不服的，可以自裁定送达之日起十日内向上一级人民法院提起上诉。人民法院受理破产申请后至破产宣告前，经审查发现债务人不符合本法第二条规定情形的，可以裁定驳回申请。申请人对裁定不服的，可以自裁定送达之日起十日内向上一级人民法院提起上诉。”

（一）破产申请的不受理

根据《企业破产法》第 12 条规定，法院在收到破产申请及证据材料后，通过形式审查和实质审查，认为不具备破产原因的，应当依法作出不予受理的裁定，将裁定送达申请人并说明理由。该条没有对不予受理的情形进行特别列举，这是因为不具备破产原因的情形多种多样，例如：债务人有隐匿、转移财产等行为；为了逃避债务而申请破产；债权人借破产申请毁损债务人商业信誉，意图损害公平竞争等。

但需说明的是，法院虽做综合考量与评价，但核心指标依然是上述不能清偿到期债务且资不抵债等破产原因。如果债务人符合破产条件，即使存在隐匿财产等上述情形，人民法院亦应裁定受理。

（二）破产申请的驳回

实践中可能存在债务人通过自己申请或串通他人申请，滥用破产申请以逃避债务的情形，也可能存在当事人因疏忽或情况不明而误认为企业具备破产原因而申请破产的情形。因此，法院为规避破产申请的滥用或误用，保护债权人、债务人和利害关系人的合法权益，故在破产申请受理后至破产宣告前，发现债务人不符合《企业破产法》第2条规定情形的，可作出驳回破产申请的民事裁定书。

值得注意的是，债务人不符合《企业破产法》第2条规定的情形的时点应为破产案件受理时，即债务人在破产申请受理时不具备破产原因，而非破产申请受理后到破产宣告前的这段时间。此外，法院受理破产申请后，若有第三人提供担保或为债务人清偿全部到期债务，或者债务人自己清偿全部到期债务，则应适用《企业破产法》第108条之规定，法院裁定终结破产程序。

(三)申请人的救济措施

虽然企业破产法不允许当事人对法院受理破产案件的裁定提起上诉，但对于法院不予受理破产申请的裁定和驳回破产申请的裁定，当事人有权上诉。这种救济措施的实践意义在于，基于破产本身的特殊性，破产语境下的司法权与行政权需要充分协商、配合与妥协，故法院决定是否受理破产案件绝非单纯依据法律规定，亦应从社会层面加以平衡，需要充分考虑政府及相关部门的意见。

在部分案件中，行政机关基于政绩、维稳与地方保护等原因，对破产程序存有排斥心理，并不希望当地企业破产，尤其是对当地较为知名的企业。这种顾虑一定程度上对当地的实体经济起到了保护作用，避免了因破产程序导致的社会群体性事件发生，但也不可避免地损害了中小债权人的合法利益，导致生产资料不能充分释放并重新发挥价值，局部经济的新陈代谢功能失灵。因此，法律在法院不受理破产申请或裁定驳回申请的情况下，赋予申请人向上级法院上诉的权利。这有利于保障债权人等相关人员的利益，也有利于防止破产制度的过分延宕与市场之手的失灵。

具体而言，申请人可以在裁定送达之日起10日内向上一级法院提起上诉。不过，若因证据不足而未被受理，申请人可以在补足证据后重新提起破产申请。实践中，有的法院消极对待破产申请，在接收申请材料后对破产申请不予审查，或者审查后既不及时作出受理裁定，亦不作出不予受理或驳回申请的裁定，甚至申请人根本无法向立案窗口顺利递交申请材料，使《企业破产法》第12条规定的上诉权形同虚设。因此，《破产法司法解释（一）》将该条款在实践中的不足进行补正，如果法院未接收申请人提出的破产申请，未向申请人出具收到申请及所附证据的书面凭证，或者未在法定期限内作出是否受理的裁定，在这3种情形下，申请人可以直接向上一级法院提出破产申请。在上一级法院收到破产申请后，应当在15日内责令下级法院依法审查、及时处理，下级法院应当在15日内作出裁定。如果下级法院仍不处理，则上一级法院可以径行作出裁定，并可指令下级法院审理该案件。①

实践焦点
016

破产申请受理后，债务人不提交财产状况说明等材料的影响

2019年7月2日，在“辽宁方元混凝土有限公司（以下简称辽宁方元公司）买卖合同纠纷破产上诉强制清算与破产案”②中，沈阳市浑南区法院作出（2009）辽0112破申3号民事裁定书，裁定受理债务人辽宁方元公司的破产清算申请，其后指定管理人开展各项工作。破产管理人调查认为，辽宁方元公司拒不提交企业的财产状况说明、财务账册等相关资料，已有证据材料无法认定该公司资不抵债且不能清偿到期债务，无法判断该公司是否符合破产条件，遂向法院提交了驳回破产清算申请的报告。

一审法院认为，对债务人的债权债务核查和资产的统计、处置，是破产程序中保

---

① 《破产法司法解释（一）》第9条规定：“申请人向人民法院提出破产申请，人民法院未接收其申请，或者未按本规定第七条执行的，申请人可以向上一级人民法院提出破产申请。上一级人民法院接到破产申请后，应当责令下级法院依法审查并及时作出是否受理的裁定；下级法院仍不作出是否受理裁定的，上一级人民法院可以径行作出裁定。上一级人民法院裁定受理破产申请的，可以同时指令下级人民法院审理该案件。”

② 参见辽宁省沈阳市中级人民法院民事裁定书，（2021）辽01破终6号。

障债权人债权公平受偿的基础。因辽宁方元公司未向管理人提交财产状况说明、财务账册及凭证，后续审计、评估工作无法开展，管理人无法查清其真实的资产负债情况，无法依据审计报告的资产负债情况做出实质性审查，故辽宁方元公司的破产申请不符合法律规定。因此，一审法院裁定驳回辽宁方元公司的破产申请。

辽宁方元公司上诉称，其以不能清偿到期债务及职工工资且已经资不抵债为由，向沈阳市浑南区人民法院提出破产清算申请。在立案时，辽宁方元公司已经提交了财务审计报告。报告明确显示资不抵债。沈阳市浑南区人民法院认为上诉人的财务状况符合破产清算的条件后，方依法受理破产清算申请并指定破产管理人。破产申请被受理后，辽宁方元公司的财产状况未发生任何变化，破产程序正在有条不紊地进行当中，根本不存在任何客观变化导致上诉人不符合破产申请受理条件。一审法院基于同一客观事实，作出两种自相矛盾的判断，显然错误。

二审法院认为，管理人调查企业资产、核查债权的工作并非仅依靠企业提交的财务账册及凭证等资料。管理人应依照《企业破产法》之相关规定，对辽宁方元公司的财产状况进行全面调查，不宜径行认定辽宁方元公司不具备破产原因。因此，二审法院撤销了一审裁定并裁定破产程序继续进行。

从该案来看，法院是否驳回破产申请的关键在于债务人是否在实质上具备破产原因，在法院受理破产申请后，债务人不能提交财务文件并不必然导致破产申请被驳回。

八、通知债权人和公告

《企业破产法》第14条规定："人民法院应当自裁定受理破产申请之日起二十五日内通知已知债权人，并予以公告。通知和公告应当载明下列事项：(一)申请人、被申请人的名称或者姓名；(二)人民法院受理破产申请的时间；(三)申报债权的期限、地点和注意事项；(四)管理人的名称或者姓名及其处理事务的地址；(五)债务人的债务人或者财产持有人应当向管理人清偿债务或者交付财产的要求；(六)第一次债权人会议召开的时间和地点；(七)人民法院认为应当通知和公告的其他事项。”

法院受理破产申请后，需要向已知债权人、未知债权人以及其他利害关系人送达破产案件的相关文书，具体包括“通知”和“公告”两种方式。法院通知债权人和公告的时间，以法院裁定受理破产申请之日起25日内为限。这一期限实际上是给予管理人接管财产，了解公司运作的必要时间（最长期限），但该时间并非必须用满。这主要是考虑召开第一次债权人会议的时间不能过于延迟从而给后续工作留有充足时间。

破产通知应采取书面的形式，以全部已知债权人为对象。实践中一般通过债务人提交的债务清册，或者清算责任人提交的财务报告或清算报告确定已知债权人。该等操作的意义在于，法院以书面形式的正式告知，有利于债权人做好申报债权和参加债权人会议的准备，避免债权人继续实施对债务人的个别追债行为。

法院公告以不特定主体为对象，包括债务清册未记载的，以及联系方式发生变化的债权人、债务人的债务人、债务人财产的持有人、债务人的出资人、职工和待履行合同的相对人、对债务人占有的财产享有取回权的人以及其他对债务人享有权利或负有义务的利害关系人。对于上述人员，凡属法院已经公告之事项，均视为送达。

需要注意的是，公告除了具有送达的效果外，还具有公示的法律效果。例如，债务人的债务人在公告作出后，应当向管理人清偿债务或者交付财产，否则将承担相应的法律后果。公告方式除了在法院报登报公告外，根据最高人民法院印发的《关于企业破产案件信息公开的规定（试行）》的相关规定，各级法院及其指定的破产管理人的破产案件公告也应在全国企业破产重整案件信息网上统一公布，且该等公告具有法律效力。

通知和公告中应当载明下列事项：(1) 申请人、被申请人的名称或者姓名。(2) 法院受理破产申请的时间，也就是法院裁定受理破产申请的日期，该日期是后续诸多程序的起点，具有重要意义。(3) 申报债权的期限、地点和注意事项。申报债权的期限由法院根据实际情况确定，但最短不得少于30日，最长不得超过3个月。申报债权的地点一般为管理人的工作地，并综合考虑接收债权的便捷性等因素确定。注意事项主要指提请债权人在申报债权时加以注意的事项,如申报债权的形式、需要说明的内容、未及时申报的需要承担法律后果等。(4)管理人的名称或者姓名及其处理事务的地址。该项主要是为了方便债权人、其他利害关系人与管理人及时沟通,沟通内容包括债权申报、财产交换等事项。(5)债务人的债务人或者财产持有人向管理人清偿债务或者交付财产的要求。受理公告后,上述人员应当向管理人清偿债务或交付财产,为此,必须以通知和公告的方式使其知晓。(6)第一次债权人会议召开的时间和地点。第一次债权人会议是企业破产法规定的法定程序,且必须在债权申报期限届满后15日内召开,因此需要在通知和公告中加以明确。(7)法院认为应当通知和公告的其他事项。该项作为兜底条款,主要是为方便法院结合个别案件的特殊事项,灵活掌握应用。

实践焦点
017

管理人通知债权人申报债权行为的性质认定

以"云浮市亨达利水泥制品有限公司(以下简称亨达利公司)、潮州市亚太能源有限公司(以下简称亚太公司)破产债权确认纠纷案"①为例,2018年8月29日,潮州市中级人民法院裁定受理亚太公司破产清算一案,并于2018年8月30日指定亚太公司清算组担任管理人。2019年4月4日,亚太公司管理人向亨达利公司发出申报债权通知书,该通知书中载明:"现根据对亚太能源账务清查的账面值显示,亚太能源对贵方存在应付款项。现请贵方依据《企业破产法》有关规定,于2019年4月18日前向管理人申报债权。"

亨达利公司向管理人申报债权并主张其与亚太公司存在煤炭买卖合同关系,亚太公司未交付货物,已付货款应予返还。但管理人在审查亨达利公司提交的债权申

---

① 参见最高人民法院民事裁定书,(2021)最高法民申1225号。

报材料后，认为其已有证据材料不足以证明二者之间存在债权债务关系，故未予确认债权。因此，亨达利公司提起债权确认之诉，但一审、二审法院未支持其诉讼请求。其后，亨达利公司向最高人民法院提起再审程序。

亨达利公司在再审程序中主张，根据管理人对账面显示的债权进行通知这一行为可知，账面显示亚太公司对亨达利公司负有债务。在亨达利公司提起诉讼的情况下，亚太公司管理人有义务向法庭提交其手中与亨达利公司有关的账务清查结果。根据最高人民法院《关于民事诉讼证据的若干规定(2008 年调整)》第 75 条规定，有证据证明一方当事人持有证据无正当理由拒不提供，如果对方当事人主张该证据的内容不利于证据持有人，可以推定该主张成立。① 亚太公司未提交上述清查结果给法庭，应当推定亨达利公司的主张成立，即确认亨达利公司对亚太公司享有债权。

对此，最高人民法院在再审中认为，亚太公司管理人基于公司财务清查的账面值，依破产程序通知亨达利公司申请债权，不直接等于债权确认。亚太公司管理人对申报的债权依然有权进行审查确认，不能据此免除亨达利公司就申报债权的举证证明责任。该案一审、二审中，亨达利公司未能提供证据证明其与亚太公司就买卖煤炭相关事项签署过书面合同，也未提供证据证明其就拟购买煤炭的规格、型号、数量、价款及支付等具体事项达成了口头协议。因此，最高人民法院最终裁定驳回了亨达利公司的再审申请。

从该案来看，管理人通知债权人申报债权的行为并不等于确认债权人的债权。管理人在通知之后，仍有权对债权作进一步的实质审查。若债权人因对管理人的债权审查结果有异议而起诉，管理人的通知行为并不免除债权人的举证责任。

九、债务人有关人员的义务

《企业破产法》第 15 条规定："自人民法院受理破产申请的裁定送达债务人之日起至破产程序终结之日，债务人的有关人员承担下列义务：(一)妥善

① 现为最高人民法院《关于民事诉讼证据的若干规定(2019 修正)》第 95 条规定："一方当事人控制证据无正当理由拒不提交，对待证事实负有举证责任的当事人主张该证据的内容不利于控制人的，人民法院可以认定该主张成立。"

保管其占有和管理的财产、印章和账簿、文书等资料;(二)根据人民法院、管理人的要求进行工作,并如实回答询问;(三)列席债权人会议并如实回答债权人的询问;(四)未经人民法院许可,不得离开住所地;(五)不得新任其他企业的董事、监事、高级管理人员。前款所称有关人员,是指企业的法定代表人;经人民法院决定,可以包括企业的财务管理人员和其他经营管理人员。"

人民法院受理破产申请之后,为促进破产程序的顺利进行,债务人的部分人员需要承担法定且特定的管理义务,具体如下。

(一)关于资料的接管工作

为了透彻、独立地评估债务人的经营状况,债务人应当提供关于业务和财务的详细资料,以便管理人可以有效地控制债务人财产。债务人的有关人员需要交出债务人的资产控制权、业务记录以及账册。财产、账簿、印章等物品是管理人开展后续工作的重要基础性材料,因此,破产程序开始之后,占有和管理这些材料的人员需要履行妥善保管义务。

破产实践中,有时耗费管理人大量时间和精力的工作并非设计方案等复杂事项,反而越是简单的工作越需要大量时间。例如,债务人关于债权申报的通知,即需管理人根据公司提供的债权人数据逐一核对并通知。一般情况下,管理人会与公司财务部门的同事,通过公司账簿进行一一核对,不单核对公司债权人的数量与金额,还要核对联系方式。有时,公司账面对债权人的信息记载并不准确,这导致很多企业的债权人"失联",这也是为何公司在采用书面通知后,还需登报进行公告送达的原因。在很多案件中,管理人会在公司故纸堆中寻找债权人信息的线索,以及查阅最原始的纸质财务记载。在一间间档案室的漫天粉尘中,对债权金额进行核对是考验管理人"匠人"精神的试金石。

令人遗憾的是,随着企业债务规模的扩大,管理人对此项工作已越发不再重视。现今已经很少有管理人的团队成员会对每一笔债权进行最基础的纸质核对。管理人有时会采用双方电话沟通核对等方式——若双方对财务记载一致,则直接确认;若公司记载金额高于债权申报金额,则按照申报金额确认债权。或者,管理人团队将债权审查工作“外包”,由其他律所进行。这种趋势是随着债务规模的显著扩大而产生的,其副作用在于债权人与管理人认定结果出现不一致时,管理人很难通过对债权形成过程的了如指掌,直接让债权人“心服口服”地接受其确认的债权结果。更进一步,管理人不再和债权人频繁地沟通,也就少了感性方面的情感羁绊与纽带,管理人很难取得债权人发自肺腑的对其专业能力和敬业精神的赞赏,后续沟通工作就显得简单生硬,而这也是现在破产引发诉讼或其他争议增多的重要原因。

我们在这里要说明的是,管理人接管工作有着不同程度的标准,分为形式接管与实质接管两类。形式上的接管通常与债务人自行管理模式配套,即企业的日常经营仍由原管理团队负责,而实质接管配合的是管理人管理模式,此时管理人将更加深层次地控制企业。在破产重整案件中,管理人一般是律师事务所等中介机构,相关人员并无丰富的企业管理经验,因此,将企业运营事务交给这样的中介机构并不适当。各方自然倾向于维护现有经营管理层的稳定,管理人亦乐见于此。这种将企业经营管理权限赋予专业管理团队的方式,管理人无法进行实质接管。我们以形式上的接管印章为例,将印章等依然保留在各个部门或人员手中,但管理人会核验并建立更为严格完善的用印审批系统,以保证印鉴保留在管理人的监控之下,即“监管”而非“接管”。相反,若在特定案件中,主要管理者已经离职,公司处于托管状态等,则管理人的接管工作就会转为实质化管理。管理人在必要时可以聘请市场专业人士加入公司,协助管理人负责具体运营事务。

(二)配合询问等事项

就一般角度而言,债务人的有关人员需要根据法院、管理人的要求开展工作。这里的“工作”应作广义理解,其不仅包括企业的运营管理,也包括破产程序中的具体工作,如配合管理人进场调查、配合相关资料的整理、配合制作相关文书材料、配合管理人进行债权申报登记及审查、配合提供其知情的相关信息等。

一方面,债务人需要配合法院与管理人的工作,管理人除有权审查债务人提交的财产资料外,还可以对债务人的有关人员进行询问,了解和掌握相关情况。例如,法院与管理人提出与债务人或破产程序有关的问询,债务人有关人员有义务如实陈述。

另一方面,债务人需要给债权人提供充分的信息。这种信息披露主要是通过债权人会议的机制进行。债务人有关人员需要列席债权人会议并在债权人会议上如实回答询问。凡是与债权人利益相关的问题,债权人都有权要求了解情况的有关人员予以陈述或回答。

除了上文所述的义务,债务人的有关人员本身还受到一定的限制。破产申请被受理后,为了避免对破产程序的干扰,债务人的有关人员不能随意离开住所地,也不能在此时新担任其他企业的董事、监事、高级管理人员。当然,这里只限制债务企业人员新任其他企业的董事、监事、高级管理人员等重要职务,若其在破产程序开始之前已经在其他企业任职,则不受该规定的限制。

(三)债务人有关人员的范围

上述提及的"债务人的有关人员",首先指债务人的法定代表人,法定代表人一般由董事长、执行董事或者经理担任,其代表企业行使民事权利;经法院决定,也可能包括企业的财务管理人员和其他经营管理人员,后者一般指履行管理职责的人员。

实践焦点 018

"债务人的有关人员"的范围认定

在破产实践中较为常见的情形是,债务企业拒不移交公司财产、账簿,导致公司无法破产清算。在这种情况下,债权人往往会起诉公司股东和管理人员,要求其承担赔偿责任。这类案件的争议焦点在于,股东和监事是否应当承担配合清算义务,承担赔偿责任?

第一种观点认为:股东不属于配合清算义务人。监事如果没有参与公司经营管理,也不属于配合清算义务人。例如,"南京恒和机械制造有限责任公司(以下简称恒和公司)与孙某宁等股东损害公司债权人利益责任纠纷案"①,南京市中级人民法院以债务人欣力公司的财务账册、人员下落不明,财产状况不清,无法全面清算为由,裁定终结其破产清算程序,告知债权人可以在破产程序终结后,另行起诉清算义务人,要求其对欣力公司的债务承担清偿责任。其后,恒和公司作为债权人,对公司9名股东提起诉讼,其中3人同时担任公司董事,1人担任公司监事。

该案的争议焦点为,该9名股东是否属于清算义务人。一审和二审法院均认为,包括董事、监事在内的9名股东不是公司的法定代表人,亦非财务管理人员或其他经营管理人员,不负责管理公司财务账簿,不承担《企业破产法》第15条规定的配合清算义务。同样,在"上诉人南京世岐货架型材制造有限公司与被上诉人胡某、沈某、郑某春、原审第三人江苏天哲律师事务所清算责任纠纷案"②中,南京市中级人民法院也持同样的观点。另外,在"深圳市长燊酒韵酒业有限公司(以下简称长燊公司)、邹某有等损害债务人利益赔偿纠纷案"③中,深圳市中级人民法院认为,邹某光系长燊公司监事,并非长燊公司法定代表人,原告也没有举证证明邹某光属于财务管理人员或者经营管理人员,因此邹某光不承担配合清算的相关义务。

第二种观点认为,股东不属于配合清算义务人,但监事需承担配合清算义务。例如,"严某成、玉环县万尔达阀门有限公司(以下简称万尔达公司)管理人与破产有关的纠纷案"④,万尔达公司进入破产清算程序,被告倪某权为万尔达公司法定代表人、执行董事,被告严某成为万尔达公司监事,经破产管理人通知,两人拒不配合清算,导致万尔达公司无法清算。其后,债权人起诉两名被告,要求其承担不履行配合清算义务的赔偿责任。

该案的争议焦点之一,严某成作为股东兼监事是否应承担配合清算义务。一审与二审法院均认为,严某成作为公司控股股东,又同时担任监事,属于公司的高级管理人员,有配合清算的义务,因此需要承担赔偿责任。此外,如"南京市众合智科技

---

① 参见江苏省南京市中级人民法院民事判决书,(2019)苏01民终11200号。
② 参见江苏省南京市中级人民法院民事判决书,(2021)苏01民终2862号。
③ 参见广东省深圳市中级人民法院民事判决书,(2021)粤03民初5881号。
④ 参见浙江省台州市中级人民法院民事判决书,(2020)浙10民终1899号。

小额贷款有限公司与孙某宁等股东损害公司债权人利益责任纠纷案”①“南京恒和机械制造有限责任公司与孙某宁等股东损害公司债权人利益责任纠纷案”②等，人民法院均作出同样的认定。

与之相似，金华市中级人民法院审理的“邵某成、夏某央等武义县名成印刷包装有限公司管理人损害公司债权人利益责任纠纷案”③，邵某成、夏某央为公司的股东，邵某成同时为公司法定代表人，夏某央同时担任监事。金华市中级人民法院认为，二人作为经营管理人员，均有配合清算的义务。该案中值得注意的是，夏某央以其未参与公司经营为由抗辩，但金华市中级人民法院认为，邵某成与夏某央曾为夫妻，可以推定夏某央作为公司高管参与了公司经营管理，要主张其只是持有股权而没有参与经营，需要充分的证据证明。

从上述案例可知，单纯的股东一般不属于《企业破产法》第15条规定的“有关人员”，不承担该条规定的配合清算义务。但如果股东同时担任企业的法定代表人，或者在公司中担任重要职务，则可能存在“连带赔偿风险”。相关人员是否属于配合清算义务人，核心标准是其是否参与公司经营管理，而实践中存在不同意见，本质上是推定方式的不同。部分人民法院推定监事不属于经营管理人员，要求原告举证证明被告实际承担经营管理职责；反之，部分人民法院推定监事属于经营管理人员，需要其自行证明没有参与公司经营管理。

在法律法规相关规定不明确的情况下，笔者倾向于认为，应推定监事不属于经营管理人员，不承担配合清算义务。从法理上分析，监事的主要职责是对公司的人员和公司财务进行监督和检查，而并不直接参与公司的经营管理。按照《民事诉讼法》中“谁主张，谁举证”的基本原则，监事本人很难对消极事实进行证明——证明其没有参与经营管理，而由原告证明监事参与了经营管理在逻辑上更为合理。因此，原则上应认为监事不承担配合清算义务，除非原告能提供相反证据，例如监事负责管理公司账簿等证据。

---

① 参见江苏省南京市玄武区人民法院民事判决书，(2018)苏0102民初12075号。

② 参见江苏省南京市玄武区人民法院民事判决书，(2018)苏0102民初12077号。

③ 参见浙江省金华市中级人民法院民事判决书，(2021)浙07民终3581号。

实践焦点 019

破产企业的法定代表人变更问题

在破产实践中，公司启动破产程序后，常有向法院请求变更法定代表人的情况，但法院在审查中，不仅会考虑公司内部之间的权利义务关系，还会考虑债权人等外部关系人的利益，故公司进入破产程序后，法院通常不会同意变更法定代表人。

例如在“张某英与佛山市南海圣城仓储有限公司请求变更公司登记纠纷案”①中，张某英请求在公司进入破产清算程序后变更其为法定代表人，但佛山市南海区人民法院认为，根据《企业破产法》相关规定，债务人的法定代表人和其他直接责任人员违反相关规定损害债权人利益的，应依法承担赔偿责任。考虑到法定代表人和其他相关人员可能因自身行为损害债权人利益，故应限制在破产程序中随意变更法定代表人及相关人员，以防止其规避所应承担的责任。该案中，公司已进入破产清算程序，即便前述股东会决议合法有效，也不能仅据此变更公司的法定代表人。

与之采取相同观点的是，在“高某与南京联创科技集团股份有限公司等请求变更公司登记纠纷案”②中，高某以其离职为由，请求确认其不再担任中联车盟公司的经理、董事长及法定代表人并为其办理变更登记手续。北京市朝阳区人民法院认为，公司的法定代表人、经理和董事长均系公司的高级管理人员，对公司负有忠实、勤勉义务，中联车盟公司处于破产程序之中时，高某作为时任的法定代表人、经理和董事长，负有配合破产程序进行的上述义务。故高某要求中联车盟公司将其法定代表人、经理和董事长变更为刘某忠的诉讼请求，于法无据，该院不予支持。

再如在“陆某与上海友丽餐饮有限公司（以下简称友丽公司）请求变更公司登记

① 参见广东省佛山市南海区人民法院民事判决书，（2019）粤0605民初20983号。

② 参见北京市朝阳区人民法院民事判决书，（2019）京0105民初50168号。

记纠纷案"①中，陆某请求处于破产清算中的友丽公司向普陀区市场管理局涤除陆某作为友丽公司法定代表人的登记事项。上海市第二中级人民法院认为，虽陆某作为受托人拥有任意解除其与友丽公司间委托关系的权利，但于友丽公司破产清算之际解除委托并非只涉及委托各方间的法律关系，还涉及与公司债权人、利益相关人之间的法律关系的处理。在破产清算程序中，存在破产管理人向债务人高管人员追究责任的可能性。在破产程序尚未终结的情况下，陆某作为公司法定代表人对公司是否负有责任尚未明确。在此情况下，陆某要求变更其法定代表人身份，人民法院不予支持。

即使存在法院支持变更的案例，也是因为在法院受理破产程序前公司已作出相应决议，且相关人员已离职，如在"秦某与重庆小蓝宝文化传播有限公司（以下简称小蓝宝公司）请求变更公司登记纠纷一案"②中，小蓝宝公司于 2020 年 10 月 13 日被重庆市第五中级人民法院裁定破产清算，秦某以离职为由申请公司变更登记。重庆市沙坪坝区人民法院认为，秦某已于 2019 年 3 月从小蓝宝公司离职，且事实上已不再担任小蓝宝公司的执行董事和法定代表人，小蓝宝公司在公司登记机关登记的有关该公司的执行董事、法定代表人的事项已经在事实上发生了变更，被告小蓝宝公司应当在合理期限内召开股东会，就执行董事和法定代表人变更事项作出决议并依照法律规定至公司登记机关进行变更登记。但被告小蓝宝公司并未履行法定义务，原告秦某主张被告小蓝宝公司至公司登记机关涤除其为该公司执行董事和法定代表人的登记事项符合法律规定，应予支持。至于涤除原告秦某为被告小蓝宝公司执行董事和法定代表人的登记事项后，更换何人为该公司执行董事和法定代表人，是被告小蓝宝公司股东会应通过股东会议解决的问题，属于被告小蓝宝公司的股东自治问题，与原告秦某的诉讼请求无涉，如果被告小蓝宝公司不履行相关公司法规定的义务，公司登记机关可以依据《公司法》《公司登记管理条例》等法律、行政法规的规定，对小蓝宝公司作出相应的行政处罚。

---

① 参见上海市第二中级人民法院民事判决书，（2021）沪 02 民终 8913 号。

② 参见重庆市沙坪坝区人民法院民事判决书，（2020）渝 0106 民初 9605 号。

十、个别清偿无效

《企业破产法》第16条规定："人民法院受理破产申请后，债务人对个别债权人的债务清偿无效。"

企业破产法遵循集体清偿原则，在债务人丧失清偿能力的情况下，债权往往在破产程序中只能得到有限的部分偿付，甚至清偿比例微不足道。如果允许债务人在破产前夕或进入破产程序后对个别债权人进行单独清偿，就会减少债务人财产，进而损害全体债权人的公平受偿权。因此，个别清偿为企业破产法所严厉禁止。禁止个别清偿分别见于《企业破产法》第16条和第32条的规定，不同的情形需要适用不同条文。从时点来看，两条规定分别适用于破产申请受理后和受理前；从法律效果来看，《企业破产法》第16条所规范的个别清偿行为绝对无效且任何人均可主张无效；《企业破产法》第32条所规范的法律行为属于可撤销行为，且只有管理人可以请求撤销。

《企业破产法》第16条是对破产申请受理后的个别清偿的规定。所谓"对个别债权人的债务清偿"，必须是债务人自己实施的清偿，若系债务人的担保人或者其他连带责任人代债务人实施的清偿，则合法有效。此处的债权包括破产申请受理前债务人对外欠付的所有债权，不仅包括无担保的普通债权，还包括有财产担保债权、税款债权与职工债权。对于破产申请受理后新发生的债权，若符合破产费用、共益债务等相关规定，则按照破产费用、共益债务进行清偿。对于有财产担保债权，需要区分债务人具体所处的程序进行清偿，如在重整程序中有财产担保债权原则上不得清偿，在和解程序和破产清算程序中，债权人原则上可以随时要求清偿。但此处需要说明的是，在人民法院裁定破产重整、和解或宣告破产之日前的过渡期间，有财产担保债权处于冻结状态，债务人不得清偿。

破产申请受理后的个别清偿无效。这种"无效"是一种法定无效，即任何人都可以主张其无效。接受清偿的债权人应当返还因为清偿而获得的财产利益，但与此同时，债权本身并未消灭，债权人仍然可以通过申报破产债权来主张权利。

如果发现个别清偿行为，不同主体的处理方式不同。若管理人发现债务人存在个别清偿行为，其应向受理破产申请的人民法院提起诉讼，请求确认债务人的行为无效，而其他债权人或股东发现债务人存在个别清偿行为的，可第一时间向管理人书面反映情况，督促管理人提起诉讼。如果管理人不予追收，根据《破产法司法解释(二)》第23条的规定，债权人会议可以向人民法院申请更换管理人，个别债权人也可代表全体债权人提起诉讼，追回债务人财产。对于因管理人未及时行动，导致债务人财产不当减损的，债权人亦有权起诉管理人，要求其承担赔偿责任。

实践焦点 020

连带债务人清偿行为的效力问题

在破产案件中，当债务人的债务存在连带债务人时，连带债务人在破产申请受理后对债务人的清偿，是否属于《企业破产法》第16条禁止的个别清偿行为？置言之，是否允许债权人一边向债务人申报债权，一边向担保人主张权利？司法实践大致可分为“择一说”和“并行说”两种，并都在高级人民法院层面受到相应支持。

“择一说”认为，债权人不能同时申报债权和向担保人主张权利，而只能在破产程序终结后6个月内起诉担保人。例如，在“河南投资集团有限公司诉河南中烟工业有限责任公司借款担保纠纷案”①中，债权人既在债务人破产程序中申报了债权，又起诉保证人，要求其承担担保责任。河南省高级人民法院认为，债权人要求保证人承担担保责任，只能在破产程序终结后6个月内起诉，因此认同一审法院驳回其起诉的裁定。

“并行说”认为，向担保人主张权利不因主债务人进入破产程序而受到限制，其与申报债权可以并行。“莫某生、浙江省浙商资产管理有限公司（以下简称浙商公

① 参见河南省高级人民法院民事裁定书，(2011)豫法民终字第19号。

司）金融不良债权转让合同纠纷再审案”①中，债务人庄吉公司已进入破产程序，债权人浙商公司起诉要求各保证人对庄吉公司所负债务承担连带清偿责任。浙江省高级人民法院认为，在主债务人破产的情况下，债权人向保证人主张权利不受影响，即债权人有权“及时地”要求保证人履行义务。

笔者倾向于认为，债务人破产程序的启动不影响担保权利的实现，债权人可以同时向主债务人的管理人申报债权并向保证人主张担保责任。这一观点已经为司法解释所支持。2002 年最高人民法院《对〈关于担保期间债权人向保证人主张权利的方式及程序问题的请示〉的答复》中指出，法院对于这类案件应当受理，只是在具体认定保证人的责任金额时，如果需要等待破产程序结束，可以裁定中止诉讼；或者法院也可以对保证人的具体责任作出裁判，并在判决中明确应扣除债权人在债务人破产程序中可以分得的部分。

另外，《担保制度司法解释》第 23 条第 1 款明确规定：“人民法院受理债务人破产案件，债权人在破产程序中申报债权后又向人民法院提起诉讼，请求担保人承担担保责任的，人民法院依法予以支持。”如果说在担保法时代，《担保法司法解释》的规定与上述答复存在冲突，导致实践不统一，但在现今《民法典》时代，《担保制度司法解释》已经解决了该冲突，确认了债权人同时参与破产债权申报和向担保人主张责任的权利。

从法理上分析，在破产程序中，担保权的行权基础发生于破产程序开始之前，其在破产程序中具有优先性和排他性，因此一定程度上不受破产程序的约束。享有担保权的债权人优于其他债权人而可单独、及时受偿，这有利于确保担保物权的立法目的和制度价值的实现。

接下来的问题是，在债权人诉至法院时，法院应如何处理？上文提及的最高人民法院的答复，给出了“中止审理”或“径行判决”两种处理方式，但该答复中所称的“径行判决”实际上也需要等待破产程序结束，此后方可确定具体的责任金额。因此，这两种做法都会导致债权人的保证担保利益无法及时、充分地实现，而在 2020 年的

① 参见浙江省高级人民法院民事裁定书，（2017）浙民再 327 号。

"许昌恒源发制品股份有限公司、赵某栓保证合同纠纷再审审查与审判监督案"①中，最高人民法院认为，债权人既可以向法院申报债权，也可以向保证人主张权利，支持了二审法院要求保证人承担具体责任的判决。此外，上述《担保制度司法解释》采用了法院应予"支持"的表述，也意味着法院不仅要受理诉讼，还应对债权人的主张予以实体审理并作出相应判决。因此，我们仍倾向于认为，如果债权人起诉担保人，法院可以直接判决具体的责任金额。

实践焦点
021

破产申请受理后，银行扣划借款人资金行为的效力问题

破产实践中，银行等金融机构是常见的债权人。同时，因企业在债权银行开有账户，在企业无法清偿到期债务时，即使破产申请已经被受理，银行有时也采取直接扣划企业存款的方式实现债权。关于该种扣款抵债行为的性质，法院的态度和处理办法不尽相同。

部分法院认为，扣款抵债行为满足破产抵销权的构成要件，合法有效。例如，"忠成数码科技有限公司(以下简称忠成公司)破产管理人与中国建设银行股份有限公司温州分行(以下简称建行温州分行)破产抵销权纠纷案"②，忠成公司于 2013 年 7 月 19 日进入破产程序，其管理人在查账过程中发现，建行温州分行于 2013 年 9 月 5 日对忠成公司在建行温州分行的账户进行了两笔扣收不良贷款的操作。为此，破产管理人向建行温州分行发函，认为该行为属于无效的个别清偿行为，要求建行温州分行返还款项。2013 年 10 月 29 日，建行温州分行向管理人致函并主张抵销。2014 年 1 月 15 日，管理人起诉至法院，请求确认建行温州分行的抵销行为无效，并

① 参见最高人民法院民事裁定书，(2020)最高法民申 1676 号。

② 参见浙江省高级人民法院民事判决书，(2014)浙商终字第 27 号。

要求其返还存款及利息。浙江省高级人民法院认为，建行温州分行具备行使破产抵销权的条件，遂驳回了管理人的诉讼请求。

还有法院认为，银行扣款抵债的行为属于《企业破产法》所禁止的个别清偿行为，应当认定此类行为无效。例如，在“浙江雅迪纤维有限公司（以下简称雅迪公司）管理人、上海浦东发展银行股份有限公司（以下简称浦发银行）绍兴诸暨支行破产撤销权纠纷案”①中，雅迪公司在2018年1月4日进入破产程序，同年1月31日、3月14日，浦发银行在雅迪公司的账户上扣划两笔款项，雅迪公司管理人请求撤销此两笔款项。该案的争议焦点为，该行为是否属于《企业破产法》第16条规制的个别清偿行为。浙江省诸暨市人民法院认为，《企业破产法》第16条旨在保障全体债权人在破产程序中公开受偿。在破产申请被受理后，所有基于债务人的财产的清偿均应当通过破产程序解决。债务人自行扣划款项的行为明显损害了其他债权人的合法利益，不利于公平清理债权债务，因此无效，被告应当返还其扣划的款项。

根据上述案例可知，该种划扣抵债的行为是否构成个别清偿，应先判断其是否符合《企业破产法》规定的抵销权行使的条件。在具体讨论之前，首先需要对破产抵销权的性质予以明确。一般认为，在破产申请受理前的抵销属于民法上的抵销；债务人进入破产程序后，则受到企业破产法的约束与审查，适用破产抵销权的规定。破产抵销权源于民法上的抵销权，但其又结合破产程序的特点进行了必要的扩张与限缩。其中扩张体现在破产抵销权的行使不受互负债务种类相同且均已到期的条件限制，而限缩表现为禁止债权人利用破产抵销权竞相抵债。② 与其他条文整合后应当这样理解，银行理论上可以在破产申请受理前行使民法上的抵销权，但受到《企业破产法》第31条和第32条的破产撤销权的约束；银行在破产申请受理后受到《企业破产法》第16条的个别清偿无效的约束，但在满足《企业破产法》第40条的规定时可以行使破产抵销权。

---

① 参见浙江省诸暨市人民法院民事判决书，(2018)浙0681民初18664号。

② 参见乔博娟：《破产法视野下商业银行扣款抵债的效力认定与法律构成》，载《苏州大学学报（法学版）》2021年第3期。

上述裁判观点的异同，在实践中也导致了很多管理人的不同处理方式。例如，在破产重整程序中，管理人发现银行有“擅自扣划”行为，但出于“债权人利益损失最大的往往是金融机构债权人”“银行操作也未有明确的法律规定予以禁止”等考虑，部分管理人采取一种并非默认但亦不追究责任并要求撤销的处理模式。在此种模式下，管理人可能采用更为宏大的视野看待破产程序中的各个主体以及各种应对行为。如果该等行为仅是减损损失而未对其他债权人造成明显损害，或有利于金融机构支持重整安排，乃至有利于金融机构对未来债务人的资信恢复和信贷支持，则这种擅自划扣行为并不必然导致将来可能被撤销。不过，这种操作模式在早期案件中被利益相关方批评为“绥靖政策”，认为采用这种方式的管理人是害怕与金融机构发生直接冲突，尤其是在很多大型企业债务重组案件中，管理人通常为大型律师事务所，而该等管理人与金融机构在不同层面的合作关系，也是需要考虑的现实问题。

当然，这种操作模式并非全部，也有管理人在案件中采用撤销权，要求金融机构对此予以撤销。这种模式也有着一定普遍共性，一是中小型的破产案件的比例可能会更高一些，对金融机构这部分擅自划扣的资金有着更为迫切的现实需要；这种操作也并非管理人的意志，其同样受到债权人或法院意见的影响；以及管理人严格执行法律规定，在弹性与界限之间的选择更为保守，即按照法律严格执行撤销并交给法院最终裁判，避免因处理不当而导致的管理人履职风险问题。

虽然不同的理解与操作都较为常见，但未来可能还是会以第二种操作模式为主流。这是因为从破产程序愈发公开透明的趋势而言，管理人的各项工作在未来将会受到各方越来越专业和细化的监督和博弈；随着市场出清等破产制度的进一步发展，大量的债务人会倒逼大型企业破产实践操作，从单纯的各方信息整理和研究大型案经验，到“农村包围城市”般地影响各地法院并形成大范围共识。实际上，新媒体的发展也对此产生了影响，通过对判例的研究发现，高级人民法院层面对此的判决越发认可第二种观点。

十一、对管理人的交付

《企业破产法》第17条规定：“人民法院受理破产申请后，债务人的债务人或者财产持有人应当向管理人清偿债务或者交付财产。债务人的债务人或者财产持有人故意违反前款规定向债务人清偿债务或者交付财产，使债权人受到损失的，不免除其清偿债务或者交付财产的义务。”

管理人对债务人财产和相关资料的接管，不仅是管理人调查债务人财产状况的基础，也是管理人对债务人财产进行清理、管理与处分的前提。因此，破产程序开始后，管理人取代债务人受领财产，即有关人员交付财产或者清偿债务，均应向管理人进行。

有两类主体受到《企业破产法》第 17 条规定的影响。第一类是“债务人的债务人”，即对债务人负有给付义务的人，主要包括对债务人欠付货款、工程价款等款项的主体以及因侵权行为对债务人负有赔偿责任的主体等；第二类是“债务人的财产持有人”，即占有债务人财产的人，主要包括债务人财产的运输人、保管人、承揽人、借用人、动产承租人，因侵权行为、无因管理或不当得利而占有债务人财产的主体等。关于由债权人占有的、已经设立担保物权的财产，则需要依照《企业破产法》第 37 条的规定取回质物、留置物。

上述人员明知法院已经受理破产申请，却仍违反《企业破产法》第 17 条义务而向债务人清偿债务，或将财产交给债务人，进而导致债务人可供集体清偿的财产减少，法律视这种行为“未发生”，管理人有权请求上述人员清偿债务或者交付财产。上述人员履行义务后，可以向实际接受财产的人追偿；或者，管理人亦可选择要求实际接受财产的人返还财产。管理人追回财产后，上述人员不再负有给付义务。需要注意的是，“明知”并非真的完全依照当事人的主观状态进行判断，而是在一定程度上进行推定。一般情况下，只要法院发布了公告，就推定所有人均已知晓破产申请被受理的事实，之后如果有人向债务人清偿债务或者交付财产，这种行为就会被法院推定为故意行为，其给付义务不消灭。[①]

---

① 参见王欣新：《破产案件受理裁定的法律效力》，载微信公众号“中国破产法论坛”2017 年 4 月 4 日，https://mp.weixin.qq.com/s/s2ItV_nuLFJCCUej2N8UBg。

实践焦点 022

在建设工程分包的情形下，实际施工人的权利救济路径

以“中广建设集团有限公司（以下简称中广公司）、镇江华源置业有限公司（以下简称华源公司）与郑某伟建设工程施工合同纠纷案”①为例，2013 年 3 月 16 日，华源公司与中广公司签订《京岘家园增项施工协议》，后华源公司将脚手架工程分包给郑某伟，案涉工程已竣工验收并交付使用。2018 年 6 月 13 日，金华市中级人民法院裁定受理中广公司破产清算。郑某伟向一审法院起诉，请求中广公司给付其工程价款，华源公司在欠付中广公司工程价款范围内承担连带付款责任。

一审法院认为，根据最高人民法院《关于审理建设工程施工合同纠纷案件适用法律问题的解释》（已失效）第 26 条的规定，发包人在欠付范围内有向实际施工人支付工程价款的义务。《企业破产法》第 17 条所指的债务人的债务人应当向管理人清偿债务，系适用于破产企业自身所负债务时的情形。郑某伟享有的工程价款请求权并非单独针对中广公司，而是针对发包人华源公司、承包人中广公司共同的支付请求权。如果允许发包人向承包人而非实际施工人直接支付工程价款，上述对实际施工人的制度保护将没有意义。因此，一审法院判决，郑某伟应当按照合同约定获得工程价款。

中广公司认为，其已进入破产程序，华源公司应当向中广公司破产管理人清偿欠付工程价款的债务。一审法院适用最高人民法院《关于审理建设工程施工合同纠纷案件适用法律问题的解释》第 26 条，混淆了特殊法与一般法的适用顺序，属适用法律有误。

二审法院认为，在郑某伟施工的项目上，中广公司仅仅是名义上的施工人，郑某

---

① 参见江苏省高级人民法院民事判决书，（2019）苏民终 1622 号。

伟主张的案涉工程价款的财产权利最终应归属于实际施工人郑某伟，并非中广公司的破产财产，与《企业破产法》第 17 条第 1 款规定的情形不同。上述最高人民法院《关于审理建设工程施工合同纠纷案件适用法律问题的解释》第 26 条规定赋予实际施工人向发包人追索工程价款的权利，系赋予实际施工人的法定权利。该政策的目的在于保护农民工的合法权益，其特殊性应得到优先保护，实际施工人对发包人享有的实体权利不应受建筑施工企业进入破产程序影响，否则与国家对实际施工人合法权益的特殊保护政策相悖。因此，二审法院亦未采纳中广公司的主张。

同样，在“广东华典建设集团有限公司（以下简称华典公司）、洪某溪等建设工程施工合同纠纷案”①中，转包人华典公司破产，实际施工人洪某溪向发包人主张权利。一审法院认为，实际施工人洪某溪向发包人主张权利是相关司法解释赋予实际施工人的特定权利，转包人华典公司是否破产并不影响洪某溪向发包人主张相关权利。

华典公司上诉称，一审法院仅凭最高人民法院《关于审理建设工程施工合同纠纷案件适用法律问题的解释（二）》（已失效）第 24 条作出判决，自始忽略作为单行法的《企业破产法》属于特别法具有优先效力的原则。因上诉人华典公司已进入破产程序，被上诉人洪某溪作为上诉人华典公司的债权人，应当向华典公司申报债权，经管理人审核、债权人会议核查、人民法院裁定后，依法按比例受偿。润立公司作为上诉人华典公司的债务人，不能向管理人之外的任何人清偿其所欠上诉人华典公司的债务，其应当向管理人清偿。若润立公司直接向洪某溪清偿，根据《企业破产法》第 17 条不能免除其应当向上诉人华典公司清偿债务或交付财产的义务。

二审法院认为，根据最高人民法院《关于审理建设工程施工合同纠纷案件适用法律问题的解释（二）》第 24 条的规定，原审被告润立公司作为涉案工程的发包人应在欠付上诉人华典公司的工程价款的范围内对被上诉人洪某溪承担责任。但二审法院认为，润立公司现在实际欠付华典公司的工程价款金额并不确定，故撤销一审判决，发回重审，由一审法院对润立公司实际欠付华典公司的工程价款金额予以进一步

① 参见广东省佛山市中级人民法院民事裁决书，（2021）粤 06 民终 11666 号。

查明后,再依法作出判决。

上述案例具有一定代表性,在建设工程分包转包的情形下,不论发包人还是转包人破产,实际施工人都有权向另一未破产的转包人或发包人主张权利,或请求发包人和转包人承担连带责任,并且为了保护农民工等弱势群体的权益,工程价款可直接支付给实际施工人,这原则上不受《企业破产法》第 17 条的限制。

十二、待履行合同的处理

《企业破产法》第 18 条规定:"人民法院受理破产申请后,管理人对破产申请受理前成立而债务人和对方当事人均未履行完毕的合同有权决定解除或者继续履行,并通知对方当事人。管理人自破产申请受理之日起二个月内未通知对方当事人,或者自收到对方当事人催告之日起三十日内未答复的,视为解除合同。管理人决定继续履行合同的,对方当事人应当履行;但是,对方当事人有权要求管理人提供担保。管理人不提供担保的,视为解除合同。"

关于在破产申请受理前成立、双方均未履行完毕的合同,如果合同的一方或多方进入破产程序,那么恰当处理这类合同,对维护合同利益、减少双方损失至关重要。该条就是关于这种待履行合同如何处理的规定。

(一)该条所规范的合同

该条对象为合同当事方均未履行或者均未履行完毕的双务合同。继续履行合同的成立时间应当在债务人进入破产程序之前。如果合同在破产申请受理后才成立,由这种合同产生的利益归属债务人,而产生的债务属于共益债务,不是该条的规制范围。

继续履行合同应当为双务合同,而且债务人和合同相对方均未履行完毕。如果债务人已经履行完毕所有义务,那么债务人单纯享有合同利益,这种合同利益本质上是债务人财产,由管理人负责清收即可;如果相对方已经履行完毕所有义务,债务人所负有的义务本质上是相对方的债权,由于债务人已经进入破产程序,债务人不可以再进行个别清偿,此时应由相对方向管理人申报债权。

(二)管理人的挑拣权利

关于待履行合同的处理,管理人有两种选择:一是继续履行合同;二是解除合同。

对于管理人而言,待履行合同究竟是继续履行还是应予解除?实践中,管理人一般从下述方面予以考量:其一,何种选择可以使破产程序顺利推进;其二,何种选择可以让债务人财产价值最大化,具体包括有无替代方案、债务人财产的收益多少、解除或者履行的成本;其三,何种选择可以让债权人的债权清偿比例最大化;其四,何种选择可以让债权人整体受益。[①]

1.关于继续履行的博弈

如果继续履行合同对破产程序的相关各方整体有利,管理人自然应选择继续履行。如果管理人决定继续履行合同,合同相对方没有拒绝的余地,应当继续履行,否则将承担不履行合同的违约责任。但与此同时,合同相对方在债务人已经破产的情况下,势必对合作前景心有疑虑,担心存在履行合同的现实困难。

《企业破产法》并未漠视合同相对方的上述担心,规定其有权要求管理人提供增信措施。如果管理人不提供担保,那么相对方有权解除合同。因此,整体而言,法律还是兼顾了合同双方的公平性,没有强加给合同相对方必须履行与债务人合同的义务,但是,为保护债务人相关方的各种利益,法律仍倾向于为双方创设一种可以选择互信的增信机制。在此项制度中,双方相信的不再是各自的诚意和承诺,而是法律与制度。

实际上,对于破产程序中的继续履行合同,合同相对方是较为愿意接受的,债权清偿比例越低,则债权人越倾向于选择继续履行。此时,继续履行制度至少为双方提供了一种重新博弈的可能,管理人也有动机与债权人达成新的协议。不过在有的交易中,合同相对方在协议履行中处于优势地位,这使得管理人处处被动。例如,在房地产项目中,管理人接管房地产企业后,有时会希望与建设单位达成继续履行施工协议的一致意见:由建设单位继续垫资建设,项目建设完工之后再通过销售房款向建设

---

① 参见吴华彦:《未履行完毕合同在破产程序中的处理与应对要点》,载微信公众号"金诚同达"2021年8月24日,https://mp.weixin.qq.com/s/tnP8Fb0EmS28ouL5weaxtQ。

单位全额支付，这样既避免了项目烂尾，又帮助包括建设单位在内的债权人获得更高额度的清偿。

但是，建设单位可能并不这样算账。首先，房地产企业已经出现破产问题，及时止损不失为一种更为简单明了的选择；其次，这种施工协议的继续履行以建设单位垫资建设为前提，除非工程项目已经接近竣工，否则建设单位很难继续提供资金；再次，继续履行合同依然具有不确定性，即使市场销售问题不大，但房屋建设完毕之后能否及时回款，尤其是商业地产项目，仍然存在不确定性，在市场不好的情况下，建设企业的损失会进一步加重；最后，建设单位的内部机制和对风险的厌恶程度，也会对继续履行合同制度的适用产生影响。例如，在部分案件中，债务企业的地产项目虽然属于一线城市的优质住宅项目，但是建设单位作为国有企业，很难做出继续履行的内部决策，除非该种交易不会引发额外风险，如欠付的已有建设款项虽然不会即刻支付，但是管理人会筹集资金支付项目的进度款，以确保建设单位的损失不会进一步增加。

从法律上讲，继续履行合同有时也是考验双方对破产法律理解的博弈之战，同样以房地产破产重整项目举例。某房地产企业进入破产程序后，抵押权人理论上会得到更优保障。但是，该类债权人系约定担保，在法律位阶上劣后于法定优先权，比如刚刚提及的建设单位依法享有的建设工程价款优先权——这类债权人依法享有对其劳动所得物化的建设工程处置所得优先受偿的法定权利。此类优先权无须双方约定而可直接被依法享有。因此，建设单位有时会基于这种优势地位，天然排斥继续履行合同，其更希望直接等待债权清偿与分配。

因此，我们在继续履行合同中，有时会增加变量来盘活僵局，即引进新的资金提供者，平衡各方诉求。例如，资产管理公司 A 可以向房地产企业 B 提供工程进度款，专款专用于向施工单位 C 支付，而施工单位 C 将之前形成并得到管理人确认的建设工程价款债权向资产公司 A 打折出售并同意收取进度款继续建设。在房产项目建设完毕后，除向社会购房者交房的部分外，项目剩余部分向社会公众出售并回笼现金。出售资金根据《企业破产法》规定对建设工程价款优先清偿。此时，建设工程价款的债权人已为资产管理公司 A，故 A 最终全额受偿债权并取得差额收益。另外，A

公司收益部分还应包含工程进度借款的利息。

2. 关于解除合同的选择

正如上文提及，各方决定是否继续履行合同的本质是算账。若管理人决定解除合同，则应尽快通知各方。管理人在人民法院受理破产案件之日起 2 个月内未通知合同相对方是否继续履行合同，或者收到合同相对方催告履行或解除之日起 30 日内未作出回复的，合同即视为解除。当然，管理人也可以在上述期限内主动通知合同相对方解除合同。合同解除之后，合同双方很可能因此受到损失，如果给合同相对方带来损失，合同相对方有权向管理人申报债权，主张损失和合同利益；如果给债务人带来损失，管理人有权向合同相对方索赔，索赔所得作为破产财产用于债务清偿。

需要注意的是，如果管理人决定继续履行合同，而相对方要求提供担保，立法没有对担保的形式作出规定。实践中，管理人决定继续履行的，需要制作继续履行合同的报告，由债权人委员会批准。如果还没有成立债权人委员会，那么应当报人民法院批准。管理人可以用债务人的财产提供担保，但担保物的价值应当与合同继续履行的价值相当，而且管理人需要一并报请债权人委员会或人民法院批准。

3. 关于管理人挑拣权利的限制

若合同继续履行，该合同属于在破产程序中正常履行的合同，由此产生的债权为共益债务，由债务人的财产随时清偿且优先支付。但下列行为不属于管理人选择权的范围：(1)附条件或附期限的继续履行或解除；(2)在决定继续履行时修改或增加合同条款；(3)延长选择权的行使时间或者指定选择权的行使条件；(4)在决定继续履行时剥夺相对方按照《企业破产法》第 18 条第 2 款享有的请求担保的权利以及与此相关的解除权；(5)在解除合同时免除债务人的违约责任，管理人的上述行为，未经相对方同意，不发生行使选择权的效力，但是管理人选择继续履行后，可与相对方就合同条款的变更达成补充协议。

需要注意的是，管理人的选择权属于法定权利，其目的是实现公共政策和目标，当事人不得事先采用约定条款加以排除或限制。

(三)所有权保留合同的处理

破产实践中，有一种合同因为其特殊性质而需要被特别关注，这就是所有权保留买卖合同。在一般的买卖合同中，买卖标的物自交付时，所有权就从卖方转移到了买方。但立法给了买卖合同当事人一定的自由，其可以约定，即使买卖标的已经交付给买方，一定条件下所有权仍然在卖方手上，此等合同被称为"所有权保留买卖合同"。这种约定常见于付款期限较长或者分期付款等情形，有此约定，卖方就可以在没有收到全部价款时，仍保留标的物的所有权。关于这种合同在破产程序中的处理，需要区分出卖人破产与买受人破产等两种情况并加以讨论。

1. 出卖人破产

在出卖人一方破产的情况下，如果出卖人的管理人决定继续履行合同，买受人就需要按照合同的约定支付价款。买受人没有按照合同约定支付价款的，管理人可以主张取回标的物，除非买受人已支付标的物总价款的75%以上，或标的物所有权或者其他物权已被第三方善意取得。管理人因此未取回标的物的，可以主张买受人继续支付价款、履行完毕其他义务，以及承担相应赔偿责任。

如果出卖人的管理人决定解除合同，买受人应当向管理人返还标的物，买受人没有主动履行的，管理人可以自己取回标的物，并要求出卖人赔偿损失。当然，立法也对买受人的权利保护作出了平衡，如果买受人依法履行合同义务并依据管理人的主张返还标的物，买受人支付的价款将被作为共益债务清偿。但是，若买受人违反合同约定，买受人支付的价款则仅能被作为普通破产债权清偿。

2. 买受人破产

在买受人一方破产的情况下，如果买受人的管理人决定继续履行合同，那么其合同义务的履行期限加速到期，管理人不及时履行的，出卖人可以取回标的物，除非买受人已支付标的物总价款的75%以上，或标的物所有权或者其他物权已被第三方善意取得。如果出卖人因此未取回标的物，可以主张买受人继续支付价款、履行完毕其他义务，以及承担相应赔偿责任，且该主张款项将被作为共益债务清偿。

如果买受人的管理人决定解除合同，由于出卖人仍然拥有标的物的所有权，其有权取回标的物，买受人的管理人可以主张返还已经支付的价款。如果取回的标的物价值明显减少，给出卖人造成了损失，出卖人可从买受人已支付价款中优先予以抵扣后，将剩余部分返还给买受人。如果买受人已支付价款不足以弥补出卖人标的物价值减损损失形成的债权,那么出卖人的债权可被作为共益债务清偿。

实践焦点 023

“双务合同”的认定标准

所谓双务合同,就是当事人双方都对相对方承担义务的合同。但是,关于双务合同的具体认定,实践中经常出现争议。仅就法理而言,“互负义务说”认为,应当以合同双方是否相互承担义务为判断标准。合同双方均承担义务的,是双务合同;合同的一方仅享有权利不承担义务,另一方只承担义务不享有权利的,是单务合同。① “对待给付关系说”则认为,应当以合同双方是否相互存在对待给付关系为判断标准。当事人双方互负对待给付义务的,是双务合同。② 目前,后者是理论界的主流观点。

双务合同在破产程序中的实践争议,以借款合同最为典型。银行与非银行金融机构提供借款的借款合同属于有偿合同、双务合同,一般不存在争议。然而,民间借贷的性质存在更多分歧。大部分观点将民间借贷合同解释为单务合同,仅有少部分人持相反观点,认为借款合同属于双务合同。

司法实践中也存在不同处理。在“张某林、沈某民间借贷纠纷再审审查与审判监督案”③中,四川省高级人民法院认为案涉借款合同属于单务合同。在“刘某与唐某睿民间借贷纠纷再审审查与审判监督案”④中,天津市高级人民法院则认为借款合同属于双务合同——出借人应按照借款合同的约定提供借款、借款人应按照合同约定使用款项并到期还款。1993 年最高人民法院《关于如何确定借款合同履行地问题的批复》(已失效)曾经认为,借款合同是双务合同,标的物为货币。贷款方与借款

① 参见李永军:《合同法原理》,中国人民公安大学出版社 1999 年版,第 29 页。
② 参见王利明:《合同法研究》(第 1 卷),中国人民大学出版社 2002 年版,第 28 页。
③ 参见四川省高级人民法院民事裁定书,(2021)川民申 760 号。
④ 参见天津市高级人民法院民事裁定书,(2017)津民申 1108 号。

方均应按照合同约定，分别承担贷出款项与偿还贷款及利息的义务。

目前，鉴于《民法典》已经明确：关于自然人之间的借款合同，出借人在交付借款后生效。在合同成立后，无论是否约定利息，出借人只有收回借款本金（和利息）的权利而没有义务，而借款人负有返还本金的义务，如果是有偿借款合同还需要返还利息。因此，我们倾向于认为，只有借款人一方负有义务的借款合同属于单务合同。但是，其他商业背景与交易结构更为复杂情况下的借款合同，若借款人和出借人均负有对待给付义务，则应属于双务合同。

实践焦点 024

"双方均未履行完毕"的认定标准

从现行司法实践来看，人民法院在判断管理人是否有权解除合同时，一般重点审查是否符合"债务人和对方当事人均未履行完毕"这一条件，其他因素虽然在人民法院考虑范围内，但重要程度和酌情比重不高。例如，在"王某琼、深圳市金凯进光电仪器有限公司房屋租赁合同纠纷再审审查与审判监督案"①中，最高人民法院明确指出，对在破产申请受理时，债务人和对方当事人均未履行完毕的合同，管理人享有选择继续履行或者解除之权利。管理人区别对待不同承租人、其投入成本高、解除合同损害其合法权益、合同继续履行有利于保护债权人利益等因素，则不在人民法院的审查范围内。有研究统计，类似案件基本都采用这种观点，无论债务人是否违约、是否有过错、是否具备可以解除的条件，除非合同涉及社会公共利益或消费者生存权等优先权利，一般都允许解除。②

---

① 参见最高人民法院民事裁定书，（2020）最高法民申 3299 号。

② 参见卓纬律师事务所：《破产管理人行使单方合同解除权的司法现状及应对建议》，载微信公众号"北京卓纬律师事务所"2021 年 10 月 9 日，https://mp.weixin.qq.com/s/50aLZQ5PgzMpOgzua6dIpA。

但关于如何界定"双方均未履行完毕"，司法实践和学界存在不同看法，特别是在"全部合同义务还是主合同义务"方面存在较大分歧，具体如下：

有的观点认为，"双方均未履行完毕"是指当事人的所有合同义务未履行完毕，因此只要有合同义务尚未履行，管理人就可以解除合同。在"文某华诉株洲千姿置业有限公司房屋租赁合同纠纷再审案"①中，湖南省高级人民法院认为，租赁合同具有继续性，交纳租金只是承租人的主要合同义务而非全部合同义务，承租人还有保管租赁物、返还租赁物等一系列义务。因此，在租期届满承租人返还租赁物之前，承租人始终处于履行租赁合同的过程中；同样，出租人需要将租赁物的占有、使用的权利交给承租人，也一直处于履行租赁合同的过程中。因此，租赁合同只要在租赁期内，承租人与出租人的义务就"均未履行完毕"，管理人有权单方解除合同。与上述案件相似，在"浙江佰利领带服饰有限公司等诉姜某峰等债权转让合同纠纷案"②中，审理法院同样以房屋租赁为持续性合同为由，认定合同均未履行完毕。

相反观点认为，"双方均未履行完毕"仅限于主合同义务未履行完毕，如果对方已经履行完主合同义务，管理人就不能以附随义务未履行完毕为由解除合同。以"重庆市农产品集团云阳农产品市场有限公司与陈某合同纠纷案"③为例，重庆市第二中级人民法院认为，案涉《项目合作开发合同书》所约定的主要义务已经履行完毕，管理人仅以该项目未完全验收，尚有相关手续未办结的协助义务未完全履行完毕为由通知解除合同，既不符合法定的解除条件，也显失公平。同样，在"杭州众意纸业有限公司诉中信富通融资租赁有限公司等融资租赁合同纠纷案"④中，天津市高级人民法院认为，在融资租赁合同中，出租人负有支付租赁物购买价款、将租赁物交付承租人使用的积极义务，这一义务履行完毕就实现了签订合同的实质目的。因此，天津市高级人民法院认定，出租人就融资租赁合同已经履行完毕。

从现有案例来看，人民法院持第一种观点，即"均未履行完毕是指当事人的所有

---

① 参见湖南省高级人民法院民事判决书，(2017)湘民再461号。

② 参见浙江省嵊州市人民法院民事判决书，(2016)浙0683民初4164号。

③ 参见重庆市第二中级人民法院民事判决书，(2021)渝02民终932号。

④ 参见天津市高级人民法院民事判决书，(2015)津高民二终字第0070号。

合同义务未履行完毕"的案例相对较多,特别是案涉合同为租赁合同时,这种观点颇受欢迎。但笔者倾向于认为,最高人民法院第二巡回法庭的论述更值得借鉴——待履行合同通常是指双方当事人均未履行完毕主给付义务的合同。但如果从给付义务的违反直接影响主给付义务的履行效果,导致对方合同目的无法实现,或者附随义务的违反导致对方合同目的落空,那么当从给付义务或附随义务未履行、未适当履行时也可成立待履行合同。实践中,与公司相关的合同大多比较复杂,都不是一次性履行就可以完成的,而且合同往往会存在各种附随义务或从给付义务。如果要求合同项下的全部义务均完全履行,这些合同很有可能因存在个别瑕疵而被管理人解除。这种处理不利于合同相对方的保障,也不利于维护交易稳定。因此,更为合理的做法是,只有在附随义务或从给付义务对主给付义务产生影响时,才认为此时属于"未履行完毕",允许管理人解除合同。

实践焦点 025

房地产开发商破产后"以房抵债协议"的继续履行问题

本书以"殷某川、重庆宝狮置业有限公司(以下简称宝狮公司)与破产有关的纠纷案"[①]为例,最高人民法院认为该案审查重点为:第一,认定案涉15套房屋是否属于破产财产的法律适用问题,即应适用《破产案件若干问题规定》第71条第5项,还是应适用《破产法司法解释(二)》第2条;第二,宝狮公司应否继续履行《商品房买卖合同》,交付案涉15套房屋。

第一,认定案涉15套房屋是否属于破产财产的法律适用问题,即应适用《破产案件若干问题规定》第71条第5项,还是应适用《破产法司法解释(二)》第2条。首先,2002年施行的《破产案件若干问题规定》第71条第5项规定"特定物买卖中,

---

① 参见最高人民法院民事裁定书,最高法民申7497号。

尚未转移占有但相对人已完全支付对价的特定物”不属于破产财产,该规定是在当时《企业破产法(试行)》(已失效)框架下对债务人的财产归属作出的实体认定。因该《企业破产法(试行)》已经废止,所以不能再当然以该法对应的《破产案件若干问题规定》第71条第5项来认定债务人的财产归属,而应当按照现行物权、执行方面的法律规范来处理案涉房屋的归属。其次,原审法院查明,2018年5月宝狮公司申请进入破产程序,案涉15套房屋尚未实际交付给殷某川,案涉15套房屋的产权亦未变更登记于殷某川名下。根据《物权法》(已失效)第9条第1款“不动产物权的设立、变更、转让和消灭,经依法登记,发生效力;未经登记,不发生效力,但法律另有规定的除外”的规定和《企业破产法》第30条“破产申请受理时属于债务人的全部财产,以及破产申请受理后至破产程序终结前债务人取得的财产,为债务人财产”的规定,至宝狮公司破产申请受理时案涉15套房屋的所有权归属于宝狮公司,应当认定案涉15套房屋为债务人宝狮公司的破产财产。因此,原审法院根据《破产法司法解释(二)》第2条“下列财产不应认定为债务人财产:(一)债务人基于仓储、保管、承揽、代销、借用、寄存、租赁等合同或者其他法律关系占有、使用的他人财产;(二)债务人在所有权保留买卖中尚未取得所有权的财产;(三)所有权专属于国家且不得转让的财产;(四)其他依照法律、行政法规不属于债务人的财产”之相关规定,认定案涉房屋属于宝狮公司破产财产,不属于殷某川的财产,并不缺乏依据,适用法律亦无不当。

第二,宝狮公司应否继续履行《商品房买卖合同》并交付案涉15套房屋。案涉15套房屋成为宝狮公司破产财产后,其在破产中应由谁享有或获得,则要从债权人与债务人间法律关系以及债权人间权利顺位等方面来确定。首先,从法律关系上分析,双方所签《商品房买卖合同》的基础法律关系是以物抵债协议。根据《九民纪要》第44条第1款“当事人在债务履行期限届满后达成以物抵债协议,抵债物尚未交付债权人,债权人请求债务人交付的,人民法院要着重审查以物抵债协议是否存在恶意损害第三人合法权益等情形,避免虚假诉讼的发生。经审查,不存在以上情况,且无其他无效事由的,人民法院依法予以支持”的规定,上述《商品房买卖合同》虽然形成于债务履行期限届满前几日,但在债务履行期满后债务人未以现金偿还殷某川欠款本息，且在债务履行期满近一年后，债务人出具汇总表，明确了买卖合同的编号、房屋位置及房号、单价等内容，并确认房款已经全部结清，应当认定双方在债务履行期满后达成以物抵债协议。该以物抵债协议达成并进行了网签备案，两年余后宝狮公司申请进入破产程序，无证据证明该协议存在恶意损害第三人合法权益等情形，也不存在其他无效事由，因此双方达成的以物抵债协议合法有效。其次，双方在宝狮公司进入破产程序前达成的以物抵债协议在宝狮公司进入破产程序后应如何履行，以及案涉 15 套房屋能否交付殷某川，应当按照破产程序的相关法律规定处理。根据《企业破产法》第 18 条第 1 款“人民法院受理破产申请后，管理人对破产申请受理前成立而债务人和对方当事人均未履行完毕的合同有权决定解除或继续履行，并通知对方当事人”的规定，对于双方均未履行完毕的合同，是否继续履行由管理人决定。对于其中一方已经履行完毕的合同，管理人应否继续履行，《企业破产法》及相关法律规定没有明确规定。鉴于破产程序是一种概括的债务清偿执行程序，在《企业破产法》及相关法律规定无明文规定的情形下，可参照执行程序中债权保护顺位的相关法律规定确定破产财产的归属。根据《执行异议复议规定》第 29 条“金钱债权执行中，买受人对登记在被执行的房地产开发企业名下的商品房提出异议，符合下列情形且其权利能够排除执行的，人民法院应予支持：(一)在人民法院查封之前已签订合法有效的书面买卖合同；(二)所购商品房系用于居住且买受人名下无其他用于居住的房屋；(三)已支付的价款超过合同约定总价款的百分之五十”的规定，符合上述规定的 3 个条件时，商品房买受人对登记在被执行的房地产开发企业名下的商品房提出异议时可以排除执行，优先取得被执行人的商品房。

上述规定所涉优先债权即商品房消费者物权期待权。殷某川若对案涉 15 套房屋享有商品房消费者物权期待权，则有权要求宝狮公司继续履行《商品房买卖合同》并交付案涉 15 套房屋。根据《消费者权益保护法》关于消费者的定义，商品房消费者是指购买商品房用于居住之需者，商品房消费者物权期待权是指商品房消费者对购买用于居住的商品房享有物权期待的权利，该物权期待权可以被理解为一种准物权，其旨在保障公民赖以生存的居住权。结合宝狮公司管理人已经向殷某川交付 17 套房屋中的 2 套房屋的实际情况，殷某川即使属于商品房消费者，其作为商品房消费者所应当享有的物权期待权也已经通过从宝狮公司管理人处接收2套房屋得到了保护。案涉15套房屋已经超过殷某川居住之需,殷某川不应再享有相应的商品房消费者物权期待权,即在破产程序中对案涉15套房屋的债权不享有优先受偿权,仅享有普通债权。因此,原审认定殷某川不属于案涉15套房屋的消费性购房人,其享有的案涉15套房屋的债权在破产程序中并无优先事由,若宝狮公司交付案涉15套房屋,将构成对个别债权人的清偿,从而损害其他债权人利益,并据此驳回了殷某川要求继续履行《商品房买卖合同》并交付案涉15套房屋的诉讼请求,原审的上述认定也并不缺乏依据,适用法律亦无不当。

十三、保全解除和执行中止

《企业破产法》第19条规定:"人民法院受理破产申请后,有关债务人财产的保全措施应当解除,执行程序应当中止。"

在破产案件中,债务人实际控制人最为关注的是企业能否涅槃重生,但促成其进入破产重整程序的,并非对债务重组方案的认可,而是破产程序可以中止执行程序,暂缓债权人咄咄逼人的"破产保护措施"。不论大型财团、上市公司抑或中小企业,在各方出具的企业纾困方案中,通过破产程序解除保全措施、中止执行程序,已成为惯常要列于方案之上的"通识"。

困境企业的债务危机是结果更是过程,公司资金缺失,流动性不足,供货商等合伙伙伴的款项结算拖延,职工工资不能及时发放,金融机构的贷款逾期,逐渐有部分中小债权人上门追索或起诉。债务隐患像没有缝好的棉被,棉絮开始不知不觉地漏出。于是,银行账户被查封,资金被划扣,公司有价值的资产被查封,随着案件开始诉讼、宣判并败诉,法院的执行程序开始,好的资产被法院变卖拍卖,但还是没有办法覆盖债权人的债权,法定代表人开始被列入失信名单。

如果这是一家小型企业,在这个过程中,可能很自然地出现职工离职、无人应诉、实际控制人消极应对,任由相关诉讼程序转为执行程序,然后等待执行程序因为无人问津而终止,或者由执行程序转为破产清算程序的情况。在这个过程中,债权人们很早就知道债权不会得到及时且足额的清偿，于是金融机构计提坏账，而其他公司开始内部核销，甚至不会再投入人员和时间跟进这类案件。不过，债务人是大型企业的，往往不会任由自己倒闭，其还是会尽可能地通过债务重组进行企业纾困，保留企业的价值。实际控制人不能不在乎如何维护自己的股权价值，还是会尽力将这些可怕的企业裂缝一一补好。

这些裂缝中，最危险与紧迫的莫过于法院的保全措施与执行程序。保全措施与执行程序会导致企业加速丧失流动性，丧失恢复生机的核心资产。因此，不论债务人纾困方案是否成熟，当务之急是及时治疗这些“出血点”并遏制“失血”趋势。所以，破产程序需要一种保护性规则，即避免核心资产被拍卖处置的规则，一种可与常态下的诉讼与执行手段对抗的困境企业保护规则。二者的区别在于，诉讼与强制执行注重债权的个别清偿，破产程序注重所有债权的公平受偿，由于破产程序的启动非常特殊，其对民事执行程序具有优先性，对一般的债务清偿程序具有排他性。因此，一旦破产程序启动，其他与之冲突的程序都应停止，这一点主要体现于保全措施和执行程序的暂停规定。同时，鉴于民事责任的履行优先于行政责任和刑事责任的履行，破产程序的启动还应当排除行政责任和刑事责任中对债务人财产的执行。因此，《企业破产法》第 19 条规定的保全措施和执行程序不仅限定于民事程序，还包括所有具有强制执行权的国家机关在履行职务过程中所采取的保全和执行。

（一）保全措施应当解除，执行程序应当中止

破产程序启动后，有关债务人财产的民事保全措施应当解除。在法院对破产申请受理予以公告后，对债务人有关财产采取的保全措施，如查封、冻结、扣押等措施均自动解除。法院解除这些措施后，应当及时通知管理人并将这部分财产移交管理人。如果法院后续审查发现债务人不具备破产原因或破产原因消除，则破产程序提前终结。此时，暂时解除的保全措施可以恢复执行，同理，法院需要及时通知之前采取保全措施的单位，由其按照原来的保全顺位恢复保全措施。

破产程序启动后，有关债务人财产的执行程序也应当中止。法院受理破产申请后，还没有开始执行，或者已经执行了一部分但还未全部执行完毕的案件，都应当中

止执行;如果当事人在破产申请受理后才向法院申请执行,法院将直接不予受理,并告知其向管理人申报债权。如果之后经审查发现债务人不具备破产原因或破产原因被消除,那么人民法院裁定驳回申请或者终结破产程序,中止的执行程序可以继续进行。

(二)解除保全和中止执行的程序

作为保护债务人财产的特别程序,在法院受理破产申请后,保全措施自动解除,执行程序无条件中止。管理人在接管债务人的财产、调查债务人财产状况后,如果发现仍然有法院对债务人的财产进行保全或者继续执行的,应当向采取措施的法院提出申请,上述法院有责任及时解除保全或者中止执行。如果在破产申请受理后,相关单位没有中止执行,应当"纠正错误",及时执行回转。此时"返还"给债务人的财产仍然属于债务人财产,应交由管理人统一分配。如果执行法院不执行回转,则受理破产申请的法院可请求该执行法院的上级法院予以纠正。

实践焦点 026

执行程序与破产程序的衔接适用问题

为实现执行程序与破产程序的有序衔接,最高人民法院相继出台司法解释,对执行与破产程序衔接中的重点工作进行明确,主要体现在:

其一,破产申请受理后执行程序的中止,也即在法院受理被执行人的破产申请后,有关债务人的执行程序应予中止;其二,执行财产的移送与接收,即债务人进入破产程序后,对于执行法院查封、扣押、冻结的债务人财产应当解除查封、扣押、冻结措施,或者移交给受理破产案件的法院或管理人;其三,未中止执行的法律后果,也即被执行人进入破产程序后仍继续执行的,应予纠正,进行执行回转;其四,破产申请受理后未分配的执行财产归入债务人财产,也即被执行人进入破产程序后,已执行的财产但未支付给被执行人的，应当纳入破产财产；其五，执行成果的沿用，也即执行程序中的资产评估报告或者审计报告，可以在破产程序中沿用；其六，执行终结，也即被执行人被宣告破产，或裁定终止和解程序、重整程序的，执行法院终结执行程序。

除上述司法解释外，各地高级人民法院也出台了执行与破产衔接的相关指引，例如，上海市高级人民法院《执行转破产工作的规范指引》、陕西省高级人民法院《关于建立执行移送破产直通机制的工作指引》，分别在异地案件管辖、移送条件、优先移送、重整价值、重整可能性、审慎审查情形、移送材料等问题上进行了细化的规定。

在最新的立法实践中，2022 年 6 月，全国人大常委会公开发布《民事强制执行法（草案）》，其在第 77 条确立了破产程序中止执行程序的规则；在第 82 条确立了“执转破”规则；在第 83 条确立了破产程序终结执行的规则。毋庸置疑，随着执行程序与破产程序衔接法律体系的进一步完善，破产制度在立法与实践处于高速发展与完善阶段，将更好地发挥功能，实现对债权人等各方利益的有效保护。

实践焦点 027

《民事强制执行法（草案）》颁布对破产案件的影响

十三届全国人大常委会第三十五次会议对《民事强制执行法（草案）》进行审议后，于 2022 年 6 月 24 日公开发布并征求意见。《民事强制执行法（草案）》有诸多条文涉及破产程序，具体如下。

（1）明确破产债务人可以承继破产管理人权利，成为申请执行人

《民事强制执行法（草案）》第 18 条规定：“执行依据确定的权利人可以作为申请执行人。执行依据确定的权利的继承人、承受人等主体可以变更、追加为申请执行人。执行依据确定的权利人是遗产管理人、破产管理人等主体的，继承人或者破产债

务人等主体可以变更、追加为申请执行人。"

根据上述规定,破产债务人可以被变更为申请执行人,这主要是考虑到破产程序总有终结之时,为避免案件执行影响破产企业破产程序的进行,有必要对该等事项进行确认。尤其是对于管理人以自己的名义提起的诉讼(如破产撤销权纠纷)且该案件已经进入了执行阶段,恰逢破产和解程序或重整程序已经终结。此时,管理人履职完毕,但执行案件还未执行完毕,在这种情况下,是可以变更追加债务人为申请执行人的。

(2)再次明确破产程序对执行程序的影响

《民事强制执行法(草案)》第77条第1款规定:"有下列情形之一的,人民法院可以裁定中止执行:……(六)人民法院已受理以被执行人为债务人的破产申请……"

《民事强制执行法(草案)》第83条规定:"有下列情形之一的,人民法院应当裁定终结执行:……(九)被执行人的破产重整计划被人民法院裁定批准、破产和解协议被人民法院裁定认可或者被执行人被人民法院裁定宣告破产……终结执行的,人民法院应当解除已经采取的执行措施。"

《民事强制执行法(草案)》再次明确了人民法院受理破产申请后,破产企业的执行应中止。同时,《民事强制执行法(草案)》第83条的规定,为破产法院协调执行法院解除资产受限提供了更有利的法律依据。

(3)对"执转破"机制的调整

《民事强制执行法(草案)》第82条规定:"在金钱执行中,被执行人符合本法第八十条规定情形和破产法规定的清理债务情形的,人民法院应当裁定终结本次执行程序,将执行案件相关材料移送被执行人住所地人民法院。被执行人住所地人民法院应当自收到执行案件相关材料之日起三十日内审查,一般应当裁定受理破产申请;特殊情况不予受理的,应当将相关案件材料退回执行法院并书面说明原因。"上述规定一定程度上调整完善了现行"执转破"机制:

一是扩大了"执转破"机制的适用范围。《民事强制执行法(草案)》中的"执转破"机制不再将被执行人局限于"企业法人"这一单一主体,而是使用"被执行人"称谓。如此意味着所有类型的被执行人只要符合规定,均可以转入破产程序,表明了强制执行程序与破产程序的司法协同性，释放出了我国破产程序将会大概率采取一般破产主义的积极信号，继而扩大了“执转破”机制的适用范围。

二是明确了“执转破”机制的功能定位。在现行的“执转破”机制中，被执行人只要具备了破产原因，在取得申请执行人或被执行人同意的情况下就可以转入破产程序。此时，被执行人（企业法人）即使尚有可待分配的财产，但不进入分配程序。然而，《民事强制执行法（草案）》却改变了这一做法，即被执行人不仅需要具备破产原因，还需要被“终本”。这意味着被执行人只要有可供分配的财产，就仍需要在执行程序中被强制执行，只有经过执行程序而被“终本”且具备破产原因后，方可转入破产程序。故而，以后的“执转破”机制将成为清理“僵尸企业”的快速通道。

三是扩大了职权主义的应用范围。现行“执转破”机制的启动需要当事人的同意，不过《民事强制执行法（草案）》中的“执转破”机制采取了职权主义的做法，其删除了现行法中需要申请执行人或被执行人同意的规定，突出了该机制的效率价值，也符合实践中的实际需求。

实践焦点 028

破产申请受理后法院执行程序的效力问题

虽然《企业破产法》规定了在债务人破产申请受理后，执行程序应当中止，但执行法院可能并不知晓破产申请受理的事实，这造成了一些实践争议与困扰，以“刘某亮与深圳市建材集团有限公司企业借贷纠纷案”①为例，审理该案的两级人民法院对该问题存在不同认识。

该案的基本案情为，深圳市中级人民法院于 2015 年 10 月 16 日作出受理特科

---

① 参见广东省高级人民法院执行裁定书，(2017)粤执监 40 号。

泰公司的破产清算申请的裁定。管理人在接管过程中发现，深圳市罗湖区人民法院于2015年10月26日作出执行裁定，将特科泰公司某厂房的占有使用、收益权交付给该案的申请执行人刘某亮以抵扣债权。管理人请求深圳市罗湖区人民法院撤销上述执行裁定。深圳市罗湖区人民法院驳回管理人所提异议后，管理人又向深圳市中级人民法院申请复议。该案的争议焦点为：通过人民法院执行裁定进行的个别清偿是否应当被撤销。

深圳市中级人民法院认为，破产申请受理裁定的落款日期为2015年10月16日，虽然在深圳市罗湖区人民法院执行裁定的落款日期前10日，但没有证据证明深圳市中级人民法院及时通知了深圳市罗湖区人民法院，也不能证明深圳市罗湖区人民法院在明知破产申请已被受理的情况下作出执行裁定。反之，深圳市中级人民法院在2015年10月28日、29日方在相关报纸上刊登受理破产公告。这一事实说明，深圳市中级人民法院在深圳市罗湖区人民法院作出执行裁定之后，才将受理破产申请的事宜公告。深圳市罗湖区人民法院的裁定属于正常的强制执行行为，深圳市中级人民法院最终裁定驳回管理人的复议申请。

管理人再次向广东省高级人民法院申诉。广东省高级人民法院认为：其一，破产申请受理后执行程序应当中止，深圳市罗湖区人民法院的执行裁定违反了《企业破产法》第19条的规定，损害了其他债权人的合法权益，深圳市中级人民法院应督促深圳市罗湖区人民法院依法纠正；其二，执行程序中止并不以受理破产申请的人民法院通知执行法院为前提。即使执行法院因此不了解破产申请被受理的情况，作出了具体执行行为，但其应在知悉后依法纠正并执行回转。因此，广东省高级人民法院最终撤销了深圳市罗湖区人民法院的上述执行裁定。

十四、民事诉讼和仲裁程序的中止

《企业破产法》第20条规定："人民法院受理破产申请后，已经开始而尚未终结的有关债务人的民事诉讼或者仲裁应当中止；在管理人接管债务人的财产后，该诉讼或者仲裁继续进行。"

破产申请被受理后,如何处理已经开始、尚未终结的诉讼或仲裁程序,也是非常值得讨论的问题。企业破产后,尚未终结的诉讼或仲裁需等待破产管理人接管后予以恢复。按照集体清偿优先的原则,如果诉讼、仲裁与集体清偿不冲突,则其可以在管理人接管债务人财产之后继续进行;如果诉讼、仲裁与集体清偿存在冲突,则应当将其暂时搁置,直到破产程序终结再决定其命运。

1. 管理人接管后,诉讼案件继续进行

一般情况下,如果案件在破产申请被受理前就已发生,管理人接管债务人的财产后,案件应当继续进行。较为特殊的一种情况是,如果诉讼目的是清偿债务,鉴于集体清偿原则的约束,虽然诉讼可以继续进行,但债权人仍然不得实现其权利。具体来说,在案件审理过程中,债权人可以同时向管理人申报债权,但由于其债权并不确定,原则上不得行使表决权,除非人民法院临时确定其债权数额;在人民法院作出裁判且生效后,根据裁判确认的债权数额,债权人需要依照《企业破产法》的清偿程序实现债权。

2. 管理人接管后,诉讼案件保持中止

如果案件属于指向债务人特定财产的给付之诉或代位权诉讼,由于其不符合集体清偿原则,在管理人接管债务人财产后仍然应当中止。典型情形主要有以下几种:(1)主张次债务人代替债务人直接向其偿还债务;(2)主张债务人的出资人、发起人和负有监督股东出资义务的董事、高级管理人员,或者协助抽逃出资的股东、董事、高级管理人员、实际控制人等直接向其承担出资不实或者抽逃出资的责任;(3)以债务人的股东与债务人在财产、人员、管理上存在人格严重混同为由,主张债务人的股东直接向其偿还债务。

这类案件如果在破产申请被受理后才被提起,那么人民法院将直接不予受理;如果在破产申请被受理前已经被提起,且人民法院已经作出生效裁判,那么执行程序中止,债权人只能向管理人申报债权。最终,破产程序的不同结局也会带来这些诉讼的不同“命运”。如果债务人宣告破产,人民法院会驳回债权人的诉讼请求。但是债权人可以在诉讼中改变诉讼请求,变为追收财产并归入债务人财产。如果人民法院裁定驳回破产申请或者终结破产程序,那么这些中止审理的案件在破产程序终结之后恢复审理。需要注意的是，如果破产案件以重整或和解的方式终结，由于诉讼程序所指向的财产已经被处置分配，那么中止审理的案件事实上也无从恢复审理。

3. 破产前的诉讼案件集中管辖特例

当下大型企业的债务规模越发庞大，债务问题因合同管辖条款的约定，可能在全国范围内不同城市的人民法庭中展开。因此，任由诉讼按照正常的诉讼管辖原则进行，势必会对债务重组工作造成人员、时间和财务成本的巨大压力。

我们试想，在一家企业生死攸关之际，本应将主要精力用于制订债务重组纾困方案的公司人员和律师团队，因诉讼案件而奔波于全国各地人民法院参加庭审且等待人民法院的庭审结果，尤其是可能出现的同案不同判等现象，这将导致各方对债权数额的认定产生偏差，从而无法精准地锁定债务规模。更为严重的是，如果相似案件出现不同结果，不论败诉的一方是债权人还是债务人，都将提出上诉，这也将导致重组成本和法律障碍的增加，以及当事人对司法体系的不信任。因此，在康美药业、恒大集团等大型公司的债务重组中，通过最高人民法院"内传"等方式，开创了一种新的案件集中管辖模式，由债务人住所地人民法院集中管辖的新的集中管辖模式。

这种方式的优势显而易见，像华夏幸福在债务重组过程中就曾积极协商并争取此类处理方式。2021 年 5 月 28 日，深圳市南山区人民法院发布了关于深圳前海微众银行与华夏幸福、邢台鼎兴园区建设发展有限公司保理合同纠纷一审案件的移送函，但以不宜在互联网公布详细情况为由并未加以说明细节。不过，我们从目前公开的裁判文书中可以看到最高人民法院《关于对华夏幸福基业控股股份公司及其关联公司相关诉讼执行案件集中管辖的通知》[法密传(2021)45 号]载明：自本通知下发之日起 1 年内，以华夏幸福基业控股股份公司及其关联公司为被告或者被执行人的除涉农民工工资案件、劳动争议、涉自然人房屋买卖合同纠纷、租赁合同纠纷、建设工程施工合同纠纷以外的民商事诉讼案件、执行案件，统一由廊坊市中级人民法院及河北省高级人民法院管辖。① 目前，公开渠道可检索到江苏意盎然交通工程有限公司、常

① 参见山东省济南市中级人民法院民事判决书，(2021)鲁 01 民终 10079 号。

州第二园林建设工程有限公司等票据纠纷案[①]等5个案例中，人民法院均裁定将案件移送廊坊市中级人民法院管辖。

实践焦点
029

破产受理后债权人诉讼请求的变更问题

第一种观点认为，如果不变更诉讼请求，生效的给付判决就会面临是否具有强制执行力，以及是否需要申报债权的困惑，为了避免与破产程序集体清偿的原则冲突，债权人应当将给付之诉变更为确认之诉。具体而言，一部分人民法院选择将破产事实告知当事人，并依职权直接作出确认判决。例如《北京市高级人民法院企业破产案件审理规程》第58条规定："……受理法院或者仲裁庭应当将债务人已进入破产程序的事实告知该案的债权人，并直接作出是否确认当事人之间债权债务的裁判，而不应作出以给付为内容的裁判。"也有法院选择向当事人释明，但如果当事人不变更诉讼请求，法院将会驳回起诉。例如《上海市高级人民法院破产审判工作规范指引（试行）》《云南省高级人民法院破产案件审判指引（试行）》均如此规定。在司法实践中，也多有法院这样处理。例如，在"宋某明诉文登文海置业有限公司房屋买卖合同纠纷案"[②]中，山东省威海市文登区人民法院向原告释明应当将"给付之诉"变更为"确认之诉"，后因原告拒不变更，该院最终驳回了原告的诉讼请求。

第二种观点认为，在破产申请被受理后，债权人的给付之诉仅仅是从诉讼法角度对债权人享有债权的承认。债权人仍需依据生效的给付判决向管理人申报债权。因此，原告不变更诉讼请求并不与破产程序冲突。例如，"安徽中防投资有限公司（以下简称中防投资公司）、浙江湖州市建工集团有限公司（以下简称湖州建工集团）建

---

① 参见江苏省常州市钟楼区人民法院民事裁定书，(2022)苏0404民初191号。

② 参见山东省威海市文登区人民法院民事裁定书，(2016)鲁1003民初679号。

设工程施工合同纠纷案"[①],中防投资公司与湖州建工集团于2012年4月10日签订《建设工程施工合同》,后因工程价款支付及索赔问题,湖州建工集团于2015年12月2日诉至一审法院,一审法院于2018年作出判决。与此同时,芜湖市镜湖区人民法院于2017年3月13日裁定受理中防投资公司破产清算案件,2017年5月12日裁定宣告破产。该案的争议焦点为:在中防投资公司被宣告破产的情况下,一审法院判决中防投资公司给付工程价款、违约金、赔偿损失是否违反法律规定。对此,最高人民法院指出,中国现行立法并未对诉讼请求的变更作出强制要求。即便法院就给付之诉作出生效判决,债权人也不能就生效判决所确认的债权获得个别清偿,而只是有权以生效判决为依据申报债权。因此,最高人民法院驳回了债务人的上诉请求。

根据上述分析,虽然各地法院倾向于要求债权人将给付之诉(要求债务人给付金钱或财物)变更为确认之诉(确定债务人对其负债),但最高人民法院却认为没有实质意义上的必要变更,且该观点也为《九民纪要》所确认。一方面,根据给付之诉判决,管理人也能够确认债权数额;另一方面,如果要求给付之诉必须变更为确认之诉,那么关于之前已经生效的给付判决,管理人也不能依其确认债权数额,这就产生逻辑上的矛盾。[②] 因此,法院应当根据债权人的请求进行裁决,但须在判项中说明,权利人只能依据裁判文书在破产程序中申报债权,而不能趁机启动强制执行程序并获得个别清偿。

十五、破产程序开始后的民事诉讼

《企业破产法》第21条规定:"人民法院受理破产申请后,有关债务人的民事诉讼,只能向受理破产申请的人民法院提起。"

破产申请被受理后的有关债务人的民事诉讼,均应当由破产法院集中管辖。之

---

① 参见最高人民法院民事判决书,(2019)最高法民终519号。

② 参见最高人民法院民事审判第二庭编著:《〈全国法院民商事审判工作会议纪要〉理解与适用》,人民法院出版社2019年版,第559页。

所以如此规定，首先是因为债务人涉及的债权债务繁杂，若诉讼分散在全国各地，不仅债务人疲于应对，法院也难以确定债务人的财产数额、债权的清偿顺序。对于债权人而言，所有债权债务均由同一个法院解决，也有利于同案同判，使债权人得到平等对待。

实践中常会出现相似问题，即诉讼程序与破产债权申报是否可以同时适用？对此一般理解为债权人不能同时适用两项程序——既提起诉讼又申报债权。债权人应该优先适用破产案件中的债权申报程序，即法院受理破产申请后，债权人起诉要求债务人清偿债务的，法院不予受理。债权人此时只能向管理人申报债权，只有在申报债权后，对管理人编制的债权表记载有异议，才可提起债权确认之诉。如果破产法院审理并判决确认的债权仍无法得到债权人认可，债权人可按照诉讼法有关规定进行上诉与再审，甚至也可以通过检察院抗诉程序加以解决。

虽然债务人进入破产程序之后，债权人不能再提起意味着个别“追债”的诉讼，但其仍可以提起非“追债性质”的相关诉讼。债权人可以要求债务人返还被其占有的自身财产，要求确认财产的归属或者确认债权的效力。另外，如果在破产程序中新发生了财产争议，如破产追回权争议、关于破产费用或共益债务的争议、因待履行合同的继续履行或解除而发生的争议、重整过程中因继续营业发生的纠纷，债权人也可以起诉。但是，债权人就此类诉讼只能向破产管辖法院提起。

在司法实践中，《民事诉讼法》等关于民事诉讼管辖权的规定，若出现与《企业破产法》第21条不一致的情况，则以该条规定为准，皆由受理破产申请的法院管辖。但根据《破产法司法解释（二）》第47条规定，有两类特殊情形，法院拥有灵活处理的空间：(1)关于债务人的一审民事案件，由受理破产申请的法院受理后，可以由上级法院提审，或者报请上级法院批准后交下级法院审理；(2)关于有关债务人的海事、专利、证券市场因虚假陈述引发的民事赔偿等纠纷，如果受理破产申请的法院无法行使管辖权，可以由上级法院指定管辖。但上述案件的起诉和立案仍应由受理破产申请的法院办理。

实践焦点 030

仲裁条款与破产法院集中管辖的冲突与适用问题

《企业破产法》第 21 条仅对法院的管辖事项作出规定，但未明确规定有关债务人的仲裁约定如何处理，由此在学界和司法实践中产生了争议。

有观点认为，应将该条的“民事诉讼”广义理解为“民事争议”，将仲裁程序等同于民事诉讼对待，如此即使约定了仲裁条款，也受到集中管辖制度的约束。① 相反观点则认为，应严格按照法条字面解释，既然该条只规定了“民事诉讼”的集中管辖，而没有涉及“仲裁”，那么当事人即可自由决定是否适用仲裁程序。另外，法院诉讼程序的时间成本过高、效率较低，难以满足破产债务人的需求，因而不应在破产程序中完全排除仲裁规则的适用。②

以“北京海文众益商贸有限责任公司(以下简称海文众益公司)与北京市农工商开发贸易公司(以下简称农工商开发公司)申请撤销仲裁裁决案”③为例，双方在房屋租赁合同中约定了仲裁条款。2011 年 3 月 30 日，北京市第二中级人民法院宣告农工商开发公司破产。2014 年 3 月 13 日，北京仲裁委员会受理了双方当事人之间因上述房屋租赁合同引发的争议案。对此，海文众益公司认为，农工商开发公司已被宣告破产，故该案属于破产案件，应当由破产法院专属管辖，北京仲裁委员会对此没有管辖权。因此，海文众益公司向北京市第四中级人民法院申请撤销仲裁裁决。

该案的争议焦点为：债务人被法院宣告破产后，北京仲裁委员会是否有权对有关债务人的纠纷进行管辖。北京市第四中级人民法院认为，民事诉讼与仲裁是两种不

① 参见刘冰：《论仲裁程序与破产程序之冲突与协调》，载《法学杂志》2018 年第 3 期。

② 参见赵蔚红、张静芬：《破产企业民事诉讼的管辖探讨》，载《江苏法治报》2010 年 7 月 13 日，C1 版；雷震、帅晓东：《破产派生诉讼若干法律问题探讨》，载《人民司法》2010 年第 17 期。

③ 参见北京市第四中级人民法院民事裁定书，(2019)京 04 民特 602 号。

同的纠纷解决机制,从《企业破产法》第 21 条的规定不能得出有关债务人的仲裁案件也由受理破产申请的人民法院管辖的结论,因此,北京仲裁委员会对双方的涉案纠纷具有管辖权。另外,在"陕西国德电气制造有限公司与上海国际商业机器工程技术有限公司申请撤销仲裁裁决案"①中,法院也持相同观点。

《最高人民法院司法观点集成·民事诉讼卷》中也载明,《企业破产法》规定的专属管辖不能排除仲裁条款的效力,在仲裁条款有效的情况下,应通过仲裁解决纠纷。② 通过案例检索可以发现,该做法已经成为近年来司法实践的主流。因此,笔者认为:《企业破产法》第 21 条仅仅是法院系统内部关于管辖权的分配,其不能排除仲裁管辖。如果当事人双方订立有仲裁条款,则可以向约定的仲裁机构提起仲裁申请。

进一步的问题是,在破产申请被受理后,管理人与合同相对方是否仍可约定仲裁为争议解决方式?与上文同理,仲裁与诉讼在法律上的地位平等且《企业破产法》并未明文禁止选择仲裁,因此,即使破产程序已经启动,当事人也可以约定仲裁。但关于《企业破产法》已经明确规定应以诉讼方式解决的事项,则不能选择仲裁,如管理人行使撤销权,债权人行使取回权、抵销权和别除权等。③

---

① 参见北京市第四中级人民法院民事裁定书,(2018)京 04 民特 479 号。

② 参见刘德权、陈裕琨、缪蕾主编:《最高人民法院司法观点集成·民事诉讼卷Ⅰ》,中国法制出版社 2017 年版,第 186 页。

③ 参见李春:《与破产企业有关的实体争议管辖问题探析》,载《法律适用》2009 年第 3 期。

04

第四章

破产程序的主要推动者

在破产案件中，关于债务人财产的运营管理类事务与破产程序的法律程序性工作沉重繁杂，大量的法律事务与技术性的非法律事务相掺杂，为工作人员提出了较高的专业要求。因此，《企业破产法》规定破产事务由专业机构负责，即破产管理人。管理人在法院的指导和监督下，负责接管债务企业，清产核资，制作方案，偿付债权，推动破产程序的稳步进行。

一、管理人的指定、更换和报酬

《企业破产法》第22条规定："管理人由人民法院指定。债权人会议认为管理人不能依法、公正执行职务或者有其他不能胜任职务情形的，可以申请人民法院予以更换。指定管理人和确定管理人报酬的办法，由最高人民法院规定。"

(一)管理人的选任程序

关于破产管理人的指定方式,中国采用在编制管理人名册基础上的法院指定制。编制名册的法院会组成专门的评审委员会,制定管理人评定标准,决定编入名册的社会中介机构和个人的入围名单。审理破产案件的法院从管理人名册中指定管理人。

1. 管理人名册制度

管理人名册编制的主体是高级人民法院,但各地实践中的具体操作方式有所不同,如北京、上海、河北等地均由当地高级人民法院直接编制当地统一适用的管理人名册,在广东、福建等地,高级人民法院则将编制管理人名册的权利授权给各地中级人民法院。

编制名册的法院同时负责审核社会中介机构或个人的资质。法院组成专门的评审委员会,由评审委员会决定编入管理人名册的社会中介机构和个人名单。法院在编制名册时会考虑辖区内社会中介机构以及社会中介机构中个人的实际情况,结合其执业业绩、能力、专业水准、规模、办理企业破产案件的经验等因素,制定管理人评定标准。评审委员会根据申报人的具体情况,评定其综合分数。法院根据评审委员会的评审结果,确定管理人初审名册并进行公示。公示期满后,法院将最终审定的管理人名册予以公布并报最高人民法院备案。

一般情况下,法院均应从本地管理人名册中指定管理人。但是对于商业银行、证券公司、保险公司等金融机构或者在全国范围有重大影响、法律关系复杂、债务人财产分散的企业破产案件,法院可以从高级人民法院编制的管理人名册列明的其他地区管理人中指定管理人,或从异地法院编制的管理人名册中指定管理人。

2. 管理人的主要类型

《企业破产法》允许 3 种类型的管理人:社会中介机构、社会中介机构中的个人和清算组。一般情形下,法院会指定社会中介机构担任管理人。如果案件事实清楚、债权债务关系简单、债务人财产相对集中,法院可能考虑指定管理人名册中的个人担任管理人。

近年来,不少上市公司、大型集团企业的破产程序由法院指定管理人担任清算组，但限于以下4种情形：(1)法院受理破产申请前已经进行清算并且组成清算组，例如依照《公司法》规定进行的公司强制清算；(2)依照国务院有关国有企业破产的特殊规定实施破产而成立的清算组；(3)其他法律规定企业破产时成立清算组的，这里的“其他法律”主要是指《商业银行法》和《保险法》，其分别规定了商业银行和保险公司破产时应当成立清算组进行清算；(4)法院认为可以指定清算组担任管理人的其他情形。

3. 指定管理人的方式

指定管理人的方式包括随机选任、竞争选任、清算组转任以及主管部门推荐4种。实践中最常见的是随机选任，法院按照管理人名册，采取轮候、抽签、摇号等随机方式公开指定管理人。这种随机选择管理人的方式更多体现在小型破产清算案件中。这类案件的公司资产状况不好，这意味管理人在付出大量劳动后可能无法得到等值回报。这种情况下，为保障破产程序的顺利进行，各地财政拨付援助资金，用于支付包括管理人报酬在内的破产费用。

对于复杂案件，法院也会采取竞争选任的方式指定管理人，如债务人是商业银行、证券公司、保险公司等金融机构；如在全国范围有重大影响、法律关系复杂、债务人财产分散的企业；如上市公司破产案件等。此时，法院可采取公告的方式，邀请编入管理人名册的社会中介机构参与竞争，从参与竞争的社会中介机构中指定管理人。竞争选任中，参与竞争的社会中介机构不得少于3家。另外，随机选任与竞争选任可能结合，在《企业破产法》实施后的全国首例破产案件——“北京丹耀房地产有限公司破产案”中，北京市第二中级人民法院就采用了“竞争与随机”相结合的方式，基于社会中介机构提出的工作方案，法院首先选出数家排名靠前的备选机构，然后在这些备选机构中通过公开摇号的方式选任管理人。这种方式的选任习惯影响深远，直至2022年仍在北京地区的破产案件中使用。

第三种指定管理人的方式是清算组转任。这与上文提到的由清算组担任管理人的情形相同。这种模式多用于上市公司或大型集团企业重整，清算组成员由政府部门与专业中介机构共同组成。这种模式在维护债务人稳定、增强债权人及职工信心、开展与政府及职能部门沟通、协调及决策、引进战略投资人等方面具有优势，有助于发挥府院联动机制，加快重整案件的顺利推进。截至2022年3月，全国共有92家上市公司实施重整案，其中60家上市公司管理人由清算组担任（占比约为65.22%）。在国内具有重大影响力的大型非上市公司重整案件中，诸如海航集团有限公司重整案、北大方正集团有限公司重整案、紫光集团有限公司重整案、东北特殊钢集团有限责任公司重整案、渤海钢铁集团有限公司重整案，均采取了指定清算组担任管理人的形式。

最后一种方式为主管部门推荐方式，对于经过行政清理、清算的商业银行、证券公司、保险公司等金融机构的破产案件或上市公司破产案件，由于其特殊性质，人民政府或相关监管部门可以在已编入管理人名册的社会中介机构或成立的清算组中进行推荐，由法院在推荐名单中指定管理人。近年来，为促进破产制度功能发挥，营造市场化、法治化、国际化的营商环境，北京、深圳等地法院陆续出台规定，①明确人民法院可接受债权人推荐的中介机构担任管理人。

4. 指定管理人的效果

法院指定管理人后，还有一系列后续程序需要完成。法院需要制作决定书并向管理人送达，并且需要将决定书与受理破产申请的裁定书一并公告。当然，实践中更为常见的情形是法院先受理破产申请，然后再指定管理人，因此指定管理人的公告可以稍滞后于受理公告。另外，为了保证指定程序的公平公正，法院应当将指定管理人过程中形成的材料存入破产案件的卷宗，债权人会议或者债权人委员会有权查阅。

对管理人而言，其一旦被法院指定，没有正当理由便不能拒绝，也不能以任何形式将管理人职责转给其他机构或个人，不论是全部还是部分。管理人要履行后续职责，其需要凭法院指定管理人决定书刻制管理人印章，将管理人印章交法院封样备案后启用，管理人印章只能用于其所涉及的破产事务。管理人终止执行职务后，应当将管理人印章交公安机关销毁，并将销毁的证明送交法院。

当下管理人关于大型企业的报酬金额不断扩大，例如，2017年重庆钢铁破产重

① 例如《北京破产法庭接受债权人推荐指定管理人的工作办法（试行）》（2022年4月22日）、《深圳市中级人民法院审理企业重整案件的工作指引（试行）》（2019年4月1日）。

整案件中,管理人收取了7000万元的破产管理人报酬。这如同催化剂,让破产法律服务市场充分认识到管理人工作巨大的收费潜力。随后,不断有大型企业集团破产案件的高额管理人收费见诸报端。这种高额的收费标准既令各方充分认清管理人工作的专业价值,使其成为市场上重要的收费参照,但同时令市场迅速地“拥挤”,大量中介机构一窝蜂似的进入市场,导致鱼目混珠现象频现,中介机构的竞争日趋激烈。同时,法院选任工作也更加谨慎,更加倾向于通过竞选与摇号程序选任重要案件的管理人,以避免落选者对程序可能提出的怀疑和异议。

(二)管理人的更换

管理人选任工作并非“一劳永逸”,如果管理人不履行职责或者不称职,其可能被更换。有权更换管理人的主体是法院,具体包括两种情况:

第一种情况是债权人会议提出申请。债权人会议认为管理人不能依法、公正执行职务,或者认为管理人有其他不能胜任职务的情形,可以向法院提出更换申请;法院在收到债权人会议的申请后,通知管理人在2日内作出书面说明;法院对债权人会议的申请和破产管理人的说明进行审查后,自收到管理人书面说明之日起10日内作出驳回申请或更换管理人的决定。

第二种情形是法院直接依职权更换管理人。此种方式在破产重整程序的司法实践中比较少见,毕竟法院在某种程度上也负责对管理人的指导与监督。例如,重整程序通常要在6个月内完成,最长按照法律规定必须在9个月内提交重整计划,中途更换管理人意味着对自我工作(如招投标程序)的否定,时间亦不允许。因此,实践中除非债权人、债务人与管理人之间的激烈对抗已经导致程序根本无法进行,否则人民法院不会轻易采取这种极端方式更换管理人。

当然,即使法院已经下定决心更换管理人,但更换管理人亦非随意,也必须满足一定的法定条件与程序。如果管理人是社会中介机构或清算组成员,其更换情形包括:(1)执业许可证或者营业执照被吊销或者注销;(2)出现解散、破产事由或者丧失承担执业责任风险的能力;(3)与本案有利害关系;(4)履行职务时,因故意或者重大过失导致债权人利益受到损害;(5)有重大债务纠纷或者因涉嫌违法行为正被相关部门调查。

如果管理人是个人、清算组成员的派出人员或者社会中介机构的派出人员，其更换情形包括：(1)执业资格被取消、吊销；(2)与本案有利害关系；(3)履行职务时，因故意或者重大过失导致债权人利益受到损害；(4)失踪、死亡或者丧失民事行为能力；(5)因健康原因无法履行职务；(6)执业责任保险失效；(7)有重大债务纠纷或者因涉嫌违法行为正被相关部门调查。

在法院更换管理人后，新旧管理人之间需要进行工作交接。前管理人应当在收到法院的更换决定书后，向新任管理人移交其所掌握的全部资料，以及债务人的财产、营业事务、管理人印章，另外还要及时向新任管理人移交书面说明，说明工作进展。在破产程序终结前，原管理人有义务随时接受新任管理人、债权人会议，以及法院的询问，说明其履行管理人职责的情况。

(三)管理人的报酬权

管理人为破产事务履行职责、付出劳动后，有权获得薪酬回报，其报酬由法院根据司法解释规定的计算方法和程序加以确定。更换管理人的，需要合理确定新、旧管理人之间的报酬分配。企业破产法将这一权力交给法院，由法院分别确定更换前后的管理人报酬。企业破产法对管理人的报酬存在限制性规定，如果发生更换管理人的情况，新旧管理人的报酬总和不得超过企业破产法规定的最高限额。

二、管理人的报告义务

《企业破产法》第23条规定："管理人依照本法规定执行职务，向人民法院报告工作，并接受债权人会议和债权人委员会的监督。管理人应当列席债权人会议，向债权人会议报告职务执行情况，并回答询问。"

管理人作为为实现破产程序目的而设立的履行法定职能的中立机构，其职责法定。根据这一原则，任何人都不能超出法律规定增设、限缩或者剥夺管理人的职责。与此同时，这种职责对管理人而言也是一种义务，管理人必须按照企业破产法的规定执行职务，不能超越职责，也不能怠于履行职责。

关于管理人职责的规定散见于《企业破产法》的各个章节。管理人首先需要遵守一般行为准则，即勤勉尽责、忠实执行职务。另外，管理人还负有具体义务，如管理人需要向法院、债权人会议报告工作；实施对债权人的利益有重大影响的行为的，还需要经过债权人委员会或法院许可，如不动产转让、营业转让、借款等。如果管理人违反了这些义务，其会被更换并且可能被法院罚款。如果因为违反义务给债权人、债务人或者第三人造成损失，管理人还需要承担赔偿责任。

《企业破产法》第23条主要围绕管理人的报告义务展开。管理人由法院指定且受法院监督。因此，管理人负有向法院报告工作的义务。关于管理人履行报告义务的具体范围，企业破产法未作规定，原则上应包括与破产管理有关的全部事项，法院可以向管理人提出履行报告义务的具体要求。关于报告的方式，管理人在实践中基于免责的需要，一般为事前报告且原则上采用书面形式。

在很多大型破产案件中，管理人的报告义务可能更加具体并包罗万象：(1)破产程序事项阶段性或计划性工作落实情况、上期报告的工作计划落实情况；(2)债务人日常开支和其他必要开支情况；(3)债务人内部管理事务情况；(4)可能引发不稳定、信访或争议的情况；(5)招募投资人情况；(6)下一步主要工作计划和打算；(7)接管债务人财产、印章和账簿、文书等资料情况，管理人各项制度的建立情况，管理人印鉴的刻制、专用账户的开立情况；(8)调查债务人财产状况情况，包括各项资产具体情况，是否存在抵质押、查封冻结、融资租赁等，以及债务人负债情况；(9)在第一次债权人会议召开之前，决定是否继续或停止债务人营业情况；(10)回收债务人财产，向债务人的债务人、财产持有人依法行使财产权利情况；(11)债权通知、申报、登记、审查情况；(12)管理和处分债务人财产情况；(13)债务人财产委托评估、拍卖及其他变现情况，审计、评估机构选聘情况；(14)代表债务人参加诉讼、仲裁等情况；(15)提议召开债权人会议相关事宜；(16)破产财产处理和分配情况；(17)关联企业情况；(18)需要法院裁决或参与协调、会办事项；(19)审理过程中重大或突发事项。

管理人履职原则之一是维护债权人的利益，因此管理人同样须对债权人负责。债权人会议是全体债权人的意思机构，管理人首先应受债权人会议的监督。管理人需要列席债权人会议，在会上报告职务执行情况并回答询问。如果管理人没有正当理由而不列席债权人会议,法院可以将其拘传并处以罚款;如果管理人虽然列席债权人会议但拒不陈述、回答,或者作虚假陈述、回答,法院也可以对其处以罚款。

另外,鉴于债权人会议由全体债权人共同组成,其人数多、范围广且属于非常设机构,难以实现充分监督。因此,企业破产法又在债权人会议的基础上,设立债权人委员会机制(债委会)。债权人委员会由选任的债权人代表,以及职工代表或工会代表组成,作为债权人会议的常设机构,履行法定职责和债权人会议委托的职权,管理人同时受债权人委员会的监督。实践中,这种监督具体体现为,管理人应当随时回答债权人委员会的询问,向其提供相关数据和资料,就重大事项主动、及时地向债权人委员会报告。

三、管理人的任职资格

《企业破产法》第24条规定:"管理人可以由有关部门、机构的人员组成的清算组或者依法设立的律师事务所、会计师事务所、破产清算事务所等社会中介机构担任。人民法院根据债务人的实际情况,可以在征询有关社会中介机构的意见后,指定该机构具备相关专业知识并取得执业资格的人员担任管理人。有下列情形之一的,不得担任管理人:(一)因故意犯罪受过刑事处罚;(二)曾被吊销相关专业执业证书;(三)与本案有利害关系;(四)人民法院认为不宜担任管理人的其他情形。个人担任管理人的,应当参加执业责任保险。"

管理人的业务素质和品行状况良好是破产程序顺利进行的重要条件。因此,中介机构担任管理人必须满足一定条件和资格。同时,因破产程序对管理人提出了较高的要求,管理人承担着一定的风险,需要相应的制度对其予以保障。《企业破产法》第24条在这两方面作出了详细规定。

(一)管理人的任职资格

《企业破产法》第24条第1款到第3款从积极资格和消极资格两个方面对管理人的任职资格作出列举式规定,可以分别从专业性和独立性的角度对其加以理解,具体如下：

1. 积极资格

从专业性角度出发，管理人必须是特定的社会中介机构或者具有相关专业知识的人员，其需要具有处理破产过程中法律、经济及社会问题的能力，需要能够维护债权人的利益。这就是《企业破产法》第 24 条第 1 款和第 2 款规定的管理人的积极资格。

关于管理人需要满足的具体条件，各地的管理人名册编制办法可能存在进一步的细化规定。例如《深圳市中级人民法院破产案件机构管理人名册编制办法》第 3 条规定，律师事务所申报企业破产案件管理人的条件为：(1) 在深圳依法设立，经有权机构核准执业 3 年以上，并有固定的经营场所；(2) 拥有 5 名以上的合伙人，且具有律师执业证书的从业人员不少于 20 名，有足够人力资源完成破产管理工作。此外，实践中，中介机构的负责人可能需要通过“笔试 + 面试”的考核。

破产法院采用的“编制管理人名册 + 法院指定”的做法，导致有关社会中介机构或个人即便满足《企业破产法》第 24 条的要求，也未必能够成为管理人。社会中介机构或个人如果希望担任管理人，需要向所在地区编制管理人名册的法院提出申请，经过法院专门评审委员会的综合评审、异议审查程序后被编入管理人名册，之后在具体案件中，再由法院按照法定程序，从管理人名册中指定。

2. 消极资格

从独立性的角度出发，如果在履行职责的过程中不能做到公平公正，上述主体也不能成为管理人，这就是《企业破产法》第 24 条第 3 款规定的管理人的消极资格。首当其冲的就是涉及犯罪的人，综合考虑当事人的主观恶性和犯罪情节的严重程度，同时满足故意犯罪和受过刑事处罚这两个条件的人不得担任管理人。这一条款规定的情形在实践中非常少见，尤其是在管理人基本都是律师事务所、会计师事务所等专业机构的情况下，受过刑事处罚的专业人员也无法通过行业协会的监管规定而继续保有“执照”。因此，实践中通常不会出现遭受刑事处罚的人竞选/被指定成为管理人的情况。

与犯罪相似但程度稍轻，曾被吊销相关专业执业证书的人不得担任管理人。需要注意的是,被吊销的职业证书可以在满足一定条件时重新获得,但只要曾经发生过吊销事实,就不能担任管理人。但在实践中,有时存在这类人员继续执业的现象,比如在某专业机构从业多年的人,可能在被吊销专业执业证书后仍继续在该执业机构任职;或者在公开渠道中已经无法查询到其信息,但其实际上还在该机构保留办公室甚至团队人员,非显性地从事之前的业务。这在理论上是可能存在的,也给监管部门带来了新的挑战。

管理人可能没有上述“黑历史”,但如果其与破产案件有利害关系,亦不能担任管理人。对社会中介机构、清算组成员而言,所谓“有利害关系”的情形主要包括:(1)与债务人、债权人有债权债务关系;(2)破产程序受理之前3年内为债务人提供了中介服务;(3)现在或破产程序受理之前3年内担任了债务人、债权人的控股股东或者实际控制人;(4)现在或破产程序受理之前3年内担任了债务人、债权人的财务顾问、法律顾问;(5)法院认为可能影响其履行职责的其他情形。

关于清算组成员的派出人员、社会中介机构的派出人员、个人管理人,所谓“有利害关系”,除了上段所述的情形之外,还包括:(1)现在担任或者在受理破产申请前3年内曾经担任债务人、债权人的董事、监事、高级管理人员;(2)与债权人或者债务人的控股股东、董事、监事、高级管理人员存在夫妻、直系血亲、三代以内旁系血亲或者近姻亲关系;(3)法院认为可能影响其履行职责的其他情形。

实践中,并非只要存在上述“利害关系”就不得担任管理人,法院会结合相应事实发生和持续的时间、所涉利益的大小、是否在未来的履职中构成职责上的冲突等因素,并综合考量特定中介机构提供中介服务的广泛程度,裁量是否属于可能影响忠实履职的情形,从而判断是否构成不得担任管理人的法定利冲。此外,考虑到预重整、庭外重组的广泛适用,部分法院已明确,中介机构在债务人进入破产程序前,曾经为债务人提供庭外重组、预重整等与破产有关的中介服务的,可以不认定为不得担任管理人的利害关系。

除此之外,还存在一些法院认为不宜担任管理人的特殊情形,具体包括:(1)因执业、经营中的故意或者重大过失行为,受到行政机关、监管机构或者行业自律组织的行政处罚或者纪律处分,且受到处罚或处分的时间未满3年;(2)因涉嫌违法行为正被调查;(3)因履职不称职或拒绝接受法院指定等原因,被法院从管理人名册除名,且未满3年;(4)缺乏担任管理人所应具备的专业能力;(5)缺乏承担民事责任的能力;(6)有重大债务纠纷。另外,在具体案件中,法院也可能根据实际情况确定不适合担任管理人的条件。

关于上述消极资格,需要管理人自觉自律。如果管理人在履职中发现其存在不适合担任管理人的情形,应当主动申请回避并向法院书面说明情况。同时,法院和债权人会议要对管理人进行监督,发现管理人存在前述情形的,债权人会议可以申请法院更换管理人。与此同时,法院也可依职权自行更换管理人。

现今市场中,因为中国证监会等监管部门的强监管态势,中介机构的职业风险亦在增加。例如备受市场关注的"五洋债"案,开创了不同的中介机构根据各自的过错大小按比例承担连带责任的先河——五洋建设集团股份有限公司(以下简称五洋建设)系浙江省绍兴市的一家民营企业。2017年8月,五洋建设发行的"15五洋债"回售违约,同时"15五洋02"触发交叉违约,违约债券本金规模约13.6亿元。作为全国首例公司债券欺诈发行案,发行人五洋建设存在欺诈发行、财务造假及其他信息披露等违法行为,而主承销商和中介机构亦未勤勉尽责。对此,法院认定的事实与中国证监会调查审理结果基本一致,最后法院判令主承销商、会计师均承担连带赔偿责任,而律师事务所和评级机构就五洋建设对投资者的债务分别在5%和10%的范围内承担连带赔偿责任。

无独有偶,在乐视案件中,部分律所、审计、评估等头部中介机构也被监管部门正式立案调查,不排除其在事件后续进展中被投资者启动民事索赔诉讼程序。对此,破产管理人体会颇为深刻,更加如履薄冰。实际上,现今市场具备大型集团破产项目所需的专业、经验、人员、组织能力的中介机构并不多。这也是2022年1月爆发乐视案后,各大头部机构"一损俱损"的原因,除因上述监管涉及了市场份额较为集中的大型中介机构外,更是因为投行、律师、审计、评估等头部机构的IPO项目高度的一致性与重合性,所以即使乐视项目的被调查机构仅是一个行业的一家机构,也意味着剩余行业的三家机构与自己单位存在交易的项目都会面临暂缓风险,产生了铁索连舟效应。

实践焦点 031

管理人任职资格存在瑕疵，是否影响其认定债权的效力

以“平安银行股份有限公司太原分行（以下简称平安银行太原分行）、新疆金晖兆丰能源股份有限公司（以下简称金晖兆丰公司）等普通破产债权确认纠纷案”①为例，2018年7月13日，阿克苏地区中级人民法院裁定受理金晖兆丰公司申请破产重整一案，2018年8月21日裁定金晖兆丰公司进行实质合并破产重整，指定金晖兆丰公司清算组担任管理人。金晖兆丰公司管理人聘请被告山西华炬律师事务所、四川豪诚企业清算事务所有限公司、德勤华永会计师事务所共同行使管理人职责。2019年6月18日，管理人提交重整计划草案，平安银行太原分行以“该重整计划未明确重整清偿率、债转股替代方案、股权质押权补偿方案等事项”为由，提交反对票。

2019年7月23日，阿克苏地区中级人民法院根据金晖兆丰公司管理人申请，裁定批准金晖兆丰公司实质合并破产重整计划。其后，平安银行太原分行向人民法院起诉，请求人民法院确认在“金晖兆丰公司合并破产重整案”中，管理人认定的债权人山西金晖公司的债权无效。其理由之一为，在太原市尖草坪区法院及太原市中级人民法院作出的两份民事裁定中，山西华炬律师事务所的律师担任该案山西金晖公司的委托诉讼代理人，故其与金晖兆丰公司合并破产重整一案存在利害关系，不具有适格管理人资格。山西华炬律师事务所担任管理人期间对山西金晖公司进行的债权审查有违公平公正原则，其审核认定的山西金晖公司的债权应当依法被确认无效。

人民法院审查认为，经人民法院裁定批准的重整计划，是在债权人会议表决的基

① 参见新疆维吾尔自治区高级人民法院民事裁定书，（2021）新民终94号。

础上形成的关于债务企业重整的计划，因此对债务人和全体债权人均有约束力。平安银行太原分行在破产重整草案经债权人会议通过，且人民法院已批准该破产重整计划、终止破产重整程序后，再行提起破产债权确认之诉并认为山西华炬律师事务所并非适格破产管理人，将推翻已经完成的程序，与破产重整行为不可逆的特点相悖。法律仅赋予权利人在破产重整程序中享有上述权利，但未赋予其破产重整程序终止后的诉权。从该案来看，债权人对管理人任职资格的挑战只能发生在破产程序中。若破产程序已经终结，则债权人无权再以管理人不具有任职资格为由，质疑其已经确认的债权。

其后，平安银行太原分行向新疆维吾尔自治区高级人民法院提出上诉。二审法院新疆维吾尔自治区高级人民法院审查后认为，依据《破产法司法解释(三)》第8条规定："债务人、债权人对债权表记载的债权有异议的，应当说明理由和法律依据。经管理人解释或调整后，异议人仍然不服的，或者管理人不予解释或调整的，异议人应当在债权人会议核查结束后十五日内向人民法院提起债权确认的诉讼。当事人之间在破产申请受理前订立有仲裁条款或仲裁协议的，应当向选定的仲裁机构申请确认债权债务关系。"平安银行太原分行提出异议的山西金晖公司的债权包含在经法院裁定批准的重整计划中，平安银行太原分行并未在法律规定的异议期限内就山西金晖公司的债权向管理人提出异议，故一审法院驳回平安银行太原分行的起诉并无不当，该院予以维持。平安银行的其他上诉理由，与其起诉是否符合条件并无实质关联，该院不予审查。

综上，在司法实践中，破产程序终结后，债权人以管理人不具任职资格或利益冲突为由主张管理人认定的债权无效的，可能较难获得法院的支持，最重要的原因在于破产程序的不可逆性，法院不会重新选任管理人将破产程序重新来过，这并不符合其他债权人的合法权益。另外，仅就债权审查而言，管理人选任资格也不必然导致债权审查结果的错误。

(二)管理人执业保险

管理人负有诸多义务，如果被认定为未能勤勉尽责，忠实执行职务，管理人会被人民法院处以罚款;给债权人、债务人或者第三人造成损失的,还需要对其承担赔偿责任。个人担任管理人时,个人的财产相较于债务人的财产而言往往是杯水车薪。《企业破产法》为了规避自然人破产,管理人因个人财产不足而无力支付赔偿的情况,强制要求担任管理人的个人参加执业责任保险。一方面可以通过赔偿来源的社会化,为受害人提供可靠的赔偿来源,从而保护债权人、债务人和第三人的利益;另一方面可以通过风险的市场化分担与转嫁机制,减轻管理人的财产风险和精神负担,从而促进破产管理人业务的发展。

大型破产案件中的管理人评选程序会非常严格,不仅考虑管理人是否有充分的权威评级机构的评级推荐、专业能力、项目经验、人员保证等,这些都是对履约能力的关注,还会考虑管理人出现风险之后的赔偿能力,如此一来,大型律所或执业投保金额更高的律所显然更受青睐。例如,法院在管理人选任标准中增加一些更为细化的评分选项,我们就会看见有对中介机构购买商业保险的要求,而且购买的执业保险金额高的会成为加分选项。

因此,考虑到中介机构的执业风险正在逐步加重,管理人的职业保险等配套支持体系也越来越被各方重视。中介机构现已从购买原先的最低标准转变为主动购买更多的投保金额,主动购买更多投保金额的管理人执业保险成为越来越多的机构选择和亟须之事。

四、管理人的法定职责

《企业破产法》第 25 条规定:“管理人履行下列职责:(一)接管债务人的财产、印章和账簿、文书等资料;(二)调查债务人财产状况,制作财产状况报告;(三)决定债务人的内部管理事务;(四)决定债务人的日常开支和其他必要开支;(五)在第一次债权人会议召开之前,决定继续或者停止债务人的营业;(六)管理和处分债务人的财产;(七)代表债务人参加诉讼、仲裁或者其他法律程序;(八)提议召开债权人会议;(九)人民法院认为管理人应当履行的其他职责。本法对管理人的职责另有规定的,适用其规定。”

管理人在破产程序中负有一定的职责,也享有履行职责必需的权利,二者是一体两面的。该条就是关于管理人职责的集中性规定。

(一)管理人职责的一般规定

管理人的职责包括8项一般性职责,以及法院认为其应当履行的其他职责。其中,8项一般性职责可以被归纳为以下4个方面。

其一,接管职责:管理人首先要全面接管债务企业。法院指定破产管理人后,债务人需要将企业的全部财产、印章和账簿、文书等移交给破产管理人。管理人也相应具有接管这些财产和资料的法定职责。其中,企业的财产主要包括账面资金、厂房与办公场所、生产与办公设备、土地使用权、知识产权、对外的债权以及持有的投资性权益等。

其二,调查职责:在接管债务人之后,管理人下一步要做的就是调查、管理、处分债务人财产。管理人需要调查债务人的财产状况,制作财产状况报告,具体工作包括对债务人的财产进行清点造册,详细说明财产的种类、性质、原值和现值估价、保存地点等信息,核对债权债务,了解营业情况等。在了解债务人财产的基础上,管理人要对债务人的资产进行管理,对财产和权利进行处分,如决定债务人待履行合同的解除或继续履行、向取回权人交还财产、承认抵销权人的抵销主张、支付破产费用和共益债务等。

其三,运营职责:在破产程序进行过程中,管理人需要从事与破产程序有关的一系列运营活动,这也包含了对营业事务影响较大的诉讼活动。管理人有权决定债务人的内部管理事务,决定其日常开支和其他必要开支。在第一次债权人会议召开之前,由管理人决定继续或者停止债务人的营业,并提议召开债权人会议。在取得法院许可的情况下,管理人可以聘用必要的工作人员。另外,管理人还会代表债务人参加诉讼、仲裁或者其他法律程序。

其四,程序职责:管理人需要及时提议召开债权人会议,由债权人对破产程序中的重要事项作出决定,如重整计划草案、和解协议、债务人财产的管理、变价、分配方案等。除了上述职责,如果法院认为必要,还可以要求管理人履行其他职责,但目的均为保障破产程序的顺利推进。

(二)管理人职责的特别规定

《企业破产法》的其他条文同样存在关于管理人职责的特别规定,这些规定也属于管理人的职责范围,此处不再赘述。

实践焦点 032

破产衍生诉讼案件中诉讼主体资格的确定问题

本书以"陕西恒丰源置业有限公司(以下简称陕西恒丰源公司)破产管理人与陕西鑫恒泰置业有限公司对外追收债权纠纷案"①为例,西安市中级人民法院在裁定受理了陕西恒丰源公司的破产清算申请后,指定丰瑞律师事务所为陕西恒丰源公司的破产管理人。后管理人丰瑞律师事务所以其自己的名义向西安市中级人民法院提起追收债权之诉。

一审法院西安市中级人民法院认为,债务人陕西恒丰源公司目前尚未注销,其作为法人的民事主体资格依然存在。虽然《企业破产法》第 25 条规定管理人有代表债务人参加诉讼、仲裁或者其他法律程序的职责,但其履行上述职责必须以债务人的名义进行,因此裁定驳回起诉。管理人上诉称,其是依据法定职责提起诉讼,原审裁定驳回其起诉属于适用法律错误。

二审法院陕西省高级人民法院认为,《企业破产法》第 25 条虽然规定管理人有接管债务人的财产、印章、账簿、文书等资料,调查债务人财产状况和管理处分债务人的财产等职责,但该职责属于对债务人的经营管理权,不能就此认定管理人取代了债务人的主体资格。在债务人依法清算结束并办理注销登记前,有关债务人的民事诉

---

① 参见陕西省高级人民法院民事裁定书,(2020)陕民终 588 号。

讼应当以债务人的名义进行，管理人可作为其诉讼代表参加诉讼，故二审法院维持了一审裁定。

在司法实践中，多数案例均以债务人为案件当事人，并列明管理人为债务人的诉讼代表人。只有《企业破产法》明确规定管理人有权向法院起诉时，才由管理人直接作为案件当事人，典型代表为《企业破产法》第 34 条，其中规定，对于《企业破产法》第 31 条和第 32 条规定的破产撤销权，以及第 33 条规定的欺诈破产无效，管理人有权作为主体行使权利。

在"新光控股集团有限公司（以下简称新光集团）管理人与吉林银行股份有限公司长春东盛支行（以下简称吉林银行）破产撤销权纠纷案"①中，新光集团在破产申请受理前 6 个月内，曾向吉林银行偿付 6000 余万元的借款本息。金华市中级人民法院裁定受理新光集团破产一案并指定管理人后，管理人以"新光集团管理人"的名义向金华市中级人民法院申请撤销新光集团对吉林银行的偿债行为，同时要求吉林银行向新光集团返还 6000 余万元资金。该案的争议焦点为：原告是担任破产管理人的具体个人或者中介机构，还是"新光集团管理人"？

对此，浙江高院认为：一方面，最高人民法院《人民法院破产程序法律文书样式（试行）》中的"文书样式 95"明确规定："……应区分不同管理人类型分别确定原告：管理人为个人的，原告应列为担任管理人的律师或者注册会计师；管理人为中介机构的，原告应列为担任管理人的律师事务所、会计师事务所或者破产清算事务所……"为此，该案应当以浙江天册律师事务所、北京市高朋律师事务所、浙江振进律师事务所、浙江韦宁会计师事务所为共同原告提起破产撤销权之诉。另一方面，若管理人在诉讼中违反诉讼义务需要承担妨害诉讼的法律责任，或管理人未尽勤勉责任而需要承担赔偿责任，此时简单以"某公司管理人"为原告，将会使中介机构作为被处罚人和承担赔偿责任的主体难以落实。因此，"新光集团管理人"作为原告提起诉讼，属于原告主体不适格，据此，浙江高院驳回了管理人的起诉。

新光集团管理人对该案二审裁判结果不符，向最高人民法院提起再审。最高人

---

① 参见最高人民法院民事裁定书，（2021）最高法民再 327 号。

民法院再审认为,《人民法院破产程序法律文书样式(试行)》虽然不是司法解释,但对于规范有关破产程序的法律文书具有示范和指引功能,各级人民法院在审理相关案件时均应遵照执行。但不能以《人民法院破产程序法律文书样式(试行)》为判断破产案件或者与破产有关案件诉的要件的法律依据。《人民法院破产程序法律文书样式(试行)》中的"文书样式95"虽然明确在有关破产债务人的管理人提起的撤销权诉讼中,应列担任管理人的自然人或者律师事务所、会计师事务所等中介机构为原告,但不能以此规范为判断破产撤销权纠纷案件原告是否适格的依据。根据《企业破产法》以及最高人民法院《关于审理企业破产案件指定管理人的规定》等相关司法解释的规定,债务人进入破产程序后,管理人由人民法院指定。最高人民法院《关于审理企业破产案件指定管理人的规定》也明确了关于债务人管理人的名册确定、指定及更换等事项,管理人的选任和确定具有法定程序,因此债务人管理人具体由哪些个人或律师事务所、会计师事务所等担任有具体明确指向,将破产管理人列为破产撤销权纠纷案件原告一般来说不会影响对诉讼主体适格的判断。

同时,最高人民法院认为,基于当事人诉讼权利义务对等原则,为了避免管理人在诉讼中违反诉讼义务需要承担妨害诉讼的法律责任,或者在管理人未尽勤勉责任甚至侵权而需要承担赔偿责任时出现责任主体难以确定等问题,也可以参考《人民法院破产程序法律文书样式(试行)》中的"文书样式95"规范,由受案法院向当事人释明或者依职权将作为管理人的具体个人或者中介机构列为破产撤销权纠纷案件的原告。但不能认定以债务人管理人名义起诉就属于原告主体不适格。故二审法院以新光集团管理人作为该案原告主体不适格为由,驳回新光集团管理人的起诉,属于适用法律错误,应予纠正。该案一审法院就当事人诉争的权利义务关系进行审理并作出判决,二审法院以原告主体不适格为由裁定撤销一审判决并驳回起诉,未对该案当事人之间诉争的权利义务关系进行审理。该案应撤销二审裁定,由二审法院对当事人诉争的权利义务关系继续审理并依法作出裁判。

与该案相对的情形为,管理人以自己的名义起诉,请求人民法院对《企业破产法》第31条和第32条规定的行为予以撤销,此时法院一般持肯定态度。如在"辽宁昊隆换热器有限公司与宿迁信德联合会计师事务所(以下简称信德会计师事务所)

破产撤销权纠纷案"①中，债务人的管理人信德会计师事务所以自己的名义起诉，被告对其原告适格提出异议。二审法院认为，信德会计师事务所依据《企业破产法》第32条的规定行使撤销权，其有权以自己的名义提起该案诉讼。但一审法院在列明当事人信息时，未同时标注信德会计师事务所为江苏昊隆公司管理人，存在瑕疵，二审法院依法予以纠正。

五、管理人决定权的限制

《企业破产法》第26条规定："在第一次债权人会议召开之前，管理人决定继续或者停止债务人的营业或者有本法第六十九条规定行为之一的，应当经人民法院许可。"

自法院受理破产申请至第一次债权人会议召开，这段时期内的一切事务都由管理人处理。管理人除处理日常事务外，还需及时处理一些涉及财产处分的重大事项。其中，有的事项直接关系债权人未来的清偿利益。此时债权人会议尚未召开，债权人委员会也未成立，为了保证管理人能够公正、合理地处理这类重大事项，该条规定：在第一次债权人会议召开之前，管理人的重大行为应经法院许可。

具体而言，管理人的决定权主要在两类事项上受到限制。第一类事项为是否继续营业。破产程序开始后，在有利于企业拯救和债务人财产价值最大化的前提下，债务人仍可继续营业，但管理人作出的是否继续营业的决定，应当经过法院的审查许可；第二类事项为对债权人利益有重大影响的财产处分行为，具体包括：(1)涉及土地、房屋等不动产权益的转让；(2)探矿权、采矿权、知识产权等财产权的转让；(3)全部库存或者营业的转让；(4)借款；(5)设定财产担保；(6)债权和有价证券的转让；(7)履行债务人和对方当事人均未履行完毕的合同；(8)放弃权利；(9)担保物的取回。

正如我们一直在强调的管理人权利限制问题，在过去相当长的一段时间内，社会

① 参见江苏省宿迁市中级人民法院民事判决书，(2021)苏13民终595号。

公众已经越发感受到，在破产程序中，管理人的管理水平、谈判技巧、履职能力、工作态度乃至处事方式等方面的巨大差异和影响。例如，在紫光集团破产重整案中，紫光集团原实际控制人举报管理人制定的重整方案涉嫌造成国有资产流失。虽然管理人作出解释，但举报对管理人履职仍起到了警示作用。管理人如果不能依职权履职，根据债权人申请或法院依职权都有可能导致更换管理人，甚至追究管理人责任。对此，管理人从谨慎角度而言，自然就形成了一种事事汇报的工作作风。因此，对于《企业破产法》所赋予的职权，有经验的管理人并不会将其变成一个可以自我决定的事项，而会倾向于将很多事务作为提请或通报法院的事项。

随着破产重整案件的增多，以银行为代表的金融机构已经转变对破产程序的回避态度，开始积极参与破产程序并发表意见，甚至直接决定重整计划草案的内容。相应地，金融债委会也开始增多。管理人有时会愿意支付部分自由选择空间而依托于金融机构给予的支持来开展工作，即从风险免责角度出发，将方案内容与金融机构提前沟通。金融债委会的设立效果显著，其可以确保金融机构债权人一致行动，在保护金融机构债权人利益的前提下，也为债务人化解债务危机争取到宝贵的窗口期。

破产实践中，众多大型集团企业的破产重整工作中都成立了金融债委会。例如在天津渤海钢铁集团、上海华信国际集团有限公司、重庆力帆实业(集团)股份有限公司、永泰能源股份有限公司等破产重整过程中，金融债委会在维护金融机构的合法权益，推动金融机构精准发力、分类施策，支持实体经济发展等方面发挥了重要的作用。

金融债委会也有局限，一是金融债委会的约束力欠缺，非金融机构债权人以及未参加金融债委会的金融机构可能根据自己的利益需求，在债务企业进入破产程序前抢跑，采取包括但不限于诉讼、执行债务人的财产等措施，以求尽早地使自己的债权得到清偿，而金融债委会的成员受限于统一行动，清偿率反而可能降低；二是现阶段金融债委会仍带有一定的行政色彩，尽管政府已出台文件鼓励金融机构债权人与债务人按照市场化、法治化、公平公正的原则来开展债务重组的协商工作。但在实操中，金融债委会也经常被相关主管部门要求“讲大局、不抽贷、不压贷、不断贷”。

六、管理人的勤勉义务和忠实义务

《企业破产法》第27条规定："管理人应当勤勉尽责，忠实执行职务。"

管理人在履行职务的过程中应当以善良管理人的标准要求自己，谨慎、认真、合理、高效地处理事务。这就是管理人的勤勉义务，也称善管义务。该条采用"勤勉尽责"的说法，是为了强调勤勉义务与管理职责之间的紧密联系，置言之，履行职责所需要的勤勉程度，就是管理人需要达到的勤勉程度。如果管理人的行为不能满足履行职责的要求，就可以认为其未达到足够的勤勉；反之，如果管理人已经达到了职责所要求的勤勉程度，即使发生意外损失，也无须承担责任。管理人在执行职务时，应当最大限度地维护债务人财产和全体债权人的利益，这就是管理人的忠实义务，也称诚信义务或忠诚义务。

管理人如果没有勤勉尽责、忠实执行职务，人民法院可以对其处以罚款；如果给债权人、债务人或者第三人造成损失，管理人还需要承担赔偿责任。至于如何判断管理人是否尽到该条规定的勤勉忠实义务，从司法实践来看，管理人承担民事责任的条件是：管理人实施了违反义务的行为，给债权人、债务人或第三人造成了损失，且损失与管理人的行为之间存在因果关系。① 另外，关于管理人的主观状态，还有特别限定，一般应认为只有在管理人具有故意或者重大过失的情况下，其才需要承担相应的责任。②

管理人的履职行为与债权人的利益保护密切相关，因此管理人在履职过程中的不当行使职权有可能造成与债务人的利益冲突。例如，管理人明知债务人企业出资不实而故意不向股东追缴，或者明示、暗示资产评估公司人员大幅压低资产评估价格，进行虚假评估或者重大遗漏评估，造成资不抵债的假象，致使本来不应进入破产程序的企业进入破产程序，或者不当处置债务人财产，导致债务人财产不当减少等。

---

① 参见北京市高级人民法院民事判决书，(2017)京民终442号；河北省高级人民法院民事裁定书，(2018)冀民申6613号；安徽省高级人民法院民事裁定书，(2019)皖民终536号。

② 参见最高人民法院民事裁定书，(2014)民申字第827号。

实践中还会出现债务人企业职工与管理人矛盾激化的问题。破产企业往往职工欠薪和失业问题突出。若管理人不能妥善安置职工，稳定职工情绪，正确处理职工身份关系，则极易引发群体性、突发性事件，影响社会稳定。对此，最高人民法院在《关于正确审理企业破产案件为维护市场经济秩序提供司法保障若干问题的意见》中指出，对于职工欠薪和就业问题突出、债权人矛盾激化、债务人"弃企逃债"等敏感类破产案件，要及时向当地党委汇报，争取政府的支持。在政府协调下，加强与相关部门的沟通、配合，及时采取有力措施，积极疏导并化解各种矛盾纠纷，避免哄抢企业财产、职工集体上访的情况发生，将不稳定因素消除在萌芽状态。有条件的地方，可通过政府设立维稳基金或鼓励第三方垫款等方式，优先解决债务人职工的安置问题，政府或第三方就劳动债权的垫款，可以在破产程序中按照职工债权的受偿顺序优先获得清偿。

七、工作人员聘用和管理人报酬

《企业破产法》第28条规定："管理人经人民法院许可，可以聘用必要的工作人员。管理人的报酬由人民法院确定。债权人会议对管理人的报酬有异议的，有权向人民法院提出。"

（一）管理人聘用工作人员

管理人在破产程序中可根据案件需要聘请中介机构，如聘请会计师、评估师对债务人财产进行审计、评估。管理人应当对其聘请的工作人员的相关行为进行监督。工作人员因不当履行职责给债务人、债权人或者第三人造成损害的，应当承担赔偿责任。管理人在聘用过程中存在过错的，应当在过错范围内承担相应的补充赔偿责任。

关于聘用工作人员的费用，需要判断工作人员与管理人的专业范畴是否一致。如果工作人员的工作在管理人本专业范畴内，如律师事务所、会计师事务所通过聘请本专业的其他社会中介机构或者人员协助其履行职责，或者破产清算事务所通过聘请其他社会中介机构或者人员协助其履行职责，所需费用应从管理人报酬中支付；反之，如果工作人员的工作不在管理人专业范畴内，例如聘用企业经营管理人员，或者确有必要聘请其他社会中介机构或人员处理重大诉讼、仲裁、执行或审计等专业性较强的工作,经债权人会议同意,所需费用作为破产费用从债务人财产中随时支付。

我们以律师事务所作为破产管理人为例,债务人因债务规模的问题,可能涉及数量巨大的诉讼案件,但是如果管理人将主要精力放在“显而易见”的诉讼案件中,那么势必浪费管理人的时间和精力。一方面,严格而言,大型案件的管理人一般是具备丰富破产经验的律师团队,而随着律师行业分工的专业化,破产律师与诉讼律师存在越发显著的界限。因此,让专门的破产律师团队处理诉讼案件并不总是有利于提高破产效率和降低成本。另一方面,债务人的很多案件都可以通过债权申报解决,尤其是很多案件并不复杂,聘请一家当地律所集中处理诉讼案件有时候更为便捷,更有利于管理人在短期内完成制作重整计划草案等关键工作。因此,我们在很多破产重整案件中可见,即使律所作为管理人也依然会聘请当地的律所处理诉讼等事务的情形。

(二)管理人的报酬

管理人履行法定职责,有权获得相应报酬。管理人的报酬属于破产费用,受偿来源于债务人财产,因此管理人报酬的确定涉及管理人和债权人的利益平衡。在中国现行法律框架下,确定了以“法院确定”为主,“债权人会议异议”和“管理人与债权人协商”为辅的多方参与机制。

1. 确定管理人报酬的基本原则

人民法院对管理人报酬拥有决定权。在此基础上,债权人会议对管理人报酬拥有异议权。如果债权人会议不同意管理人的报酬,其需向法院书面提出具体的异议和理由,并在异议书中附上相应的债权人会议决议。在此过程中,管理人与债权人会议的协商机制也扮演着重要的角色。如果对管理人报酬方案有意见,管理人和债权人会议可以进行协商;如果双方就管理人报酬方案协商一致,管理人应向法院书面提出具体的请求和理由,并附上相应的债权人会议决议。法院审查后,如果认为这种调整既不违法,也不损害他人合法权益,那么应当按照双方的协商结果调整管理人的报酬。

中国管理人报酬的基本计算方法是标的计酬法，以债务人最终清偿的财产价值总额为基数，按价值总额各区段的不同百分比，分段累计计算。关于各个区段的具体报酬比例，一般情况下，管理人报酬应符合最高人民法院《关于审理企业破产案件确定管理人报酬的规定》第2条规定的限制范围。同时，高级人民法院有一定的浮动权限，其有权参照上述规定中的比例在30%的范围内制定符合当地实际情况的比例，并通过当地有影响的媒体进行公告，并报最高人民法院备案。这里作为计算基数的"财产价值总额"应当包括偿付破产费用、共益债务及破产债权的财产价值，但不包括担保权人优先受偿的担保物价值，拍卖、变卖、过户破产财产行为所支出的税费等。管理人对担保物的维护、变现、交付等管理工作付出合理劳动的，有权向担保权人收取适当的报酬。管理人与担保权人就上述报酬数额不能协商一致的，可请求人民法院确定。

在破产实践中，管理人报酬已经变得更为灵活。例如，为鼓励具备管理人选任资格的中介机构积极参与到破产案件，尤其是破产清算类案件中来，法院有时候会调整报酬比例，使得管理人工作具备性价比。在上市公司重整案件中，因中介机构的取费比例标准很高，加之上市公司资产规模的基数较大，因此我们会看到法院并非基于公权力决定管理人费用，而是在中介机构竞选中由不同竞选机构报价。报价低当然有利于中介机构中标，此时，法院对管理人报酬的取费调控并非基于公权力而是通过市场化手段进行。

2. 调整管理人报酬的主要情形

在初步确定管理人报酬之后，法院仍有可能根据破产案件的具体情况，上调或下调报酬。法院在调整时既会考虑破产案件本身的复杂性，又会考虑管理人的勤勉程度、管理人为破产工作的实际贡献、管理人承担的风险和责任、债务人住所地居民可支配收入及物价水平等多项因素。上文所述的债权人会议异议机制，以及管理人与债权人协商机制也会影响管理人的实际报酬。

实践中，上述调整多为对管理人报酬的调减。但如果管理人是通过公开竞争的方式指定的，或报酬方案已经由债权人会议审议通过，或重整计划草案已经被批准，法院一般不会再依职权对管理人的报酬方案作出调整。

在实际履行职责的过程中，管理人的工作量可能存在很大差异，因此，我国立法一定程度上也吸收了时间计酬法的因素。这一点明显地体现在重整程序中，在重整期间，法院应当考虑管理人对重整程序发挥的实际作用等因素，综合确定和支付管理人报酬；在重整计划监督期间，法院则需要考虑管理人监督职责的履行情况，确定管理人报酬的支付比例和支付时间，并与债权人按照重整计划实际受偿的比例和时间相匹配。

3. 管理人报酬的支付方式

管理人报酬的支付方式可以是分期支付，也可以是最后一次性支付。案情简单、耗时较短的破产案件，一般在破产程序终结后一次性支付。具体支付程序为，管理人向法院提出书面申请，法院自收到申请书之日起 10 日内确定报酬支付数额。

在报酬支付时间上，一般采取项目结束后收取管理人报酬的模式。不过，在大型企业重整过程中，资产与负债规模要求管理人团队投入大量的人力与物力资源，但是前期是没有费用予以支付的，这种收费模式也在很大程度上提升了管理人参与大型项目的财务门槛。例如，在重庆力帆系企业重整案中，管理人收取报酬的方式为法院裁定批准重整计划之日起 30 日内收取管理人报酬总额的 50%，在重整计划执行完毕之日起 30 日内收取管理人报酬总额的 50%。在动辄几十名乃至上百名律师现场集中办公且工作周期可能长达一年的大型企业破产案件中，这种收费模式也给担任管理人的中介机构提出了很高的门槛要求。

需要特别注意的是对“无产可破案件”的处理。司法实践中，债务人隐匿财产等情形相当普遍，在这种情况下，管理人可能为破产程序付出了很多精力，却“竹篮打水一场空”——债务人财产不足以支付管理人报酬和管理人执行职务的费用。在这种情况下，管理人应当提请法院终结破产程序。但有利害关系的人，例如债权人、管理人、债务人的出资人等，愿意提前垫付管理人报酬的，则破产程序可以继续进行。垫付的费用属于破产费用，从债务人财产中随时清偿。另外，管理人还可申请法院减免破产案件的诉讼费用，从而减轻债务人的财务压力。

关于“无产可破案件”问题，部分地区还作出特殊规定。在破产审判经验较为丰富的浙江省，浙江省高级人民法院《关于规范企业破产案件管理人工作若干问题的意见》第 22 条规定，如果发生这种情况，经过债权人会议确认，可以将债权人对债务人未知财产的追索权，以及对公司股东、董事、实际控制人等人的民事请求权转让给管理人，以折抵应予支付的管理人的报酬和费用。同时为了平衡债权人和管理人之间的利益，债权人需要审查管理人是否勤勉尽责并向管理人说明请求权不能实现的风险。

另外，破产费用保障制度也有助于解决该问题。《破审纪要》第12条明确要求各地法院设立破产费用保障资金。目前，通行的做法是各地建立管理人报酬基金，用基金来支付债务人财产不足以支付的报酬。资金来源主要是政府财政拨款作为初始基金，再从其他破产案件的管理人报酬中提取一定比例作为补充基金。浙江省和深圳市均已出台了相应的地方性规定，滨州市中级人民法院、无锡市中级人民法院等则设立了管理人报酬基金，资金来源于管理人报酬、财政补贴、社会捐赠，基金的运作由破产管理人协会统筹。另外，北京地区的法院也会在破产案件中设立管理人报酬资金，管理人可以向法院申请领受金额。

实践焦点 033

管理人聘用的工作人员的劳动关系认定问题

在“徐某辉、沅江市大地医药有限公司（以下简称大地公司）劳动争议案”①中，沅江市人民法院于2014年4月2日受理中国农业发展银行沅江市支行对被告大地公司的破产清算申请，并指定湖南达盛资产管理有限公司为被告大地公司管理人。被告大地公司管理人安排原告徐某辉从事被告大地公司破产清算后的门卫工作至2020年11月。后原告徐某辉向法院起诉，认为其与大地公司之间成立劳动关系，请求法院判令大地公司向原告支付解除劳动关系经济补偿金、失业保险金损失、社会保险费损失等费用。

法院认为：一方面，管理人不属于《劳动合同法》第2条规定的用人单位。管理

① 参见湖南省沅江市人民法院民事判决书，(2022)湘0981民初77号。

人既不是依法成立领取营业执照的经营单位,也不是非营利法人或组织,更不是公司的部门或分支机构。管理人从事的是对破产企业的清算事务,没有经营资格,破产程序终结、企业注销后,管理人即终止执行职务,因此管理人不具备《劳动合同法》意义上的用工主体资格。另一方面,被告大地公司进行破产清算程序,是清理债务走向注销登记消亡的过程,其不再具有用人单位的主体资格。清算的目的是注销企业,被告大地公司管理人安排原告从事门卫工作,系因清算需要留守人员,其目的是完成清算事务,而非继续正常经营,因清算时间的不确定性,双方之间不能确定工作期限。这与正常经营的以营利为目的的企业不同。因此,留守人员与债务人之间形成的关系是劳务关系而非劳动关系,管理人聘用的工作人员所获得的报酬属于劳务报酬,而不是《劳动合同法》所调整的劳动报酬。

因此,法院对原告徐某辉主张的经济补偿金,赔偿未缴纳失业保险金、社会保险费、医疗保险费、住房公积金造成损失的诉讼请求均不予支持。

八、管理人辞职的限制

《企业破产法》第29条规定:"管理人没有正当理由不得辞去职务。管理人辞去职务应当经人民法院许可。"

管理人作为中立的管理者,在破产程序中职责重大,具有不可替代的作用,而且破产程序本身也是一个复杂、连续的过程,在破产程序中轻易更换管理人,会导致破产进程的中断或者停滞,也可能给债务人财产带来直接损失。为此,破产管理人一旦被选定就不能随意更换,破产管理人也不能随意辞职。

管理人辞职必须具备正当理由。所谓"正当理由":其一,存在不得担任管理人的事由,即不满足《企业破产法》第24条规定的任职资格,[①]或者发生了《企业破产

① 《企业破产法》第24条规定:"管理人可以由有关部门、机构的人员组成的清算组或者依法设立的律师事务所、会计师事务所、破产清算事务所等社会中介机构担任。人民法院根据债务人的实际情况,可以在征询有关社会中介机构的意见后,指定该机构具备相关专业知识并取得执业资格的人员担任管理人。有下列情形之一的,不得担任管理人:(一)因故意犯罪受过刑事处罚;(二)曾被吊销相关专业执业证书;(三)与本案有利害关系;(四)人民法院认为不宜担任管理人的其他情形。个人担任管理人的,应当参加执业责任保险。"

法》第22条规定的更换管理人的事由；①其二，如果破产案件规模过大或过于复杂，超出了管理人的专业知识和从业经验范围，管理人确实无法胜任，应允许其辞职。但如果上述情形的存在是因为管理人在获得指定的过程中存在不正当行为，例如，在参与竞争时弄虚作假，那么人民法院应当追究其相应的法律责任。

如果满足辞职条件，管理人可以向法院提出辞职申请。法院对辞职原因进行审查，确有正当理由的，法院予以许可，反之则不予准许。在法院不许辞职的情况下，管理人应当继续履行职责。管理人仍然坚持辞职，同时拒不履行或者不认真履行管理人职责的，法院应当更换管理人，但在此期间管理人因擅自离任给债务人财产造成损失的，法院可以对管理人罚款，并要求其承担赔偿责任。同时编制管理人名册的法院可以决定停止其担任管理人1～3年，或者将其从管理人名册中除名。

① 《企业破产法》第22条规定："管理人由人民法院指定。债权人会议认为管理人不能依法、公正执行职务或者有其他不能胜任职务情形的，可以申请人民法院予以更换。指定管理人和确定管理人报酬的办法，由最高人民法院规定。"

05
第五章

破产程序推进的物质保证

债务人财产是破产制度的核心内容,它不仅是债权人的债权权益获得公平受偿的物质基础,也是破产程序得以进行的财务保证。对债务人财产的正确认识和清楚界定,是保证破产程序顺利推进和有序完成的基础和前提。

一、债务人财产的范围

《企业破产法》第 30 条规定:“破产申请受理时属于债务人的全部财产,以及破产申请受理后至破产程序终结前债务人取得的财产,为债务人财产。”

法院受理破产申请后,债务人的财产便脱离了债务人的支配,转由管理人接收、管理和处分。另外,债权人或第三人的财产基于各种原因,有时存在与债务人产生商业或法律交集的现象,进而发生被管理人认定为破产财产而遭受损害的情形,因此,管理人要进行管理，债权人或第三人要进行维权，都要首先明确债务人财产的概念与范围。

（一）债务人财产的概念

1. 债务人财产与破产财产

"债务人财产"是指在破产程序中被纳入破产管理的、为债务人所拥有的财产。这一概念在《企业破产法》中首次出现，原《企业破产法（试行）》（已失效）中使用的为"破产财产"。"债务人财产"和"破产财产"这两个概念很容易发生混淆。在破产宣告之前，债务人的财产服务于债务清理与企业拯救这两个目的，而只有在破产宣告后，清算分配才成为主要目的，此时用于分配的财产即破产财产。换句话说，破产宣告前，债务人的财产被称为债务人财产，其主要适用于重整程序与和解程序；破产宣告后、破产程序终结前，债务人的财产被称为破产财产，其仅适用于清算程序。实践中作此区分主要是因为二者对管理人履职要求的不同，在"债务人财产"阶段，管理人应重点关注如何对其管理，尽量避免财产减值形成损失，而在"破产财产"阶段，管理人应重点关注如何对其处分和分配，确保债权人可公平获得清偿。

2. 债务人财产与担保财产

根据《破产法司法解释（二）》的规定，即使债务人的特定财产上已经设定担保物权，这些担保财产仍然属于债务人财产。但这部分财产与一般的债务人财产的区别在于，担保物权人对担保财产享有别除权，即优先受偿的权利，且担保权人在破产程序进行中就可以行使这种权利。

一方面，在破产清算、破产和解程序中，担保物权人对担保财产的别除权不受程序限制，也不为禁止个别清偿所约束，其可以随时要求实现担保物权，除非单独处置担保财产会降低其他破产财产的价值而应整体处置。只有在破产重整程序中，为了避免因担保财产的执行而影响债务人的重整，法律规定在重整期间，担保物权人应暂停行使权利。但是，这种限制是暂时性的，当担保物有损坏或者价值明显减少的可能，足以危害担保物权时，担保物权人可以向法院请求恢复行使权利。

另一方面，法院受理破产申请后，有关债务人财产的保全措施应当解除，执行程序应当中止。债务人合法占有的财产统一由管理人管理、处分，其中自然也包括设立了担保的财产。也就是说,别除权的行使仍应在破产程序的大框架下。具体来说,担保物权人在破产程序中行使别除权主要有两种方式:一是就担保财产与管理人达成协议,通过折价的方式拿到双方约定好的价款;二是通过委托管理人拍卖或者变卖的方式,将担保财产变价,在扣除管理人的管理费用、变价费用后,从卖得的价款中优先受偿。但如果管理人和担保物权人存在争议,担保物权人应当向受理破产申请的法院提起确认之诉,获得法院确认担保物权的判决后才能行使别除权。在这种情形下,为了不影响破产程序的顺利进行,管理人可以先对担保财产进行变价,并提存所得价款。①

行使别除权后,担保物权人获得优先受偿的债权归于消灭。拍卖、变卖后获得的超出担保债权范围的部分仍然属于债务人财产,全体债权人都有权参与分配。相反,如果担保物权人未能完全受偿,对于没有得到清偿的债权,其依然有权继续向管理人申报并得到清偿,但债权性质只能是普通债权,不再有任何优越之处。

(二)债务人财产的认定

债务人财产的认定涉及两个重要的时间节点或期间:一是破产申请受理;二是破产申请受理后直至破产程序终结之前。破产申请受理时属于债务人的财产,以及破产申请受理后至破产程序终结前债务人取得的财产,均属于债务人财产。

“破产申请受理时属于债务人的财产”包括以下几种特殊情形:(1)债务人已经设定担保物权的特定财产;(2)债务人对按份共有的财产的份额,或者对共同共有财产的相应权利,以及分割共有财产后所得部分;(3)债务人在破产前受让的财产,虽然没有付清价款,但已经交付或登记;(4)虽然被采取执行措施,但破产程序开始后应当中止执行,或者因错误执行应当执行回转的财产;(5)债务人由于代位求偿权而享有的债权;(6)债务人设立的分支机构和其他无法人资格的全资机构的财产。

“破产申请受理后至破产程序终结前债务人取得的财产”主要包括:(1)债务人财产的增值;(2)依法收回的财产;(3)债务人的出资人应补缴的出资等。

还有一些财产需要被排除出债务人财产的范畴,主要包括:(1)债务人基于仓

① 参见刘子平:《破产别除权的认定标准及其行使》,载《法律适用》2007年第11期。

储、保管、承揽、代销、借用、寄存、租赁等关系占有、使用的他人财产;(2)债务人在所有权保留买卖中尚未取得所有权的财产;(3)所有权专属于国家且不得转让的财产,这里主要需要关注国有土地使用权——债务人以划拨方式取得的国有土地使用权不属于债务人财产,在企业破产时,政府可以予以收回;(4)债务人投资的全资子公司和控股、参股公司的财产不属于债务人财产,但债务人在上述公司中享有的股份属于债务人财产。

实践焦点
034

信托财产破产隔离机制的有效性分析

商事实践中,信托财产的破产隔离机制能在多大程度上隔离破产风险,各方认知不一,即信托财产的破产隔离机制是否真的绝对有效,若将标的公司股权作为信托财产,是否能够起到完全规避实质合并破产风险之目的?

《信托法》第 15 条规定:“……设立信托后,委托人死亡或者依法解散、被依法撤销、被宣告破产时,委托人是唯一受益人的,信托终止,信托财产作为其遗产或者清算财产;委托人不是唯一受益人的,信托存续,信托财产不作为其遗产或者清算财产;但作为共同受益人的委托人死亡或者依法解散、被依法撤销、被宣告破产时,其信托受益权作为其遗产或者清算财产。”根据《信托法》第 15 条至第 17 条的规定,有效成立的信托在其存续期间具有独立性,包括但不限于其独立于委托人未设立信托的其他财产和受托人的固有资产。此外,除非符合《信托法》第 17 条规定的 4 种例外情形,否则信托财产不得被强制执行。

因此,若原股东作为委托人以特定财产设立财产权信托,则信托有效设立后,相关财产归入信托财产,独立于原股东的其他资产。除非法定例外情况,否则当原股东进入破产程序时,在信托存续期间,信托资产不会被纳入破产财产范围,亦不会被原股东债权人主张处置,从而发挥部分破产隔离的功能。

但是,信托模式的破产隔离机制并非绝对。如果信托财产属于股权,那么同样面临关联企业实质合并破产风险。根据《破审纪要》的规定以及司法实践,关联企业实质合并破产的适用需综合考虑多重因素,法院审查的因素通常包括:(1)构成关联企业。认定关联企业的核心在于各企业之间是否存在直接或间接控制、重大影响或特别密切的经济联系。(2)关联企业成员之间存在法人人格高度混同。判断人格混同的最根本标准是公司是否具有独立意思和独立财产。(3)区分各关联企业成员财产的成本过高,严重损害债权人公平清偿利益。(4)关联企业实质合并有利于增加重整的可能性,使关联企业全体债权人受益等。

据此,从法律层面分析,关联企业的股东类型不属于法院审查实质合并破产时的关键要素。在标的公司股权转由信托持有的情形下,若标的公司和原股东之间符合前述实质合并破产的适用标准,如原股东对标的公司保持实际控制并符合人员、财务等高度混同,则不排除法院认定二者为关联企业并裁定进行实质合并破产的法律风险。此等情况下,法院的裁判逻辑在于标的公司与原股东之间是否存在符合实质合并的法定条件,而非标的公司的股东系公司、合伙企业还是信托计划。

在司法实践层面中,亦存在信托公司持股公司被裁定适用实质合并破产的案件。例如:(1)海航集团等321家实质合并重整案件中,关联企业聚宝互联科技(北京)股份有限公司系华鑫国际信托有限公司持股7.47%的公司,被纳入合并破产范围;(2)国购投资有限公司等43家合并重整案件中,关联企业安徽蓝鼎置地集团有限公司的股权结构为中航信托股份有限公司持股88.89%,国购投资有限公司持股11.11%,安徽蓝鼎置地集团有限公司及其子公司安徽蓝鼎置地发展有限公司均被裁定适用实质合并重组。

整体而言,我们倾向于认为,信托财产在破产风险传导方面的隔离作用,在商事实践中存在被高估、夸大的现象与风险,在符合上述法律条件和逻辑的前提下,信托财产中的公司股权等标的依然面临被某一破产程序纳入破产财产或实质合并破产的潜在风险,简而言之,即使在信托法律制度下,也不存在绝对意义上的破产隔离功能与机制。

实践焦点 035

买受人已经支付价款但尚未办理变更登记的房产的权属认定问题

关于已经支付价款的房屋是否属于债务人财产，在“贵州省安顺市川惠投资股份有限公司与安顺市鼎城房地产开发有限公司商品房预售合同纠纷案”①中，最高人民法院指出，《破产法司法解释（二）》第 2 条对不应认定为债务人财产的情形作出不同于《破产案件若干问题规定》第 71 条的规定。在这种情况下，虽然买受人没有获得房屋的所有权，但立法对其债权给予一定的优先保护，只是在具体的认定标准上存在一定差异。

最高人民法院《关于建设工程价款优先受偿权问题的批复》（已失效）第 2 条规定："消费者交付购买商品房的全部或者大部分款项后，承包人就该商品房享有的工程价款优先受偿权不得对抗买受人。"最高人民法院《关于人民法院民事执行中查封、扣押、冻结财产的规定》（2008 年调整，已失效）第 17 条②、《执行异议复议规定》第 29 条也有类似规定。③

在破产实践中，关于如何理解应予优先保护的买受人，存在较大争议。一种观点

① 参见最高人民法院民事裁定书，(2017)最高法民申 3088 号。

② 现为最高人民法院《关于人民法院民事执行中查封、扣押、冻结财产的规定》（2020 年修正）第 15 条规定："被执行人将其所有的需要办理过户登记的财产出卖给第三人，第三人已经支付部分或者全部价款并实际占有该财产，但尚未办理产权过户登记手续的，人民法院可以查封、扣押、冻结；第三人已经支付全部价款并实际占有，但未办理过户登记手续的，如果第三人对此没有过错，人民法院不得查封、扣押、冻结。"

③ 《执行异议复议规定》第 29 条规定："金钱债权执行中，买受人对登记在被执行的房地产开发企业名下的商品房提出异议，符合下列情形且其权利能够排除执行的，人民法院应予支持：（一）在人民法院查封之前已签订合法有效的书面买卖合同；（二）所购商品房系用于居住且买受人名下无其他用于居住的房屋；（三）已支付的价款超过合同约定总价款的百分之五十。"

认为应限定为购买住宅自住的买受人,《执行异议复议规定》采用了这种观点;另一种观点则强调对占有事实的保护,如《关于人民法院民事执行中查封、扣押、冻结财产的规定》(2008 年调整,已失效)第 17 条强调了交付的条件。例如,在"胡某与元谋金汇房地产开发有限公司与破产有关的纠纷案"①中,湖南省元谋县人民法院认为,涉案商品房未实际交付,亦未办理房屋初始登记,其仍属于债务人的财产,故对于原告胡某主张确认涉案商品房不属于被告破产财产的诉讼请求,该院不予支持。

同样,在上述"贵州省安顺市川惠投资股份有限公司与安顺市鼎城房地产开发有限公司商品房预售合同纠纷案"中,最高人民法院指出,最能参照适用的应当是《关于建设工程价款优先受偿权问题的批复》(已失效),该批复确定了抵押权、建设工程价款优先受偿权和已付全部或者大部分款项的消费者权利的保护顺位,已付全部或者大部分款项的消费者权利优先于抵押权获得特别保护。一般情形下,未进行过户登记的买房人享有的仍是普通债权,根据债权平等原则,其享有的债权不能优先于其他债权,而《关于建设工程价款优先受偿权问题的批复》(已失效)之所以对交付购买商品房全部或者大部分款项的消费者予以优先保护,是因为基于生存利益大于经营利益的社会政策原则,为保护消费者的居住权而设置的特殊规定,在适用中应对其范围予以严格限制,不宜做扩大解释。《执行异议复议规定》第 29 条规定实际上也沿用了该精神,明确限制所购商品房是用于居住的,这也和《消费者权益保护法》第 2 条"消费者为生活消费需要"的保护范围一致。该案中,贵州省安顺市川惠投资股份有限公司购买的案涉房产性质为商铺,而非为了居住,并无获得优先保护的特殊利益,其主张优先于其他债权人个别清偿,依据不足。

也就是说,法院在认定债务人财产时,应当严格按照物权变动规则处理,只要买受人未获得所有权,房屋就仍然属于债务人财产。但特定情形下,没有获得所有权的买受人可以得到特别保护——如商品房的购房者属于消费者,且在已经支付全部或者大部分款项的情况下,买受人具有优先受偿权。

---

① 参见云南省元谋县人民法院民事判决书,(2020)云 2328 民初 1293 号。

实践焦点 036

互联网数据等虚拟资产的权属认定问题

《民法典》第 127 条规定："法律对数据、网络虚拟财产的保护有规定的，依照其规定。"根据这一规定，数据具有民事法律权利和利益的基本法律属性，其价值毋庸置疑。市场主体更为关心的实际问题是，数据虽有价值，但其是否有价格？是否能通过交易实现价值，即在何种情况下构成资产？这一问题也与破产程序中债权人、债务人的切身利益密切相关。因此，数据资产化越来越得到市场的关注，而解决这一问题的关键是确定数据权利的主体，只有债务人是该等数据的权利主体时，数据才属于债务人财产。

"数据确权"一直以来都是理论界与实务界认定难度最高、讨论最为激烈的问题，目前也尚未有上位法对数据确权进行明确规定。在法无明文规定的情况下，管理人接管债务人企业的数据后，可尝试按照下列原则进行定性与处置，具体如下。

(1)企业数据是否以营利为目的

根据这一原则，破产管理人需要区分企业的管理数据与经营数据。企业在日常经营中产生的人事、财务、行政管理等管理类数据，不构成债务人财产，管理人无须处置变现；而企业直接以收集、加工后产生的数据为营利产品或服务的，应视其为数据资产，管理人应将其划入债务人财产。

(2)企业数据是否取得授权或许可

如果企业数据来源于企业自身独立收集、加工，那么在该类数据中应重点区分个人数据与企业数据，在遵守《个人信息保护法》规定的基础上与确定收集合法性的前提下，将该类数据归入债务人财产；对于经过授权或许可获得的数据，则需要考证授权或许可的来源是否具有合法性，若合法，也应归入债务人财产。

(3)企业数据内容是否独有

根据这一原则,因确权尚无明显定论,在审核数据内容时,管理人可先做大类区分。若数据内容完全是债务人对物的信息,或对公开信息的收集产生的数据,或基于授权、许可信息而产生的数据资产,则其应属债务人独有,管理人可以将其归入债务人财产;对于数据内容含有人的信息或其他无法确定信息主体的数据资产,应考虑先将其纳入债务人财产,在处置阶段视情况进行脱敏后再进行交易。

(4)非债务人财产的数据情形

根据学界对数据资产的论述,一般不属于债务企业财产的数据如下:无价值的数据、垃圾数据、无权属数据等。判断依据在于该等数据不具有经济价值,无法构成会计领域定义的资产类型,自然也无法构成债务人财产。

二、可撤销的欺诈转让行为

《企业破产法》第31条规定:"人民法院受理破产申请前一年内,涉及债务人财产的下列行为,管理人有权请求人民法院予以撤销:(一)无偿转让财产的;(二)以明显不合理的价格进行交易的;(三)对没有财产担保的债务提供财产担保的;(四)对未到期的债务提前清偿的;(五)放弃债权的。"

在债务人无力偿债的情况下,破产程序可能要在很长时间后才开始。在这段时间里,债务人有很多机会隐匿或转移财产,个别债权人也可能利用信息优势使自己处于优势地位。上述做法会恶化债务人的资产和信用,损害多数债权人的利益,因此为《企业破产法》所禁止。破产撤销权的规定即旨在阻止这种现象,最大限度地追回破产前流失的财产,确保债权人按照既定的顺序获得公平分配。

"破产撤销权"是指对破产申请受理前一定期限内发生的欺诈性转让行为和个别清偿行为,管理人有权请求人民法院予以撤销。《企业破产法》中的两个条文对此作出了规定:第31条规定欺诈转让的撤销,第32条规定个别清偿的撤销。

(一)撤销权的构成要件

《企业破产法》规定的撤销权的实现需要满足一定条件。从时间上看,撤销的对象"欺诈转让行为"应当发生在破产申请被受理前一年内；从结果上看，欺诈转让行为给债权人利益造成了损害，具体有5种情形：

1. 无偿转让财产

无偿转让行为会直接导致债务人财产减少，使后续债权人可分配的受偿资源变少。这一范围不仅包括实物、货币，也包括财产性权益。中国企业破产法立法之初未对财产性权益进行规定，直到《破产法司法解释(二)》才明确将有价证券、知识产权、可转让的债权、用益物权等财产性权益纳入可转让的范围。转让方式不仅包括形式上无对价的情形，还包括实质上无对价的情形。

实务中存在争议的是，债务人的公益捐赠行为是否可以撤销？疫情期间，许多企业受疫情影响陷入财务困境，但或出于商业考虑，或出于道德考虑，其可能已捐出巨额资金，这使其财务状况雪上加霜。反对者认为，公益性捐赠行为不可撤销。一方面，《民法典》《慈善法》都表明了对公益捐赠特殊保护的宗旨，其规定不得对公益捐赠行使撤销权；另一方面，当捐赠的财产已经被实际用于公益事业时，如果允许债权人行使撤销权，可能导致受益人陷入困境。同时，因接受捐赠对象的众多性和不特定性，债权人行使撤销权诉讼成本过高，几乎不具可行性。

我们倾向于认为，至少在以下两种情况下，应当否定公益捐赠的效力。第一种情况是受赠人与债务人相互串通，通过捐赠来逃避债务。《民法典》中规定了恶意串通无效，最高人民法院也曾规定，赠与人为了逃避法定义务而赠与的，利害关系人可以主张赠与无效；①第二种情况是公益性捐赠行为尚未被实际履行，且履行将导致捐赠人经济状况严重恶化。《民法典》第666条规定，如果赠与人的经济状况显著恶化，严重影响其生产经营，可以不再履行赠与义务。在这两种情况下，捐赠人的管理人可以申请法院将公益捐赠行为撤销。②

① 最高人民法院《关于贯彻执行〈中华人民共和国民法通则〉若干问题的意见(试行)》(已失效)第130条规定："赠与人为了逃避应履行的法定义务，将自己的财产赠与他人，如果利害关系人主张权利的，应当认定赠与无效。"

② 参见王兆峰、李瑞雪：《乐善好施防雷区》，载微信公众号"德恒律师事务所"2020年2月24日，https://mp.weixin.qq.com/s/vkonkPef69KYQcgfU6aN8Q。

2. 以明显不合理的价格进行交易

截至目前,《企业破产法》尚未规定不合理对价的判定标准。实践中,法院主要参照最高人民法院《关于适用〈中华人民共和国合同法〉若干问题的解释(二)》(已失效)第19条,即相较当时、当地的指导价或者市场交易价而言,转让的价格低于70%或高于30%的,一般视其为明显不合理的价格。《民法典》施行后,《全国法院贯彻实施民法典工作会议纪要》仍然沿袭了这一标准,这为其他法院审理提供了依据。

例如"德谦杭重锻造有限公司(以下简称德谦公司)管理人、青岛捷能汽轮机集团股份有限公司(以下简称捷能公司)破产撤销权纠纷案"①,捷能公司原结欠德谦公司的货款金额为12,553,003.35元,德谦公司于2017年7月27日与捷能公司签订了《货款折扣协议》,约定对贷款打折结算。2018年7月2日,杭州市临安区法院裁定受理了德谦公司破产清算一案。德谦公司管理人诉至法院,请求撤销德谦公司对捷能公司放弃货款债权2,763,250.84元的行为。一审法院根据上述标准,认为捷能公司按折扣价支付的货款金额为9,789,752.51元,金额为原结欠货款金额的77.99%,该价款不属于明显不合理的低价,因此驳回了管理人的撤销请求。二审法院亦予以维持该份判决。

需要注意的是,当出现债务危机时,大多企业都会采取"低卖"的方式变现财产,回笼资金。实践中,常有债务人变卖二手车、股票等财产。该等财产价格容易受市场波动、使用年限等因素影响,在变卖前也很少会对其进行市场评估、拍卖等。为此,法院即使参照最高人民法院《全国法院贯彻实施民法典工作会议纪要》第9条规定,也会在考虑财产的性质、市场供求情况和交易的合理性后慎重认定。同时,考虑到该等撤销可以使债务人财产收益,《破产法司法解释(二)》第11条规定,因撤销该交易,对于债务人应返还受让人已支付价款所产生的债务,受让人可以请求作为共益债务清偿。

3. 为无财产担保的债权提供财产担保

被担保的债权必须是债务人已经形成的债务,且提供的担保已经生效。而且,

① 参见浙江省杭州市中级人民法院民事判决书,(2020)浙01民终4545号。

需要注意的是，这里可撤销的范围仅仅适用于抵押、质押等约定担保物权，而不适用于留置权一类的法定担保物权。如果债务产生的同时就设立了担保，此时借款行为和担保行为具有等价性，设立担保并没有导致债务人财产的减少，也就不能撤销。实践中可能出现，债权人债务人首先签订了借款合同和抵押合同，但间隔一段时间后才办理抵押登记的情况，此时容易产生纠纷与争议。不同法院持有不同看法。

例如，在“刘某、怀化市某房地产开发有限公司（以下简称地产公司）管理人破产撤销权纠纷案”①中，地产公司于2013年1月19日向刘某借款120万元。同日，双方签订了1份抵押合同，约定以地产公司所有的一套房屋提供抵押。2014年1月7日，双方办理抵押登记。2014年1月6日，地产公司向溆浦县人民法院申请破产重整，该院于2014年1月9日裁定受理重整申请。后管理人要求撤销地产公司于2014年1月7日设立的抵押登记。

一审法院认为，刘某在2014年1月7日办理抵押登记而取得抵押权，但其借款债权在2013年1月19日就成立了，所以该抵押权属于为之前的旧债权设立的担保，应当撤销。但二审法院指出，《企业破产法》第31条规定的可撤销行为，其外观是形成债权债务的意思与提供担保的意思在时间上分离，其结果是债务人破产责任财产减少，降低了清偿率。该案中，地产公司是为发生的“新债务”（120万元借款）提供担保，借款意思表示与担保意思表示同时发生。同时，债务人取得借款属增加财产行为，提供担保与增加财产之间构成对价关系。更何况，破产撤销权撤销的是特定期间内的“合同行为”，而不是“抵押权登记”的事实。因此，刘某的抵押行为不应当被撤销。由此可见，不同法院对相同事实可能因对“新旧之债”的理解不同而导致完全不同的裁判结果。

4. 对未到期债务的提前清偿

这里的“未到期债务”，是指截至破产申请受理时，债务尚未到期。如果债务在破产申请受理前已经到期，就不属于《企业破产法》第31条的规制范围，但仍然可能

---

① 参见湖南省怀化市中级人民法院民事判决书，（2018）湘12民终1264号。

受到《企业破产法》第 32 条的规制。①

5. 放弃债权

放弃债权的方式有积极和消极两种。积极放弃是指债务企业采取主动通知或书面协议等方式，为相对人免除债务，以及拒绝相对人履行债务等；消极放弃债权是指以不作为的方式达到放弃债权的效果。但关于后者是否属于《企业破产法》第 31 条的规制对象存在争议，司法实践中也极少出现对撤销放弃债权行为提起的诉讼案件。实际上，由于破产情形下的诉讼时效存在特殊规定，管理人一般可以直接对相对人提起追收债权的诉讼。如果该债权在受理破产申请前 1 年内才过诉讼时效，相对人就不能以已过诉讼时效为由进行抗辩。②

如在“青岛博智汇力生物科技有限公司（以下简称博智汇力公司）、山东乾和生物科技有限公司（以下简称乾和生物公司）等对外追收债权纠纷案”③中，博智汇力公司向乾和生物公司借款的时间为 2017 年 4 月 25 日，约定的还款日期为 2017 年 5 月 25 日，其于 2017 年 5 月 26 日偿还了部分借款，诉讼时效自 2017 年 5 月 27 日开始计算，到期日为 2020 年 5 月 26 日。但由于 2020 年 4 月 28 日，法院裁定受理乾和生物公司破产清算一案，该借款合同的诉讼时效中断。因此，乾和生物公司于 2021 年 1 月 11 日向法院起诉要求追收债权，仍然得到了法院的支持。

（二）撤销权的行使方式

行使撤销权需要采用诉讼的方式。换句话说，该权利必须以诉讼的方式行使，而不是仅仅单方通知即可产生法律效力。撤销权的行使主体是管理人，司法实践中，如

---

① 《企业破产法》第 32 条规定：“人民法院受理破产申请前六个月内，债务人有本法第二条第一款规定的情形，仍对个别债权人进行清偿的，管理人有权请求人民法院予以撤销。但是，个别清偿使债务人财产受益的除外。”

② 《破产法司法解释（二）》第 19 条规定：“债务人对外享有债权的诉讼时效，自人民法院受理破产申请之日起中断。债务人无正当理由未对其到期债权及时行使权利，导致其对外债权在破产申请受理前一年内超过诉讼时效期间的，人民法院受理破产申请之日起重新计算上述债权的诉讼时效期间。”对该条规定的理解参见张先明：《积极追收债务人财产 充分保障债权人利益——最高人民法院民二庭负责人答记者问》，载《人民法院报》2013 年 9 月 13 日，第 4 版。

③ 参见山东省德州市中级人民法院民事判决书，（2021）鲁 14 民终 1973 号。

果管理人怠于行使撤销权,个别债权人可以类似股东代表诉讼的方式提起撤销诉讼,相对人不得以超出债权范围为由进行抗辩。

实践焦点 037

让与担保权人取得财产的时点认定问题

随着《九民纪要》、《民法典》以及《担保制度司法解释》的颁布,让与担保这一新型的非典型性担保得到越来越广泛的适用。让与担保是指债务人将其担保物的所有权转移给债权人作为担保,债务人清偿债务后,有权向债权人请求返还对该特定财产的所有权。当让与担保权人行使让与担保权时,通常涉及将已经转让所有权的担保财产进行抵债的情况。此时,我们如何确定让与担保权人取得担保财产的时点,将与是否有违《企业破产法》关于禁止个别清偿的规定息息相关。

以"黑龙江闽成投资集团有限公司、西林钢铁集团有限公司(以下简称西钢公司)民间借贷纠纷案"①为例,2018 年 6 月 11 日,伊春中院受理西钢公司重整申请。2017 年 5 月 15 日,西钢公司、刘某平与龙郡公司签订协议的第 1.2 条载明,"甲方同意以龙郡公司 100% 的股权及资产抵债";第 1.3 条载明,"鉴于 2014 年 6 月 12 日双方已经办理了股权转让变更手续,双方一致确认该股权变更有效,不需要再次履行变更手续"等。因此,最高人民法院认为,西钢公司以龙郡公司股权抵债行为发生于 2017 年 5 月 15 日,即龙郡公司 100% 股权亦于同日转移至刘某平名下,年底前已依约完成抵债股权评估。换言之,在伊春中院受理西钢公司破产重整申请一年之前,龙郡公司股权已不属于西钢公司责任财产,以龙郡公司股权抵债并非《企业破产法》第 16 条所禁止的人民法院受理破产申请后债务人对个别债权人的清偿行为,亦不属《企业破产法》第 31 条、第 32 条规定的可撤销行为。

---

① 参见最高人民法院民事判决书,(2019)最高法民终 133 号。

通过上述案例可知,实践中通常以抵债行为发生之时为让与担保权人取得担保财产的时点,即担保权人和担保人就担保财产抵债达成一致意见时,而非担保财产所有权转让的时点。但担保财产取得时点的认定与是否构成个别清偿并无绝对关联,只是当管理人有证据证明担保权人在人民法院受理破产申请前一年内以明显不公允的价格将股权折价清算时,才有可能适用《企业破产法》第31条第2项的规定,由破产管理人主张"以明显不合理的价格交易"请求法院将行为撤销。

实践焦点 038

破产申请受理前"借新还旧"行为的效力问题

在债权人为金融机构的情况下,"借新还旧"的现象普遍存在。"直接型借新还旧"在实践中通常有以下两种操作方式:(1)无须债务人划入资金,银行直接办理"放新贷、还旧贷"的手续。新贷发放日即为旧贷归还时,仅在银行内部发生转账手续,债务人与银行间并不发生资金流转;(2)银行帮助债务人筹集一笔转贷资金用于归还旧贷,银行在收到还款后,发放新贷给债务人。新贷专项用于归还临时借取的转贷资金。在破产语境下,这种操作方式中存在的主要问题是,其是否属于可撤销的个别清偿行为?

否定观点认为,债务人没有因为这种行为受到损失,因此这种行为不构成个别清偿,不应被撤销。在"中国工商银行股份有限公司义乌分行、浙江星耀律师事务所请求撤销个别清偿行为纠纷案"①中,金华市中级人民法院指出,债务人威德公司与被告债权人的行为实际为"借新还旧"。债务人的授信额度没有变更,贷款总金额与同日归还的贷款金额相同,债务人未因该行为受到损失,反而有利于其开展正常的经营活动。而且,这种做法为银行业所普遍采取,债权人并没有瓜分债务人财产的恶意。

① 参见浙江省金华市中级人民法院民事判决书,(2017)浙07民终1532号。

因此，金华市中级人民法院没有支持管理人的撤销请求。

肯定观点则认为，如果银行不能证明该清偿行为使债务人财产受益，就应将其认定为个别清偿并予以撤销。在“中国工商银行股份有限公司衢州南区支行（以下简称工行南区支行）、衢州市衢江石油有限公司管理人请求撤销个别清偿行为纠纷案”①中，债务人与债权人之间也发生了“借新还旧”。债权人工行南区支行抗辩称，这种行为是一种商业惯例且其不具有主观恶意。但是衢州市中级人民法院认为，该行为并非正常商业活动；另外，债权人没有因清偿案涉债务而给债务人提供新的贷款或授信，未能使债务人的财产受益。衢州市中级人民法院最终撤销了这一清偿行为，这样来看，借新还旧是否可能被法院裁判撤销的关键不在于“还旧”，而在于是否使得债务人财产受益，即是否存在“借新”行为。

除了直接的借新还旧，交易中更为常见的做法是，通过“借新还旧”，债务人与债权人将无担保的旧债转化为有担保的新债。例如，债务人 A 公司向 B 银行融资 1000 万元，在一年的破产临界期内，上述 1000 万元债务到期，此时 A 公司向 B 银行要求转贷，却没有还贷资金，B 银行直接帮助 A 公司办理了“借新还旧”的手续，但在办理该笔新贷时，B 银行要求 A 公司提供相应的抵押担保。这种为新债务提供的担保属于什么性质？管理人能否对此行为行使撤销权？

第一种观点认为，债务人向银行“借新还旧”所提供的担保不可被撤销。如在“温州中源立德会计师事务所、浙江光正大律师事务所与中国建设银行股份有限公司绍兴分行破产撤销权纠纷案”②中，绍兴市中级人民法院认为，这种“借新还旧”所提供的担保，指向的是合同项下新发生的贷款，而不是原有的无财产担保债务；而且借新还旧是使债务人暂缓清偿，而非意图瓜分债务人的财产，因此该担保行为不在《企业破产法》规定的可撤销的范围内。

最高人民法院的案例也支持这一观点。在“中国农业银行股份有限公司辽源分行、吉林麦达斯铝业有限公司破产管理人破产撤销权纠纷案”③中，最高人民法

---

① 参见浙江省衢州市中级人民法院民事判决书，(2018)浙08民终53号。

② 参见浙江省绍兴市中级人民法院民事判决书，(2015)浙绍商终字第44号。

③ 参见最高人民法院民事判决书，(2020)最高法民再296号。

院认为,新的借款合同并无对旧的借款债务进行展期的约定,并非对旧的借款所涉借款合同的补充变更,明确约定借款用途是"借新还旧",贷款到期后,将新贷用于归还旧贷,旧贷因清偿而消灭。双方为新借款合同提供担保属于为新的债务提供担保,而不是为原本存在的无担保的债务额外提供担保,新的担保行为不应被撤销。

同时,最高人民法院还在判决中明确,《企业破产法》第 31 条第 3 项规定的行为,限定为对既有债务提供财产担保的行为,作出该种理解的理由主要是:破产申请被受理后,债务人的无财产担保债权只能作为破产债权受偿。债务人在可撤销期间内为原无担保的债权人提供财产担保,将使该债权人在破产程序中得到个别优惠性清偿,故应予撤销。但在签订主合同时一并签订抵押等从合同的,不在可撤销行为之列,因为其不是对原无财产担保的债权提供担保,不具有改善某一债权人原有清偿地位的不公平性质,而且抵押等担保合同的签订往往是债权人决定签订主合同的对价利益和必要保障。换句话说,如果没有担保,债权人可能不愿签订主合同。因此,这类行为不可被撤销,即使该笔新债务的用途是偿还旧债务。

第二种观点认为,管理人可以对这种担保行为行使撤销权。如在"荷兰银行(中国)有限公司上海分行与成都太子奶生物科技发展有限公司债权人撤销权纠纷案"①中,破产债务人的关联企业对银行"借新还旧"的贷款提供了不足额担保,债务人在破产程序开始前的法定期间内又为此债务追加了抵押担保。成都市中级人民法院认为,该行为符合破产撤销权的构成条件,无论当事人的动机是善意还是恶意,均不影响管理人行使撤销权。

我们倾向于认为,"借新还旧"不应单纯地被理解为对旧债务的延期处理,需要区分具体情况,例如确认是否发生新的借贷关系。若系发生新的借贷关系,则该"借新还旧"的行为不属于可撤销的个别清偿,即使该笔新的贷款主要用于清偿旧债。另外,即使银行在"借新还旧"时要求债务人提供担保,这也是银行为降低贷款风险的通行做法,符合金融贷款政策。如果加以禁止,那么债务人在陷入财务困难时的融

---

① 参见四川省成都市中级人民法院民事判决书,(2010)成民终字第 4743 号。

资渠道可能被堵死，这势必使一些处于破产边缘的债务人很快滑入破产境地。因此，管理人不宜对“借新还旧”中新设的财产担保不区分具体情况而直接主张行使撤销权。

实践焦点 039

破产申请受理前对第三方无财产担保债务提供财产担保的效力问题

否定观点认为，为他人债务提供担保的行为不可撤销。如在“湖南中格建设集团有限公司、常德华兰德通信有限公司管理人破产撤销权纠纷案”①中，湖南省高级人民法院认为，当债务人为他人债务提供担保时，债务的终极承担者是主债务人而非破产债务人，债务人在承担担保责任后，就从法律上取得了对主债务人的追偿权，并将追偿的财产纳入破产财产，所以并不影响债权人之间的公平清偿，故湖南省高级人民法院最后判决不予撤销债务人为他人提供的担保。除该案外，衡阳市中级人民法院、苏州市中级人民法院等法院亦有判例持有类似观点。②

肯定观点认为，为他人债务提供担保的行为可以撤销，但具体适用的法条不同。一部分观点认为，《企业破产法》第 31 条第 3 项的“没有财产担保的债务”仅指债务人自身债务，而为他人债务提供物权担保的行为在性质上属于无偿行为，只能适用《企业破产法》第 31 条第 1 项关于“无偿转让财产”行为的规定。③ 因为虽然债务人

---

① 参见湖南省高级人民法院民事判决书，（2018）湘民终 848 号。

② 参见湖南省衡阳市中级人民法院民事判决书，（2018）湘 04 民终 1722 号；江苏省苏州市中级人民法院民事判决书，（2012）苏中商终字第 0500 号；安徽省绩溪县人民法院民事判决书，（2015）绩民二初字第 00258 号。

③ 参见王欣新：《论“对没有财产担保的债务提供财产担保”行为的认定》，载《人民法院报》2016 年 1 月 27 日，第 7 版；李永军：《破产法——理论与规范研究》，中国政法大学出版社 2013 年版，第 278 页。

在承担担保责任后可以行使追偿权，但此时的追偿权只是一个没有保证的债权，实现权利的可能性很小，且担保权必然会涉及物的转让和处分，这与财产的无偿转让行为没有实质区别。因此，将为他人提供担保的行为理解为一种无偿转让行为更为合理，在满足法定撤销期间的情况下，可以申请法院予以撤销。① 目前，很多案例亦持相同裁判思路，如"四川省广安腾飞华峰水泥有限公司破产管理人、屈某破产撤销权纠纷案""广东粤财资产管理有限公司与衡山县中控国际纸业有限公司破产管理人破产撤销权纠纷案"等。②

另一部分观点认为，"没有财产担保的债务"包括他人债务，因此应当适用《企业破产法》第 31 条第 3 项将其予以撤销。如在"戴某根、浙江德润重工机械有限公司管理人破产撤销权纠纷案"③中，湖州市中级人民法院认为，《企业破产法》第 31 条第 3 项既包括对债务人自身的债务追加担保的行为，也包括对债务人以外第三人的既存债务追加担保的行为，并适用《企业破产法》第 31 条第 3 项撤销了担保行为。④

综上，笔者认为，破产临界期内为他人债务提供担保的行为可以撤销，且应当适用《企业破产法》第 31 条第 3 项予以撤销。破产企业为自身债务提供担保会被撤销，但同时允许其为他人债务提供担保，违背"举重以明轻"的基本道理。在具体适用的法条上，虽然有的人民法院认为这种情况不能适用《企业破产法》第 31 条第 3 项而应当适用第 1 项，但这样大费周章似乎没有太大意义。从文义上看，《企业破产法》第 31 条第 3 项条文中的"债务"并没有明确限定究竟是他人债务还是债务人自身债务。与之相对，为他人提供担保是否属于无偿行为则存在争议。有观点认为，债务人提供担保后，可以对第三人行使追偿权，故为他人提供担保应属有偿行为。有折

① 参见宋琴、龙泳宏：《破产程序中撤销权制度研究》，载微信公众号"中豪法苑"2021 年 11 月 4 日，https://mp.weixin.qq.com/s/mPIVJmFfeAIQIDHeqK_M6A。

② 参见四川省广安市中级人民法院民事判决书，(2019)川 16 民终 1428 号；湖南省衡阳市中级人民法院民事判决书，(2019)湘04 民终 2723 号。

③ 参见浙江省湖州市中级人民法院民事判决书，(2017)浙 05 民终 1229 号。

④ 类似案例参见浙江省瑞安市人民法院民事判决书，(2016)浙 0381 民初 911 号；浙江省高级人民法院民事裁定书，(2013)浙民申字第 269 号；浙江省宁波市中级人民法院民事判决书，(2017)浙 02 民终 2369 号；浙江省湖州市中级人民法院民事判决书，(2017)浙 05 民终 1228 号。

中观点认为，需要区分第三人是否有足够财力：如果在担保时第三人完全没有财力，求偿权实质上没有价值，因此应将担保视为无偿行为；但如果第三人尚有财力，债务人在负担债务的同时取得将来的求偿权，则担保债务与求偿权之间构成对价关系，为他人提供担保不属于无偿行为。可见，适用《企业破产法》第 31 条第 1 项反而会将问题复杂化。因此，笔者应当认为，"对没有财产担保的债务提供财产担保"中的"债务"包括他人的债务。如果债务人在破产临界期内为他人债务提供担保，管理人可以主张撤销。

实践焦点
040

债务人的全资子公司无偿处置资产行为的效力问题

母公司与子公司均具有独立的法人地位，虽然母公司对子公司具有一定的控制权，但由于其财产彼此独立，子公司对母公司的债务没有清偿义务，因此，在母公司破产的情况下，子公司一般不受母公司破产影响。子公司可能受到影响的情况主要发生在合并破产中。

《破审纪要》原则性地规定了实质合并破产程序的适用情形：当关联企业成员之间存在法人人格高度混同、区分各关联企业成员财产的成本过高、严重损害债权人公平清偿利益时，可例外适用关联企业实质合并破产方式进行审理。如果适用合并破产，则被合并的企业之间的债权债务归于消灭，数个企业被视为一个企业看待，其财产合并统一作为债务人财产，在此基础上统一处理企业的债权债务关系。例如，在"九江银行股份有限公司与上海华信集团财务有限公司等申请破产清算案"①中，即母公司、子公司以及母公司的关联公司被裁定采取实质合并进行破产清算。

---

① 参见上海市高级人民法院民事裁定书，(2020)沪破监 1 号。

实践焦点 041

破产申请受理前银行扣划存款行为的效力认定问题（具备加速到期条款）

商业银行等金融机构在与企业签订贷款合同时，为保障资金安全，规避企业无法偿贷之商业风险，通常会在贷款合同中约定“加速到期条款”，条款内容一般为：当借款人出现合同中约定的情形，例如出现某些违约行为，有丧失或可能丧失还款能力的情形，生产经营和财务状况发生重大变化，对贷款安全造成重大不利影响等，债权人可以要求借款人提前清偿贷款或者直接扣划借款人在该银行账户的相应资金。

在实践中，不少银行类债权人在法院受理相关企业破产申请前，就已提前获悉企业经营状况不善等信息，其往往采取宣布贷款提前到期等清缴手段，要求企业提前还款。如果企业没有主动还款，银行债权人一般会根据贷款合同之约定，直接从企业银行账户中扣划相关金额。针对银行的上述扣划行为，实践中经常有管理人向法院起诉，要求行使《企业破产法》赋予的撤销权。

原《关于贯彻执行〈中华人民共和国企业破产法（试行）〉若干问题的意见》（已废止）第 21 条曾规定：“债务人的开户银行收到人民法院的通知后，不得扣划债务人的既存款和汇入款抵还贷款。扣划的无效，应当退回扣划的款项……”然而，《企业破产法》施行后，司法解释再未触及银行扣款抵债问题，以致司法实践陷入银行主张抵销权与管理人行使撤销权的二难选择：在破产程序中，银行扣款抵债的行为到底属于依法行使抵销权的行为，还是属于《企业破产法》所禁止的无效或可撤销的个别清偿行为，实践中存在较大争议，各法院的理解不尽相同。[①] 关于

① 参见乔博娟：《破产法视野下商业银行扣款抵债的效力认定与法律构成》，载《苏州大学学报（法学版）》2021 年第 3 期。

银行在企业破产前的扣划行为是否可以撤销,管理人是否有权追回相关款项,目前尚未形成一致观点。

有观点认为,该类加速到期条款是债权人利用自己的强势地位而设定的霸王条款,本不公平。而且,在债务企业进入破产程序后,将该类债务视为到期债务会损害其他债权人的利益。例如,"中国工商银行与三鹿集团金融借款纠纷案",三鹿集团与中国工商银行的《贷款合同》存在加速到期条款。2008 年 9 月 11 日,有媒体报道三鹿集团违法添加三聚氰胺。次日,中国工商银行电话通知三鹿集团后,扣划了其全部贷款本息。三鹿集团进入破产程序后,管理人申请撤销该扣划行为。该案的争议焦点是:中国工商银行在合同到期前扣款抵债的行为是否违反《企业破产法》第 31 条第 4 项的规定。二审法院认为,虽然贷款合同约定了提前解除合同的条款,但债务人进入破产程序后,合同中的意思自治就与《企业破产法》禁止个别清偿债务的规定相违背,中国工商银行提前收贷的行为相当于三鹿集团提前清偿,应予撤销。

另有观点认为,应尊重当事人的意思自治,该类条款并不存在违反强行法等无效情形,因此有效。在债务人出现合同约定的加速到期情形下,银行划扣的款项已经到期,从而不受《企业破产法》第 31 条规制。例如,在"圣光医药制品股份有限公司(以下简称圣光医用公司)管理人、平顶山市新华区农村信用合作联社(以下简称新华农信社)破产撤销权纠纷案"①中,平顶山市中级人民法院认为,案涉加速到期条款系双方当事人的真实意思表示,不违反法律、法规的强制性规定,应为合法有效。在圣光医用公司未能按照贷款协议约定履行还本付息义务的情况下,新华农信社按照合同约定从圣光医用公司的账户上扣划案涉款项用于偿还借款,符合合同约定,并不违法。

笔者倾向于认为:在双方明确约定了加速到期条款的情况下,这一行为不属于"对未到期的债务提前清偿",因此不可撤销。对这一问题应当分为两个层次加以考察。

其一,我们应当分析这类加速到期条款本身的效力。虽然加速到期条款的主要

① 参见河南省平顶山市中级人民法院民事判决书,(2020)豫 04 民终 1140 号。

目的之一是规避借款人的破产风险，也即规避适用《企业破产法》可能造成的损失，但这种约定并不违反效力性强制性规定。只要双方当事人的意思表示真实，原则上就应当认定其为有效。上海市高级人民法院在《关于审理金融借款合同纠纷案件若干问题的解答》第 5 条即作出了该等认定。

其二，我们在确认这类条款有效后，接下来应判断银行依据该条款而扣款抵债的行为是否合法有效。银行适用加速到期条款后，贷款合同提前到期，此时银行债权人具有债权请求权，债务人负有还贷义务，因此，该行为并不符合《企业破产法》第 31 条第 4 项“对未到期的债务提前清偿”的构成要件，而是对到期债务的清偿。近年来，在破产实践中也倾向于认为，若加速到期条件成就，则偿债履行期限届满，该等划扣行为不应被认定为提前清偿。

接下来的问题是，银行划扣前是否需要通知债务人？人民法院在审判时也出现了两种不同的观点。

第一种观点认为，在合同加速到期的适用事由发生后，银行无须通知债务人，划扣行为本身就被视为事实通知。如上文圣光医用公司案中，平顶山市中级人民法院就认为银行可以在不通知债务人的情况下直接扣划款项。

第二种观点认为，在合同加速到期的适用事由发生后，银行应当通知债务人并且承担已经通知债务人的举证责任。如果银行没有向债务人宣告贷款提前到期就直接扣划，该行为不发生加速到期的效力，属于对未到期债务的清偿，应当依据《企业破产法》第 31 条第 4 项予以撤销。在“交通银行股份有限公司昆山分行(以下简称交通银行昆山分行)与鸿诠电子科技(昆山)有限公司(以下简称鸿诠公司)破产撤销权纠纷案”①中，交通银行昆山分行主张双方约定了加速到期条款，其扣划行为本质上是一种偿债行为，但其未向苏州市中级人民法院提交充分证据证实银行在扣划前已向鸿诠公司宣布提前到期，故交通银行昆山分行的主张未被苏州市中级人民法院采纳支持。

笔者认为，合同加速到期的适用事由发生后，银行原则上负有通知义务。银行的

---

① 参见江苏省苏州市中级人民法院民事判决书，(2017)苏 05 民终 2171 号。

划扣行为可能导致债务人的流动资金锐减，从而影响企业的正常经营。但如果要求银行提前通知，则可以给债务人缓冲的时间，并且在一般的合同履行中，要求合同相对方履行义务均以通知为前提。但同时，在债务人实质发生可加速到期的事由时，从维护正常商业交易秩序、保障债权清偿安全的角度出发，不能仅因权利行使上的瑕疵而否认提前收贷的效力。如果银行能证明扣划时债务人已经存在可适用加速到期的事由，即便其未履行通知义务，扣划行为也应当被认定为合法有效。

三、个别清偿行为

《企业破产法》第32条规定："人民法院受理破产申请前六个月内，债务人有本法第二条第一款规定的情形，仍对个别债权人进行清偿的，管理人有权请求人民法院予以撤销。但是，个别清偿使债务人财产受益的除外。"

破产程序中的债权清偿，其区别于一般债务清偿的最主要特点在于，前者的目的是通过集体程序公平清偿全体债权人的债权，因此《企业破产法》禁止债务人在具备破产原因的情况下对个别债务人进行单独清偿。为此，对于破产案件被受理前6个月内发生的个别清偿行为，管理人有权请求法院予以撤销。

(一)撤销权的构成要件

根据《企业破产法》的规定，管理人撤销个别清偿的行为，应满足法定条件。时间条件方面，个别清偿行为应当发生在破产案件被受理前的6个月内。需要说明的是，在破产实践中，法院对该时间界限的把控非常严格。

从债务人的状态来看，发生清偿行为时，债务人应当已经具备破产原因，即债务人已经不能清偿到期债务，并且资产不足以清偿全部债务或者明显缺乏清偿能力。实践中，要完成该项举证，管理人一般会提供由会计师事务所出具的审计报告、资产负债表等财务资料，从而证明债务人资不抵债。会计师事务所出具的财务资料具有较强的专业性，法院在裁判时一般倾向于采纳其观点。如果无法提供上述财务资料，可以考虑提供证明债务人不能清偿到期债务的裁判文书。例如，在南京市中级人民法院审理的"南京福翠机电设备有限公司与南京芸成汽车出租有限公司管理人、聂某国破产撤销权纠纷案”①中，管理人仅提供了以债务人为被告和被执行人的裁判文书，最终南京市中级人民法院认定债务人在个别清偿时，已为多起诉讼的被告，南京芸成汽车出租有限公司的财产已被多家法院查封或轮候查封，存在多笔欠款未能执行完毕，故符合《企业破产法》第 2 条第 1 款的规定。

就行为结果而言，个别清偿行为不能使得债务人财产受益，该要件同时也是个别清偿撤销规则的例外。“使债务人财产受益”，是指给债务人财产带来的利益保护和利益增值。关于具体如何认定“使债务人财产受益”，破产理论和司法实践均存在不同认识，法院更倾向于在个案中进行实质认定。举例而言，债务人为维系基本生产需要而支付的水费、电费等，即属于《企业破产法》第 32 条的“使债务人财产受益”的个别清偿。

个别清偿撤销规则存在例外情形，除上述使债务人财产受益的个别清偿外，《破产法司法解释(二)》还规定了其他情形，包括：(1) 债务人对以自有财产设定担保物权的债权进行的个别清偿；(2) 债务人经诉讼、仲裁、执行程序对债权人进行的个别清偿；(3) 债务人支付劳动报酬、人身损害赔偿金的个别清偿。对于上述行为，管理人无权请求人民法院予以撤销。

(二) 撤销权的行使方式

破产撤销权为撤销诉权，管理人应以诉讼方式进行。

实践焦点 042

保证人代位权的性质认定问题

《民法典》确定了第三人清偿制度。债务既可由债务人清偿，也可由第三人代为

---

① 参见江苏省南京市中级人民法院民事判决书，(2019) 苏 01 民终 1244 号。

清偿；[1]第三人代为清偿后，有权向债务人追偿。第三人清偿同样可能发生在破产程序中，若第三人代位取得了破产债权，将会对债权性质认定、债权清偿顺位等问题产生影响。一般而言，普通债权并不存在太大问题，但第三人代为清偿的是优先类债权时，保证人代位权的债权性质应如何认定，能否通过清偿取得原债权上的优先权利？

（1）第三人代为清偿的债权系抵押债权

以最高人民法院于2020年3月裁判的“四川省开元集团有限公司（以下简称开元公司）与宁夏丰友化工股份有限公司（以下简称丰友公司）破产债权确认纠纷再审案”[2]为例，债务人丰友公司进入破产程序后，保证人开元公司以其已代债务人向债权人清偿为由，主张其因清偿行为而取得了债权银行对债务人的抵押权，对抵押财产享有优先受偿权。管理人与一审、二审法院均未支持开元公司的诉求，开元公司向最高人民法院申请再审。

最高人民法院认为：《担保法》第31条[3]规定，保证人承担保证责任后，有权向债务人追偿。该条仅确立了保证人承担保证责任后向债务人的追偿权，而追偿权并非代位权。该案中，《借款合同》《抵押合同》《担保合同》《变更协议》等均未约定开元公司履行代为清偿义务后，有权代位行使国家开发银行对丰友公司的抵押权，或者开元公司履行代为清偿义务后，国家开发银行将其对丰友公司的抵押权转移给开元公司。开元公司关于其作为保证人因代偿债务而取得债权人国家开发银行对债务人丰友公司的抵押权的主张，缺乏法律和合同依据。

关于开元公司提出的“将本案理解为债权转让完全符合国家开发银行的意思，确认开元公司取得原优先债权符合国家开发银行本意，原审判决以未签订债权转让协议为由否认开元公司权利，有违当事人真意”的主张，北京市高级人民法院（2018）京民终211号民事判决书载明：“国家开发银行针对开元公司的上诉请求辩

---

① 《民法典》第524条规定：“债务人不履行债务，第三人对履行该债务具有合法利益的，第三人有权向债权人代为履行；但是，根据债务性质、按照当事人约定或者依照法律规定只能由债务人履行的除外。债权人接受第三人履行后，其对债务人的债权转让给第三人，但是债务人和第三人另有约定的除外。”

② 参见最高人民法院民事裁定书，（2020）最高法民申343号。

③ 现为《民法典》第700条。

称……国家开发银行提交的《承诺函》，真实意思表示为就该笔债权不存在本案与借款人破产程序中双重受偿的问题，而非债权人所谓的债权转让承诺。具体承诺为：若被清偿，可将破产债权受偿权转让给开元集团公司。并非要将本案所诉债权转让给开元集团公司的意思表示……保证人在承担保证责任后，其取得的对借款人的追偿权是普通债权。”2019 年 4 月 15 日国家开发银行宁夏分行《关于确认四川省开元集团有限公司破产债权的复函》仅作出了“我行在(2015)银民破字第 1 号案件破产程序中申报并被确认的债权份额由开元公司全部承接”的意思表示，且该复函出具于开元公司履行北京市第二中级人民法院(2017)京 02 民初 196 号民事判决书和北京市高级人民法院(2018)京民终 211 号民事判决书所确定的代为清偿义务之后，因开元公司承担保证责任，国家开发银行对丰友公司的债权消灭，作为主债权从权利的抵押权也随之消灭，不存在债权转让的问题。据此，开元公司的上述主张不能成立，最高人民法院不予支持。

同时，最高人民法院认为，关于“开元公司提出的北京市第二中级人民法院(2017)京 02 民初 196 号民事判决和北京市高级人民法院(2018)京民终 211 号民事判决(以下简称北京法院判决)判决已肯定开元公司取得国家开发银行申报并被确认的优先债权，原审判决与北京法院判决不符”的主张，北京市第二中级人民法院(2017)京 02 民初 196 号民事判决书和北京市高级人民法院(2018)京民终 211 号民事判决书的主文及论理部分，均无开元公司在承担保证责任后取得国家开发银行在(2015)银民破字第 1 号案件破产程序中申报并被确认的优先债权的表述。(2018)京民终 211 号民事判决书载明，开元公司的部分上诉理由为：一审法院未认定国家开发银行所持债权是否为优先债权以及抵押物情况；一审判决未明确开元公司清偿完成后取得的国家开发银行的破产债权是否为优先债权。北京市高级人民法院的二审判决结果为驳回上诉，维持原判。据此，开元公司的上述主张不能成立。

关于开元公司所提“本案构成同案不同判”的主张，开元公司申请再审提交的若干裁判文书所涉及的案件事实与该案有所不同，开元公司认为与该案事实基本一致的最高人民法院(2011)民二终字第 5 号案件存在债权转让关系，且相关《债权转让协议》中明确约定“与转让有关的全部从权利包括保证债权同时转移”。该案并不涉及债权转让问题，开元公司关于该案构成"同案不同判"的主张不能成立。

关于一审判决确认开元公司取得国家开发银行在(2015)银民破字第1号案件破产程序中申报并被确认的债权份额73,740,256.92元并驳回开元公司的其他诉讼请求是否不当的问题。《破审纪要》第31条将保障债权人利益的及时实现作为出发点，结合破产程序中有关保证人申报债权的相关规定，明确了破产程序终结前，已向债权人承担了保证责任的保证人，可通过申请转付相应清偿份额的方式，理顺保证人承担责任与求偿权之间的程序关系，并避免债权人获得双重受偿。开元公司认为该条规定即认可保证人代位取得原债权，"转付"意味着债务人将本应支付给债权人的清偿部分移转支付给保证人，仅受偿主体变更，债权性质并未变化，该理解于法无据，最高人民法院不予支持。

在该案中，最高人民法院否定保证人对债务人享有抵押权的核心理由为，法律没有规定保证人对债务人的代位权。但《民法典》施行之后，其明确规定，保证人承担保证责任后，有权在其承担保证责任的范围内向债务人追偿，并且享有原债权人对债务人的权利。因此，笔者倾向于认为，在《民法典》的规制下，第三人代为清偿后可以获得抵押权。在破产实践中，管理人将代为清偿担保债权的第三人债权认定为抵押权更为合适。这并不会加重其他债权人的权利负担，亦不会造成不公平的清偿现象。

(2)第三人代为清偿的是职工债权

第三人可代位取得职工债权，这一点已经为实践所认可，也被《破审纪要》第27条确认。第三人只要垫付了职工债权，无论其是否属于有利害关系的第三人，均可向管理人申报，并按照职工债权性质进行清偿。

(3)第三人代为清偿的是税款债权

第三人代为清偿的是税款债权。这一问题鲜有人讨论，参考日本的税务实践，其认可第三人代为纳税并可代位享有税款债权，无论其对债务的履行是否具有合法利益。①

---

① 参见李貌：《第三人代为清偿税收债务的成立要件及其法律效果》，载熊伟主编：《税法解释与判例评注》(第12卷)，法律出版社2019年版，第144~146页。

实践焦点 043

个别清偿行为是否需要考虑主观要件问题

从条文本身来看,《企业破产法》第 32 条没有将主观状态作为破产撤销权的构成要件,管理人仅需证明债务人的行为符合破产撤销权制度的客观要件即可。

以“第一创业证券股份有限公司(以下简称第一创业证券)、东辰控股集团有限公司(以下简称东辰集团)管理人请求撤销个别清偿行为纠纷案”①为例,债务人东辰集团在破产重整申请被受理前的 6 个月内,曾向债权人第一创业证券支付 200 万元。其后,管理人请求法院予以撤销该行为并最终诉争至最高人民法院。债权人第一创业证券抗辩称,东辰集团既未提供证据证明清偿时存在破产原因,更未证明第一创业证券知道东辰集团清偿时已出现破产原因,第一创业证券不存在主观恶意。

最高人民法院认为,该案审查焦点为东辰集团向第一创业证券支付 200 万元的行为是否属于个别清偿,应否予以撤销。《企业破产法》第 32 条规定:“人民法院受理破产申请前六个月内,债务人有本法第二条第一款规定的情形,仍对个别债权人进行清偿的,管理人有权请求人民法院予以撤销。但是,个别清偿使债务人财产受益的除外。”该条文从平等保护全体债权人的角度出发,规定管理人有权请求人民法院撤销发生在受理破产前 6 个月内的个别清偿行为,并未设置债权人是否善意的条件。因此,最高人民法院认为,第一创业证券以其不存在恶意为由,主张案涉清偿行为不应被撤销,理由不能成立,管理人有权请求人民法院将该行为撤销。

但是,上述裁判思路在实践中也存在“不利于保护善意第三人”的争议。因此,有学者和法官坚持通过扩大解释甚至借鉴域外经验,将债权人的主观状态作为《企

① 参见最高人民法院民事裁定书,(2021)最高法民申 7688 号。

业破产法》第 32 条规定的破产撤销权的构成要件。例如,在“南通美嘉利服饰有限公司破产管理人诉江苏银行股份有限公司南通观音山支行破产撤销权案”①中,审理法院认为,只有债务人履行债务、债权人接受履行时主观上均出于恶意,才对清偿行为予以撤销。若债权银行并不明知公司出现破产原因,则不应予以撤销。另外,在“威海某供热有限公司管理人诉威海市某银行股份有限公司某支行请求撤销个别清偿行为案”②中,威海市中级人民法院认为,关于债务人的行为是否构成个别清偿,除了依据清偿债务的时间、债务性质进行判断外,还需考虑债务人及债权人的主观因素,区分善意和恶意。对于债权人接受清偿、债务人履行清偿义务时出于善意的,不应将其认定构成个别清偿。

笔者倾向于认为,《企业破产法》第 32 条规定的撤销权不以主观恶意为要件。由于交易可能被撤销,相对方需要花费更多的时间、精力审查对方的财务状况,这增加了交易成本,同时使得财务状况不佳的企业无法获得外部资金支持,因此更容易走向破产。但是,法律不要求主观要件有利于管理人行使权利,这增加了债务人财产恢复原状的可能性,从而有利于保护全体债权人的利益,具体理由如下。

首先,《企业破产法》第 32 条的立法核心是实现所有债权人的公平合理清偿,恶意并非构成“个别清偿”的必备要件。即使各方为善意,为实现同一顺位债权人在同一标准下清偿,也应当予以撤销。其次,对善意、恶意的举证相对困难,若以主观状态为衡量标准,该条的立法目的难以实现。最后,关于金融机构在受理破产前 6 个月内扣划债务人银行利息的行为,金融机构在许多情况下可能并不知晓企业的经营状况,若以此来抗辩,不对“个别清偿”进行撤销,将严重损害其他债权人的公平受偿利益。

可以将这一问题理解为相对人与债务人、债权人的利益衡量问题,很难对其作出评价。但抛开“应然”问题而仅仅考虑“实然”层面,从现行法律的角度出发,当前法条条文并不要求当事人具有主观恶意,且最高人民法院于 2021 年的再审案件中也

---

① 参见江苏省南通市港闸区人民法院民事判决书,(2009)港民二初字第 0168 号。

② 参见山东省威海市中级人民法院民事判决书,(2014)威商终字第 318 号。

秉持这一观点。因此在立法修改之前，人民法院还应按照当前条文予以裁判，即向善意相对人行使的个别清偿行为也属可撤销行为。

需要说明的是，个别清偿行为唯一以当事人具有恶意为构成要件的，是《破产法司法解释(二)》第15条规定的经诉讼、仲裁、执行程序对债权人进行的个别清偿。① 对依据具有执行效力法律文书所作的清偿行为的撤销，需要采取更为慎重的态度。该条规定将具有恶意作为构成要件，且将恶意的形式限于"串通"，单方的恶意尚不在此范围内。

实践焦点 044

破产申请受理前抵债协议的效力认定问题

以"银川高新区丽园物业服务有限公司(以下简称丽园物业公司)、宁夏东港明珠餐饮有限公司(以下简称东港明珠公司)管理人破产撤销权纠纷民事案"②为例，2012年11月6日，丽园物业公司与东港明珠公司在银川市金凤区法院主持下达成(2012)金民初840号民事调解书，约定由东港明珠公司向丽园物业公司支付物业费共计47万元。2019年5月29日，东港明珠公司向一审法院申请破产重整。2019年11月27日，丽园物业公司申请银川市金凤区人民法院查封了东港明珠公司位于银川市金凤区和信创展中心地下停车场1#—28#共计28个停车位。2020年5月20日，东港明珠公司与丽园物业公司达成《顶账协议》，约定东港明珠公司以和信创展中心地下停车场7#、8#、9#三个停车位抵顶调解书载明的各项义务。

2020年6月22日，一审法院作出(2019)宁01破申11号民事裁定书，裁定受

① 《破产法司法解释(二)》第15条规定："债务人经诉讼、仲裁、执行程序对债权人进行的个别清偿，管理人依据企业破产法第三十二条的规定请求撤销的，人民法院不予支持。但是，债务人与债权人恶意串通损害其他债权人利益的除外。"

② 宁夏回族自治区高级人民法院民事判决书，(2021)宁民终292号。

理东港明珠公司破产重整申请。2020 年 9 月 3 日、11 月 2 日，银川市金凤区人民法院作出（2020）宁 0106 执恢 548 号结案证明书，该证明书载明东港明珠公司与丽园物业公司于 2020 年 5 月 20 日达成顶账协议，该案执行完毕。2020 年 9 月 4 日，东港管理人向丽园物业公司送达通知书，通知其向管理人返还前述 3 个停车位。同日，丽园物业公司向东港管理人申报债权，载明总额 353,111.6 元，具体包括水电费 7750.6 元（至 2019 年 10 月）、物业费 34 万元（自 2018 年 3 月至 2020 年 12 月 31 日）、执行费、案件诉讼费。经双方核实，此处的执行费、案件受理费即（2012）金民初 840 号民事调解书在诉讼及执行过程中产生的费用。该案的争议焦点为《顶账协议》是否符合《破产法司法解释（二）》第 15 条规定的破产撤销权的例外情形："债务人经诉讼、仲裁、执行程序对债权人进行的个别清偿，管理人依据企业破产法第三十二条的规定请求撤销的，人民法院不予支持……"

二审法院宁夏回族自治区高级人民法院认为，东港明珠公司在丧失清偿能力的情况下，其在可撤销期间内与丽园物业公司自愿签订案涉《顶账协议》，并约定车位交付时间为 2020 年 7 月 1 日，具体交付事宜由双方在案外自行办理，无须法院执行，该抵顶行为非依法定程序裁定以物抵债。丽园物业公司认为其与东港明珠公司签订《顶账协议》属执行和解，其提交的（2020）宁 0106 执恢 548 号结案证明书是在一审法院受理东港明珠公司破产重整申请之后作出，也不足以证明在一审法院受理东港明珠公司破产重整申请前案涉《顶账协议》已履行完毕并执行完结，一审法院认为上述抵顶行为不属于东港明珠公司经诉讼、仲裁、执行程序对债权人丽园物业公司进行的个别清偿，判决撤销《顶账协议》适用法律正确，对丽园物业公司的上诉理由二审法院不予支持。综上，二审法院认为丽园物业公司上诉请求不能成立，应予驳回；一审判决认定事实清楚，适用法律正确，应予维持。

实践焦点
045

破产申请受理前银行扣划存款行为的效力认定问题
(不具备加速到期条款)

如前文所述,我们倾向于认为:在存在加速到期条款的情况下,银行扣款抵债不属于"对未到期的债务提前清偿",管理人无权请求人民法院予以撤销。但是,在不存在加速到期条款且在破产申请受理前,银行扣款抵债行为是否适用《企业破产法》第32条规定,同样存在争议。

第一种观点认为,银行的该种划扣行为构成个别清偿,管理人有权追回该笔扣划款项。最高人民法院民事审判第二庭在第七次法官会议纪要中认为,银行债权人利用其对债务人银行账户的控制地位,扣划债务人银行账户资金清偿其债务的,属于《企业破产法》第32条规定的个别清偿行为,管理人可以请求人民法院予以撤销。

以"浙江保达机电环保包装有限公司(以下简称保达公司)管理人与中国建设银行股份有限公司绍兴分行(以下简称建行绍兴分行)请求撤销个别清偿行为纠纷案"①为例,该案中,建行绍兴分行抗辩称,其划扣行为不属于个别清偿,原因包括:(1)该主动扣收行为应被认定为债权银行进行的抵销行为而非个别清偿行为;(2)民事判决已经判决确认银行对债务人享有的债权,生效判决具有既判力。

针对上述两方面的抗辩理由,绍兴市中级人民法院与浙江省高级人民法院均不认可,两级法院认为:(1)债务约定抵销需要双方对抵销事项协商一致,但该案中,依据《贷款合同》第11条第8款的约定,建行绍兴分行从保达公司的账户中扣款还贷并不需要提前通知保达公司,因此,案涉条款的性质是委托建行绍兴分行划收其账户

① 参见浙江省绍兴市中级人民法院民事判决书,(2016)浙06民初230号。

存款还贷的委托还款约定，不足以证明存在约定抵销之合意，故建行绍兴分行不享有约定抵销权；(2)撤销保达公司涉案的个别清偿行为只是因为保达公司进入破产程序，建行绍兴分行享有的债权需要在保达公司的破产程序中依法受偿，并非否定建行绍兴分行所享有债权的真实性，亦不影响生效判决的既判力。

无独有偶，浙江省高级人民法院在其作出的“瑞安市新亚汽配有限公司管理人与中国工商银行股份有限公司瑞安支行请求撤销个别清偿行为纠纷案”的再审判决书中，再次对银行扣划行为的性质作出了判定。① 尽管一审法院认定银行扣划行为属于民法上的抵销行为，然而二审法院温州市中级人民法院与再审法院浙江省高级人民法院均不认同抵销行为的成立。最终，浙江省高级人民法院的再审判决维持了温州市中级人民法院的二审判决，认定银行扣划行为属于个别清偿，管理人有权行使撤销权，追回相应财产。

第二种观点则认为，该类扣划不构成个别清偿，管理人无权追回该笔扣划款项。典型案例为“西飞集团进出口有限公司破产管理人与中信银行股份有限公司西安分行(以下简称中信西安分行)请求撤销个别清偿行为权纠纷案”②，该案和前述保达公司案的案情如出一辙，但从西安市中级人民法院到陕西省高级人民法院，再到最高人民法院，均认定银行扣划行为不构成个别清偿，主要原因在于“扣划与自偿有所区别”以及“判决既判力”两方面：(1)《企业破产法》第32条的立法目的是防止债务人的个别清偿行为损害其他债权人的公平受偿权利，但该案的款项扣划不属债务人自行清偿行为，而是中信西安分行的主动划扣；(2)中信西安分行扣划款项予以清偿的行为发生于诉讼过程中，之后该笔债权在审理过程中又经依法扣减，实际得到生效判决的确认，属于经过诉讼进行的个别清偿。

除此之外，在“南通美嘉利服饰有限公司破产管理人诉江苏银行股份有限公司南通观音山支行破产撤销权案”③中，人民法院同样不支持银行扣划行为构成个别清偿行为。但该案中人民法院主要是从善意恶意角度进行考虑，即在没有证据证明江

① 参见浙江省高级人民法院民事裁定书，(2015)浙商民申字第3301号。

② 参见最高人民法院民事裁定书，(2016)最高法民申717号。

③ 参见江苏省南通市港闸区人民法院民事判决书，(2009)港民二初字第0168号。

苏银行股份公司南通观音山支行主观上存在恶意的情况下,被告依照合同约定自行扣划债务人账户存款抵债,并不违反法律的禁止性规定,是善意的合法行为。

根据对上述案例的对比分析,该问题实际上包括两个小问题:(1)银行的扣款抵债的行为是否满足民法抵销权的构成要件?若该行为属于行使抵销权的行为,则当然属于合法行为,不可以撤销。(2)如果该行为不满足抵销权的构成要件,才需要继续考虑其是否属于可撤销的行为。

关于第一个问题,其与民法上的抵销权相关。关于第二个问题,最高人民法院内部意见尚存冲突。一方面,司法实践中,存在最高人民法院认为银行扣款抵债不构成个别清偿的案例;另一方面,最高人民法院民事审判第二庭第七次法官会议纪要提到,无论金融机构善意恶意,其利用对债务人银行账户控制地位划扣债务人银行账户资金清偿其债务的,属于《企业破产法》第32条规定的"对个别债权人进行清偿"的行为,管理人请求人民法院予以撤销的,人民法院应当支持,但使债务人财产受益的除外。①

综上,笔者倾向于认为,银行扣款抵债属于可撤销的个别清偿行为。笔者不认为债务人的主动清偿行为可以导致抵扣行为不可撤销。根据《企业破产法》第32条规定,判定个别清偿行为是否可以撤销的关键,是债务人财产是否因清偿行为而受损,是否对其他债权人的清偿利益造成损害,以及客观上是否有违公平清偿的基本原则。至于由谁实施了这一行为并不影响债务人财产减少的事实。因此,即使不是债务人主动进行清偿,只要造成了债务人财产的减少,并满足其他应当行使撤销权的条件,就应当予以撤销。

① 参见贺小荣主编:《最高人民法院民事审判第二庭法官会议纪要——追寻裁判背后的法理》,人民法院出版社2018年版,第172页。

实践焦点 046

破产撤销权适用例外情形的认定问题

在破产实践中，若个别清偿行为可以使得债务人财产受益，则可将其作为破产撤销权适用情形之例外，但对此尚未形成统一的裁判标准，人民法院的裁判观点与论证说理也不尽相同。

部分人民法院的裁判思路为，量化分析"清偿行为所付出的价值"与"因清偿而获得的价值"，若前者小于后者，则属于"使债务人财产受益"。例如在"上诉人南通久佳纺织品有限公司与被上诉人南京三瀛运动器具有限公司管理人破产撤销权纠纷案"①中，债务人以价值27.9万元的自有车辆为案涉30万元借款提供担保，又在借款到期后以该车辆充抵30万元债务。南京市中级人民法院认为该清偿行为使债务人财产获益，如果撤销以车抵债的行为，则会出现债务人及其他债权人利益受损的局面。即便按照2013年的评估价27.9万元计算，不考虑车辆因年限而价值贬损等因素，车辆变现款也不足以清偿30万元借款，未能清偿的债权仍可作为普通债权参与分配。这就相应地减少了其他债权人应分配的份额。因此，南京市中级人民法院认定该清偿行为属于可撤销的除外情形。

但亦有人民法院认为，即使"清偿行为所付出的价值"小于"因清偿而获得的价值"，也不必然构成《企业破产法》第32条的例外情形，该清偿行为仍可能被裁令撤销。例如，在"上海中得印务有限公司请求撤销个别清偿行为纠纷案"②中，相对人与债务人之间原本存在27万余元的债权债务关系，在债务人支付了141,827元货款后，相对人免除了债务人的剩余债务。但上海市第二中级人民法院认为，任何一个清

---

① 参见江苏省南京市中级人民法院民事判决书，(2016)苏01民终2727号。

② 参见上海市第二中级人民法院民事判决书，(2017)沪02民终10884号。

偿行为都是两方资产的流动。通常而言，单纯的财产受益是指经过债务人的资产处置而获得直接的财产流入。破产撤销权制度的目的在于强调公平清理债权债务，避免债务人偏颇地对待债权人。假定该案认可债务人对相对人的清偿行为，即便相对人放弃12万余元的债权，其在客观上也获得了50%以上的清偿。对一个已严重资不抵债的债务人来说，该清偿必然使得债务人的财产减少，其变相损害了其他债权人的利益。因此，上海市第二中级人民法院认为该清偿行为应予撤销。

同时，学界对该规定也存在不同的解读。有观点认为，使债务人财产受益应是指债务人可获得清偿以外的增量利益，所谓受益并非指存在对价，而是指这种支付具有偿还以外的利益，如电力公司或者自来水公司的债务，若不将其清偿，就会被停电或者停水，从而使企业遭受更大损失，就可认定该支付或者清偿使债务人受益。① 另外有观点认为，使债务人财产受益应是指债务人财产的存量利益不受损，需同时满足无损破产财产的等值交易和不存在信用授予关系（即时交易）两项要件。如果债务人进行了即时的等值交易，因其并未造成破产财产价值的减少，相关行为也不应该被撤销。②

整体而言，人民法院层面对“使债务人财产受益”的认定仍然存在诸多模糊之处。笔者认为，可从对《企业破产法》第31条和第32条的区分出发，指导裁判思路。《企业破产法》第31条的撤销对象系“直接损害债务人财产利益的行为”；而第32条的撤销对象是对“先前债务厚此薄彼地个别清偿行为”。因此，对于欺诈转让行为，主要根据交易本身是否公平，是否给债务人的财产价值带来损失来判断，其撤销目的在于纠正债务人在破产程序前所为的有害债务人财产的行为；而对个别清偿的判断除了需要考虑其是否损害债务人财产外，还需要考虑个别债权人是否因其而处于比原来更有利的地位，将其撤销的目的主要是防止个别债权人获得不公正的利益。

从这一角度考虑，如果被个别清偿的债权人并没有因清偿行为而损害债务人财产，也没有处于更为有利的受偿地位，该清偿行为无害于其他债权人平等受偿的权

① 参见李永军：《破产法——理论与规范研究》，中国政法大学出版社2013年版，第274页。
② 参见许德凤：《论偏颇清偿撤销的例外》，载《政治与法律》2013年第2期。

利，就不应被撤销。例如，基于对旧贷款的清偿提供了新贷款、基于对先前货款的清偿供应了一批新货物，债务人财产在新增价值与债务人清偿相抵的范围内并无损失，且在新旧债权等额的范围内，债权人的受偿地位并未发生改变。①

《破产法司法解释(二)》第14条规定的债务人对以自有财产设定担保物权的债权进行的个别清偿不予撤销，除非债务清偿时担保财产的价值低于债权额，应当认为该规定也是出于同样的考虑。在担保财产的价值高于债权额时，被清偿的债权人并未因该等清偿行为而获得更有利的地位，即使债务人未进行个别清偿，该债权人在破产程序中仍然对特定财产享有优先受偿的权利。因此，该清偿行为不构成可撤销的个别清偿。

四、无效的欺诈行为

《企业破产法》第33条规定："涉及债务人财产的下列行为无效：(一)为逃避债务而隐匿、转移财产的；(二)虚构债务或者承认不真实的债务的。"

关于欺诈行为，除了《企业破产法》第31条规定的可撤销的情形外，还有《企业破产法》第33条规定的绝对无效的两种行为。《企业破产法》第33条规定的两种无效行为的共通之处在于，债务人都具有明显的恶意。实际上，不论是否发生在破产程序中，这两种行为都为法律所禁止。

第一种行为是债务人为逃避债务而隐匿、转移财产。所谓"隐匿"，是指将债务人财产隐瞒、藏匿的行为，包括财务报表上不记载或不真实记载，在接受有关债务人财产信息的询问时不如实作答，或者将财产置于不公开的处所，使其无法被接管或者处分；所谓"转移"，是指改变财产的处所，使之脱离债务人的控制的行为。实践中较为常见的转移行为包括：通过企业之间的银行账户往来，将资金从债务人账户转出，进而通过关联交易或多次转账造成资金脱离企业控制；以分立或投资的名义将资金转入其他企业；通过委托、保管、赊销等方式将企业财产交付他人，进而通过违约等方

① 参见胡利玲：《如何理解破产临界期内个别清偿使债务人财产受益——对我国偏颇清偿例外的重释与情形补足》，载《人民司法》2019年第22期。

式使财产无法被收回。

另外,债务人进行上述行为时必须具有逃避债务的主观故意。若债务人明知其负债或将要负债,或者债务人明知该行为会导致其不能清偿债务或降低其债务清偿能力,应认定债务人具有故意。一般情况下,如果债务人隐匿、转移财产而未向债权人披露,就推定债务人具有主观故意。当然,个别清偿行为除可能在破产程序中被撤销外,实际控制人等相关人员亦有被追究刑事责任的相关风险。

第二种行为是虚构债务或者承认不真实的债务。“虚构债务”,是指债务人故意向他人提供内容虚假的债务证据,从而使自己负担不应有的债务。实践中,此种情形多发生在债务人与自己或其控股股东的关联公司之间;“承认不真实的债务”,是指债务人明知或应知他人提出的债权请求不真实而予以承认,从而使自己负担不应有的债务的行为。实践中,该类行为一般都存在债务人与他人的恶意串通,因此其也属于《民法典》第154条规定的“行为人与相对人恶意串通,损害他人合法权益的民事法律行为无效”的情形。

需要注意的是,如果债务人是因为受到其他主体的欺诈、胁迫,而被逼承认不真实的债务,则债务人属于“受害人”,其行为不构成《企业破产法》第33条所称的欺诈行为。如果债务已经履行,则管理人应当向相对人追索,不能追索的,追究有过失的相关人员的赔偿责任;若债务尚未履行,管理人有权拒绝履行。

关于上述行为,管理人可以通过诉讼向因无效行为取得财产的第三人行使追回权。被隐匿、转移的财产的返还义务人为财产的占有人,如果有数人参与这一过程,则应当由最后一个占有财产的人承担返还义务,其他参与者承担连带责任。如果债务人财产发生了毁损灭失、善意取得,已经不能返还,那么实际占有人和其他参与者应当就财产的返还不能承担连带赔偿责任。虚构债务或者承认不真实的债务的返还义务人为无效给付的受领人,受领人为数人且相互间有意思联络的,承担连带责任。①

① 参见王卫国:《破产法精义》(第2版),法律出版社2020年版,第129页。

实践焦点 047

符合破产条件企业减资行为的效力问题

注册资本是考察公司资产状况的重要依据，它既是股东承担有限责任的基础，又是公司偿债能力和信用担保的安全保障。根据公司法的资本维持原则，公司不得随意减资，公司减资应当满足法定的程序要求。目前，中国法律并未禁止符合破产条件的债务人减少注册资本，但若其减资行为系"为逃避债务而转移债务人财产的行为"，则应被认定为无效。

在"慈溪市工业品批发市场经营服务有限公司（以下简称慈溪工批公司）破产管理人与宁波越溪置业股份有限公司（以下简称越溪置业公司）与破产有关的纠纷案"①中，2016 年 10 月 17 日，越溪置业公司作出决议，将慈溪工批公司的注册资本从 24,878 万元减至 1000 万元。2017 年 2 月 3 日，浙江省慈溪市人民法院立案审查案外人陈某国申请慈溪工批公司破产清算纠纷一案，并于同年 2 月 21 日裁定受理破产清算申请。管理人认为上述减资行为属于"以减资形式逃避债务"，向浙江省慈溪市人民法院提起诉讼。

浙江省慈溪市人民法院审查认为，越溪置业公司的减资决议无效，主要原因是：从企业破产法的角度来看，被告越溪置业公司是以减资的形式逃避债务，该行为违反了《企业破产法》第 33 条的规定，因此无效。从公司法的角度来看，公司减资应当依法通知债权人并根据债权人要求清偿债务或提供担保，但该案中并未履行该等程序，而慈溪工批公司对债权人的联系方式是知情的，由此也能说明减资是为逃避债务。另外，该院还特别指出，由于债务人慈溪工批公司已经进入破产清算程序，债权人不能再就违法减资行为向债务人提起个别清偿诉讼，而应由管理人追收减资所得并将

① 参见浙江省慈溪市人民法院民事判决书，（2017）浙 0282 民初 8159 号。

其归入债务人财产,再依法分配。该院的判决仅在于否定减资决议的效力。

事实上,公司减资必须履行《公司法》规定的程序,包括:编制资本负债表及财产清单,股东会作出减资决议,通知或公告债权人,清偿债务或提供担保,修改公司章程并办理变更登记等。但由于债务人已经陷入财务困境,如果其作出减资公告,债权人很有可能要求提供担保或提前清偿,而债务人要么没有清偿能力,要么这种清偿或担保会因构成个别清偿而被撤销。因此,若债务人满足破产条件,减资行为实际上是不太可能实现的,而在进入破产程序后,债务人处于管理人监督控制下,经债权人会议或人民法院认可,债务人可以减少注册资本,但该减资行为一般结合重整计划等债务重组方案进行,其必须对全体债权人有利。

五、管理人的追回权

《企业破产法》第 34 条规定:"因本法第三十一条、第三十二条或者第三十三条规定的行为而取得的债务人的财产,管理人有权追回。"

该条是为配合《企业破产法》第 31 ~ 第 33 条而设立的关于管理人追回权的规定。若存在上述法定情形,管理人应当主张撤销或主张其无效,相关行为自始无效。若财产给付已经履行完毕,则受领给付的当事人应当返还所取得的财产。此时,法律赋予管理人追回权以便追索财产。

(一)追回权以撤销权为行权前提

追回权的行使方式在破产实践中存在多种模式。在《企业破产法》第 31 条和第 32 条规定的情形下,追回权的行使以撤销权的行使为前提。同时,破产撤销权属于撤销诉权,需要由管理人向法院起诉,因此应当在撤销诉讼中同时主张与之相关的追回权;法院在作出撤销判决的同时,应当就行为的撤销和财产的追回一并作出判决;管理人可以依据判决书向给付义务人追讨,也可申请法院强制执行。

例如,在"大连隆昇企业发展有限公司(以下简称隆昇公司)、大连船舶重工集团船务工程有限公司(以下简称船务公司)管理人请求撤销个别清偿行为纠纷案"①中，2018 年 12 月4 日，船务公司向隆昇公司支付货款 326, 755. 70 元。2018 年 12 月 11 日，人民法院裁定受理对船务公司的破产清算申请并指定管理人。随后船务公司管理人向大连市中级人民法院起诉，请求大连市中级人民法院撤销船务公司对隆昇公司的清偿行为并判令隆昇公司返还财产。大连市中级人民法院支持了管理人的请求并判决隆昇公司返还船务公司管理人 326, 755. 70 元。随后虽然隆昇公司提起上诉，但二审法院依旧维持了一审判决。

(二)追回权的非诉行权选择

在《企业破产法》第 33 条规定的情形下，由于主张无效不以司法裁判为条件，管理人可以直接向取得财产的第三人行使追回权，也可以通过提起诉讼主张权利。

(三)管理人怠于行使追回权的责任

《企业破产法》第 34 条规定的追回权不仅是管理人的权利，还是管理人的义务。管理人怠于行使追回权的，债权人有权通过债权人会议或者债权人委员会要求管理人进行追收。管理人无正当理由而拒绝的，债权人会议有权申请法院更换管理人。同时，个别债权人还可以代为诉讼，要求主要相关义务人向债务人返还财产，以维护全体债权人的清偿利益。

例如，在"亢某、康某的破产相关纠纷案件"②中，被告金凤桐公司与亢某于 2015 年7 月18 日签订了一份《内部认购协议》，约定将金凤桐公司开发的一处房屋以 60 万元的价格卖给亢某，房屋均价为 3278. 15 元/平方米，而金凤桐公司在对外销售禾木花苑项目商品房时，网签的成交均价为 5000 元/平方米左右。2017 年 5 月12 日，唐山市中级人民法院受理了针对被告金凤桐公司的破产重整申请，并于 2017 年 6 月12 日指定了管理人。2017 年 11 月20 日，唐山市中级人民法院作出决定书，认可康某为债权人委员会成员。康某主张《内部认购协议》所涉房产的成交价格低于当时

---

① 参见辽宁省高级人民法院民事判决书，(2021) 辽民终 868 号。

② 参见河北省高级人民法院民事判决书，(2019) 冀民终 704 号。

的市场价格，属于以明显不合理的低价转让财产，诉请河北省高级人民法院予以撤销。河北省高级人民法院认为，管理人未及时提起撤销诉讼，债权人可以代为请求撤销并将因此追回的财产归入债务人财产。康某系金凤桐公司的职工代表，也是金凤桐公司债权人委员会的成员，可以作为适格的诉讼主体参加诉讼。

六、出资人补缴出资

《企业破产法》第35条规定："人民法院受理破产申请后，债务人的出资人尚未完全履行出资义务的，管理人应当要求该出资人缴纳所认缴的出资，而不受出资期限的限制。"

创始人在中国波澜壮阔的改革中披荆斩棘、筚路蓝缕，终获成功，但在面临企业困境时，实际控制人在公司需求与个人所愿之间的矛盾心理往往也最为令人唏嘘。在此，我们暂将创始人、实际控制人与企业破产法意义上的出资人的概念等同。出资人面临企业危局，一是选择积极自救，不论企业未来是否仍在自己的掌控之中；二是在未来不能继续持有公司的情况下，选择不再额外投入精力。关于第一种情况，我们将在后续分析策略和应对；关于第二种情况，若出资人放任企业死亡，则可能承担出资人责任，具体如下。

（一）出资人责任的法律闭环

中国市场经济在认缴制的背景下，公司股东在公司设立过程中可以自由约定实际缴纳出资的时间和金额，这增加了市场主体的数量与活跃度。但是，这种认缴制的一大弊端即"认而不缴"。因此，债权人在追究违约公司的责任时，经常赢了官司，但因为公司出资资本金不足而无法获得足额赔付或补偿。对此，《企业破产法》规定了股东出资义务的加速到期制度。加速到期制度与其他法律制度形成了一种制度闭环。

（1）公司股东设立公司时采用认缴制而未足额缴纳出资；（2）认而不缴在一定程度上"误导"公众，公司尚不具备其所向市场展示的业务决心与履约能力；（3）公司抵御风险与履行能力不足。当该公司出现违约等事由时，权利人通常会采用协商或诉讼等方式主张权利,但此时公司很可能并无足够的资金支付;(4)债权人赢了“官司”但却无法实际执行到有效财产,诉讼与执行程序解决不了债权人的问题;(5)破产与诉讼的连接点“执转破”程序开始发挥重要作用。

如果人民法院裁定将该执行程序转为破产程序,则管理人应根据公司章程,要求出资人足额缴纳其未实际履行出资义务的部分,并将补足的资本金通过破产程序向全体债权人清偿。这就形成了一种法律制度的闭环,股东可以认缴,但不应无限期地拖延,在影响其他主体实质利益的情况下,出资人应当在不突破认缴额度的范围内承担出资补足责任。

(二)实际控制人的出资追缴风险

实际控制人在通过破产程序开展债务重组工作前,通常抱有的一大疑问在于,破产程序能在多大限度上解决企业问题,以及这样做的副作用如何评价与预测。这种担心是非常普遍和合理的,对实际控制人而言,一旦企业启动破产程序,企业资产与债务的不对等——严重的资不抵债,导致实际控制人与企业的独立性增强,甚至债务人与实际控制人开始产生对抗或更为严重的冲突。在这种情况下,管理人接管企业后的向实际控制人追究出资责任的行为,处理不当就有可能演变成某类冲突的导火索。

具体而言,根据《公司法》规定,股东的出资期限是其合法享有的一种期限利益。在出资期限届满前,股东并不一定要实缴出资。但是,在公司进入破产程序后,股东就不再享有期限利益,而是应及时缴纳出资,此即破产情形下的股东出资义务加速到期。

管理人有权直接向出资人提出补缴出资的请求。如果出资人拒绝履行,管理人可以代表债务人提起诉讼,同时可主张公司的发起人和负有义务的董事、高级管理人员,或者协助抽逃出资的其他股东、董事、高级管理人员、实际控制人等,对股东违反出资义务或者抽逃出资承担相应的责任,并将财产归入债务人财产。如果还有其他人员对造成上述情形负有过错,管理人有权同时或单独请求其承担相应的责任。

《企业破产法》项下的补缴出资义务不受出资期限或诉讼时效的限制,即使公司章程规定的缴纳期限尚未截止，或违反出资义务已经超过诉讼时效，管理人仍然可以代表债务人起诉。

《企业破产法》第35条规定的是公司破产情形下的股东出资义务加速到期，实践中的一个争议是，这种出资加速到期是否仅限于破产程序？《九民纪要》出台后，该问题一定程度上得到了解决。① 如果公司已经出现破产原因却没有申请破产，股东的出资义务同样加速到期，即使未到出资期限，债权人也可以请求股东在未出资范围内对公司不能清偿的债务承担补充赔偿责任。

出资人补缴出资的义务是出资人在出资范围内承担公司债务的一种外部义务，而不仅仅是出资人与公司之间的内部债务，此种义务不得在出资人与公司之间抵销、免除。因此，实际控制人主动策划、设计与推动困境企业进行债务重组时，应当提前注意上述出资人风险。在大型企业集团的设立过程中，股东未足额缴纳注册资本金系常态，注册资本金额较高时，若叠加债务重组本身因为企业构成复杂且具备合并重整的潜在风险，则应提前考虑实际控制人在名下众多企业大规模重整后的补交出资义务。当然，大型企业集团连锁债务问题爆发后，出资人有时已经穷尽信用担保手段，也就不会计较是否再承担补缴出资的责任和风险。

（三）管理人追缴股东出资时的身份问题

债务人进入破产程序后，管理人应当接管债务人资产并处理破产事务。自此，债务人的控制权在一定意义上从出资人与经营层手中转到管理人手中。管理人根据工商登记信息以及破产审计工作，调查发现出资人有出资不实的，有权直接向出资人提出补缴出资的请求。若出资人拒不履行，则管理人可以代表债务人发起对出资人的诉讼追缴程序。

在实践操作中，管理人会面临很多程序性问题，如管理人以何等身份参与诉讼程

---

① 《九民纪要》第6条规定："在注册资本认缴制下，股东依法享有期限利益。债权人以公司不能清偿到期债务为由，请求未届出资期限的股东在未出资范围内对公司不能清偿的债务承担补充赔偿责任的，人民法院不予支持。但是，下列情形除外：（1）公司作为被执行人的案件，人民法院穷尽执行措施无财产可供执行，已具备破产原因，但不申请破产的；（2）在公司债务产生后，公司股东（大）会决议或以其他方式延长股东出资期限的。"

序。对此,不同法院秉持不同认识。一种观点认为,管理人可以直接作为原告起诉出资人补缴出资款。① 但更多的法院认为,管理人作为原告主体并不适格。② 在诉讼程序中,原告应为债务人,管理人应代表企业参与诉讼程序。我们同样持该等观点,按照诉讼与破产规则,不应将主体在破产程序与诉讼程序中的身份混淆,应对破产主体在民事诉讼程序中的不同功能与定位加以区分:其一,原告为债务人;其二,管理人系原告的代表人;其三,律师为原告的代理人。

上述问题在管理人制订诉讼策略时将变得非常重要。管理人启动诉讼程序,向出资人追偿并要求其承担补缴义务,但若对上述破产身份与诉讼角色不加严格界定,反而会在开庭中被出资人方质疑主体资格和诉讼角色,这将使管理人严肃的追偿程序变得尴尬且降低法院对管理人工作的信任,严重的还将影响破产程序整体进程。

(四)不同类型股东的责任边界

1. 出资股东与未出资股东之间

《公司法》第30条规定:“有限责任公司成立后,发现作为设立公司出资的非货币财产的实际价额显著低于公司章程所定价额的,应当由交付该出资的股东补足其差额;公司设立时的其他股东承担连带责任。”《公司法司法解释(三)》第13条第1款规定:“股东未履行或者未全面履行出资义务,公司或者其他股东请求其向公司依法全面履行出资义务的,人民法院应予支持。”

实务中,基于公司发起人的资本充实责任,对于管理人起诉要求已实缴注册资本的发起人股东对未实缴部分承担连带责任的相关诉讼,法院会依据上述法律规定判决由发起人与被告股东承担连带责任。例如,广州高新投资有限公司(以下简称高新公司)与广东天普生化医药股份有限公司(以下简称天普公司)、广州天河高新技术产业开发区工业发展总公司(以下简称高新工业公司)追收未缴出资纠纷案③,广州市中级人民法院认为,天普公司、化十公司、高新工业公司作为高新公司发起人股

---

① 参见浙江省杭州市中级人民法院民事判决书,(2018)浙01民终6672号。

② 参见重庆市第五中级人民法院民事裁定书,(2020)渝05民初2169号。

③ 参见广东省广州市中级人民法院民事判决书,(2017)粤01民初286号。

东，各自应对其他股东未履行的出资义务相互承担连带责任。在上海亿埠健康科技有限公司与沈某磊、郑某键等追收未缴出资纠纷案①中，上海市长宁区人民法院也持相同的裁判观点。

2. 股权转让存在瑕疵的股东责任

《公司法司法解释（三）》第 18 条第 1 款规定："有限责任公司的股东未履行或未全面履行出资义务即转让股权，受让人对此知道或者应当知道，公司请求该股东履行出资义务，受让人对此承担连带责任的，人民法院应予支持……"

实务中，在公司具备破产原因的情况下，股东将未出资的股权进行转让，明显具有逃避发起人资本充实责任的故意，造成公司债权无法清偿的，人民法院会依据上述法律规定判决转让方应对现股东的出资义务承担连带责任。虽然在公司注册资本认缴制下，股东享有出资的期限利益，且在出资期限届满前未出资即转让股权的行为未被法律禁止，可约定由受让股东继续履行出资义务，但明知公司已具备破产原因，利用期限利益将股权转让给无履行能力第三人的，出让股东仍应承担相应的民事责任。以"海宁白羽服饰有限公司、范某等追收未缴出资纠纷案"②为例，浙江省海宁市人民法院认为，李某作为公司的大股东，对公司的债权情况应当清楚，结合相关材料可推知在其股权转让前已存在公司资产资不抵债的情况，李某的出资应加速到期。李某作为公司发起人、大股东，在未履行出资义务的情况下转让股权，存在逃避发起人资本充实责任的嫌疑，其应对受让股东范某锋的出资义务承担连带责任。在"黄某、佛山市爵士酒店娱乐有限公司等股东出资纠纷案"③中，佛山市中级人民法院也持相同的裁判观点。

但是，这一点在实践中可能会发生变化，因为在互联网与高科技企业"估值偏高，发展模式以融资驱动，常以融资资金换市场份额为常态"的交易模式下，人民法院很难通过资产负债表对企业是否具备破产原因作出认定。

---

① 参见上海市长宁区人民法院民事判决书，（2021）沪 0105 民初 6490 号。

② 参见浙江省海宁市人民法院民事判决书，（2021）浙 0481 民初 7340 号。

③ 参见广东省佛山市中级人民法院民事判决书，（2021）粤 06 民终 15343 号。

实践焦点 048

在执行程序和破产程序中,股东出资加速到期的适用问题

《九民纪要》第 6 条规定:"在注册资本认缴制下,股东依法享有期限利益。债权人以公司不能清偿到期债务为由,请求未届出资期限的股东在未出资范围内对公司不能清偿的债务承担补充赔偿责任的,人民法院不予支持。但是,下列情形除外:(1)公司作为被执行人的案件,人民法院穷尽执行措施无财产可供执行,已具备破产原因,但不申请破产的;(2)在公司债务产生后,公司股东(大)会决议或以其他方式延长股东出资期限的。"上述条文是对股东期限利益的特殊规定,其与《企业破产法》在执行程序与破产程序的交互关系方面和保护个别债权人方面,存在一定差异。

例如"郭某诉李某、冯某、某科技公司执行异议之诉案"①,根据北京市第三中级人民法院编写的《公司类纠纷审判白皮书》的披露信息,该案基本案情为:某科技公司于 2015 年 12 月 6 日成立,注册资本 100 万元。其中李某与冯某分别认缴出资 60 万元与 40 万元,实缴出资时间为 2035 年 12 月 5 日。郭某与某科技公司服务合同纠纷一案,法院于 2018 年作出判决:某科技公司于判决生效之日起 7 日内返还郭某 30 万元及赔偿利息损失。后郭某向法院申请强制执行,法院立案执行后,经执行查询,被执行人某科技公司无财产可供执行。郭某以李某、冯某作为被执行人的股东未足额出资为由,提出执行异议,申请追加李某、冯某为该案的被执行人。法院于 2019 年 5 月 8 日作出执行裁定书,驳回了郭某申请追加李某、冯某为被执行人的请求。某科技公司自 2017 年 11 月开始进行清算,随后注销了税务登记。郭某起诉请

① 参见郭某诉李某、冯某、某科技公司执行异议之诉案,北京市第三中级人民法院二十个公司类纠纷典型案例之五(2021)。

求:变更原执行裁定,追加股东李某、冯某为被执行人。

该案的争议焦点为:在注册资本认缴制下,债权人能否要求追加出资期限尚未届满的股东为被执行人。《公司法司法解释(二)》第22条规定:“公司解散时,股东尚未缴纳的出资均应作为清算财产。股东尚未缴纳的出资,包括到期应缴未缴的出资,以及依照公司法第二十六条和第八十条的规定分期缴纳尚未届满缴纳期限的出资。公司财产不足以清偿债务时,债权人主张未缴出资股东,以及公司设立时的其他股东或者发起人在未缴出资范围内对公司债务承担连带清偿责任的,人民法院应依法予以支持。”最高人民法院《关于民事执行中变更、追加当事人若干问题的规定》第17条规定:“作为被执行人的营利法人,财产不足以清偿生效法律文书确定的债务,申请执行人申请变更、追加未缴纳或未足额缴纳出资的股东、出资人或依公司法规定对该出资承担连带责任的发起人为被执行人,在尚未缴纳出资的范围内依法承担责任的,人民法院应予支持。”

根据上述规定,该案各方的争议实质上针对的是公司在非破产与解散情形下股东出资应否加速到期。对此,在注册资本认缴制下,股东依法享有期限利益,债权人以公司不能清偿到期债务为由,请求未届出资期限的股东在未出资范围内对公司不能清偿的债务承担补充赔偿责任的,人民法院不予支持,但是公司作为被执行人的案件,人民法院穷尽执行措施无财产可供执行,已具备破产原因,但不申请破产的情况除外。由上,在有生效判决,经公司债权人申请执行的情况下,如果穷尽执行措施公司还无财产可供执行,已具备破产原因,但不申请破产的,其结果与《企业破产法》第2条规定的公司资产不足以清偿全部债务或者明显缺乏清偿能力完全相同,故这种情况下比照《企业破产法》第35条的规定,股东未届期限的认缴出资,加速到期。该案中,根据现有证据,某科技公司已具备破产原因,但不申请破产,法院对某科技公司穷尽执行措施仍无财产可供执行,故郭某有权请求未届出资期限的股东李某、冯某在未出资范围内对公司不能清偿的债务承担补充赔偿责任。关于李某、冯某主张的不应单独清偿案涉债权,在上述情况下,加速到期的财产归公司的债权人而非归公司,此类情况并非破产程序,在保护该案债权人的同时,并不妨碍其他债权人申请公司破产,亦不妨碍公司自身申请破产;且债权人提起该案诉讼系为自身利益的诉讼,所获收益归债权人个人而非归债务人，其并非代表全体债权人进行诉讼，故法院对此不予采信。法院判决：追加李某、冯某为该案件的被执行人。

与之相似，在“马某国与北京弘源盛建筑设备租赁有限公司（以下简称弘源盛公司）股东损害公司债权人利益责任纠纷案”①中，北京众合公司、固安众合公司未履行生效法律文书确定的对弘源盛公司的给付义务，弘源盛公司向人民法院起诉，认为北京众合公司无财产可供执行，已经具备破产原因，但北京众合公司并未申请破产清算，马某国作为北京众合公司的股东在北京众合公司不能清偿到期债务的情况下未实缴的出资应当加速到期，故马某国应在其未缴纳出资的范围内对北京众合公司欠付弘源盛公司的债务承担补充赔偿责任。一审法院支持了弘源盛公司的诉讼请求。

马某国上诉认为，关于股东提前出资的情形有明确的法律规定，《企业破产法》第 35 条规定的法院受理破产申请后，以及《公司法司法解释（二）》第 22 条规定的公司解散的前提下，才能适用股东出资的加速到期，而该案并不符合前述两种情形。但二审法院指出，该案并未适用上述规定，而是适用《九民纪要》关于公司已具备破产原因，但不申请破产的，债权人有权要求未届出资期限的股东在未出资范围内对公司不能清偿的债务承担补充赔偿责任的规定。关于北京众合公司是否具备破产原因，应依据《企业破产法》第 2 条第 1 款的规定对其进行审查，即企业法人不能清偿到期债务，并且资产不足以清偿全部债务或者明显缺乏清偿能力。该案中，在生效法律文书确认北京众合公司应给付弘源盛公司货款及利息损失、违约金的情形下，北京众合公司并未按期履行给付义务，导致弘源盛公司向北京市石景山区法院申请强制执行。由于大部分债权未能执行到位，北京市石景山区法院以北京众合公司无可供执行财产为由裁定终结执行程序。此种情况下，诉争债务已经到期且北京众合公司明显缺乏清偿能力，能够初步证明北京众合公司已经具备破产原因。

从上述案例来看，在注册资本认缴制下，法律明文规定了股东出资加速到期的两种情形：（1）《企业破产法》第 35 条规定的公司破产情形；（2）《公司法司法解释

---

① 参见北京市第三中级人民法院民事判决书，(2022) 京 03 民终 149 号。

(二)》第22条第1款规定的公司解散时强制清算情形。① 在这两种情形之外,在有生效判决并经公司债权人申请执行的情况下,如果穷尽执行措施仍然没有财产可供执行,公司已具备破产原因但不申请破产,其结果与《企业破产法》第2条规定的公司资产不足以清偿全部债务,或者明显缺乏清偿能力完全相同,故这种情形下可以比照《企业破产法》第35条的规定,股东未届出资期限的认缴出资加速到期。公司是否具备破产原因,也是根据《企业破产法》第2条及相关司法解释的标准进行判断。

综上,两项程序的不同之处在于,上述执行程序毕竟不是"破产程序",因此该程序保护的是个别债权人而非全体债权人,加速到期的财产直接归公司的债权人所有。但这并不妨碍其他债权人申请公司破产,也不妨碍公司主动申请破产。债务企业一旦申请破产,那么未届出资期限的股东应当将其出资加速到期,补缴出资归入债务人财产,实现所有债权人公平清偿。②

七、对企业管理层的特别追回权

《企业破产法》第36条规定:"债务人的董事、监事和高级管理人员利用职权从企业获取的非正常收入和侵占的企业财产,管理人应当追回。"

企业管理层在公司中处于特殊地位,有机会利用职权从公司获取不正当收入或侵占公司财产。法律为防止管理层攫取企业利益,赋予了管理人针对企业管理层的特别追回权。

《企业破产法》第36条的规制对象为董事、监事和高级管理人员。其中,"董事"包括董事会的所有成员,既包括普通董事,又包括董事长、副董事长、执行董事;"监事"包括一般监事、监事会主席与副主席;高级管理人员包括总经理、副总经理、财务

---

① 《公司法司法解释(二)》第22条规定:"公司解散时,股东尚未缴纳的出资均应作为清算财产。股东尚未缴纳的出资,包括到期应缴未缴的出资,以及依照公司法第二十六条和第八十条的规定分期缴纳尚未届满缴纳期限的出资。公司财产不足以清偿债务时,债权人主张未缴出资股东,以及公司设立时的其他股东或者发起人在未缴出资范围内对公司债务承担连带清偿责任的,人民法院应依法予以支持。"

② 参见郭某诉李某、冯某、某科技公司执行异议之诉案,北京市第三中级人民法院二十个公司类纠纷典型案例之五(2021)。

负责人,以及公司章程规定的其他高级管理人员。此外,没有担任高级职务,但在公司中实际担负重要职权的人,经人民法院认定也可以成为特别追回权的行权对象。

特别追回权的规制对象是“利用职权从企业获取的非正常收入和侵占的企业财产”的行为。其中,“非正常收入”与一般理解有所差异,并不特指涉嫌违法违规行为的违法收入或灰色收入等,而是泛指依照法律、法规和企业正常的报酬制度、分配制度,本不应获取的金钱、有价证券、股份或股份期权以及其他财产权益。例如,企业管理层在企业亏损时依然享有、领取的绩效奖金、普遍拖欠职工工资情况下获取的高额工资性收入等。“侵占的企业财产”,是指以所有或使用的方式占有的不动产或动产等。

《企业破产法》第36条规定的特别追回权不受追诉时间的限制,即使诉讼时效经过,管理人也可以依据该条提起追索财产的诉讼。管理人行使该条规定的特别追回权后,债务人的董事、监事和高级管理人员返还绩效奖金、其他非正常收入形成的债权,作为普通破产债权清偿。返还的工资性收入分为两部分考虑:计算该企业职工的平均工资,这部分数额作为拖欠职工工资清偿;高出平均工资的部分,作为普通破产债权清偿。也就是说,平均工资部分作为职工债权,无须申报并优先清偿;高出平均工资的部分,则需要按照普通债权的清偿比例受偿。

实践焦点 049

高级管理人员非正常收入的认定问题

确认债务企业的高级管理人员是否存在非正常收入,需要明确3个具体问题:其一,如何认定非正常收入的起算时间?其二,如何认定公司高级管理人员存在利用职权的行为?其三,哪些收入属于非正常收入?

1.关于非正常收入的起算时间

鉴于公司高级管理人员利用职权获得的收入具有长期连续性,只有在破产原因出现以后,其利用职权所获取的收入才能被认定为非正常收入。因此,要解决认定收入是否属于非正常收入的问题,就必须对公司确定非正常收入的起算时点。

在“周某忠与江苏省扬州三叶散热器有限公司(以下简称三叶公司)管理人职工破产债权确认纠纷案”①中,周某忠担任债务人三叶公司的副总经理,其起诉三叶公司破产管理人至扬州市广陵区人民法院,请求判令将其2015年第四季度至2016年欠付的工作津贴共计3.8万元、2016年管理层年薪补差6万元,作为劳动债权列入破产债权,按照破产清偿第一顺序进行清偿。扬州市广陵区人民法院认为,根据《企业破产法》第2条第1款的规定,企业法人的破产标准实际上分为两种情况:第一,债务人不能清偿到期债务,且资产不足以清偿全部债务;第二,债务人不能清偿到期债务,且明显缺乏清偿能力。根据三叶公司向扬州市广陵区国家税务局稽查局提交的2015年10月至2016年12月的资产负债表,可知2015年第四季度至2016年全年三叶公司的资产不足以清偿全部债务且明显缺乏清偿能力,可以认定此期间三叶公司已出现了《企业破产法》第2条第1款规定的情形。在三叶公司出现破产情形后,周某忠的绩效奖金应认定为《企业破产法》第36条规定的非正常收入。二审法院持同样观点,同时明确对于董事、监事和高级管理人员利用职权从企业获取的非正常收入的认定,并不以其对企业资不抵债具有主观认识为前提。

在“张某、湖南南方搏云新材料股份有限公司追收非正常收入纠纷案”②中,长沙市中级人民法院同样根据债务人提供的《审计报告》以及《清产核资专项审计报告》显示的负债总额和资产负债率,认定债务人出现破产原因的时间,虽当时该公司未向人民法院提出破产申请,但不能据此否定其存在资不抵债的破产原因。

综上,笔者认为非正常收入的起算时点应为企业出现破产原因时,具体起算时点可参考公司的资产负债表等资料来确定。

2.如何界定利用职权行为

如何界定利用职权行为,同样是认定非正常收入的关键。在上述“周某忠与三

---

① 参见江苏省扬州市中级人民法院民事判决书,(2018)苏10民终3130号。

② 参见湖南省长沙市中级人民法院民事判决书,(2021)湘01民终15612号。

叶公司管理人职工破产债权确认纠纷案”中，周某忠主张绩效奖金依据的干部津贴发放表和管理层年薪补差表并非周某忠本人制作，而是由三叶公司财务负责人制作，并由三叶公司董事长或董事批准，不应认定绩效奖金为利用职权获取的非正常收入。对此，扬州市中级人民法院认为，利用职权行为无须董事、监事或高级管理人员本人实施，只要其基于董事、监事或高级管理人员身份获得的收入，就应当认定为利用职权行为。

笔者认同这一观点。从文义解释看，《破产法司法解释（二）》第 24 条第 1 款“债务人的董事、监事和高级管理人员利用职权获取的以下收入”的规定并未限定利用职权行为须由董事、监事和高级管理人员本人实施，因此不应排除相关人员通过其他董事、监事和高级管理人员利用职权行为间接获益的情形。从目的解释看，上述规定旨在规制董事、监事和高级管理人员通过控制、操纵公司的董事会以及利用公司规则漏洞，以合法形式侵占公司财产，从而损害债权人权益的行为。司法实践中，在企业濒临破产时，董事、监事和高级管理人员为保证自身利益，往往存在恶意串通，通过个别人员的职权行为使整体获益。如果将利用职权狭义地理解为须由董事、监事和高级管理人员本人实施，也违背该规定的本意。①

3.如何界定非正常收入

关于该问题，实践中最常见的争议集中在绩效工资上。除了上文所述的两个案例，在“谢某虎、岳西县瑞城房地产开发有限公司普通破产债权确认纠纷案”②“马某滨、乌苏玉玺石化有限公司破产债权确认纠纷案”③等案例中，债务人的高级管理人员均主张绩效工资属于其正常工资收入的一部分，应当被作为劳动债权优先清偿。但司法实践已经基本达成共识，高级管理人员的绩效奖金和商业回扣等收入属于非正常收入，应当将其工资债权调整为该月职工平均工资，对于高级管理人员已取得的高于平均工资的部分，管理人应当予以追回。

---

① 参见江苏省扬州市中级人民法院民事判决书，(2018)苏 10 民终 3130 号。

② 参见安徽省安庆市中级人民法院民事判决书，(2020)皖 08 民终 50 号。

③ 参见新疆维吾尔自治区乌苏市人民法院民事判决书，(2022)新 4202 民初 203 号。

八、质物、留置物的取回

《企业破产法》第37条规定:"人民法院受理破产申请后,管理人可以通过清偿债务或者提供为债权人接受的担保,取回质物、留置物。前款规定的债务清偿或者替代担保,在质物或者留置物的价值低于被担保的债权额时,以该质物或者留置物当时的市场价值为限。"

在破产程序中,管理人为了债务人的继续营业,或出于高价整体处置资产的考量,有时需将被质押、留置的财产或财产权利收回,但债权人的担保权益也需得到保护。因此,该条一方面赋予了管理人取回质物或留置物的权利;另一方面,法律同样要求管理人在行使取回权时受到必要规制。

管理人的取回方式包括清偿债务与提供替代担保两种。债务人可以通过清偿债务的方式取回质物或留置物,如此一来,债权消灭,为债权提供担保的担保物权随之消灭,管理人当然可以取回质物或留置物。或者,债务人可以选择提供替代担保,可以是以其他财产设置抵押或质押,也可以由第三人提供担保。实践中,债务人可能没有足够的财产清偿全部债务,因此,清偿债务与替代担保两种方式可以并存,债务人可以清偿一部分债务,再为剩下的债务提供担保。

需要注意的是,为了不违反集体清偿原则,防止个别债权人获得更有利的对待,管理人提供的清偿或替代担保存在价值限制,应当以要取回的担保物在当时的市场价值为限。管理人需要比较债权金额与担保物价值:如果债权金额更高,获得清偿或取得担保的债权额应以担保物的市场价值为限,高出部分只能作为一般债权进行债权申报;反之,如果担保物的价值更高,则债权有权得到全部清偿或获得足额担保。

管理人应当聘请专业的评估机构对担保物、替代担保物的价值进行评估。评估结果会直接影响债权人的清偿利益,因此,管理人负有报告义务。管理人如果准备行使该条规定的取回权,应当及时报告债权人委员会;如果尚未设立债权人委员会,则应当及时报告人民法院。实际上,债权人与管理人易于产生的争议焦点也正在于此,债权人自然希望评估值尽量提升,进而得到更高的清偿率,而管理人有时不得不面临一种困境，即偿债资金如果按照评估数额向留置权人清偿，则普通债权人清偿率可能为零。在这种争议中，双方的矛盾焦点集中于评估机构出具报告的准确性上。有时，债权人会主动聘请评估机构对上述资产的价值进行评估，但评估结果不一定会得到管理人与人民法院的认可。

实践焦点 050

债务人保证金的取回问题

商业实践中一个常见的做法是，债务人将现金存于银行指定的保证金账户，并将该账户移交债权人作为履行合同的担保。在债务人破产的情况下，争议主要集中在两个方面：一是该类保证金的性质；二是债务人是否有权主张取回。

在“中国建设银行股份有限公司岳阳市分行（以下简称建行岳阳市分行）、岳阳明辉房地产开发有限公司（以下简称明辉公司）与破产有关的纠纷案”①中，明辉公司与建行岳阳市分行于2010年11月23日签订《个人住房（商业用房）借款最高额保证合同》，其中约定，明辉公司将货币存于双方指定的保证金账户，并将该保证金移交建行岳阳市分行占有作为履行最高额保证合同项下债权的担保。2018年8月3日，岳阳市中级人民法院作出裁定受理高某、汤某琳、周某对明辉公司提出的破产清算申请。同年10月12日，岳阳市中级人民法院裁定宣告明辉公司破产。2020年8月6日，明辉公司破产管理人向建行岳阳市分行发出解除保证合同通知，要求建行岳阳市分行返还保证金账户内资金。随后明辉公司向人民法院起诉，认为涉案保证金属于破产财产，债权人仅享有别除权，建行岳阳市分行应当予以返还。

一审法院岳阳市中级人民法院认为，案涉《个人住房（商业用房）借款最高额保证合同》不属于《企业破产法》第18条第1款规定的管理人有权决定解除的债务人

---

① 参见湖南省高级人民法院民事判决书，（2021）湘民终448号。

和对方当事人均未履行完毕的合同,明辉公司破产管理人无权决定解除合同。同时,依据《个人住房(商业用房)借款最高额保证合同》约定,明辉公司将货币存于双方指定的保证金账户,并将该保证金移交建行岳阳市分行占有作为履行最高额保证合同项下债权的担保,该保证金由于不存在交易,未形成所有权的转移,故该保证金仍属明辉公司破产财产,明辉公司诉请建行岳阳市分行返还保证金账户的款项具有事实和法律依据。建行岳阳市分行向明辉公司破产管理人返还后,若债务人不履行债务,建行岳阳市分行可依照上述规定,依法另行主张权利。因此,一审法院判决建行岳阳市分行应向明辉公司返还保证金账户上的保证金1,080,440.23元。

建行岳阳市分行上诉称,在《个人住房(商业用房)借款最高额保证合同》未解除的前提下,明辉公司在该合同项下的保证责任没有被免除,建行岳阳市分行依法对保证金享有质押优先权。同时建行岳阳市分行作为保证金的质权人,有权优先受偿保证金。在明辉公司已破产的情况下,直接贸然返还保证金将侵害质权人的合法权益。明辉公司管理人行使取回权必须是在不损害担保权人合法权利的前提下进行,其可以通过与质权人协议的方式,直接以保证金价款清偿保证金担保债权。根据《企业破产法》第37条的规定,明辉公司管理人可以通过与质权人协议的方式,直接以保证金价款清偿保证金担保债权。债务人明辉公司抗辩称,《个人住房(商业用房)借款最高额保证合同》中保证金"质权"的优先受偿性并未对建行岳阳市分行产生效力。案涉保证金属于明辉公司的破产财产,建行岳阳市分行应当予以返还。建行岳阳市分行可根据《个人住房(商业用房)借款最高额保证合同》向明辉公司申报债权,要求明辉公司承担保证责任,同时建行岳阳市分行还可通过在该主债务中涉及的房屋上设立抵押使其债权得到保护。

二审法院湖南省高级人民法院从案涉账户内的资金性质和建行岳阳市分行是否应当返还案涉账户内的资金两个方面进行审查。

关于案涉账户内的资金性质。二审法院湖南省高级人民法院认为,金钱质押作为特殊的动产质押,其成立需要满足三个条件:一是当事人订立了书面的质权合同;二是金钱以特户、封金、保证金等形式特定化;三是特定化金钱已移交债权人占有。该案中,首先,建行岳阳市分行与明辉公司之间虽没有单独订立带有"质押"字样的合同，但建行岳阳市分行与明辉公司对所担保债权的种类和数量、债务履行期限、质物数量和移交时间、担保范围、质权行使条件等事项达成了合意，该合同具备质押合同的一般条款，故应认定建行岳阳市分行与明辉公司之间订立了书面质押合同。其次，双方当事人已经按照协议约定为出质金钱开立了保证金专户。根据建行岳阳市分行的陈述，保证金专户开立后，账户内转入的资金为明辉公司根据每次担保贷款金额的10% 向该账户缴存的保证金；账户内转出的资金为建行岳阳市分行对保证金的退还、扣划以及对账户管理费的扣除，该账户未作日常结算使用，明辉公司对此未予否认，故涉案保证金符合金钱以特户等形式特定化的要求。最后，涉案保证金账户开立在建行岳阳市分行，虽然明辉公司仍是专户内资金的所有权人，但《个人住房（商业用房）借款最高额保证合同》约定未经建行岳阳市分行书面同意，明辉公司不得动用保证金专户内的资金。该合同还约定，明辉公司在该合同项下的全部应付款项，建行岳阳市分行有权直接从保证金专户中划收。涉案保证金账户内的资金实际上处于债权人建行岳阳市分行的控制和管理之下，此种控制权移交符合出质金钱移交债权人占有的要求。据此，应当认定双方当事人已就涉案保证金账户内的资金设立质权。

关于建行岳阳市分行是否应当返还案涉账户内的资金。二审法院湖南省高级人民法院认为，因担保权利人对标的物的支配仅仅是对物的交换价值的支配，因此其权利的行使仅限于在担保物的变价处分价款中获得优先受偿，担保物的所有权仍属于担保人。当担保物权表现为质权时，其属于以债务人或第三人的特定财产转移于债权人占有的转移占有型担保物权。对于债权人占有的担保物，管理人应通过必要的监督避免别除权的不当行使，可以是在依法评估的基础上督促债权人变卖担保物，或者请求人民法院强制执行担保物，也可以通过清偿债务收回担保物。不论是何种方式，质权人只有在得到清偿的情况下，才向出质人返还质物；换言之，只有债务人清偿债务，方能要求质权人返还质物。故此，《物权法》第 219 条第 1 款规定："债务人履行债务或者出质人提前清偿所担保的债权的，质权人应当返还质押财产。"[①]《企业破产法》第 37 条第 1 款进一步通过"人民法院受理破产申请后，管理人可以通过清偿

① 现为《民法典》第 436 条第 1 款。

债务或者提供为债权人接受的担保，取回质物、留置物”的规定，明确破产管理人要取回质物，应当通过清偿债务或者提供为债权人所接受的担保这两种途径，从而限制管理人对质物的取回权，有效保障质权人的合法权益。该案中，涉案保证金账户内的资金已依法设立质权，虽然从财产属性上来看，其属于债务人财产，但债务人明辉公司在没有清偿债务，也没有提供为债权人所接受的担保的情况下诉请要求取回质物，没有法律依据。

从该案查明的事实看，系争账户内作为出质物的保证金上的质权已因清偿债务或另行提供约定担保而消灭，部分保证金应当返还给债务人明辉公司，故建行岳阳市分行上诉主张不得返还保证金的理由部分成立，应予部分支持。建行岳阳市分行对于留存的保证金应根据后续债务人办理抵押的情况以及还款情况，按照合同约定比例返还。因此，二审法院湖南省高级人民法院认定一审判决认定事实不清，适用法律错误，并予以改判。建行岳阳市分行的上诉理由部分成立，应予部分支持。

九、一般取回权

《企业破产法》第 38 条规定：“人民法院受理破产申请后，债务人占有的不属于债务人的财产，该财产的权利人可以通过管理人取回。但是，本法另有规定的除外。”

关于债务人占有但并不拥有所有权的财产，财产的权利人可以取回，《企业破产法》第38 条和第39 条对此作出了规定。《企业破产法》第38 条规定的是一般情形下的取回权。

(一)行使一般破产取回权的条件

管理人行使一般取回权，要在行权时间、主体要求、行权对象与财产范围等方面满足前提条件。

一般破产取回权的权利主体是财产的权利人。“权利人”既包括对财产享有占有、使用、收益和处分权能的所有权人，也包括对财产享有占有权、用益物权和担保物权等他物权的权利人。

一般破产取回权的义务主体是管理人。人民法院受理破产申请后，由管理人接管债务人的所有财产，依照法律的规定对其进行管理和处分。

财产的权利人取回的是债务人虽然占有但并不属于债务人的财产，包括合法占有和不法占有。如果双方对财产的权属存在争议，往往需要通过诉讼确权，确权后管理人方能向权利人交付财产。需要注意的是，关于货币资金或实物变现后的资金，行使取回权须以"特定化"为前提条件，即申请取回的标的物不能与其他资产混同，否则无法取回。

（二）一般取回权的行使程序

1. 权利行使的时间限制

一般取回权的行使需经法定程序。权利人不参加债权申报，但需要提出取回申请。根据债务人所处的破产程序不同，权利人提出申请的时限也不同。债务人破产清算的，权利人应在破产财产变价方案提交债权人会议表决前提出取回申请；债务人破产重整的，权利人应在重整计划草案提交债权人会议表决前提出取回申请；债务人破产和解的，权利人应在和解协议提交债权人会议表决前提出取回申请。如果申请人超过申请时限提出取回申请，其并未失去取回标的物的权利，符合取回条件的，仍然可以取回。但因此给破产程序造成的额外费用，如管理人额外的时间成本、召开临时债权人会议、召开债权人委员会会议产生的费用等，应由超期申请人承担。

2. 管理人的实质审查

管理人会对取回申请进行实质审查。管理人的审查核心是申请人是否为真实权利人，以及取回是否符合约定。关于债务人无权占有的标的物，在查明权利人身份后，可以准予权利人取回；关于债务人基于合同关系占有的标的物，如果合同属于待履行合同，那么应当由管理人根据待履行合同的破产法律规定，确定合同是继续履行或是予以解除，继而确定是否同意权利人的取回申请。

3. 权利人的救济措施与程序

管理人审查后，如果认为权利人的要求不符合法律规定或合同约定，可以拒绝取回。权利人接到管理人通知后,可将债务人作为被告,向破产案件受理法院起诉,案由为破产取回权纠纷,请求人民法院对取回请求是否成立进行审查。需要注意的是,相较于一般民事诉讼中的所有权确认纠纷,破产取回权纠纷的举证责任有特殊之处。在取回权确认纠纷中,管理人的举证责任主要在于,其应当证明拒绝申请具有商业合理性而非是否有权占有使用标的物。但是,人民法院在庭审过程中,应当对申请人对取回权标的物是否享有所有权进行法院调查与认定。

管理人审查后,如果准予取回,应及时通知权利人。在权利人取回后,可能产生两种债权债务关系:既可能根据合同约定而产生合同之债,也可能根据法律规定产生侵权之债。如果因取回造成债务人对权利人负债,该负债应认定为共益债务;如果因取回造成权利人对债务人负债,该负债应当立即履行。

需要说明的是,根据《企业破产法》第76条规定,取回权在破产重整程序中有着较为特殊的规定,即债务人合法占有的他人财产,该财产的权利人在重整期间要求取回的,应当符合事先约定的条件,而不能如同上文所述一样任意取回。

(三)一般取回权的特殊问题

行使取回权时可能产生的问题是,债务人如果在占有他人财产期间,未经许可违法将他人财产转让给第三人,应当如何处理?

第一种情况:第三人因符合善意取得的法律规定而取得标的物所有权。这种情况下,权利人会因无法取回标的物而遭受损失,对此,权利人可以向债务人追偿。根据违法转让时间的不同,该等债权的性质不同,如果转让发生在破产申请受理前,权利人债权作为普通债权受偿;如果转让发生在破产申请受理后,权利人债权作为共益债权处理。

第二种情况:第三人已经支付对价,但因不符合善意取得的规定而未善意取得标的物的所有权。此时,权利人有权取回标的物,但会造成第三人损失(支付对价)。关于该损失,第三人可以向债务人追偿。根据违法转让时间的不同,该等债权的性质不同,如果转让发生在破产申请受理前,第三人债权作为普通债权受偿;如果转让发生在破产申请受理后,第三人债权作为共益债权处理。

在管理人存在故意或者重大过失的情况下，如果债务人的财产足以弥补权利人的损失，权利人可以起诉管理人，要求其承担相应的赔偿责任；如果债务人的财产不足以弥补权利人损失，权利人可以要求管理人承担补充赔偿责任。

实践焦点 051

未办理物权变更登记的担保物的取回权行使问题

以"中国石油天然气股份有限公司湖南销售分公司（以下简称中国石油湖南公司）等与湖南中油管道燃气有限公司（以下简称中油管道公司）等一般取回权纠纷上诉案"①为例，2011 年 1 月 17 日，中油管道公司与韶山市国土资源局签订《国有建设用地使用权出让合同》，并于 2012 年 7 月 4 日获得韶国用（2012）第 12057 号土地（韶光村韶湘公路边，面积 4328.55 平方米）使用权登记，中油管道公司为使用权人。2011 年 5 月 20 日，中油管道公司向陈某斌出具授权委托书，授权陈某斌全权代表中油管道公司就韶山市韶光加油站项目与湘潭公司合作开发建设。2011 年 6 月 15 日，中油管道公司与湘潭公司签订合作开发意向书，约定双方同意就韶山市韶光加油站项目进行合作开发建设，由湘潭公司委托中油管道公司以代征代建的模式开发建设韶山市韶光加油站，并由中油管道公司在双方约定时间之内，将韶山市韶光加油站项目所有相关手续证照变更至中国石油湖南公司名下。2011 年 9 月 21 日，陈某斌与中国石油湖南公司就韶山市韶光加油站事宜签订了《加油站开发建设合同》。该合同签订后，中国石油湖南公司按照合同约定及陈某斌的要求先后支付了 900 万元。中国石油湖南公司陆续取得韶山市韶光加油站成品油零售经营许可证、危险化学品经营许可证、营业执照、组织机构代码证、税务登记证、建设工程规划许可证、建筑工程施工许可证、排放污染物许可证等证照及 1.96 亩国土使用权证，并实

① 参见湖南省高级人民法院民事判决书，（2017）湘民终 365 号。

际占用了韶山市韶光加油站。根据合同约定与规划，韶山市韶光加油站建设净用地面积为5.0亩(3335平方米)，现有1.96亩(1303.43平方米)土地的国土使用权证办理在中国石油湖南公司名下，而余下的3.04亩(2031.57平方米)土地的国土使用权证的产权人为中油管道公司。对此，中油管道公司于2013年1月23日向中国石油湖南公司出具关于同意转让韶山市韶光加气站土地的函，称"根据韶光加气站相关设计要求，韶光加气站建设仅需3.45亩(2297.7平方米)土地作为项目用地。我司上报总部相关部门，取得总部相关部门同意后，我司同意将剩余的3.04亩(2024.64平方米)土地转让给贵司用于韶光加油站建设；另按照中国石油集团公司相关文件要求，我司拟与贵司共同开发建设韶山市韶光加气站项目，届时一并办好土地过户手续"，随后一直未办理过户手续。2014年6月3日，一审法院长沙市中级人民法院作出(2014)长中民破(预)字第00450号民事裁定，裁定受理中油管道公司破产清算一案。此后中国石油湖南公司诉至一审法院，请求判决确认该3.04亩国土使用权归属于中国石油湖南公司，并由中油管道公司办理过户手续至中国石油湖南公司名下。

该案中，一审法院和二审法院均未支持原告的请求。二审法院认为，一般取回权的发生依据是物权关系而非债权关系，只有所有权人或者其他物权人依照物上返还请求权才能提出取回请求。该案中，判断中国石油湖南公司对涉案土地是否享有一般取回权，关键是看其对诉争土地是否享有物权。一方面，已有证据不能证明中国石油湖南公司对诉争土地享有物权；另一方面，物权的变动以登记为原则，未经登记，不发生物权变动的法律后果。该案中，诉争土地系中油管道公司依法取得，且登记在中油管道公司名下，双方对此并无异议。根据物权的登记公示原则，诉争土地属于中油管道公司，中国石油湖南公司主张其对诉争土地享有物权，没有法律依据。

实践焦点 052

已经生效法律文书确认权属的担保物的取回权行使问题

在“中国工商银行股份有限公司合肥分行(以下简称工行合肥分行)、合肥兆信物业发展有限公司(以下简称兆信公司)破产债权确认纠纷案”①中,工行合肥分行与兆信公司签订协议书和补充协议,约定工行合肥分行将合肥市某土地转让给兆信公司进行房地产开发,该块土地开发完成后,工行合肥分行取得该块土地所建建筑物底层商业用房与二层以上房屋,具体位置待规划设计后由双方另行商定,兆信公司在规划批准后1年内正式交付工行合肥分行应得的房产。合同签订后,兆信公司开始实施开发,但前述房屋封顶后一直未办理竣工验收。2014年工行合肥分行为维护自己的合法权益、确认对前述房屋的所有权益,向合肥仲裁委员会申请了仲裁。2015年2月9日,合肥仲裁委员会作出(2014)合仲字第032号裁决书,裁定确认上述房屋所有权为工行合肥分行所有。2017年8月7日,人民法院受理兆信物业破产重整申请,工行合肥分行向管理人申报债权,主张确认对上述房屋的权利。2017年10月9日,管理人发出债权审核结果通知书,以“创投大厦仅主体结构基本封顶,大楼尚属在建工程,不具备物权确认条件;管理人也不是不动产产权确认主体,无权实施物权确认。并且取回标的物不存在,客观上取回权无法实施”为由,对申报事项不予确认。工行合肥分行认为其与兆信公司签署的合同系双务合同,工行合肥分行已经履行完全部义务,且双方已经明确确定归属工行合肥分行的房屋所在位置,(2014)合仲字第032号裁决书也已经确认了上述房屋的所有权为工行合肥分行所有。在兆信公司已经进入重整,“创投大厦”也于2018年9月9日举行复工仪式,案涉房屋即将达到交付条件的情况下,兆信公司可以继续履行合同义务,不存在工行合肥分行

① 参见安徽省高级人民法院民事判决书,(2019)皖民终849号。

与兆信公司签订的协议书约定的不能履行或不适于继续履行的情形,兆信公司应在案涉房屋竣工验收后将房屋交付工行合肥分行并协助其办理过户手续。兆信公司管理人对工行合肥分行确认房屋所有权的申报事项不予确认,故工行合肥分行向人民法院起诉,请求人民法院支持工行合肥分行诉讼请求。

关于工行合肥分行可否就诉争房产行使取回权的问题。一审法院合肥市中级人民法院认为,从工行合肥分行与兆信公司签订的协议书及补充协议的内容及双方实际履行合同的过程来看,双方之间成立非典型性合同关系。工行合肥分行主张双方成立房屋买卖合同关系,该院对工行合肥分行该主张不予支持。兆信公司未完成案涉项目的开发,未能按约向工行合肥分行交付房屋,因此对工行合肥分行负有债务。但是工行合肥分行主张双方成立特定物买卖合同,依据《破产案件若干问题规定》第71 条第5 项规定,工行合肥分行向兆信公司主张标的房屋并非破产财产,要求行使取回权,无事实和法律依据,该院不予支持。

工行合肥分行不服一审判决,向安徽省高级人民法院上诉。安徽省高级人民法院认为,根据双方协议书及补充协议的约定,工行合肥分行于2008 年2 月28 日与兆信公司签订《房产、土地转让合同》,并依约向兆信公司出让其位于合肥市长江西路669 号的9.69 亩土地的使用权及地上房屋所有权。兆信公司未实际支付合同载明的转让价款12,806,500 元,而是在取得相关项目规划许可后,于2011 年6 月按照协议书的约定致函工行合肥分行,协商确认应予交付的房屋位置和面积。工行合肥分行此后申请仲裁确权的房产,以及合肥仲裁委员会(2014)合仲字第032 号裁决所涉房产,均与兆信公司相关函件表述的房产范围一致。最高人民法院《关于适用〈中华人民共和国物权法〉若干问题的解释(一)》(已失效)第8 条规定:“依照物权法第二十八条至第三十条规定享有物权,但尚未完成动产交付或者不动产登记的物权人,根据物权法第三十四条至第三十七条的规定,请求保护其物权的,应予支持。”然而,《物权法》(已失效)第28 条规定,因人民法院、仲裁委员会的法律文书或者人民致府的征收决定等,导致物权设立、变更、转让或者消灭的,自法律文书或者人民政府的征收决定等生效时发生效力。依据前述规定,生效法律文书可以设立、变更物权,且该物权的确立并不以取得不动产权登记为必要条件。由于兆信公司在二审中认可其未申请撤销合肥仲裁委员会(2014)合仲字第 032 号裁决,故工行合肥分行就相关房产自 2015 年 2 月 9 日即依法享有物权。兆信公司有关上述房产系债务人财产的抗辩理由,没有事实和法律依据;工行合肥分行的上诉理由于法有据,应予支持。

同时,根据《企业破产法》第 38 条的规定,虽然权利人可以通过管理人取回债务人占有的财产,但同时明确"本法另有规定的除外"。由于该案债务人兆信公司正处于重整计划实施中,而根据《企业破产法》第 76 条的规定,债务人合法占有的他人财产,该财产的权利人在重整期间要求取回的,应当符合事先约定的条件。该事先约定的条件,是指债务人与财产所有人对取回财产的时间、方式、范围等进行的约定。因此,工行合肥分行可否行使取回权还有赖于约定条件是否具备。经查,双方就案涉房产的范围及交付问题,协议书及补充协议约定,工行合肥分行取得的该地块上所建建筑物的具体位置,待规划设计后由双方另行商定;协议未尽事宜,由双方另行协商签订补充协议;在规划批准后一年内,兆信公司交付工行合肥分行应得的房产。因仲裁时,创投大厦项目只是结构封顶,且已停工,故合肥仲裁委员会裁决确认归属于工行合肥分行的对应房屋并不明确。截至起诉之日,双方对相关房产的确认仍止于"创投大厦 1 层东段部分商业用房、2 层东段部分商业用房、第 8 层整层办公用房和第 9 层办公用房",并未全部完成就交付房产具体位置的商定,实际无法执行。二审庭审中,兆信公司管理人并未主张解除协议书和补充协议,且认可创投大厦项目已取得商品房预售许可,故应已具备进一步明确应交付房产的条件。双方应在二审判决生效后,根据实际竣工情况就此进行具体磋商,并对约定交付房屋中无法解决的建筑面积差额部分,按市场销售价予以找补,以合理全面地履行合同义务。

综上,二审法院撤销一审判决,并确认创投大厦中的涉案房产不属于合肥兆信公司财产,工行合肥分行可以对此行使取回权。综上,安徽省高级人民法院撤销原一审判决,并确认案涉房产不属于兆信公司财产。

实践焦点 053

货币资金取回权的行使问题

关于取回权的行使，应当以债权人对相应财物享有所有权但该财物为债务人所占有为前提。货币资金作为一般种类物，遵循"占有即所有"的原则，由于这一特殊性，要对货币资金行使取回权，必须将货币资金特定化。对于货币资金的特定化，不仅要依据合同约定，还必须通过开立专门账户存放资金等方式，确保货币资金没有与其他资产混同。

在"新华证券有限公司（以下简称新华证券）、东北证券股份有限公司等一般取回权纠纷案"①中，再审被申请人马某源在2000年9月27日在上海证券交易所开立了A19××××××6股票账户和10×××09资金账户，存入资金进行股票买卖。2001年5月8日，在未提供马某源授权的情况下，再审申请人新华证券撤销指定交易，将马某源证券账户中的3只股票办理指定交易到王某的10××××2资金账户下。2001年5月8日至2001年5月11日，该3只股票被全部卖出，共计收入金额127,830.67元，与王某资金账户内原有的资金混同，并利用混同后的资金买入其他股票。2008年10月10日，长春市中级人民法院作出（2008）长民破字第34－1号民事裁定，裁定受理新华证券清算组提出的新华证券破产清算申请。

最高人民法院认为，《企业破产法》第38条规定："人民法院受理破产申请后，债务人占有的不属于债务人的财产，该财产的权利人可以通过管理人取回。但是，本法另有规定的除外。"取回权是《企业破产法》规定的一项权利，其基础是民法上的返还原物请求权，以取回权标的物仍客观存在为前提。根据《破产法司法解释（二）》第30条的规定，如果标的物在破产申请受理前已经被违法转让给第三人，且该第三人

① 参见最高人民法院民事判决书，（2021）最高法民再56号。

已善意取得所有权，则原权利人不能再行使取回权，其因财产损失形成的债权只能作为普通债权清偿。该案中，新华证券在未取得马某源授权的情况下，擅自处分马某源证券账户项下的3只股票，他人已善意取得股权，故马某源不能再取回其账户中原有的上述3只股票。即便转让取回权标的物所得的价金可以由原权利人取回，也应满足该价金尚未交付给债务人，或者虽已交付给债务人但能与债务人财产予以区分这一前提条件。该案中，处分马某源3只股票所得的价款进入了王某1×××××2资金账户，且已与账户内的其他资金混同，不符合上述条件。综合考虑前述情形，马某源行使取回权的基础已不存在，二审判决支持马某源有关取回案涉3只股票市值的诉讼请求，适用法律错误，应予纠正。

实践焦点
054

让与担保中担保物取回权的行使问题

在让与担保的债务人未清偿到期债务而进入破产程序时，让与担保人可否对担保物行使取回权，实践中存在不同的观点。

一种观点认为，担保人破产时，让与担保权人可依其所有权对担保物行使取回权。持这种观点的人认为，让与担保权人享有标的物的所有权，因此自然拥有取回权。①

另一种观点认为，担保人破产时，让与担保权人对担保物享有别除权，而非取回权。例如，在“绍兴中国轻纺城时代房地产有限公司与绍兴县金品置业有限公司与破产有关的纠纷案”②中，二审法院绍兴市中级人民法院认为，首先，关于让与担保的

---

① 参见王欣新：《破产法理论与实务疑难问题研究》，中国法制出版社2011年版，第223页；邹海林、常敏：《债权担保的方式和应用》，法律出版社1998年版，第409页。

② 参见浙江省绍兴市中级人民法院民事判决书，(2018)浙06民终3679号。

物权变动效力,应当依据物权法定和物权公示原则,在双方仅签订买卖合同而未实施登记等物权行为的情形下,不能仅根据买卖合同承认让与担保的物权效力。其次,因该案双方成立让与担保法律关系,双方的真实意思表示并非房屋买卖,而是为民间借贷作担保,故该案并不能适用《破产案件若干问题规定》第 71 条第 5 项“特定物买卖中,尚未转移占有但相对人已完全支付对价的特定物”的规定,即该案并不符合该规定“特定物买卖”的前提条件。最后,根据我国《企业破产法》和司法解释的规定,破产财产的范围包括:债务人在破产宣告时所有的或者经营管理的全部财产;债务人在破产宣告后至破产程序终结前取得的财产;应当由债务人行使的其他财产权利。债务人的其他财产权利主要指各类财产请求权,包括物权请求权和债权请求权。该案中,案涉 5 套商品房为债务人所建造,其物权亦未登记于其他人,故仍为债务人原始取得的财产。综上,案涉 5 套商品房仍为破产财产。

笔者也倾向于认为,让与担保权人在破产程序中不享有取回权,但其可以在担保债权的范围内对担保物行使优先受偿权。从让与担保的本质来看,其虽然具有所有权转移的外观,本质却是一种担保。《九民纪要》第 71 条已经明确规定,让与担保合同如果约定债务人到期没有清偿债务,财产归债权人所有,该部分约定无效。如果债务到期没有履行,债权人不能请求人民法院确认财产归其所有,而只能请求对财产拍卖、变卖,对价款优先受偿。在让与担保中,交易双方并没有转让财产的合意,即使完成变更登记,此种登记也并不意味真实的财产转让行为。因此,债权人仅作为名义权利人存在,担保人仍然是实际权利人。退一步讲,即使认为让与担保权人“暂时”取得了所有权,这也是一种受限的所有权,其并不能随意地处置担保物。因此,让与担保权人在破产程序中拥有的并不是所有权人的取回权,而是担保权人的优先受偿权。

实践焦点
055

隐名股东是否有权取回破产企业代持股权问题

显名股东进入破产程序，隐名股东向管理人申请取回被代持的股权，对于其他债权人而言，债务人所持股权往往价值重大，管理人是否支持取回申请与其利益攸关，"成都广诚贸易有限公司（以下简称广诚公司）与福州飞越集团有限公司（以下简称飞越公司）股权确认纠纷案"就涉及该问题。

2008 年 7 月 9 日，福州市中级人民法院裁定受理闽发证券申请飞越公司破产一案，2009 年 10 月 28 日，福州市中级人民法院裁定宣告飞越公司破产，债务人闽发证券要求将飞越公司持有的上市公司棱光实业的 974 余万股股权作为债务人财产进行分配，此时广诚公司提出飞越公司系为其代持股权。该案争议的焦点是飞越公司代持的棱光公司股权能否确权给广诚公司。

最高人民法院认为，依照 2005 年《证券法》（已失效）第 63 条、第 67 条的规定，飞越公司未将其代持股的重大事项向有关部门报告并及时向社会披露，亦未办理股权变更登记，不发生物权设立和变动的法律效果。投资人依上市公司已登记事项作出的意思表示和行为受法律保护。广诚公司虽为案涉股权的实际出资人，其与飞越公司签订协议约定该股权为广诚公司所有，但该股权登记在飞越公司名下，且经中国证券登记结算有限责任公司予以确认，飞越公司、棱光公司亦向社会予以公告，对外具有公示效应。因此，对内关系上，广诚公司与飞越公司应根据双方的协议约定，广诚公司为该股权的权利人；对外关系上，即对广诚公司与飞越公司以外的其他人，应当按照公示的内容，认定该股权由记名股东飞越公司享有。为避免损害飞越公司其他债权人的利益，对广诚公司取回股权的诉讼请求不予支持。至于广诚公司作为实际出资人如何实现其债权的问题，可通过破产程序申报债权解决。

实践焦点 056

执行异议程序与破产程序的衔接问题

案外人针对执行标的提起执行异议之诉后，被执行人进入破产程序，执行异议之诉是否有必要继续审理，实践中存在不同的理解。

一种观点认为，执行异议之诉没有继续审理之必要。在“阮某薇、马某丰申请执行人异议之诉”①中，最高人民法院认为，不论重整成功与否，都不存在债权人申请强制执行的可能，故案外人提起执行异议之诉的基础和前提已不复存在。案外人的权利可以通过破产程序实现，对该案不再具有诉的利益，因此执行异议之诉没有必要再审理。在“中诚信托有限责任公司与重庆典雅房地产开发集团有限公司、梁某开、张某生、张某申请人执行异议之诉纠纷案”②中，重庆市高级人民法院认为，重整期间，对债务人的特定财产享有的担保物权暂停行使，申请执行人依据其担保物权提起的申请人执行异议之诉暂无程序法的请求权基础。此外，申请执行人应当通过破产程序实现其权利，提起该案申请人执行异议之诉已无实际意义。

另一种观点认为，执行异议之诉在被执行人破产、管理人已确定的情形下，仍有必要继续审理。这是司法实践的主流观点，笔者亦如此认为。原因在于，人民法院受理破产申请后，执行程序并未终结，仅处于暂时中止的状态，是否终结则需根据破产程序的进展和走向而定。执行异议之诉作为一种独立的、特殊的审判程序，目的是请求人民法院排除或者继续对特定执行标的进行执行，其实质是确认执行标的是否属于被执行人责任财产的诉讼。人民法院对其起诉是否受理，应审查起诉是否符合法律规定的起诉条件和申请执行人提起执行异议之诉的起诉条件。按照《企业破产

① 参见最高人民法院民事裁定书，(2017)最高法民申3099号。

② 参见重庆市高级人民法院民事裁定书，(2017)渝民初28号。

法》第 20 条的规定，人民法院受理破产申请后，已经开始而尚未终结的有关债务人的民事诉讼或者仲裁应当中止；在管理人接管债务人的财产后，该诉讼或者仲裁继续进行。若受理被执行人破产重整申请的人民法院已确定其管理人，则管理人可以代表被执行人继续参与诉讼。此外，破产重整程序的最终走向存在不确定性，但无论债务人企业最终是破产重整还是清算，通过执行异议之诉案件的审理，对案外人针对执行标的享有何种民事权益加以认定，对于债务人财产范围的确认均具有一定的参考价值。因此，应待管理人接管债务人财产后，参与审理并根据裁判结果对执行标的的性质作出认定。最高人民法院在"董某容、中国华融资产管理股份有限公司湖南省分公司等案外人执行异议之诉"①、"贵州天下家政有限公司、中国长城资产管理股份有限公司贵州省分公司申请执行人执行异议之诉"②和"中诚信托有限责任公司、曾义申请执行人执行异议之诉"③中均采此种观点。

十、出卖人取回权

《企业破产法》第 39 条规定："人民法院受理破产申请时，出卖人已将买卖标的物向作为买受人的债务人发运，债务人尚未收到且未付清全部价款的，出卖人可以取回在运途中的标的物。但是，管理人可以支付全部价款，请求出卖人交付标的物。"

除一般情形下的取回权，《企业破产法》对特殊情形下的取回权亦作出详细规定，主要包括 3 类：途中取回权、所有权保留买卖合同中的取回权、代偿性取回权。其中途中取回权是指，在破产程序启动时，财产尚在途中的，发运方可以主张取回，其又可细分为出卖人取回权与行纪人取回权。行纪人取回权极少发生，因此，《企业破产法》仅在该条对出卖人取回权作出规定，行纪人取回权可参照适用该条规定。

行使该条规定的出卖人取回权需要满足一定的条件。"可以取回的财产"系在

---

① 参见最高人民法院民事判决书，(2021) 最高法民终 534 号。

② 参见最高人民法院民事判决书，(2019) 最高法民终 333 号。

③ 参见最高人民法院民事裁定书，(2017) 最高法民终 744 号。

人民法院受理破产申请时，出卖人已经发运但仍在运途中的买卖标的物。“在运途中”是指从交付运输后到买受人领取前的这一期间。如果标的物在破产申请受理时尚未发运，则应适用《企业破产法》第 18 条关于“待履行合同”的规定。

出卖人行使取回权的前提是债务人尚未付清全部价款。设立取回权的目的在于保护出卖人的利益，如果债务人已经付清全部价款，此时出卖人并不存在任何损失，也就不需要通过取回权获得保护。但是，出卖人的取回权也存在一定限制，如果管理人拟支付全部价款以获得标的物，则出卖人不得拒绝。管理人应当根据债务人的营业和资产情况，本着最有利于保护债务人财产价值和债务人清偿利益的原则，决定是否支付全款收取货物。当然，管理人有权支付全款收取的货物，必须是破产案件受理时在运途中的货物。如果货物在破产案件受理前已经收到，则管理人不得支付全款；如果货物在破产案件受理时尚未发运，则属于待履行合同，应当按照《企业破产法》关于待履行合同的相关规定处理。

出卖人主张取回权的时间非常重要。如果出卖人在货物到达管理人前已经主张取回，且后续管理人收到货物，此时出卖人继续主张取回的，管理人应当准许。但如果出卖人由于自身原因没有及时行使取回权，买卖标的物到达管理人后，才向管理人主张取回，管理人不应准许。

除《企业破产法》第 39 条规定的出卖人取回权，还有另外两种特殊的取回权：(1)保留所有权买卖合同中，出卖人同样享有取回权，前文已有讨论；(2)债务人占有的他人财产毁损、灭失，债务人可能因此获得保险金、赔偿金与代偿物。如果第三方尚未将标的物交付给债务人，或者虽已交付给债务人但能与债务人财产予以区分，则权利人可以主张取回。

另外，如果保险金、赔偿金已经交付给债务人，或者代偿物已经交付给债务人且不能与债务人财产予以区分，则应区分不同情况予以处理：(1)财产毁损、灭失发生在破产申请受理前的，权利人因财产损失形成的债权，作为普通破产债权清偿；(2)财产毁损、灭失发生在破产申请受理后的，管理人或者相关人员执行职务导致权利人损害产生的债务，作为共益债务清偿。

十一、破产抵销权

《企业破产法》第 40 条规定:“债权人在破产申请受理前对债务人负有债务的,可以向管理人主张抵销。但是,有下列情形之一的,不得抵销:(一)债务人的债务人在破产申请受理后取得他人对债务人的债权的;(二)债权人已知债务人有不能清偿到期债务或者破产申请的事实,对债务人负担债务的;但是,债权人因为法律规定或者有破产申请一年前所发生的原因而负担债务的除外;(三)债务人的债务人已知债务人有不能清偿到期债务或者破产申请的事实,对债务人取得债权的;但是,债务人的债务人因为法律规定或者有破产申请一年前所发生的原因而取得债权的除外。”

债权人在破产申请受理前对债务人负有债务的,不论是否已届清偿期限、标的是否相同,均可在破产财产最终分配前向管理人主张抵销。

(一)破产抵销权的构成要件

1.积极要件

债权人行使破产抵销权的前提条件之一是债权债务必须确定。虽然立法并未强制要求,但实践中,一般要求债权人已经进行了债权申报,取得了破产债权人资格,且该笔债权经过管理人审查、债权人会议核查并最终获得人民法院裁定确认。

在破产程序中,未经人民法院裁定确认的债权能否用于抵销?浙江省高级人民法院认为,即使债权未经人民法院裁定确认,具有一定程度上的程序瑕疵,但如果该笔债权已由管理人审查确认,可以保障其真实性、合法性和准确性,则该等程度的程序瑕疵不足以构成破产抵销权的实质性障碍。① 也就是说,债权经管理人审查确认且金额足以覆盖所抵销债务的情况下,债权人有权依法行使破产抵销权。在这种情况下,如果债务人认为债权人自认的负债金额少于实际负债的金额,则管理人可以就未抵销的债务继续向债权人进行追偿。

---

① 参见浙江省高级人民法院民事判决书,(2014)浙商终字第 27 号。

根据法律规定,双方同意抵销的债权债务,在抵销时视为均已到期。因此,管理人不得以互负的债权债务未到期为由,拒绝债权人抵销债权债务的主张。破产抵销权与民法上的抵销权不同,用于破产抵销的债权和债务,不以债权种类、品质相同为要件,二者价值相当即可。

一般情况下,抵销申请应由债权人主动提出,管理人不得主动要求抵销。由于在破产程序中,债务人对债权人的债务一般会予以调减,而债权人对债务人的债务可以正常清收,因此如果管理人主动抵销,会减损债务人的财产。但也存在例外情况,如果抵销可以使债务人财产获益,那么自然允许这种行为。

2. 消极要件

《企业破产法》规定,管理人行使抵销权,必须严格符合法定条件且在特定情形下严格禁止。关于法定不得抵销的典型情形,具体如下。

债权人在破产申请受理后取得他人对债务人的债权不得用于抵销。实践中,债权人对债务人的债权可能小于其对债务人的负债,不足以全额抵销。因此,债权人为低成本抵销自身负债,可能尝试通过债权转让等方式,低价受让其他债权人的债权,从而实现自身负债的全额抵销。此时,该等"买债抵销"行为侵占了本就不多的偿债资源,显然不符合集体清偿的原则。因此,《企业破产法》特别规定,关于在破产程序中受让的他人债权,可以按照同性质的债权受偿,但不得用于抵销。

债权人恶意取得债权或恶意负债也不得抵销。其一,债权人对债务人的恶意负债,不得抵销。如果债权人已知债务人有不能清偿到期债务或者破产申请的事实,仍然与债务人发生债权债务往来,恶意对债务人形成负债,则可推定其已经预备在进入破产程序后,通过行使债权人的法定抵销权,将债务人本可全额实现的负债与债权人不能全额受偿的债权进行抵销,对此,《企业破产法》明确规定不得抵销。但亦存在例外规定:债权人因为法律规定或因破产申请一年前所发生的原因而负担债务的,不属于禁止抵销的情形。我们简单理解为债权人对债务人的负债系自然形成而非主动负债,因此不属于《企业破产法》第40条特别规制的恶意负债。其二,债权人对债务人恶意取得的债权,亦属不得抵销的法定情形。债权人明知债务人陷入债务危机,但为在破产程序中获得优惠待遇,仍然与债务人发生债权债务往来,因此不允许其抵销。但如果是因为法律规定,或者因为破产申请1年前所发生的事由而取得债权,则不被禁止。

假设在债务人破产申请受理前6个月内或债务人已经具备破产原因的情况下,债权人依然恶意负债或恶意取得债权,与其原本的债权或债务进行抵销,即使该等抵销已经完成,管理人也可以在破产申请受理之日起3个月内向人民法院提起诉讼,请求人民法院确认抵销无效。

除此之外,债务人的股东因未缴出资、抽逃出资、滥用股东权利和关联关系对债务人产生的负债,不得抵销,其债权只能通过债权申报与确认程序,与同类债权一并受偿。

(二)破产抵销权的行使程序

破产抵销权的行权需要满足法定程序,即债权人应向破产管理人提出抵销申请。该等申请应以书面方式提出,写明主张相互抵销的债权金额或其他标的,以及向管理人提供证据材料,证明该等抵销债权的真实性与合法性。

管理人在收到债权人抵销申请书与相关材料后,应对抵销申请是否符合《企业破产法》相关规定、是否存在法定不得抵销的情形进行实质审查。经过审查,管理人最终决定是否对债权人的抵销权提出异议。若有异议,管理人必须明确提出而不能采用默示等方式。

若管理人对债权人的书面抵销申请未有异议,则抵销自管理人收到抵销通知之日起生效。双方用以抵销的债权直接从债权人已经得到确认的债权金额中扣除。管理人在债权表中进行相应调整;管理人无权再向债权人就该部分已经抵销的债权进行追讨。需要注意的是,债务抵销不具溯及力,其在当事人作出抵销的意思表示、行使权利之前不具有自动消灭债务的效力。因此,如果在行使抵销权之前,债务人对债务有违约行为,仍然要承担违约责任。①

若管理人对抵销有异议,则应在收到抵销通知之日起的3个月内向人民法院起诉,请求人民法院确认抵销无效。管理人超过3个月再行起诉,若无正当理由,则人

---

① 参见王欣新、王中旺:《论破产抵销权》,载《甘肃社会科学》2007年第3期。

民法院不再受理。若人民法院审理后判决支持管理人诉请，确认抵销无效，则该抵销自始无效。债权人应当全额向债务人履行清偿义务，并按同类债权清偿比例进行受偿；如果人民法院审理后判决驳回管理人诉请，认定抵销有效，则该抵销自抵销通知到达管理人之日起生效。

（三）破产抵销权的特殊情形

一种特殊情况是，即使债权人存在《企业破产法》第 40 条规定的不得抵销情形，但该债权人对债务人的债权，就债务人的特定财产享有优先受偿权，而债务人对债权人的债权为普通债权，此时，债权人主张抵销的，管理人不得拒绝，但抵销数额限于债权人享有优先受偿权的财产价值。① 《企业破产法》之所以对债权人的抵销作出一定限制，主要是为了避免债权人通过抵销实现债务免除，进而导致债务人财产损失。如果债权人用享有优先受偿权的债权和债务人对自己不享有优先受偿权的债权进行抵销，对债务人整体利益都是有益的，因此这种抵销不被法律禁止。但是，债权人主张抵销的金额不能大于优先受偿对应的财产价值，否则也会造成债权人之间的不公平清偿。

实践焦点 057

保证金收受人破产时，债权人破产抵销权的行使问题

在保证金给出人和收受人的关系中，保证金虽由收受人控制以担保特定债务，但“保证金权益归属于给出人”。一方面，保证金虽然交付给了收受人，但区别于借贷

① 《破产法司法解释（二）》第 45 条规定：“企业破产法第四十条所列不得抵销情形的债权人，主张以其对债务人特定财产享有优先受偿权的债权，与债务人对其不享有优先受偿权的债权抵销，债务人管理人以抵销存在企业破产法第四十条规定的情形提出异议的，人民法院不予支持。但是，用以抵销的债权大于债权人享有优先受偿权财产价值的除外。”

和预付款，既不发生由收受人付息的借贷效果，也不发生减少主债务利息的清偿效果；另一方面，在履行保证金协议时，收受人是以保证金“清偿”所担保债务，在所担保债务消灭后，保证金应“退还”于给出人。

基于“保证金权益归属于给出人”，给出人可以向收受人主张取回保证金。取回权虽然也有对债权的取回，但对保证金的取回往往是一种基于物权的取回，实践中有大量的取回权与债权抵销的案例。

在“中博建设集团有限公司（以下简称中博公司）管理人与中国建设银行股份有限公司温岭支行（以下简称建行温岭支行）破产抵销权纠纷案”①中，建行温岭支行与中博公司签订的反担保合同约定，中博公司以保证金专户中的保证金提供质押担保，同时约定中博公司保证金存入保证金专户，非经建行温岭支行同意，中博公司不得对保证金专户内资金进行支用、划转或做其他任何处分。案涉保证金由建行温岭支行实际占有和控制，应认定案涉保证金属于质押金钱，所有权属于中博公司。一般情况下，保证金质押期满后，在案涉保函项下的保证责任没有发生或免除保证责任的情况下，中博公司作为保证金账户资金的所有权人，有权在保证金质权消灭后请求建行温岭支行返还账户资金，该权利性质上属于物权请求权，然而，金钱具有一般等价物属性，案涉金钱的物权请求权目的不在于要求返还存入保证金账户的特定金钱，而是要求返还等价货币，因而中博公司返还金钱的物权请求权实际上等同于金钱债权，建行温岭支行对中博公司负有实质上的金钱债务。同时，中博公司对建行温岭支行负担债务，且已经管理人确认，故应认定建行温岭支行与中博公司互负债务，建行温岭支行有权向中博公司管理人主张抵销。一审法院还认为，法律没有对破产抵销权提出的时间作出明确规定，管理人还主张破产抵销权应在重整计划草案提交债权人会议表决前提出，亦没有法律依据。二审法院亦认为建行温岭支行有权行使破产抵销权，且可以在重整计划通过后，以享有优先受偿权为由行使破产抵销权。

另外，在“中国银行股份有限公司辽宁省分行（以下简称中行辽宁分行）与 STX（大连）造船有限公司（以下简称 STX 造船公司）管理人破产抵销权纠纷案”中，二审

---

① 参见浙江省台州市中级人民法院民事判决书，(2020) 浙 10 民终 1146 号。

法院认为,“因中行辽宁分行的主债权消灭,则设定于该保证金之上的质权也消灭,该保证金担保功能丧失,不再具有特定物之属性,其性质应转为普通存款。货币作为一种特殊动产、种类物,其占有与所有是同一的,一旦交付,即发生所有权的转移。对中行辽宁分行占有的该保证金,STX 造船公司只能请求返还同等数额的钱款,而不能够根据物权请求权要求中行辽宁分行返还原物,因而,STX 造船公司就案涉 200 万元及期间利息对中行辽宁分行享有债权”,可以抵销。与之相应,“STX 造船公司管理人认为该 200 万元仍然具有特定物之属性,该公司仍享有物权而非债权的主张不能成立”。

上述两个案件的核心问题为取回权与债权能否发生抵销。两案的基本论证路径为,将保证金权益论证为普通债权,以满足“互负债务”的抵销要件,进而依《企业破产法》第 40 条的规定予以抵销。两案的具体论证思路稍有区别:前案认可保证金给出人对保证金具有物权请求权,但将该物权请求权等同于债权请求权,后案不认可保证金给出人对保证金具有物权请求权,依占有即所有的规则,将保证金给出人对保证金收受人的权利论证为普通债权。

06

第六章

破产程序进行的必要开支

破产费用及共益债务在破产程序开始后发生，是为了债务人和全体债权人的利益而产生的必要开支。因此，《企业破产法》规定破产费用及共益债务可以由债务人财产随时清偿，便于保障破产程序顺利进行。

一、破产费用

《企业破产法》第 41 条规定："人民法院受理破产申请后发生的下列费用，为破产费用：(一)破产案件的诉讼费用；(二)管理、变价和分配债务人财产的费用；(三)管理人执行职务的费用、报酬和聘用工作人员的费用。"

在一般情况下，破产程序较之于个别清偿程序更具效率，但破产程序本身也需耗费成本。破产费用即其中一项硬性成本开支，法律规定其可在破产程序中优先支付。破产费用应为全体债权人的共同利益而支出的费用,这也是构成破产费用的实质条件。破产程序作为概括性的公平清偿程序,目的在于协助全体债权人公平地获得清偿,具体体现在债权清偿顺位以及债权清偿数额等两个方面。同理,关于破产程序中支出的费用,全体债权人亦应公平分担。因此,只有为全体债权人的利益而支出的费用才能作为破产费用,个别债权人参加破产程序的费用不应作为破产费用由全体债权人负担。

破产费用必须是为保障破产程序的顺利进行而支付的费用。例如,债务人启动破产程序、启动对其他主体的诉讼案件的案件受理费用,以及管理人为清理债权债务而在管理、变卖、分配债务人财产等各个环节支付的费用等。需要注意的是,为债务人的继续营业而负担的债务不属于破产费用。

具体而言,上述破产案件的受理费用主要指破产案件的申请费用。法院按照破产财产总额计算破产费用,但最高不超过人民币30万元。破产案件申请费可在案件受理后,根据破产财产情况最终确定数额并从债务人财产中优先拨付。在司法实践中,也有法院要求申请人提前垫付该笔费用,但若申请人是债务企业的,则可向法院申请暂缓缴纳,亦可在破产程序终结前,因公司财务困难等原因向法院申请豁免。

管理、变价和分配债务人财产的费用也属于破产费用,具体包括:(1)财产保管费用,如雇佣看管人员的劳动报酬、租用存放场地的租金、仓储保管费用等;(2)财产保养、维修费用,如为保证机械设备、机动车辆适用性和变现价值而必须支出的保养、维修费用;(3)财产保险费,如为避免盗窃、火灾等情况造成债务人财产毁损,根据实际情况需要支出的财产保险费用;(4)财产评估费用,债务人财产中价值较高的财产出售时需要事先经过中介机构的评估,为此必须支出必要的评估费用;(5)财产的拍卖费用,包括变价拍卖过程中所支出的公告费、佣金;(6)财产变更权属过程中应当支付的费用,如在变卖房地产过程中可能需要补交土地出让金、补交配套费、变更登记手续费等费用;(7)管理、变价和分配债务人财产的其他费用。

管理人执行职务的费用、报酬和聘用工作人员的费用属于破产费用。管理人的职责包括接管财产、调查债务人财产状况等,履行这些职责必然会支出一定费用,这些费用被认定为破产费用。该等费用与《企业破产法》第41条第2项规定的债务人财产的管理、变价和分配所需费用易于混淆,前者是指债务人进行财产保管、评估、拍卖、变卖、分配等所需的费用;后者是指管理人在执行职务过程中所支出的差旅费、通讯费、调查费等。管理人执行职务的报酬也被囊括在破产费用的范畴内,由法院根据最高人民法院以及各地法院的规定加以确定。除此之外,管理人经法院许可,可以聘用必要的工作人员,聘用开支同样属于破产费用。

除上述费用外,人民法院裁定受理破产申请的,此前债务人尚未支付的公司强制清算费用,未终结的执行程序中产生的评估费、公告费、保管费等执行费用,也可以参照《企业破产法》第41条破产费用的规定,由债务人财产随时清偿。

实践焦点 058

破产申请受理后新生税款的性质认定问题

企业进入破产程序后,主要涉及两方面税务问题:一是企业进入破产程序前的历史欠税;二是企业进入破产程序后的新生税款。关于前者,《企业破产法》有明确规定,关于后者则存在争议。

以"吴忠市利通区地方税务局与吴忠宁燕塑料工业有限公司(以下简称宁燕塑料公司)破产管理人行政强制案"①为例,不同审级的法院存在不同观点。2011年4月,吴忠市利通区法院裁定宣告宁燕塑料公司破产。2014年8月21日,破产管理人委托拍卖行公开拍卖破产财产。竞买人宁夏正豪投资置业有限公司竞拍成功,并于2015年9月28日办理了拍卖破产财产的移交手续。吴忠市利通区地方税务局在数次催缴拍卖所生税款无果后,从宁燕塑料公司管理人所设账户强制划扣税款4,542,309.83元。宁燕塑料公司破产管理人不服吴忠市利通区地方税务局的行政强制行为,将其诉至法院。

一审法院认为,破产管理人委托拍卖破产财产,取得拍卖所得价款,应依相关税

① 参见宁夏回族自治区高级人民法院行政裁定书,(2018)宁行申28号。

法缴纳税款，该税款是在破产清算中变价处理破产财产而产生的税费，属于《企业破产法》第41条规定的管理、变价的破产费用，应当优先清偿，因此判决驳回破产管理人的诉讼请求。二审法院认为，《企业破产法》规定人民法院受理启动破产程序后，债务人便丧失了对企业财产的管理和处分的权利，而是由人民法院指定的管理人接管债务人的财产，对其财产进行管理、变价和分配，必然要支出相应的费用，这些费用为破产费用。该案被上诉人所扣缴的税费属于破产企业管理人在对企业财产依法进行拍卖、变价后因财产增值而产生的增值税，并不是因变价行为本身而产生的费用，依法不属于《企业破产法》所规定的破产费用。再审法院认为，任何债务或费用的强制划扣，在破产程序中，均必须经过人民法院审查准许或在清偿顺序中依法清偿，故该案吴忠市利通区地方税务局强制划扣拍卖税费，执行程序违法，裁定驳回了再审申请。但再审法院实际上回避了新生税款是否属于破产费用的问题。

在"国家税务总局桂阳县税务局、湖南黄沙坪铅锌矿破产债权确认纠纷案"①中，一审法院认为新生税款不属于破产费用，而是共益债务。二审法院认为，就企业进入破产清算程序后的新生税款的定性问题，我国法律暂时没有作出具体规定。根据《税收征收管理法》及其相关法律法规的规定，企业设立后至注销登记前，依法纳税是法定义务。湖南黄沙坪铅锌矿虽然已经进入破产清算程序，但并未注销，纳税主体资格依然存在，仍然负有法定的纳税义务。在破产清算过程中产生的土地使用税、房产税、增值税、城建税等税款，以及资产处置和出租门面等行为产生的房产税、增值税、教育附加等税款，都是在破产程序中为全体债权人的共同利益而支付的各项费用或承担的必要债务，其主要目的为保障破产程序的顺利进行，在使用效果上，可以增进所有债权人的利益，与我国《企业破产法》第41条和第42条所规定的"破产费用""共益债务"的本质属性是相同的，属于"破产费用""共益债务"，一审法院确认为"共益债务"处理正确，二审法院予以维持。

还有观点认为，新生税款不应当归于破产费用和共益债务中的任何一种，而应列为一种单独项目。理由是破产费用和共益债务都具有双务有偿的特点，管理人支付

---

① 湖南省郴州市中级人民法院民事判决书，(2020)湘10民终1585号。

破产费用和共益债务时，收取方应当负有相应的义务或者支付相应的对价，而新生税款是国家机关无偿收取的，不需要负有任何义务，因此不应归属于其中任何一类。

实践中往往将新生税款认定为破产费用或共益债务。上海市高级人民法院与上海市税务局《关于优化企业破产程序中涉税事项办理的实施意见》中也明确："人民法院裁定受理破产申请后，经人民法院许可或债权人会议决议，企业因继续营业或者因破产财产的使用、拍卖、变现所产生的应当由企业缴纳的税（费），管理人以企业名义按规定申报纳税。相关税（费）依法按照共益债务或者破产费用，由破产财产随时清偿，主管税务机关无需另行申报债权，由管理人代为申报缴纳"。

二、共益债务

《企业破产法》第 42 条规定："人民法院受理破产申请后发生的下列债务，为共益债务：（一）因管理人或者债务人请求对方当事人履行双方均未履行完毕的合同所产生的债务；（二）债务人财产受无因管理所产生的债务；（三）因债务人不当得利所产生的债务；（四）为债务人继续营业而应支付的劳动报酬和社会保险费用以及由此产生的其他债务；（五）管理人或者相关人员执行职务致人损害所产生的债务；（六）债务人财产致人损害所产生的债务。"

共益债务系《企业破产法》中最为重要的概念之一，其是指债务企业在破产程序开始后，为了全体债权人的共同利益而负担的非程序性债务。共益债务与破产费用既相似又不同。二者的共性在于，都在破产程序中产生，都为保障全体债权人权益服务。因此，共益债务不同于破产程序开始前即产生的破产债权。

共益债务与破产费用的主要区别在于，破产费用是在破产程序中所支出的程序性费用，该等费用的支出具有必然性，一般的破产案件都需要支出破产费用；共益债务则是具有或然性的非程序性债务，破产案件产不必然产生共益债务，而且产生的共益债务种类亦不尽相同。具体而言，共益债务存在下述分类。

第一，债务企业继续履行合同所产生的债务。法院受理破产申请后，如果存在破产申请受理前成立且债务人和对方当事人均未履行完毕的合同,管理人有权选择解除或者继续履行。如果管理人决定继续履行,则对方当事人应当履行,但债务人自己也需要履行合同义务,由此产生的债务为共益债务。

第二,债务人财产受无因管理所产生的债务。就破产角度而言,无因管理是指某一主体没有法定或者约定义务,但为避免债务人财产利益受损,自愿提供管理或提供服务的行为。法律保护的无因管理要求不但管理的主体具备管理意思,而且管理事务有利于债务人。此时,该主体因管理而花费的必要开支,应当作为公益债务全额清偿。反之,如果该主体违反债务人的意思且并未使债务人财产产生增益,则这种"管理"不受法律保护,该主体无权请求债务人对其开支进行偿付。

第三,因债务人不当得利而产生的债务。不当得利是指在没有合法依据的情况下,致使他人受损而自己获益的行为。正是因为没有合法根据,这种获益不受法律保护,所获利益应当返还给受损失的人。在破产程序中,如果债务人不当得利,管理人应当该部分利益予以返还,且其性质属于共益债务。

第四,为债务人的继续营业而应支付的劳动报酬和社保费用,以及由此产生的其他债务。具体而言,"由此产生的其他债务"包括为债务人的继续营业而与他人签订新的合同所产生的债务等。除上述为继续营业产生的必要债务外,根据《破产法司法解释(三)》第 2 条的规定,破产申请受理后,经债权人会议决议通过,或者第一次债权人会议召开前经人民法院许可,管理人或者自行管理的债务人为债务人继续营业而借款的,提供该借款的债权人,可以参照《企业破产法》第 42 条第 4 项的规定,主张其债权作为共益债务优先受偿。

第五,管理人或者相关人员执行职务致人损害所产生的债务。法院指定管理人、管理人聘用必要的工作人员为破产程序所必需,管理人或者相关人员执行职务的行为致人损害所产生的债务,应当作为共益债务。

第六,债务人财产致人损害所产生的债务,包括人身伤害和财产损失。关于该等损害,债务人需要承担相应的赔偿责任因该等损害而产生的债务属于共益债务。

除上述常见情形,管理人在认定共益债务时,有些特殊情形值得注意。实践中常见的情形为,债务人陷入财务困境,若继续营业则必须进行融资。鉴于融资是为债务人的整体利益服务，理论上因融资而产生的债务应当属于共益债务。因此，《破产法司法解释（三）》第2条规定，管理人或者自行管理的债务人为债务人继续营业而借款的，该笔借款可作为共益债务清偿。但是，如果融资获得的款项并未实际用于企业的继续营业，该款项是否仍然属于共益债务，则需具体问题具体甄别。

对此，管理人可以从借款用途的约定，以及借款的实际用途综合考虑。由于债权人难以控制债务人或管理人，很多时候也无从知悉破产企业是否存在挪用资金的客观事实。司法实践中，部分法院往往根据合同约定的用途加以判断。如果合同约定资金的用途是维护全体权利人和债务人财产的利益，则可倾向于将该笔债务认定为共益债务；反之，若有债权人提出异议，则法院将进行更为严格的审查复核。

实践焦点 059

待履行合同中已履行部分债权的性质认定问题

继续履行部分所产生的债务属于共益债务，这一点已经有明确规定，但对于已履行部分的债权如何认定，仍然存在较大争议，实践中的操作也莫衷一是。

第一种观点认为，关于待履行合同已履行部分的债权，由于其在破产申请受理之前发生，因此应当认定其为普通债权，可以通过申报债权的方式进行受偿。[①] 在“衢州永宁气体有限公司（以下简称永宁气体公司）、浙江中宁硅业有限公司（以下简称中宁硅业公司）普通破产债权确认纠纷案”[②]中，永宁气体公司与中宁硅业公司于2008年订立供气合同，双方随即开始履行合同。随后中宁硅业公司于2017年6月26日进入破产程序，其管理人决定继续履行供气合同。关于供气合同此前已经履行部分，永宁气体公司请求确认中宁硅业公司于破产程序开始前欠付的437.3731万

① 参见李永军：《破产法——理论与规范研究》，中国政法大学出版社2013年版，第226页。

② 参见浙江省高级人民法院民事判决书，（2018）浙民终421号。

元供气款属于中宁硅业公司的共益债务。二审法院浙江省高级人民法院认为,上述诉争的供气款不属中宁硅业公司破产中的共益债务。一是案涉供气合同具有时间上的可分性。案涉供气合同为继续性合同,合同内容给付具有持续性,非一次给付可完结,随着时间的不断积累,给付内容不断增加。鉴于供气合同的性质,通常情况下,时间的延续及对时间进行分段本身不会对合同价款、履行方式造成过多影响,因此不会对当事人实体权益及合同目的造成过多影响。

根据《企业破产法》第 42 条第 1 项之规定,人民法院受理破产申请后,因管理人或者债务人请求对方当事人履行双方均未履行完毕的合同所产生的债务为共益债务。鉴于供气合同时间上的可分性,不宜将人民法院受理破产申请之前,债务人欠付的案涉合同债务认定为共益债务。而且诉争债务不具共益债务的特征,共益债务在性质上系在破产程序中为了全体债权人利益而由债务人财产负担的债务。二是该案诉争债务产生于破产申请受理之前,尽管客观上其使得中宁硅业公司的实体财产权益有所增加和保有,但无证据显示在诉争债务产生之时,合同双方主观上具有使全体债权人获益的意思,故诉争债务并非为全体债权人的共同利益而产生。三是应当遵循各方对债务问题作出的事前安排。在决定继续履行供气合同时,对于中宁硅业公司在其破产清算申请受理日,即 2017 年 6 月 26 日前后所产生的供气款债务,三方业已作出一致性的安排:对上述日期之后产生的供气款,应按中宁硅业公司共益债务足额支付;对上述日期之前欠付的供气款金额予以确认。永宁气体公司主张中宁硅业公司于上述日期之前欠付的供气款应一并按照共益债务足额支付,不符合三方在备忘录中作出的事前安排。四是诉争债务非共益债务不会造成权益的明显失衡。根据《企业破产法》第 44 条、第 53 条、第 113 条之规定,倘若在人民法院受理破产申请之后,双方合意或者中宁硅业公司管理人决定解除案涉供气合同,永宁气体公司对于中宁硅业公司欠付的合同项下的供气款,应当申报债权并将其作为普通破产债权通过破产财产分配得以受偿,对此自无疑异。然而在该案继续履行供气合同的情况下,将前述中宁硅业公司欠付的合同项下的供气款也即该案的诉争款项视为永宁气体公司的普通破产债权,相较于解除供气合同的情形,并未减损永宁气体公司的权益。在"山西艾尔德添加剂新技术有限公司与东北特钢集团大连高合金棒线材有限责任公司、东北特钢集团大连高合金棒线材有限责任公司管理人与破产有关的纠纷案"①中，大连市中级人民法院也持同样的观点。

第二种观点认为，部分待履行合同的标的存在特定性，如果债权人因要求得不到满足而不同意继续履行合同，管理人无法要求债权人提供其需要的特定产品，这势必对债务人继续经营的需要构成妨碍。因此，将已履行部分债务认定为共益债务并优先予以清偿，有利于减少合同相对人的顾虑，保持合同的继续履行。② 在"桓台县唐山热电有限公司(以下简称唐山热电公司)、上海碳索能源服务股份有限公司(以下简称碳索能源公司)技术服务合同纠纷案"③中，唐山热电公司与碳索能源公司于2013年5月9日签订项目合同，双方随即开始履行合同。唐山热电公司于2018年3月8日进入破产程序，管理人决定继续履行上述合同。随后碳索能源公司向唐山热电公司管理人申报唐山热电公司欠付的节能服务费12,720,596.64元，并申请将申报债权确认为破产企业的共益债务，但唐山热电公司管理人确认其债权金额为6,271,755.28元，为普通债权。二审法院山东省高级人民法院认为，涉案节能服务费虽系唐山热电公司破产申请受理之前发生的费用，但应认定为共益债务。一方面，涉案合同的分享比例具有整体性和不可分性，应当将其作为一个整体对待；另一方面，管理人决定继续履行涉案合同，说明唐山热电公司能够通过节能改造获得节能效益，这有利于保障全体债权人的利益，若唐山热电公司破产申请受理前欠付的节能服务费不能与破产申请受理后的节能服务费一并作为共益债务，因节能服务费是按照前高后低的比例计算，故对碳索能源公司而言显失公平，不利用双方合同的继续履行。在"江苏鑫吴输电设备制造有限公司与泰州扬光金属结构有限公司加工合同纠纷案"④中，泰州市中级人民法院持同样观点。

笔者倾向于认为，将该类债权认定为普通债权更为合理。从条文本身来看，立法

① 参见辽宁省大连市中级人民法院民事判决书，(2017)辽02民初472号。

② 参见王欣新、余艳萍：《论破产程序中待履行合同的处理方式及法律效果》，载《法学杂志》2010年第6期。

③ 参见山东省高级人民法院民事判决书，(2020)鲁民终603号。

④ 参见江苏省泰州市中级人民法院民事判决书，(2016)苏12民终2740号。

对共益债务的认定持严格态度,《企业破产法》第 42 条也没有规定兜底条款,因此只有发生在破产申请受理后的债务才可能属于共益债务,不应对其进行扩大解释,而待履行合同下已履行部分均发生于破产申请受理前,不满足共益债务的定义。更重要的是,即使从实质上考虑,如果认为该类合同的履行对债务人有利,将合同下破产申请受理后产生的债务认定为共益债务即可。而且这类跨越了破产程序的合同一般都是继续性合同,可以被"分割"为破产申请受理前和受理后两个部分,将其分别定性、处理不会给合同带来太大影响。实践中,管理人遇到此类问题多也如此操作,尤其是对于大型企业破产重整而言,任意扩大共益债务的范围,势必使得债务重组工作更为困难,如因此造成企业破产清算,将会使得更大范围内的债权人遭受损失。

实践焦点
060

共益债务利息的性质认定问题

在破产重整程序中,债务人通常通过多种方式引入生产经营所需的资金。《破产法司法解释(三)》第 2 条规定,在一定情形下,提供借款的债权人可以主张参照《企业破产法》第 42 条第 4 项的规定优先于普通破产债权清偿。该规定肯定了上述融资借款构成共益债务,但是该规定并未明确区分本金与利息,从而使得是否可以主张借款利息以及其性质如何认定在实践中存在一定争议。

否定说认为,根据《企业破产法》第 46 条的规定,破产申请受理后的借款均不可再计算利息。在"深圳市亿商通进出口有限公司(以下简称亿商通公司)等诉东莞市清溪金卧牛实业有限公司(以下简称东莞金卧牛公司)破产债权确认纠纷案"①中,东莞金卧牛公司向亿商通公司借款 100 万元发生于该公司破产重整期间,东莞金卧牛公司管理人(时任管理人:众泰会计师事务所)亦在涉案借款协议上盖章确认。该笔

① 参见广东省高级人民法院民事判决书,(2014)粤高法民二破终字第 2 号。

借款经由东莞金卧牛公司破产管理人确认且约定用于“东莞金卧牛公司破产重整期间继续营业而应支付的劳动报酬、水电费用、安保费用和社会保险费用以及由此产生的其他费用”,系为维护全体权利人和破产财产利益而发生,属于《企业破产法》第42条第4项规定的“为债务人继续营业而应支付的劳动报酬和社会保险费用以及由此产生的其他债务”,依法应当认定其为东莞金卧牛公司的共益债务。东莞金卧牛公司在借得该笔100万元款项后,如何使用该笔款项,并非确认该笔债务是否为共益债务的充分依据。但是,付利息的债权自破产申请受理时起停止计息,债权人主张借款利息,缺乏法律依据,广东省高级人民法院不予支持。

肯定说则认为,破产程序中发生的债务可以计算利息,且若主债务属于共益债务,该债务产生的利息也应属于共益债务。在江西省高级人民法院2021年破产审判十大典型案例之三——“江西宏远喀斯特综合开发有限公司(以下简称宏远公司)破产清算案”中,法院受理宏远公司破产清算申请后,同意管理人为林木养护管理进行借款,并明确借款及利息作为共益债务。与之相似,在“太仓仁德化纤有限公司、浙江南方石化工业有限公司破产债权确认纠纷案”①中,绍兴市中级人民法院认为,因债务人不当得利而产生的债务为共益债务,在返还共益债务时,应当一并返还其利息。

笔者认为,应允许共益债务计算利息,且该利息也属于共益债务,这能帮助企业快速筹集到生产经营所需的资金,这也是司法实践中的多数观点。从条文本身来看,《企业破产法》第46条关于停止计息的规定仅针对在破产申请受理前形成的债权,不应对其作扩大解释,将此规定中的债权拓展到破产申请受理后的债权。从实质意义上理解,共益债务的利息是共益债务的一部分,其发生于破产申请受理后,与主债务共同促进债务人的继续营业,因此符合共益债务的定义。从实用的角度看,如果对债务人的借款不可以主张利息,则债务人不仅投资风险较高,而且没有收益,这只会影响债务人的融资,不利于其继续营业和复兴。

① 参见浙江省绍兴市中级人民法院民事判决书,(2017)浙06民终2014号。

实践焦点 061

出资方在共益债权融资模式下的注意事项

虽然优质破产项目的共益债投资可以得到较为丰厚的投资收益，但是出借方仍面临一定的投资风险，该风险主要体现在共益债务的认定和清偿顺位确认两方面。共益债投资的认定风险上文已经详细说明，对于共益债投资的清偿顺位风险，投资人仍应关注。破产实践中，破产重整企业若能顺利实现重整，则有财产担保的债权、破产费用、共益债务、职工债权等将随着重整方案的执行一并清偿，投资人确认投资收益即可。但是若重整失败转入破产清算程序，因共益债务的清偿顺位劣后于有财产担保的债权、建设工程价款债权、商品房消费者权利等法定优先权利，甚至劣后于部分关涉维稳的债权、政府债权等，故投资人仍需注意风险防范。

鉴于此，出借方制定投资方案时，需要结合共益债务的认定标准，严格判断共益债务融资介入的时点，避免债权融资款因发生时间不妥而被排除在共益债务的范围之外，同时应尽可能在融资协议中明确约定债务人的借款用途，使其符合共益债务系为维护全体权利人和破产财产利益而发生的标准，并确认债务人对外借款已经债权人会议或人民法院批准。

同时，为了保障债务的顺利清偿，降低共益债务融资的风险，条件允许时可以要求债务人的关联方或其他第三方提供相应的担保。

另外，在资金监管方面，出借方可考虑在融资协议中约定，由出借方及管理人对资金账户进行共同监管，也可以考虑推荐对债务人情况较为了解的债权人或其他利害关系人、利益相关人对资金使用进行监督，以保证资金为债务人所用。

实践焦点
062

破产申请受理前投资人提供借款的性质认定问题

以“杭州弘达景观工程有限公司(以下简称弘达公司)、浙江亚西亚房地产开发有限公司(以下简称亚西亚公司)破产债权确认纠纷案”①为例,2008 年 8 月,亚西亚公司作为发包人,与承包人丽水交通绿化公司签订《杭州圆梦园二期(B 区)项目景观工程合同协议书及合同条款》,由丽水交通绿化公司负责圆梦园二期(B 区)项目景观工程施工。随后亚西亚公司因开发的阳光景台项目全部停工,无法按约交付房屋,引发业主多次集体上访。

2013 年 11 月 19 日,杭州市建委、市维稳办出台杭建房〔2013〕200 号文件《阳光景台项目重大涉稳问题后续推进工作专题会议纪要》,明确宋都控股公司作为处置工作组成员,并作为阳光景台项目的托管单位,负责项目后续工作的实施。根据上述会议纪要,宋都控股公司专门成立宋都诚业公司并安排专业人员负责阳光景台项目复工建设组织工作。经过多次协商,2014 年 1 月 3 日,丽水交通绿化公司与宋都诚业公司就如何履行丽水交通绿化公司与亚西亚公司 2008 年 8 月签订的《杭州圆梦园二期(B 区)项目景观工程合同协议书及合同条款》达成了共识,并形成会议纪要,明确宋都诚业公司作为托管单位,负责阳光景台项目复工至竣工验收交付期间的组织实施工作,丽水交通绿化公司按照《杭州圆梦园二期(B 区)项目景观工程合同协议书及合同条款》的所有条款继续履行合同。

2014 年 4 月 7 日,因工程进展需要,丽水交通绿化公司要求增加弘达公司为承包主体,由丽水交通绿化公司、弘达公司双方共同承包。弘达公司与亚西亚公司、丽水交通绿化公司签订《杭州圆梦园二期(B 区)项目景观工程合同协议书及合同条

① 参见浙江省杭州市中级人民法院民事判决书,(2017)浙 01 民终 5761 号。

款》的补充协议，约定弘达公司缴纳履约保证金给亚西亚公司，亚西亚公司将该工程的所有工程款项支付给弘达公司。三方还对合同价、合同工期等相关事宜作了约定。弘达公司支付了履约保证金 74,315 元，并按约完成了施工任务。

2016 年 5 月 16 日，浙江韦宁工程审价咨询有限公司出具亚西亚公司关于杭州圆梦园二期(B 区)景观工程结算审核报告，审定工程造价为人民币 1,700,083 元。2014 年 5 月 23 日，宋都诚业公司支付给弘达公司工程款人民币 1,161,815 元。剩余工程款及履约保证金共计 612,583 元，经弘达公司多次催讨，该公司均以各种理由推脱，未予支付剩余工程款，也未返还履约保证金。

2016 年 3 月 4 日，杭州市中级人民法院作出(2016)浙 01 民破字第 6 号民事裁定书，裁定受理亚西亚公司破产清算申请并将该案交由杭州市江干区人民法院审理。2016 年 4 月 25 日，杭州市江干区人民法院作出(2016)浙0104 民破 1 号决定书，指定浙江六和律师事务所、浙江天平会计师事务所有限公司、浙江君安世纪律师事务所为亚西亚公司破产联合管理人。弘达公司向亚西亚公司申报债权后，管理人确认弘达公司的债权为普通债权，金额为 612,583 元，包括剩余工程款 538,268 元和履约保证金 74,315 元。

2016 年 8 月 8 日，宋都诚业公司诉至杭州市江干区人民法院，请求判令亚西亚公司管理人确认其垫支款人民币 22,746,127.79 元为破产费用或共益债务，并要求立即支付该款项。杭州市江干区人民法院于 2017 年 6 月 20 日作出(2016)浙0104 民初 5948 号民事判决书，认为该债务系因政府委托而发生，且相关政府部门确认委托事项完工，上述事实均以政府会议纪要或政府函件的形式确认，这直接限定了债务发生条件、债务属性和债务认定程序，区别于其他债务，同时，政府以委托形式完成工作成果的受益主体为项目，委托当时为事实行为，于破产案件审理期间以诉讼的形式确认债务性质，故可认定宋都诚业公司垫支 22,734,100.64 元为共益债务，判决确认宋都诚业公司垫付资金人民币 22,734,100.64 元为共益债务。亚西亚公司不服上诉至杭州市中级人民法院。

2017 年 12 月 29 日，杭州市中级人民法院作出(2017)浙 01 民终 5761 号民事判决书，认为宋都诚业公司垫支资金的行为发生于亚西亚公司进入破产清算程序之前,依法不能直接认定为属于亚西亚公司破产清算程序中的破产费用或共益债务。但亚西亚公司资金链断裂导致阳光景台项目停工发生于2012年,其时亚西亚公司破产原因已经具备,当时进入破产清算程序,为阳光景台项目的复工、续建、交房而需要支付的资金,无论是通过何种途径筹集,都是为了债权人的共同利益,属于亚西亚公司继续营业而产生的债务,依法应属共益债务。宋都诚业公司垫资行为发生于亚西亚公司破产原因具备之后,且系因政府指令托管已停工的阳光景台项目而产生,非纯粹的商业行为,同时,因宋都诚业公司的资金垫支,阳光景台项目完成续建并竣工,使债权人受益,故宋都诚业公司垫支资金22,734,100.64元的债权可在亚西亚公司破产清算中参照共益债权进行清偿,并判决维持杭州市江干区人民法院的一审判决。

一审法院认为,宋都诚业公司因阳光景台项目垫付的资金被法院判决确认为可在亚西亚公司破产清算程序中参照共益债务进行清偿,主要基于三个方面的理由:其一,宋都诚业公司的垫支行为发生在亚西亚公司破产原因具备之后。其二,垫资行为系受政府指定托管已停工的阳光景台项目而产生,非纯粹的商业行为。其三,宋都诚业公司的垫支使阳光景台项目完成续建并竣工,使债权人受益。该案中,虽然弘达公司参与到阳光景台项目中也系在亚西亚公司破产原因具备之后,但其是主动参与而非受政府指定被动加入,由此可以认为其系出于纯粹的商业利益。同时,弘达公司仅参与了项目景观工程的施工,因此若仅有弘达公司的参与,整个阳光景台项目并不可能完成续建并竣工,也即若仅有弘达公司的参与,广大债权人亦不可能因其参与而受益。综上,弘达公司要求参照法院对宋都诚业公司垫支资金债权的审理意见,诉请确认弘达公司对亚细亚公司的债权612,583元参照共益债务清偿,没有事实依据,该院不予支持。

二审法院认为,弘达公司对亚西亚公司的工程款债权形成于亚西亚公司破产清算前,不符合《企业破产法》第42条关于共益债务的规定。弘达公司根据杭州市中级人民法院(2017)浙01民终5761号民事判决,以其债权和宋都诚业公司对亚西亚公司的垫支款债权性质相同为由,要求参照共益债务清偿,但两项债权存在本质的区别:一是债权主体性质不同,宋都诚业公司根据政府委托接管亚西亚公司,负责完成阳光景台项目的续建工程,系带有行政性质的“接管人”,而弘达公司未接受任何委托或指令，系对自身行为具有独立自由意志的商事主体；二是债权产生原因不同，宋都诚业公司的垫付款债权系其接受政府委托后为亚西亚公司完成阳光景台项目续建工程垫付资金而产生，而弘达公司的工程款债权系其考量商业风险和收益后决定履行商业合同而产生；三是债权主体价值观不同，宋都诚业公司系为完成阳光景台项目续建工程、维护广大购房消费者利益而垫资，其追求社会稳定、安居乐业的公益价值，无任何个体利益，而弘达公司完成案涉工程仅是履行商事合同、追逐商业利益的个体行为，其履约行为为合同对价、利润所支撑和吸引。综上，弘达公司缺乏宋都诚业公司在债权产生过程中所具有的行政性、无偿性、公益性等特点，其作为独立商事主体对自身商业行为的风险和收益应有清晰评估，在已知亚西亚公司具备破产原因的情况下，为追求商业利益仍然与其发生合同关系，由此带来的风险应自行承担，而不能超越其他同类别债权人，享受参照共益债务清偿债权的特权。弘达公司的上诉请求不能成立，一审判决认定事实清楚，适用法律正确，应予维持。

根据如上案例，我们理解：出借方向未进入破产程序的企业提供的借款不能被认定为共益债务。但值得注意的是，实践中预重整制度的广泛适用，对该观点提出了新的考验。而且该案中没能以共益债务认定之“程序标准”同案同判，判定宋都诚业公司垫资投入亦不属于共益债务，而是以行政性、无偿性和公益性等非法定的认定标准做出截然相反的判决，对此需要进一步深思。

三、破产费用和共益债务的清偿

《企业破产法》第43条规定：“破产费用和共益债务由债务人财产随时清偿。债务人财产不足以清偿所有破产费用和共益债务的，先行清偿破产费用。债务人财产不足以清偿所有破产费用或者共益债务的，按照比例清偿。债务人财产不足以清偿破产费用的，管理人应当提请人民法院终结破产程序。人民法院应当自收到请求之日起十五日内裁定终结破产程序，并予以公告。”

原则上，破产费用和共益债务应当随时清偿。管理人清偿破产费用和共益债务是保证破产程序顺利进行的重要条件。《企业破产法》为保证破产程序的顺利进行，当破产费用或者共益债务发生时，应当由债务人财产随时清偿。实践中，有的在破产费用或者共益债务发生后随时支付；有的则是在破产财产分配时预先扣除，待其他债权清偿完毕后或在清偿过程中，根据债务人的日常经营、现金流压力、当事方约定等情况进行支付。需要注意的是，这里用于清偿的财产是指债务人未设定担保的财产或偿付完毕担保权人而释放出来的“净资产”。

如果债务人财产不足以同时清偿破产费用和共益债务，应优先清偿破产费用。与共益债务相比较，破产费用是破产程序本身所必需的费用，如果债务人财产不能支付破产费用，将直接导致破产程序无法进行，因此需要对破产费用优先清偿。

有两种特殊情形需要遵循比例清偿的原则。若债务人财产不足以清偿全部破产费用，则各笔破产费用按比例清偿。若债务人财产可以偿付破产费用，但清偿破产费用以后的余额不足以清偿全部共益债权，则各笔共益债权按比例清偿。

破产实践中，如果出现债务人财产不足以支付破产费用的情形，破产程序也将很难继续进行，或者即使继续进行也无实际意义。因此，在这种情况下，管理人应当提请人民法院终结破产程序。人民法院应当自收到请求之日起 15 日内作出裁定并予以公告。需要注意的是，如果债务人只是出现暂时的支付困难，困难消失后债务人仍有能力支付，那么破产程序应当继续进行；如果债务人财产足以支付破产费用，但是不足以清偿共益债务，那么管理人应当在变卖债务人财产后依法清偿共益债务，但不存在破产程序终结的问题。

实践焦点 063

在执行转破产程序中，管理人提请法院终结破产程序的具体流程

在执行转破产的程序中，管理人提请法院终结破产程序应如何操作，可以参见“江苏吴江农村商业银行股份有限公司与江苏天匠建筑装饰工程有限公司（以下简

称天匠公司)申请破产清算案”①。

2018年5月14日,苏州市吴江区人民法院立案登记天匠公司执行案件移送破产审查一案。2018年6月11日,苏州市吴江区人民法院裁定受理债权人对天匠公司的破产清算申请。2018年7月20日,天匠公司召开第一次债权人会议。会上,苏州市吴江区人民法院首先指定了债权人会议主席,同时基于该案无财产需要处置,债权人人数也较少,经债权人会议同意,不再设立债权人委员会。接下来,管理人将编制的债权表提交债权人会议核查,到会债权人对债权表记载的债权均表示无异议。因未到会债权人会前也已向管理人提交无异议的书面意见,故管理人当场向苏州市吴江区人民法院申请裁定确认债权表,吴江区人民法院当场裁定确认了苏州市吴江区地方税务局等13家债权人的债权数额及性质。其后,管理人向债权人会议作履职报告,全面汇报第一次债权人会议前管理人履职情况,重点披露债务人资产调查情况。

管理人报告完毕后,苏州市吴江区人民法院现场询问债权人对管理人履职报告的意见,并释明目前债务人财产已不足以支付破产费用,若无债权人或其他利害关系人垫付破产费用,管理人有权依照《企业破产法》的规定,向法院申请宣告破产并终结破产程序。在债权人均表示对管理人履职报告无异议,且不愿垫付破产费用后,管理人当场提请吴江法院终结破产程序。苏州市吴江区人民法院审查后认为,天匠公司无经营场所、无经营人员,仅有银行存款余额357.76元,而法院已裁定确认的债权数额为4,511,171.40元,且本案已发生破产费用3066.87元,故天匠公司停止清偿到期债务呈连续状态,并且资产已不足清偿全部债务,已达到宣告破产的条件,同时天匠公司财产已不足以清偿破产费用,应当终结破产程序。

因此,苏州市吴江区人民法院当场裁定宣告天匠公司破产并终结天匠公司破产程序。

① 参见江苏省苏州市吴江区人民法院民事裁定书,(2018)苏0509破45号。

07

第七章

债权人参与破产程序的开端

在破产程序中,债权人常常以债权申报工作为开端。自破产案件受理后,债权人只有在依法申报乃至确认债权后,方能真正享有参与、表决、受偿等破产程序性与实体性权利。

一、债权申报期限

《企业破产法》第45条规定:"人民法院受理破产申请后,应当确定债权人申报债权的期限。债权申报期限自人民法院发布受理破产申请公告之日起计算,最短不得少于三十日,最长不得超过三个月。"

债权申报是破产程序中的重要环节。法院与管理人只有通过债权申报,才能获悉依照《企业破产法》的规定,有权行使破产权利的债权人范围。虽然债权申报是债权人的权利,但基于破产程序的效率要求,债权申报必须在规定时间内完成。法院受理破产申请后,应当及时确定债权申报的截止期限,并在受理裁定的通知和公告中载明。债权申报期限自法院发布受理破产申请公告之日起计算,最短不得少于30日,最长不得超过3个月。

债权申报的起算时间是法院公布受理破产申请的公告之日而非法院裁定受理破产申请之日。公告应在受理破产申请之日起的25日之内发布,并且发布公告之日也计入公告规定的债权申报期限。债权申报的终结时间应当严格按照30日和3个月的法定期限来确定。虽然《企业破产法》未规定债权申报期是否可以延长,但参考《民事诉讼法》的相关规定,如不可抗力等障碍导致多数债权人不能按时申报的,法院可适当延长债权申报期限。在当下破产实践中,基于疫情防控的特殊时期,已有将债权申报期限延长至超过3个月的先例。如果债权人在申报期限内未能及时申报,因债权申报属于债权人的权利而非义务,并不导致债权人资格的丧失。债权人可以根据《企业破产法》第56条进行补充申报。①

在破产案件中,债权人经常提出的一个问题是,“债权申报是否是越早越好”?答案并非一成不变。实务中,有的律师或基于谨慎的职业习惯,或因对破产程序不够了解,在债权人客户询问时,会倾向于建议债权人尽早申报。但也有案件中,同样基于上述理由,有的律师又会建议客户尽量不要参与破产程序,认为按照“诉讼+执行”的流程推进更加稳妥。同样的底层逻辑却导致了不同的结论,这种现象值得深思。

债权人如何选择申报时机的问题看似简单,但却是一系列后续衍生问题的肇始。按照一般原则,除非特殊事项和考虑,债权人应当尽快申报——本书称为债权申报黄金时期。以上市公司重整案为例,如果一家上市公司的债权申报期为60日,则债权人通常会在最后的30日甚至15日内,集中提交申报材料。这就导致了管理人在债权审查中的工作量,很多时候都集中于这最后的30日或15日。以海航破产重整案

① 《企业破产法》第56条规定:“在人民法院确定的债权申报期限内,债权人未申报债权的,可以在破产财产最后分配前补充申报;但是,此前已进行的分配,不再对其补充分配。为审查和确认补充申报债权的费用,由补充申报人承担。债权人未依照本法规定申报债权的,不得依照本法规定的程序行使权利。”

为例,很多债权人最大的困扰在于无法及时与管理人或其工作人员取得联系。究其原因,负责债审工作的人员,受到债权人"挤兑"申报的影响,导致在一段时间内工作量猛增,无暇接听债权人电话等。因此,如果债权人能够在申报程序初始,迅速完成债权申报的各项文件准备工作,并与管理人负责债审工作的人员取得联系,无疑会在沟通方面占据优势:(1)更为便捷的快速沟通;(2)更快就债权金额与性质达成一致;(3)取得初步审查的认定意见;(4)如发生争议,拥有更多的反应时间;(5)有更多通过其他方式获得补救或救济的时间与空间等。

因此,债权人接到债权申报通知书后,应当尽快启动相关工作,包括:(1)主动/被动知悉债务人破产事项;(2)收取管理人送达的破产文书;(3)审阅、知悉受理裁定与管理人决定书;(4)关注债权申报通知以及注意事项等;(5)与管理人核实相关事实;(6)在指定时间内申报债权;(7)撰写债权申报材料并保证内容的翔实准确;(8)持续沟通,确保债权权益得到更好维护。

但如前文所述,债权申报并非一律越早越好。如在具体案件中存在下述情形,则债权人暂缓申报债权,综合评判利弊:(1)债权人作为保证人;(2)债权人为票据追索权中的持票人;(3)债权人可向保证人追偿。以A钢铁公司的票据诉讼案为例,2020年5月至7月,A钢铁公司因与B贸易公司之间的业务往来,共收到C公司转让的若干份电子银行承兑汇票,金额合计约1000万元。上述银行承兑汇票到期后,承兑人H财务公司拒绝付款。此时,H财务公司已经连同出票人H集团公司等关联公司,合并进入破产重整程序。其后,持票人A钢铁公司遂将上述银行承兑汇票的出票人H集团公司、承兑人H财务公司及相关背书人作为被告向法院提请诉讼。一审判决被告H财务公司、H集团公司、S股份公司、Z能源公司等承担连带责任,判令支付原告A钢铁公司合计约1000万元。在本案这样的票据追索权诉讼中,A钢铁公司通过诉讼程序要求出票人、承兑人、背书人承担连带责任,相较于直接向债务人申报债权而难以获得充分清偿,更有利于债权实现。在出票人与承兑人已经进入破产程序的情况下,债权人抢先向其他连带债务人主张受偿,既可实现快速回款,又可避免因参与破产程序饱受名义清偿率之苦。届时,债权人很可能无法再向其他连带债务人主张赔付责任。

二、未到期、附利息债权的申报

《企业破产法》第46条规定："未到期的债权，在破产申请受理时视为到期。附利息的债权自破产申请受理时起停止计息。"

一般来说，债权人只有在债权清偿期限届满后，方有权要求债务人清偿。但是，由于破产程序是一种概括性集体清偿程序，在破产程序终结后，有关债务人的债权债务关系将归于消灭。甚至，在破产清算程序中，债务人的主体资格也将注销。因此，如果未到期债权不能一并纳入破产程序加以解决，则一方面导致债务人的债务负担无法得到有效豁免与减轻，违背了破产重整与和解制度的立法目的；另一方面，未到期债权在破产清算程序中，势必损失惨重，清偿率基本为0。因此，《企业破产法》规定：未到期的债权在破产申请受理时视为到期，有权在破产程序中一并申报、确认与清偿。

在民事诉讼程序中，附利息的债权到期后，债务人应当清偿本金与利息。利息的计算期限自债务发生之日起至债务履行之日止。但在破产程序中，依照《企业破产法》的规定，附利息的债权自破产申请受理时起停止计息。换句话说，破产申请受理后不再产生利息，也就无从申报。

实践焦点 064

主债务人破产时担保债权的计息问题

《企业破产法》关于该停止计息的效力是否及于保证人未作规定，在《担保制度司法解释》施行以前，司法实践中也存在不同的做法。

有的观点认为，破产债权停止计息的效力并不必然及于担保人。该种观点认为停止计息是基于《企业破产法》规定的特殊情况，是法律赋予债务人喘息之机，这种法律创设的特殊保护空间，让企业可以利用重整与和解程序进行纾困挽救。破产清算的目的在于企业注销，债务规模应该是确定的，以便制定清偿方案，不能让债务始终处于“增长”的不确定状态。因此，《企业破产法》规定债务人自进入破产程序后，债务到期且停止计息。这属于《企业破产法》的特殊规定。但是，债务人的担保人并未进入破产程序，故不能享有同样的“待遇”。

但是，这种观点在客观上会造成不公平的状态，即债务人的债务规模都已确定，但担保人却须承担超出主债务人的财产损失。不过，有时候管理人认为这是一种正常的商业风险，担保人在提供担保之时，即应预计到这一情况。实际上，最高人民法院的裁判观点也曾出现反复。例如在“中国光大银行股份有限公司嘉兴分行、上海华辰能源有限公司保证合同纠纷再审案”①中，最高人民法院认为，主债务人进入破产程序后，保证债务应当停止计息。然而在“江西天人生态股份有限公司、江西天祥通用航空股份有限公司金融借款合同纠纷案”②中，最高人民法院却作出了相反认定。

但自《担保制度司法解释》于 2021 年 1 月 1 日施行后，法律对此终于有了结论性规定，即《担保制度司法解释》第 22 条所规定的保证人对债务人破产而停止计息的部分也不承担责任。③

例如在“国民信托有限公司与河北融投控股集团有限公司金融借款合同纠纷案”④中，审理法院对当事人提出的担保债务自法院受理破产申请之日起停止计息的主张予以支持。但需要注意的是，考虑到《民法典》及其司法解释适用的时间效力问题，关于在《担保制度司法解释》施行前已破产的企业，《担保制度司法解释》的上述规定并不适用。在“李某、中国有色金属工业再生资源有限公司等股权转让纠纷

---

① 参见最高人民法院民事裁定书，(2019)最高法民申 6453 号。

② 参见最高人民法院民事裁定书，(2020)最高法民申 1054 号。

③ 《担保制度司法解释》第 22 条规定：“人民法院受理债务人破产案件后，债权人请求担保人承担担保责任，担保人主张担保债务自人民法院受理破产申请之日起停止计息的，人民法院对担保人的主张应予支持。”

④ 参见北京市高级人民法院民事判决书，(2018)京民初 158 号。

案"①中,最高人民法院认为,《企业破产法》并未明确规定担保债务自破产申请受理时停止计息,一审判决有色金属公司对长富公司破产申请受理后的债务利息承担保证责任,并未违反当时的法律规定以及当事人合理预期,因此《担保制度司法解释》第22条的规定并不适用于本案。

实践焦点 065

生效法律文书裁判确认的加倍支付的迟延利息的性质认定问题

目前普遍观点认为,债务人未履行生效法律文书应当加倍支付的迟延利息不属于破产债权,但其可作为劣后债权,劣后于普通破产债权清偿。如在"曹某、深圳市雨阳文化传播有限公司破产债权确认纠纷再审审查与审判监督案"②中,最高人民法院认为,破产案件中,债务人欠付的滞纳金不属于破产债权范围,包括破产申请受理前,债务人因未履行生效法律文书而应加倍支付的迟延利息,亦不属于破产债权范围。

其一,破产程序旨在保护全体债权人公平受偿;原则上,同一性质债权应平等受偿。债务人未履行生效法律文书应当加倍支付的迟延利息具有一定的惩罚性,目的在于敦促债务人及时履行生效法律文书确定的金钱给付义务。如将该部分利息作为破产债权予以确认,实际上将导致惩罚措施转嫁于其他债权人,有违破产程序公平受偿原则。

其二,根据《破产法司法解释(三)》第3条规定的文义,无法得出"应加倍支付的迟延利息"仅指受理破产申请后产生的利息。

其三,《破审纪要》第28条指出,破产财产依照《企业破产法》第113条规定的

① 参见最高人民法院民事判决书,(2020)最高法民终1322号。

② 参见最高人民法院民事裁定书,(2019)最高法民申4786号。

顺序清偿后仍有剩余的，可依次用于清偿破产申请受理前产生的民事惩罚性赔偿金、行政罚款、刑事罚金等惩罚性债权。显然，民事惩罚性赔偿金并非属于破产债权范围，而属于劣后于普通破产债权进行清偿的其他债权。

此外，江苏省高级人民法院民事审判第二庭《破产案件审理指南》明确规定，加倍支付的迟延利息不属于破产债权。其他地区高级人民法院，如上海、广东、山东等也各自有审理规范指引，虽然关于该问题的规定并不一致，但大致上，持反对态度的法院适用的都是《破产案件若干问题规定》，而《破审纪要》时间在后，应予优先适用。虽然《破审纪要》的效力位阶存在暧昧，但应当认为，其一方面反映了破产实践中的普遍做法；另一方面也暗示未来的立法方向。

综上所述，笔者倾向于认为，加倍支付迟延履行期间的债务利息虽不属于破产债权，但可以作为劣后债权得到清偿。

三、待确定债权的申报

《企业破产法》第47条规定："附条件、附期限的债权和诉讼、仲裁未决的债权，债权人可以申报。"

根据法律规定，民事法律行为可以附条件或附期限，在条件尚未满足，或者期限尚未到来时，这类民事法律行为的最终结局存在不确定性。此外，关于仍然在诉讼或者仲裁程序中的债权，其效力以及具体数额也存在不确定性。为保证这类债权人可以公平合理地受偿，《企业破产法》也赋予了这类债权人申报债权的权利。但对此类债权人，《企业破产法》采取了将程序性权利与实体性权利进行二元划分的态度。

例如，债权人享有参与权等程序性权利，在申报后可以出席债权人会议等。但是，债权人不必然享有实体性权利，包括但不限于对重大事项的表决权等。法院与管理人最终会根据情况而定，其主要顾虑在于，在债权人身份尚不明确的情况下，如果任由其参与并享有对重大事项的表决权等实体性权利，即赋予了该类债权人影响破产程序走向与结果的权利。这会对其他债权人的权利产生干扰。举例而言，如果证明该等债权人的债权金额、性质乃至身份不符合法律规定，管理人最终不予确认，但其之前参与表决的重大事项就会出现严重悖论,导致本应被否决的议案,因该等债权人的投票而获得通过,但该等债权人又被证明不具有债权人资格或其所代表的债权金额严重不足。

四、债权申报的对象及职工债权的申报

《企业破产法》第48条规定:“债权人应当在人民法院确定的债权申报期限内向管理人申报债权。债务人所欠职工的工资和医疗、伤残补助、抚恤费用,所欠的应当划入职工个人账户的基本养老保险、基本医疗保险费用,以及法律、行政法规规定应当支付给职工的补偿金,不必申报,由管理人调查后列出清单并予以公示。职工对清单记载有异议的,可以要求管理人更正;管理人不予更正的,职工可以向人民法院提起诉讼。”

债权申报应在人民法院规定的期限内向管理人提出,但职工债权不必申报,由管理人负责调查并公示。同时为真实准确地反映职工债权,《企业破产法》允许职工提出异议。这里的异议既可以针对自身债权,亦可针对他人债权。在职工提出异议时,管理人要及时核实异议是否成立:如异议成立,管理人应予更正并就异议债权再次公示;如异议不成立,管理人要做好说明解释工作。职工如不能接受管理人的解释,可以提起债权确认之诉。

《企业破产法》第48条规定的工资,不仅包括签署了书面劳动合同的正式员工的工资,而且包括未签署书面劳动合同但形成了事实劳动关系的非正式员工的工资;不仅包括一般职员的正常工资,还包括债务人的董事、监事以及高级管理人员的工资和年薪等其他形式的报酬。但是,在破产清算时,董事、监事以及高级管理人员的工资只能按照企业职工的平均工资计算。

在破产重整与和解程序中,董事、监事、高级管理人员工资的计算标准,存在不同的实践认识。一种观点认为,《企业破产法》第113条第3款关于破产企业的董事、监事、高级管理人员的工资以职工平均工资计算的规定,处于第十章“破产清算”这一分则章节,而在破产重整及和解章节中,均无对董事、监事、高级管理人员工资标准进

行调整的法律规定。① 另外,保留董事、监事、高级管理人员的较高薪酬,更有利于维持公司原管理层的稳定性与积极性,为公司重整成功打下人员优势基础。② 但相反观点认为,《企业破产法》第113条虽然位于"破产清算"一章,但就该条背后所反映的立法目的而言,其不应仅局限于破产清算程序。只要企业进入破产程序,董事、监事、高级管理人员的工资标准都应予以调整。

实务中,司法实践正在向趋同化发展,即董事、监事、高级管理人员的工资应当按照职工平均工资计算。例如,在"钟某群与四川嘉煜房地产开发有限公司职工破产债权确认纠纷案""姜某然与丛林集团有限公司职工破产债权确认纠纷案"等案例中,债务人的高级管理人员对重整中确认的工资数额存在异议并向法院起诉,但法院均支持了管理人按照职工平均工资确认其职工债权金额的做法。③ 在国内首例通过司法和解程序处置违约债券的西王集团有限公司破产和解案中,高级管理人员的工资也按照企业职工的平均工资进行了调整。

职工债权在医疗、伤残补助、抚恤费用以及所欠的应当划入职工个人账户的基本养老保险、基本医疗保险费用等方面,实践争议不大,管理人按照《社会保险法》《工伤保险条例》等相关法律法规的规定执行即可。《企业破产法》第48条规定的补偿金限定于法律、行政法规规定的补偿金,主要为企业解除劳动合同时应支付的补偿金、企业违反劳动合同应支付的赔偿金和国有企业职工下岗或国企职工身份解除支付的补偿金。

在实践中,职工债权涉及的经济补偿金、垫资、绩效奖金等几个问题需要重点关注。在破产案件中,职工可能因企业破产而被迫终止劳动关系,故职工债权中往往都

---

① 《企业破产法》第113条规定:"破产财产在优先清偿破产费用和共益债务后,依照下列顺序清偿:(一)破产人所欠职工的工资和医疗、伤残补助、抚恤费用,所欠的应当划入职工个人账户的基本养老保险、基本医疗保险费用,以及法律、行政法规规定应当支付给职工的补偿金;(二)破产人欠缴的除前项规定以外的社会保险费用和破产人所欠税款;(三)普通破产债权。破产财产不足以清偿同一顺序的清偿要求的,按照比例分配。破产企业的董事、监事和高级管理人员的工资按照该企业职工的平均工资计算。"

② 参见韩传华:《重整中债务人欠发高管人员奖金是否为职工债权?》,载微信公众号"破产法快讯"2020年11月2日,https://mp.weixin.qq.com/s/lunixKk-ZiJWM2K4STslgQ。

③ 参见四川省渠县人民法院民事判决书,(2020)川1725民初3099号;山东省龙口市人民法院民事判决书,(2020)鲁0681民初6405号。

会涉及经济补偿金一项。《劳动合同法》(2007)第47条对经济补偿金的计算亦作出了明确规定。① 鉴于《劳动合同法》(2007)从2008年1月1日起实施,故上述规定适用于2008年1月1日之后的工作年限,而关于2008年之前的经济补偿金,则应适用1995年1月实施、2009年修正之前的《劳动法》的规定。实践中应注意对职工的工作年限予以严格审查,重点关注多次进出公司职工名册的职工的工作年限。

企业在经营运转中经常会发生垫资现象。根据《破审纪要》第27条的规定,由第三方垫付的职工债权,原则上仍应将其认定为职工债权性质予以清偿;由欠薪保障基金垫付的资金,则应按照上述《企业破产法》第113条第1款规定的顺序清偿。债务人欠缴的住房公积金,按照债务人拖欠的职工工资性质清偿。

绩效奖金是企业发给员工的一种奖励式的工资,其金额大小与员工的业绩挂钩。在房地产、保险销售等行业,职工的绩效工资数额较大。实践中法官普遍认为,《企业破产法》中的工资之所以具有优先性,是因为其是劳动者付出自身劳动价值从而获得的等额回报。该规定是对职工弱势群体的保护。因此,绩效奖金的发放往往建立在公司盈利的基础之上,这种超额激励机制不应归为具有优先受偿性的职工债权。

实践焦点 066

破产程序受理前第三方代垫职工债权的性质认定

根据《企业破产法》第113条的规定,职工债权在破产程序中优先于税款债权及无财产担保普通债权受偿。上文已述,第三方垫款同样认定为职工债权,可以优先受

① 《劳动合同法》第47条规定:"经济补偿按劳动者在本单位工作的年限,每满一年支付一个月工资的标准向劳动者支付。六个月以上不满一年的,按一年计算;不满六个月的,向劳动者支付半个月工资的经济补偿。劳动者月工资高于用人单位所在直辖市、设区的市级人民政府公布的本地区上年度职工月平均工资三倍的,向其支付经济补偿的标准按职工月平均工资三倍的数额支付,向其支付经济补偿的年限最高不超过十二年。本条所称月工资是指劳动者在劳动合同解除或者终止前十二个月的平均工资。"

偿。但是否只有破产申请受理后发生的垫款才能认定为职工债权，目前并无明确规定。司法实践对此存在不同观点。

在“宗某如与南京顺宏玻璃有限公司破产债权确认纠纷案”①中，二审法院南京市中级人民法院认为，宗某如向南京顺宏玻璃有限公司(以下简称顺宏公司)转入案涉196,661.73元时，顺宏公司并未进入破产程序。另外，顺宏公司虽将案涉196,661.73元用于发放工资，但宗某如打款时与顺宏公司已达成垫付工资的一致意思依据不充分，即使其汇款时备注“工资”，但因并非在破产程序中垫付职工债权的情形，该垫款也不应被认定为职工债权性质。同时，宗某如在申报债权时亦明确系借款给顺宏公司，该公司在确认其为普通债权后宗某如签字确认，故案涉196,661.73元仅应认定为普通债权。而在“石家庄盛平自动化设备工程有限公司、河北邢矿硅业科技有限公司破产债权确认纠纷案”②中，二审法院河北省高级人民法院认为，本案第三方垫付资金的用途为偿还职工债权，如果将垫款时间限定在企业破产后，不利于第三方积极扶持企业的发展、不利于职工生存权利的保护，与现行规定“鼓励第三方垫付”不符，并对第三方垫付的资金认定为职工债权的意见予以了认可。

笔者认为，无论发生在破产申请受理前还是破产申请受理后，将为债务人垫付职工工资的债权均认定为职工债权，使其获得比普通债权优先的地位，更为合理。《破审纪要》第27条明确规定，由第三方垫付的职工债权，原则上按照垫付的职工债权性质进行清偿。该规定并未对垫款发生的时间予以限制。法律鼓励第三方垫款的原因，在于第三方垫款能够加速完成企业员工安置、提前化解企业与职工之间的矛盾。通过第三方垫款，企业与原职工的债权债务关系消灭，由垫款的第三方代替原有职工参与破产程序，可以最大限度地避免职工安置问题对破产程序的影响。而一家企业在进入破产程序前，通常已出现支付困难，企业与职工之间的矛盾突出，此时由第三方提前介入，帮助企业解决职工安置问题，对于企业后续进入破产程序无疑有很大帮

① 参见江苏省南京市中级人民法院民事判决书，(2020)苏01民终5294号。

② 参见河北省高级人民法院民事判决书，(2019)冀民终1061号。

助。如果垫款的第三方无法就此债权优先受偿，不但会造成垫款方权利义务的不对等，而且会挫伤其垫款的积极性，与有关规定的制定目的相悖。因此，即使第三方垫款行为发生在破产申请受理前，如该垫款确实帮助债务人清偿了职工债权、从结果上维护了劳动者权利、化解了企业与职工矛盾，也应当认定为职工债权。

当然，管理人在认定时也需要采取谨慎的态度。此处的债权应该形成于企业已经出现经营困难，难以支付职工债权期间，并非任何时间的垫付均可如此优待。除此之外，此类债权应该参照民间借贷的规定适用诉讼时效。换句话说，如果第三方垫付之后，债务人承诺了还款期限，其债权应当适用诉讼时效，超过诉讼时效的不再认可。

五、职工债权的特别清偿安排

《企业破产法》第132条规定："本法施行后，破产企业在本法公布之日前所欠职工的工资和医疗、伤残补助、抚恤费用，所欠的应当划入职工个人账户的基本养老保险、基本医疗保险费用，以及法律、行政法规规定应当支付给职工的补偿金，依照本法第一百一十三条的规定清偿后不足以清偿的部分，以本法第一百零九条规定的特定财产优先于对该特定财产享有担保权的权利人受偿。"

现行《企业破产法》与实施前的破产规则，对职工债权的清偿规则存有一定差异。如果在实践中出现以现行《企业破产法》实施为时间节点，职工债权跨越两类不同规则的情况，则如何协调前后两种规则将成为一个问题。在现行《企业破产法》实施之前，我国曾采取"职工债权优先于担保债权清偿"的规则。为了解决新旧规则的不一致问题，以现行《企业破产法》的公布日2006年8月27日为界，该日以前发生的职工债权，先以无担保财产优先受偿，无担保财产不足以全部清偿的部分，再以担保财产优先清偿。自2006年8月28日起发生的职工债权，不适用旧的规定，职工债权仅在无担保财产范围内享受优先清偿地位。而关于债权发生时间的认定，以债务人给付义务发生履行效力的时间为准，工资以本企业规定的发薪时间为准，医疗费用以就医时间为准，伤残补助以伤害事故发生的时间为准，抚恤费用以死者的死亡时间为准,应当划入职工个人账户的基本养老保险和基本医疗保险费用,以2006年8月及其以前的月份为准。当然,随着时间推移,实践中新的破产案件已经基本不会出现上述问题。

实践焦点 067

职工债权与担保债权冲突时的处理规则

在“苍溪县社会保险事业管理局、邓某明确认合同有效纠纷案”①中,就涉及抵押权与职工债权的冲突。苍溪建筑公司于2007年3月16日以企业部分资产抵偿职工所欠缴社保费用,将所抵房产移交给苍溪县社会保险事业管理局(以下简称苍溪社保局),苍溪社保局进行装修后于同年下半年迁入办公。2007年12月2日苍溪县社保局与苍溪建筑公司正式签订协议。2013年8月9日,苍溪建筑公司将案涉房屋抵押向邓某明借款2500万元,并在苍溪县房地产管理局进行了抵押登记。后苍溪建筑公司进入破产清算程序,苍溪社保局向一审法院起诉,请求确认苍溪社保局、苍溪建筑公司于2007年12月2日签订的协议依法成立并生效,确认苍溪建筑公司、邓某明之间签订的抵押协议无效。

一审法院苍溪县人民法院认为,苍溪建筑公司明知已将属于自己的房屋抵偿给苍溪社保局占有、使用多年时间,自己对案涉房屋已不具有处分权利,但却与邓某明签订抵押借款合同,该抵押行为直接损害了苍溪社保局的财产权益,苍溪建筑公司、邓某明之间签订的抵押合同应属无效。

二审法院广元市中级人民法院认为,苍溪建筑公司已进入破产程序,根据目前掌握的情况,现有资产不足以满足现有职工社保和其他经济补偿。在依法平等保护当事人合法权利的前提下,苍溪社保局、苍溪建筑公司之间的抵偿协议有效,但因邓某

① 参见四川省高级人民法院民事判决书,(2019)川民再643号。

明的抵押权阻却而不能得到全部履行时，平衡当事人的利益成为本案处理的关键。支持苍溪社保局关于案涉资产的过户请求，将使邓某明享有的抵押权落空；一味考虑邓某明享有的抵押权，势必间接影响企业退休职工的利益。因此，综合苍溪社保局对案涉资产至今仍使用、收益达十余年之久等因素，在抵偿协议和抵押行为均有效时，邓某明在行使抵押权的同时，苍溪社保局原应收取的 3,165,324 元的社保费也应当得到保障。邓某明在诉讼中作出的关于其在行使抵押权的同时自愿支付 3,165,324 元给苍溪社保局作为苍溪建筑公司原欠付的社保费用的主张，二审予以确认。最终，二审法院虽然仍认可苍溪社保局与苍溪建筑公司所签协议效力，但同时又不支持苍溪社保局按此有效协议要求苍溪建筑公司办证。

再审法院四川省高级人民法院认为，苍溪社保局与苍溪建筑公司所签协议是双方当事人的真实意思表示，且协议内容不违反法律、法规的强制性规定，该协议合法有效。苍溪社保局实际占有、使用、收益案涉房屋十年之久，现苍溪社保局及苍溪建筑公司均无异议，苍溪建筑公司应当按照协议及时为苍溪社保局办理房屋产权转移手续；苍溪建筑公司、邓某明之间设立的抵押，因该抵押权利发生于苍溪社保局取得物权请求权之后，侵害了苍溪社保局的利益，属于无效抵押，且苍溪建筑公司所欠社保费用也应当比邓某明的抵押权获得优先受偿。再审法院最终撤销了二审判决，并维持一审判决。

实践焦点 068

职工经济补偿金与担保债权的清偿顺位

在“卢某杰、佛山市沥东铝型材制品有限公司等执行分配方案异议案”①中，债务人沥东铝型材制品有限公司（以下简称沥东铝型材公司）的财产分配方案规定，将职

① 参见广东省佛山市禅城区人民法院民事判决书，(2020)粤0604民初8167号。

工经济补偿金最后分配，并认为，职工申请的经济补偿金并没有法律明确规定赋予优先受偿权，且职工工资已经足额受偿，足以维持生活所必须。另外，案中的经济补偿金并非工人维持生活的必需生活费用，不具备维持生活的必要性和急迫性，属于普通债权。而原告主张，劳动者的经济补偿金债权与工资债权系相同性质的债权，应当优先受偿。

但一审法院、二审法院均未支持原告诉讼请求。审理法院认为：首先，工人工资是基于用人单位与劳动者之间的劳动合同产生的，是劳动者维系生活的重要来源，属于维持劳动者生存权的特种债权。经济补偿金是用人单位解除劳动合同时，给予劳动者的经济补偿，是在劳动合同解除或终止后，用人单位依法一次性支付给劳动者的经济上的补助，即工资是劳动者的劳动对价，而经济补偿金具有补偿的性质，不属于工人工资的范围。其次，原告卢某杰等人主张参照适用《企业破产法》第 113 条的规定，该规定明确补偿金优先于社会保险费用、税款和普通破产债权受偿，并未规定可优先于担保债权受偿。且补偿金不属于工人工资范围，不属于优先受偿的债权，故审理法院认为经济补偿金不能优先于担保债权受偿。

六、债权申报的说明与举证义务

《企业破产法》第 49 条规定：“债权人申报债权时，应当书面说明债权的数额和有无财产担保，并提交有关证据。申报的债权是连带债权的，应当说明。”

（一）债权申报的形式

债权申报需要采取书面形式，但关于书面申报的格式，法律未做统一要求。管理人会在破产申请受理后，就提交债权申报材料的注意事项进行说明，并附债权申报表等材料供债权人申报使用。该份说明会就申报主体和方式、债权申报表的填写、证据材料的准备等事项为债权人提供指引，其中债权的数额、有无财产担保以及是否属于连带债权是债权人申报债权时必须说明的事项，管理人亦会在说明中进行提示，需要债权人重点关注。

对债权人来说,债权申报的成本越低、效率越高,对债权人行使权利越有利,也越有利于促进债权申报程序的速度,提高整个破产程序的效率。在实践中,网上申报债权的方式也得到了肯定和运用。最高人民法院印发的《关于企业破产案件信息公开的规定(试行)》第10条第1款认可了网上申报债权的效力——债权人可以在破产重整案件信息网实名注册并申报债权,但要同时提交有关证据的电子文档。网上申报债权与其他方式申报债权具有同等法律效力。各地法院也积极开展网上申报的进程。例如,上海市高级人民法院在《破产审判工作规范指引(试行)》中规定,人民法院在裁定受理破产申请的同时应在相关媒体和"全国企业破产重整案件信息网"发布公告。

(二)债权人的举证责任

按照"谁主张,谁举证"的原则,债权人应当承担举证证明责任,提供证明债权人主体资格的材料和证明债权发生事实及金额的材料。

证明债权人主体资格的材料主要包括个人身份证明(自然人申报)、加盖公章的企业营业执照和法定代表人身份证明(法人申报)、存在代理人的还需要提供授权委托书和代理人的身份证明。

证明债权发生事实及金额的材料主要包括合同(包括但不限于借款合同、购销合同等)、备忘录、欠条、债权公证文书等证明债权债务关系存在的文件;票据、划账单、汇款单、对账单、提货单等证明合同履行情况的文件;清偿凭证、协议等证明债权清偿情况的文件;抵押合同、质押合同、保证合同等证明担保关系存在的文件;债权转移、债务承担、抵销等证明债权发生、变更或消灭的文件;诉讼、仲裁、调解、保全、执行等法律文书;利息的计算方法、计算过程及依据等证明利息存在的文件;催款、催收通知等证明主张债权的文件等。不同合同中债权人举证时应提交的证明材料如表1所示。

表1 不同合同中债权人举证时应提交的证明材料

债权事实	债权关系	合同履行	债权清偿	担保关系	债权变更	法律文书	利息证明	债权主张
借款合同	备忘录	票据	清偿凭证	抵押合同	债权转让	诉讼	计算依据	催款函
采购合同	欠条	提货单、入库单	还款协议	质押合同	债务承担	保全	计算标准	律师函
业务合同	债权公证文书	汇款单	确认书	保证合同	抵销	执行	计算方式	追偿通知
其他合同	—	对账单	电子凭证	—	债务豁免	仲裁	过程与结果	其他

在债权申报中，债权人需要充分提供证明其主张的材料。管理人应就材料的提供给予必要指导，例如材料不齐全的，管理人应告知债权人限期补正，但管理人不得因材料不全而拒绝接受申报。如债权人坚持不补正的，管理人应在接受申报时，告知债权人需要自行承担举证不当的不利后果。

实践焦点 069

债券类债权的申报及受托管理人的角色与职责

近年来，债券市场出现了违约浪潮。2022 年上半年，中国债券市场累计有 14 家企业(含 5 家上市公司)的 41 只债券出现违约，其中 9 家民企(含 2 家上市公司)、1 家中央国有企业、1 家地方国有企业，违约企业数量较 2021 年下半年减少 3 家；违约涉及债券规模总计约 245 亿元，较 2021 年下半年减少 85 亿元。新增首次违约企业 8 家，较 2021 年下半年增加 3 家，违约涉及债券规模 164 亿元，较 2021 年下半年增加 6 亿元。① 从爆发的多起债券违约事件来看，债券违约主要包含以下两种情

① 参见证券市场周刊:《上半年债券市场违约分析及展望》，载百度网 2022 年 7 月 14 日，https://baijiahao.baidu.com/s?id=1738328461197318055&wfr=spider&for=pc。

形：第一，在债券发行文件中约定的到期兑付日，债券本金或利息未能得到按时足额偿付；第二，破产等法定或约定原因导致债券提前到期，且债券本金或利息未能得到按时足额偿付。因此，债券违约与破产问题交织在一起，衍生出很多有意思的话题，"谁来申报"就是其中之一。

【受托管理人的角色与职责】其一，债券持有人申报模式。在债券发行人进入破产程序后，可以由债券持有人直接申报。其二，受托管理人申报模式。受托管理人取得授权后，可代表全体债券持有人申报破产债权。《债券纪要》第5条明确，在有募集文件、债券持有人会议决议或债券受托管理协议授权时，债券受托管理人可以自身名义代债券持有人参与诉讼。其三，混合申报模式，即部分债券持有人坚持自己申报，同时其他债券持有人又授权给债券受托管理人的情况下，管理人应接受二者的独立、分开申报。

受托管理人可以代证券持有人行使权利、履行义务，因此其同样也是申请破产和申报债权的适格主体。另外，如果受托管理人已经取得生效法律文书，且生效法律文书中载明受托管理人为权利人的，受托管理人可以直接依据生效法律文书申报，不再需要其他授权文件。债券持有人购买相同的债券，其破产债权性质一般相同，债权申报材料及债权金额的计算方式大同小异，受托管理人统一代为申报债权的，可以极大地提高参与破产程序的效率，便利破产管理人开展工作，从而搭建良好的沟通渠道，高效推进破产程序。

实践中，上海华信国际集团有限公司管理人曾经发布公告："上海华信管理人已将债权申报通知和相关材料发送至债券管理人，请各位债券持有人联系债券管理人，如授权债券管理人代为从事申报的，后续可由债券管理人向上海华信管理人进行债权申报。"

但需要注意的是，《债券纪要》保留了债券持有人对重大事项的决定权。[①] 债券

---

① 参见《债券纪要》第16条规定："债券持有人重大事项决定权的保留。债券持有人会议授权的受托管理人或者推选的代表人作出可能减损、让渡债券持有人利益的行为，在案件审理中与对方当事人达成调解协议，或者在破产程序中就发行人重整计划草案、和解协议进行表决时，如未获得债券持有人会议特别授权的，应当事先征求各债券持有人的意见或者由各债券持有人自行决定。"

持有人重大事项决定权的保留。债券持有人会议授权的受托管理人或者推选的代表人作出可能减损、让渡债券持有人利益的行为或越权行事时，各债券持有人有权对此事项自行决定。因此，关于重整计划草案、和解协议的表决等可能减损、让渡债券持有人利益的行为，除非提前获得债券持有人会议的特别授权，债权管理人应当事先征求债券持有人的意见，或者由债券持有人自行决定。

【资管产品的管理人】债券类申报的一种特殊情况是，债券持有人为某一类资管产品的管理人。此时，除了由债券管理人进行申报外，申报主体也可能是资管产品的管理人。从募集方式来看，基金可分为公募基金和私募基金。公募基金管理人的职能法律规定相对明晰，其法定职责包括以基金管理人名义，代表基金份额持有人（基金投资人）利益行使诉讼权利或者实施其他法律行为。因此，如果发行人破产，公募基金管理人应当履行法定职责，代表基金份额持有人利益参与发行人破产程序，包括申报破产债权。

关于私募基金，一般认为其管理人与投资者之间实质成立信托关系。而根据《信托法》第 2 条的规定，在信托关系中，受托人按照委托人的意愿以自己的名义，对信托财产进行管理和处分。此时，受托人（资管产品管理人）基于信托法律关系，能够以自己的名义对外管理和处分信托财产。《债券纪要》第 7 条也明确规定了资管产品管理人在债权纠纷诉讼中的诉讼地位。因此不管是公募基金还是私募基金，当债券发行人进入破产程序时，由资管产品管理人以自己名义向破产管理人申报债权。

更为特殊的情况是，在资管产品已完成分配或者清算的情况下，产品投资人成为实际的债券持有人。例如，债券持有人为信托计划时，在债券申报之前，该信托产品已经按照信托合同的相关约定完成了信托财产的原状分配，信托计划终止，该信托计划的投资人即因信托财产原状分配的完成而成为债券持有人，成为债权申报适格主体。此种情况下，投资人凭借其债券持有人的身份申报债权。

【破产实践中的多重申报模式】如上所述，鉴于上述申报主体的复杂，故可以把债权人申报的主体模式分为个别申报、统一申报与复合申报等三种，其中个人申报是指债券持有人个别申报，即债券持有人依据登记结算结构出具的持有人证明文件向破产管理人申报债权，此为实务中的主要模式；代为申报是指债券受托管理人代债券持有人向破产管理人统一申报债权;当然,实践中并非所有债券持有人都可以达成一致共识,故可以债券持有人个别申报与债券受托管理人统一申报相结合,即既有债券持有人自身向破产管理人申报债权,又有债券受托管理人代部分债券持有人申报债券。

实践焦点
070

债权申报的撤回问题

债权人申报债权后,是否可以撤回申报?目前,立法和司法解释对这一问题尚不存在明确规定,学界和司法实践亦存在不同的看法。

第一种观点认为:债权申报是债权人的权利,从民法原理的角度讲债权申报属于单方法律行为,所以不应当对债权人撤回申报作出任何的限制,撤回导致的不利后果由债权人自行承担。

第二种观点认为:债权人在申报债权后即取得债权人会议成员的资格,享有成员的决议权,如果债权人参加债权人会议并作出了有效决议,其撤回债权会导致债权人的表决行为自始、当然的无效,如果撤回行为已经影响了既定决议的效力,那么如果赋予债权人任意撤回申报的权利,会导致破产程序的停止和回转,严重影响程序效率,所以应当予以限制。

第三种观点认为:法院对管理人依据债权申报作出的债权表裁定确认后,债权申报具有准司法的效力,如果此时债权人任意撤回申报,将严重影响法院裁定效力以及公信力。参照《民事诉讼法》中法院作出判决后不得撤诉的一般法理,也不应认可此时债权撤回的效力。

第四种观点认为:重整计划表决通过后撤回申报,会导致重整计划内容中"资产情况""债权申报及审查情况""偿债能力分析"等核心数据的变化,甚至撤回行为对债权人在表决重整计划时有关键影响的，还会导致重整计划整体的效力，所以不应允许债权人撤回申报。

整体而言，考虑到债权申报的行为性质和实践中普遍允许撤回的现象，一味地否认撤回债权申报的行为已经不符合时宜。但同时，如果对撤回申报的行为不加以限制，将会对破产程序造成破坏，观点二、观点三、观点四就分别对如何限制进行了讨论。

观点二以行使表决权的时间作为限制撤回申报的时间节点，这样做有利于限制份额较大的债权人对破产程序的操控。然而，立法并未规定撤回申报会影响债权人会议决议的效力，类比公司股东会或董事会制度，只要股东会作出有效决议，即便股东随后退出公司，也不会导致该决议的无效。况且，关于债权人会议的表决规则，中国立法采纳了“份额 + 人数”的双重标准，已经将防止大债权人侵犯小债权人利益纳入考量。

观点三比照《民事诉讼法》的撤诉制度，设置了法院作出确认债权的裁定后不得撤回申报的规则。但是将债权申报与撤回比作起诉与撤诉有失偏颇，因为无论债权人申报与否，都不影响其所有的债权，与诉讼利益的理论并不符合。但是从撤回申报会影响法院裁定确认债权的公信力来说，这一观点具有一定的合理性。因此在实践中，如果法院已经作出确认裁定，管理人就应当严格审查撤回的主观目的和影响。

观点四将限制撤回的时间节点确定在重整计划表决通过后，存在不合理之处。在重整程序中，实践中债权人的操作空间较大，其中就包括很多债权人在重整程序中撤回申报采取其他方式取得债权清偿。一方面，站在管理人和债务人的角度，重整程序撤回债权申报可能会提高重整计划执行的复杂性。但另一方面，无论债权人撤回与否，债务人与债权人之间的关系并没有发生变化，甚至债权人积极采取其他方式清偿债权的行为还会对债务人有利，推动重整计划的成功。

上述更多的是从法理角度分析，但在破产实践中，这一问题多数情况下不会给管理人造成太多困扰。除非撤销申报成为一个非常普遍的现象，否则，单个债权人撤回申报不会严重到影响整个程序。因此，管理人很难有动机去要求债权人一定及时申报或者不得撤回。这是因为，有经验的管理人并非完全依靠债权申报来确认债权，一是从公司账面记载以及与公司财务、业务以及法务人员的核对中，可以就该笔债权予以确认;二是即使债权人申报后又予以撤销,管理人也可以根据其之前提供的债权申报进行确认,必要时进行提存处理。因此,单笔债权的申报与撤销,除非涉及隐性高额负债等特殊情况,否则并不会严重到危及整个破产程序。

不过,与这类问题相似的是,保证人等其他权利主体可能会采取一种策略。例如,在某票据纠纷与破产程序相互交织的案件中所经历的,持票人要求撤回申报并将主要火力转向了前手背书人。这种情况下,持票人最早申报了债权,但后续因认为破产债权偿付比例过低,而且因"名义清偿率"的存在,如重整计划规定的债权清偿方式是将资产高价抵偿给债权人,就会出现债权人拿到一堆不值钱的财产的情况,且由于名义清偿率为100% ,这种情况下,债权人是否有权就按照"实质清偿率"计算而言的剩余部分,要求前手背书人"差额补足",就会出现严重的法律争议。为避免该等争议,持票人会更为简单直接地拒绝参与破产程序,直接向前手背书人主张权利,并将破产程序损失风险转嫁出去。

七、连带债权的申报

《企业破产法》第50条规定:"连带债权人可以由其中一人代表全体连带债权人申报债权,也可以共同申报债权。"

和连带债务相比,涉及连带债权的情形相对较少。然而,《民法典》不仅在其"物权编"第307条重申了原《物权法》中关于连带债权的规定,还把连带债权从物权领域拓展到了债权领域。从《民法典》的规定来看,连带债权一般会出现在下述场景中:(1)法人分立的,除非另有约定,其权利和义务由分立后的法人享有连带债权,承担连带债务;(2)设立人为设立法人从事的民事活动,法人未成立且设立人为两人以上的,设立人享有连带债权,承担连带债务;(3)因共有的不动产或者动产产生的债权债务,在对外关系上,共有人一般享有连带债权、承担连带债务。①

在破产程序中,如允许数个连带债权人都单独申报,必然会造成债权申报的复杂

---

① 参见李国旺:《企业重整中的连带债权及连带债务问题》,载微信公众号"国浩律师事务所"2020年11月5日,https://mp.weixin.qq.com/s/hJ36FIIMbrGB18dqI72PNw。

和混乱,增加管理人核查成本,降低破产程序效率。因此,实践中采取了两种申报模式:代表申报和共同申报模式。代表申报和共同申报的区别在于各个连带债权人是否在债权申报书上联署,两个以上连带债权人联名署名申报,就构成共同申报。需注意的是,代表申报和共同申报,债权人均应当提供相关证明材料,向管理人说明债权连带的情况。在表决方式上,代表申报和共同申报中各个连带债权人共享一个表决席位,代表申报由债权申报人行使表决权,共同申报由各个债权人内部协商并决定如何行使表决权。

八、连带债务人求偿权的申报

《企业破产法》第51条规定:"债务人的保证人或者其他连带债务人已经代替债务人清偿债务的,以其对债务人的求偿权申报债权。债务人的保证人或者其他连带债务人尚未代替债务人清偿债务的,以其对债务人的将来求偿权申报债权。但是,债权人已经向管理人申报全部债权的除外。"

我国担保法律制度对债务人及其保证人之间的债务清偿作了规定。保证分为一般保证和连带保证:

当事人在保证合同中约定,债务人不能履行债务时,由保证人承担责任的,为一般保证。一般保证的保证人在主合同纠纷未经审判或者仲裁,并就债务人财产依法强制执行仍不能履行债务前,可以拒绝承担保证责任。但是,法院受理债务人破产案件后,保证人不得拒绝承担保证责任;与一般保证不同,连带责任保证的保证人不享有先诉抗辩权。连带责任保证的债务人在主合同规定的债务履行期届满没有履行债务的,债权人可以要求债务人履行债务,也可以要求保证人在其保证范围内承担保证责任对于债权人的求偿,债务人和保证人均无权拒绝。

无论是一般保证抑或连带保证,保证人在承担保证责任后,都有权向债务人追偿。在债务人进入破产程序后,债务人的保证人依据其所享有的追偿权,通过债权申报的方式参与破产财产的分配。

如果债务人的保证人或者其他连带债务人已经代替债务人清偿债务的,其针对债务人所享有的求偿权的数额是确定的，为保证人已经代替债务人清偿债务的数额。因此，《企业破产法》第 51 条第 1 款规定，债务人的保证人或者其他连带债务人已经代替债务人清偿债务的，以其对债务人的求偿权申报债权。

如果债务人的保证人或者其他连带债务人尚未代替债务人清偿债务，其清偿义务也是可预期的。一旦债权人提出要求，债务人的保证人或者其他连带债务人就应承担连带责任。因此，尽管债务人的保证人或者其他连带债务人尚未代替债务人清偿债务，也有权申报债权，依照破产程序行使权利，以弥补将来的损失。《企业破产法》第 51 条第 2 款规定，在这种情况下，债务人的保证人或者其他连带债务人以其对债务人的将来求偿权申报债权。

在债权人已经向管理人全额申报债权的情况下，如果允许债务人的保证人或者其他连带债务人同时向管理人申报债权，则同一项债权在破产程序中将获得重复清偿。这对债务人与其他债权人显然不公平。因此，《企业破产法》第 51 条第 2 款对债权人已经向管理人申报全部债权的情形作了除外规定。

就担保人而言，如果其清偿了全部债权，则可代替债权人在破产程序中受偿；就债权人而言，如果在破产程序中未得到全部清偿，其可在破产程序结束后，要求保证人承担保证责任。保证人承担保证责任后，不得再向和解或重整后的债务人行使求偿权。

实践焦点 071

有财产担保债权的债权申报范围

以“郑某吕、东莞市正大建筑工程有限公司破产债权确认纠纷案”①为例，关于尹某芳诉东莞市正大建筑工程有限公司（以下简称正大公司）、郑某杨、林某、郑某吕之

① 参见广东省东莞市中级人民法院民事判决书，（2021）粤 1971 民初 26937 号。

间的民间借贷纠纷一案，东莞市第一中级人民法院于2018年5月8日作出(2017)粤1971民初20881号民事判决，认定正大公司向尹某芳借款250万元事实清楚、证据充分，并判决：正大公司向尹某芳偿还借款本金250万元及利息、律师费25,000元、诉讼保全保险费19,282元，郑某杨、林某、郑某吕对上述债务承担连带清偿责任，郑某杨、林某、郑某吕承担还款责任后，有权向正大公司追偿。正大公司于2019年8月19日经东莞市第一中级人民法院裁定进入破产程序。郑某吕承担250万元(未清偿利息等)保证责任后，向正大公司管理人申报了债权，申报债权金额为250万元。管理人经初步审核、复核后，不予确认郑某吕申报的债权，并告知郑某吕可提起破产债权确认之诉，随后郑某吕依法提起本案诉讼。正大公司管理人于庭审中称，尹某芳约在2019年9月向管理人申报债权，管理人在债权审查过程根据郑某吕偿还债务的情况扣减了相应金额，认定尹某芳的债权本金为2,278,540.24元，并将尹某芳的债权审查结果编入债权表，于2021年9月提交债权人会议核查，债权核查异议期限尚未届满。

东莞市第一中级人民法院认为，债权人尹某芳基于(2018)粤19民终6602号民事判决所认定的债权并未获得全额清偿，郑某吕仅系通过执行和解的形式清偿了尹某芳的部分债权而换取对其执行措施的终结。郑某吕虽在其承担保证责任的范围内享有追偿权，但保证人郑某吕行使追偿权不得损害债权人尹某芳的利益，在债权人尹某芳的债权未获全部清偿前，担保人郑某吕不得代替债权人在破产程序中受偿。故郑某吕要求确认其对正大公司享有250万元的破产债权，理据不足，东莞市第一中级人民法院不予支持。

九、连带债务人破产时的债权申报

《企业破产法》第52条规定："连带债务人数人被裁定适用本法规定的程序的，其债权人有权就全部债权分别在各破产案件中申报债权。"

依据《民法典》等规定，连带债务人的债权人有权直接向任一连带债务人追偿。因此，当多个连带债务人分别被裁定适用破产程序时，其债权人有权在各个破产案件中申报债权。例如,A企业是B企业的连带责任保证人,当A、B分别被裁定进入破产程序后,作为A企业债权人的C,既可以在A破产案件中申报债权,也可以在B破产案件中申报债权。

不同于连带债权人的债权申报,连带债务人两人以上进入破产程序时,债权人在申报时不必考虑连带债务人的内部份额,可以全部债权分别申报。例如,在上述案例中,假设债权人C对A企业享有1000万元的债权,当A企业及其连带责任保证人B企业同时被裁定适用破产程序时,债权人C既可以在A破产案件中申报1000万元的债权,也可以在B案件中申报1000万元的债权。这样既降低了债权人的申报成本,也符合连带债务的基本法理。关于债权人申报的时间节点,必须有两人以上连带债务人处于被裁定适用破产程序后至破产程序终结前这一期间进行债权申报。如果数个连带债务人先后破产,而后一破产程序开始时,债权人已经由前一破产程序获得部分清偿,则债权人在后一破产程序中申报的债权应为扣除已清偿部分的债权余额。

一般来说,债权人就其全部债权分别在各个连带债务人的破产案件中进行申报,并不会导致债权人最终获得的清偿数额大于其实际债权总额。如果债权人最终获得的清偿数额超过其债权总额,则超过部分应当按照不当得利予以返还。

十、因待履行合同解除的损害赔偿请求权申报

《企业破产法》第53条规定:“管理人或者债务人依照本法规定解除合同的,对方当事人以因合同解除所产生的损害赔偿请求权申报债权。”

损害赔偿请求权属于债权,享有与其他债权人同等的权利和地位,按照《企业破产法》的相关规定申报债权即可,不属于《企业破产法》第53条讨论的内容。《企业破产法》第53条规定的损害赔偿请求权,其解除原因限于根据《企业破产法》第18条的规定,也就是待履行合同涉及的一系列合同解除的情形,包括管理人直接决定解除;管理人逾期未通知或者经相对人催告而未答复时视为解除;管理人决定继续履行但未按相对人要求提供担保时视为解除合同等三种情况。如果管理人决定继续履

行，当事人违约或者不可抗力又导致合同解除，其损害赔偿问题也不适用《企业破产法》第53条规定。如果合同解除可归责于管理人，则相对人的损害赔偿请求权按照共益债务处理。

实践焦点 072

违约金的债权申报问题

在"中州万基城市建设有限公司、长葛市盛威房地产开发有限公司破产债权确认纠纷案"①中，中州万基城市建设有限公司（以下简称中州万基公司）、长葛市盛威房地产开发有限公司（以下简称长葛盛威公司）于2011年8月签订施工承包意向书，工程施工期间，长葛盛威公司未及时支付工程款，导致工程停工。2013年9月18日，三方签订补充协议书，约定若延期付款，按剩余部分日利率2‰计算综合补偿违约金。补充协议书签订后，长葛盛威公司申请破产日止，长葛盛威公司仍欠工程款700万元、停工补助54万元。另外，2014年10月27日，长葛法院受理长葛盛威公司的破产申请，中州万基公司按破产管理人要求申报了债权，但破产管理人对中州万基公司申报债权的性质及数额有异议，一直未予答复处理，导致中州万基公司债权无法确认。中州万基公司因此起诉，请求法院确认中州万基公司对长葛盛威公司享有破产债权954万元，其中包括工程款754万元以及违约金200万元。

一审法院长葛法院认为，本案中，中州万基公司明确自长葛盛威公司违约之日起至破产申请受理之日按月利率2%计算违约金并未超过双方约定，此符合法律规定。经一审法院核算，违约金数额为1,832,300元，因此判决确认中州万基公司对长葛盛威公司享有违约金债权1,832,300元。

① 参见河南省许昌市中级人民法院民事判决书，(2020)豫10民终305号。

长葛盛威公司上诉称,一审判决支持被上诉人主张的违约金作为破产债权于法相悖。根据《破产案件若干问题规定》第 55 条第 2 款的规定:相关债权以实际损失为计算原则。违约金不作为破产债权。请求法院撤销原审判决,依法改判上诉人支付被上诉人工程款 2,152,455.94 元。

二审法院许昌市中级人民法院认为,《企业破产法》第 53 条规定的可以申报的债权应当以实际损失为限,违约金不作为破产债权。本案中,合同约定的违约金 1,832,300 元系一审法院基于补充协议书而计算,不是实际损失,不能作为破产债权予以确认。二审法院因此撤销了一审法院关于违约金的判项。

十一、受托人债权申报

《企业破产法》第 54 条规定:"债务人是委托合同的委托人,被裁定适用本法规定的程序,受托人不知该事实,继续处理委托事务的,受托人以由此产生的请求权申报债权。"

一般情况下,除非管理人决定继续履行委托合同,在进入破产程序后委托合同应终止,合同终止后的受托人当然可以作为债权人申报债权,要求委托人支付费用、利息和报酬。但是如受托人不知道委托人已经进入破产程序的事实,仍旧依照约定处理委托事务的,其利益应当受到法律的保护。此时受托人可以以其办理委托事务所垫付的费用、利息和约定的报酬向管理人申报债权,作为普通债权在破产程序中受偿,否则相关费用将由受托人自己承担并不得申报。

十二、付款人债权申报

《企业破产法》第 55 条规定:"债务人是票据的出票人,被裁定适用本法规定的程序,该票据的付款人继续付款或者承兑的,付款人以由此产生的请求权申报债权。"

基于票据的无因性,出票行为发生后,无论基础关系是否有效,均不影响票据的效力。付款人应无理由向持票人承兑并付款,并在付款后向出票人请求支付其所付的金额及费用。考虑到票据的流通性，即使出票人已经进入破产程序，也可能随时发生持票人要求付款人承兑或者付款的情形。付款人基于票据的无因性而付款或承兑的，根据《企业破产法》第55条规定，付款人可以向出票人申报债权，但仅可作为普通债权获得清偿。

十三、延迟申报债权和未申报债权

《企业破产法》第56条："在人民法院确定的债权申报期限内，债权人未申报债权的，可以在破产财产最后分配前补充申报；但是，此前已进行的分配，不再对其补充分配。为审查和确认补充申报债权的费用，由补充申报人承担。债权人未依照本法规定申报债权的，不得依照本法规定的程序行使权利。"

（一）延迟申报债权

根据该条规定，未如期申报的债权人虽可补充申报债权，但应在破产财产最后分配前进行补充申报，且此前已进行的分配不再对其补充分配。关于该"最后分配"的时间节点，《企业破产法》并无明文规定，各地出台的规定也并不完全一致，如北京将该时间节点限定在最后一次破产财产分配方案提交债权人会议表决前，而广州将该时间节点限定在法院裁定确认破产财产分配方案前，具体可以各地的规定或指引为准。

此外，因补充申报产生的额外费用，如审查和确认补充申报债权的费用，仅使补充申报人受益的，该等额外费用由迟延申报人自行承担。但《企业破产法》并未规定费用收取的具体标准和方式，实践中一般由管理人综合评估债权审查确认的难易程度、逾期时间、逾期申报对破产工作的影响等因素，最终与债权人协商确定。

（二）未申报债权

债权人依法申报债权是债权人参与债务人破产程序的前提，如债权人未申报债权，其将不能享有《企业破产法》规定的各项程序权利。例如，参与债权人会议并就破产事宜行使表决权、提出撤销个别清偿的申请、参加破产财产分配等。但需要注意的是,未依法申报债权并不意味着债权消灭,其可以向连带债务人主张权利,也可以在破产申请被驳回或破产程序终结后,继续向债务人主张债权。需要注意的是,关于债务人因重整程序或和解程序免于破产清算的,未申报债权的债权人仍可按照重整计划规定的同类债权的清偿条件或和解协议规定的清偿条件行使权利。

十四、债权表的编制和查阅

《企业破产法》第57条规定:"管理人收到债权申报材料后,应当登记造册,对申报的债权进行审查,并编制债权表。债权表和债权申报材料由管理人保存,供利害关系人查阅。"

债权申报的目的之一在于方便管理人审查债权,确认债权人的破产主体资格,提高破产程序效率。关于管理人的债权审查责任,可以细化为如下四项:(1)将收到的债权申报材料登记造册;(2)对申报的债权进行审查;(3)根据审查结果编制债权表;(4)保存债权表和债权申报材料,以便利害关系人查阅。

管理人制作的债权人登记册是了解破产债权人基本信息的重要文件。登记册中应详尽记载申报人的姓名、单位、代理人、申报债权额、担保情况、证据、联系方式等事项。在登记造册完成后,管理人需要对债权的性质、数额、担保财产、是否超过诉讼时效期间、是否超过强制执行期间等情况进行审查,编制债权表并提交债权人会议核查。

管理人审查债权应为实质审查,其核心目的有两点:(1)确定申报债权的性质,这决定了该债权在后续破产程序中的清偿位阶;(2)确定申报债权的金额,这决定了其在后续破产程序中同顺位债权的清偿比例。这里需要区分债权人登记册和债权表的不同。债权人登记册是形式审查的结果,只要满足《企业破产法》第49条的形式要件就应予以登记,而债权表则是实质审查的结果,其一经法院确认即产生法律效力,是债权人重要的行权依据。

债权表、债权人登记册及债权申报材料在破产期间由管理人保管。债权人、债务人、债务人股东及其他利害关系人有权查阅。除此之外，单个债权人有权查阅债务人财产状况报告、债权人会议决议、债权人委员会决议、管理人监督报告等参与破产程序所必需的债务人财务和经营信息资料。但如果上述信息资料涉及商业秘密的，债权人应当依法承担保密义务或者签署保密协议；涉及国家秘密的应当依照相关法律规定处理。管理人无正当理由不予提供的，债权人可以请求人民法院作出决定；人民法院应当在5日内作出决定。

在实践中，关于债权人是否被允许聘请专业机构，辅助行使查阅权这一问题，需要在保障债权人知情权和防止知情权滥用方面取得平衡。例如，会计账簿或许多重要文件具有较强的专业性和复杂性，考虑到债权人专业知识的不足，法律允许债权人委托具有中立身份和专业经验的会计师或律师进行查阅，但应将辅助查阅的第三人限定为负有法定保密义务的中介机构执业人员。

十五、债权表的核查与异议

《企业破产法》第58条规定："依照本法第五十七条规定编制的债权表，应当提交第一次债权人会议核查。债务人、债权人对债权表记载的债权无异议的，由人民法院裁定确认。债务人、债权人对债权表记载的债权有异议的，可以向受理破产申请的人民法院提起诉讼。"

债权表是管理人在审查债权申报材料的基础上编制而来的，其是破产债权人主体的清单，直接决定了破产程序中债权主体的重要利益，同时也关系着债权人内部的清偿比例，所以管理人审查债权后制作的债权表，应当予以严格审查。《企业破产法》第58条规定的三个程序是：(1)债权人会议的核查；(2)法院对债权的确认；(3)有异议债权的处理。

关于债权表中的债权确认金额与性质，法律允许债权人、债务人提出异议，但债务人、债权人作为异议人提出异议的，应当说明理由和法律依据。经管理人解释或调整后，异议人仍然不服的，或者管理人不予解释或调整的，异议人应当在债权人会议核查结束后15日内向人民法院提起债权确认的诉讼。当事人之间在破产申请受理前订立有仲裁条款或仲裁协议的,应当向选定的仲裁机构申请确认债权债务关系。

关于破产债权确认诉讼的当事人和诉讼地位,《破产法司法解释(三)》第9条对此作出了特殊规定:"债务人对债权表记载的债权有异议向人民法院提起诉讼的,应将被异议债权人列为被告。债权人对债权表记载的他人债权有异议的,应将被异议债权人列为被告;债权人对债权表记载的本人债权有异议的,应将债务人列为被告。对同一笔债权存在多个异议人,其他异议人申请参加诉讼的,应当列为共同原告。"

实践焦点 073

生效裁判文书错误时的救济路径

《破产法司法解释(三)》第7条规定:"已经生效法律文书确定的债权,管理人应当予以确认。管理人认为债权人据以申报债权的生效法律文书确定的债权错误,或者有证据证明债权人与债务人恶意通过诉讼、仲裁或者公证机关赋予强制执行力公证文书的形式虚构债权债务的,应当依法通过审判监督程序向作出该判决、裁定、调解书的人民法院或者上一级人民法院申请撤销生效法律文书,或者向受理破产申请的人民法院申请撤销或者不予执行仲裁裁决、不予执行公证债权文书后,重新确定债权。"

从上述规定不难看出,管理人应当尊重生效裁判文书的既判力。不过对于已经生效的法律文书确定的破产债权,管理人同样可能存在异议,但对其的救济不应适用《企业破产法》第48条、第58条和《破产法司法解释(三)》的规定。依我国现行法律体制,债务人或者管理人对法院生效判决、裁定和调解书确定的债权仍有异议或者不认可的，只能依据《民事诉讼法》关于审判监督程序的规定提起再审程序。①

当管理人认为生效的裁判文书确有错误时，不能通过提起破产债权确认之诉来救济。这一规则也适用于债权人存在异议的情况。在“道明光学股份有限公司、潘某辉破产债权确认纠纷再审审查与审判监督案”②中，安徽省高级人民法院认为，道明光学股份有限公司（以下简称道明光学公司）以合肥市中级人民法院作出的上述生效判决涉嫌虚假诉讼为由向肥西县人民法院提起诉讼，请求不予确认该债权，实质是意图通过本案诉讼否定上述生效判决的裁判结果。根据相关法律规定，当事人或案外人、利害关系人如认为生效裁判涉嫌虚假诉讼、确有错误应予撤销的，应通过审判监督程序或第三人撤销之诉办理……道明光学公司提起本案诉讼，并不符合《企业破产法》第 58 条第 3 款规定的“债权人对债权表记载的债权有异议”的条件，其起诉没有法律依据，且与现行法律的相关规定冲突。

当管理人对判决存在异议时，可以通过审判监督程序申请撤销该生效判决，但当债权人对判决存在异议时，法律对其救济路径没有明确规定。在破产程序中，管理人作为债务人的代表人，有权代表债务人提起诉讼，但债权人不同于管理人，不能够代表债务人提起诉讼，因此只能以案外人的身份申请再审。

根据《民事诉讼法》相关规定，案外人申请再审一共有两条路径：第一条路径是必要共同诉讼的当事人因不能归责于本人或者其诉讼代理人的事由未参加诉讼的，可以申请再审，该路径要求破产程序中的债权人必须同处于该生效判决的讼争法律关系中，并必须参加诉讼；第二条路径是案外人对执行标的提出执行异议，法院驳回其执行异议，案外人不服该裁定并认为原判决、裁定、调解书有误并损害其权利的，可以申请再审。由于法院受理破产申请后，执行程序应当终止，因此对该执行标的享有权利的债权人亦失去了在破产程序中先提起执行异议再申请再审的救济路径。从对上述路径的分析可见，债权人启动审判监督程序的可行性微乎其微。

债权人是否可以提起第三人撤销之诉，撤销生效判决确定的债权？根据《九民

---

① 参见最高人民法院民事审判第二庭编著：《最高人民法院关于企业破产法司法解释（三）理解与适用》，人民法院出版社 2019 年版，第 176～177 页。

② 参见安徽省高级人民法院 民事裁定书，（2020）皖民申 912 号。

纪要》第120条的规定,一般债权人在下列情况下可以提起第三人撤销之诉:(1)该债权是法律明确给予特殊保护的债权,如建设工程价款优先受偿权、船舶优先权;(2)因债务人与他人的权利义务被生效裁判文书确定,导致债权人本来可以对原《合同法》第75条①和《企业破产法》第31条规定的债务人的行为享有撤销权而不能行使的;(3)债权人有证据证明,裁判文书主文确定的债权内容部分或者全部虚假的。债权人提起第三人撤销之诉还要符合法律和司法解释规定的其他条件。对于除此之外的其他债权,债权人原则上不得提起第三人撤销之诉。

整体而言,最高人民法院公布的指导性案例第150号、第152号的裁判要点与《九民纪要》的规定一致。因此,债权人符合前述任一情形的,可以通过提起第三人撤销之诉撤销其他债权人据以申报债权的生效判决、裁定、调解书,在管理人怠于依据《破产法司法解释(三)》第7条的规定对前述生效裁判或调解书申请再审的情况下,该路径为债权人提供了救济手段。

实践焦点 074

经法院裁定确认的债权表的调整问题

《企业破产法》第57条和第58条确定了破产债权审核、核查、异议的一般程序,并规定了管理人对债权进行审核的权力。但是经过法院裁定确认后的债权表,可否对其提出异议或进行调整,《企业破产法》没有作出明确规定,对该问题存在肯定与否定两种观点。

否定观点认为,不能对法院裁定确认后的债权表提出异议,管理人也无权进行调整。一方面,法院作出债权表确认裁定的前提,是债权人会议核查无异议,因此也就不再可以提出异议或作出调整。另一方面,法院的确认裁定是对债权的司法确认,具

① 现为《民法典》第539条。

有既判力。如果需要对债权进行调整，必须经过审判监督程序，撤销法院的确认裁定。实践中，许多法院以违反一事不再理原则为由驳回起诉。

典型案例为"中国农业银行股份有限公司深圳市分行与中国科健股份有限公司、中国东方资产管理公司深圳办事处破产债权确认纠纷案"①，在本案中，债权人中国农业银行股份有限公司深圳市分行(以下简称深圳农行)提出了两项诉讼请求：(1)债权表上登记的中国东方资产管理公司深圳办事处(以下简称东方公司)有财产担保的债权金额有误，应予纠正；(2)通报中确认的抵押物范围有误，应予纠正。然而，关于东方公司对中国科健股份有限公司(以下简称科健公司)享有的有财产担保债权金额的问题，已由破产法院作出确认裁定认可；关于抵押物的范围问题，已在法院裁定批准的重整计划中明确记载。深圳市中级人民法院认为，当事人的起诉不能违反一事不再理的民事诉讼基本原则。《企业破产法》已赋予债权人向管理人提出异议及向法院起诉的权利，债权人应当按照规定及时行使权利。同时，法院的裁定是法院对各方当事人无异议的实体性权利的确认，具有与生效之判决等同的既判效力。如果允许当事人在法院的确认裁定作出后还可起诉，实际上是对法院已发生法律效力的裁判所认定的法律事实、法律关系又提起诉讼，有违民事诉讼法一事不再理的基本原则。深圳市中级人民法院因此驳回了债权人深圳农行的诉讼请求。深圳农行不服一审判决，向广东省高级人民法院提起上诉，广东省高级人民法院维持了一审判决。与之相似，在"广州金鹏源康精密电路股份有限公司(现改名为广州源康精密电子股份有限公司)、惠州市德赛集团有限公司普通破产债权确认纠纷案"②"浙江新东阳建设集团有限公司、金华市华源置业有限公司等破产债权确认纠纷案"③"刘某玲、湖北华盟建设投资有限公司商品房销售合同纠纷案"④中，法院也持相同的观点。

实践中更进一步认为，异议人如对债权表记载的债权有异议的，应当严格遵循《破产法司法解释(三)》第 8 条的规定，在债权人会议核查结束后 15 日内向人民法

① 参见广东省高级人民法院民事裁定书，(2013)粤高法民二破终字第 11 号。
② 参见广东省高级人民法院民事裁定书，(2020)粤民终 2115 号。
③ 参见浙江省金华市中级人民法院民事判决书，(2021)浙 07 民终 1201 号。
④ 参见湖北省高级人民法院民事裁定书，(2020)鄂民终 655 号。

院提起债权确认的诉讼。例如，在“莒南鑫盛融资担保有限公司、山东国玉建筑安装工程集团有限公司等普通破产债权确认纠纷民事申请再审审查案”①中，再审法院山东省高级人民法院认为，2019年5月6日、9月27日蓝澳公司先后召开第一次债权人会议、第二次债权人会议，会上蓝澳公司管理人作了提请债权人会议债权核查报告、提请债权人会议补充核查债权报告。同时，蓝澳公司管理人亦分别对山东国玉建筑安装工程集团有限公司（以下简称国玉建筑公司）享有的建筑工程债权金额及其优先权、营南鑫盛融资担保有限公司（以下简称鑫盛担保公司）享有的有财产担保债权金额进行了审核确认。对此，可以认定鑫盛担保公司在债权人会议召开时应当对国玉建筑公司享有建筑工程价款优先权的事实予以明知。依据《破产法司法解释（三）》第8条的规定，鑫盛担保公司如对蓝澳公司管理人确认的国玉建筑公司享有涉案建筑工程价款优先权的事实有异议，其最迟应于第二次债权人会议召开后15日内提起债权确认诉讼。但鑫盛担保公司于2019年12月20日才提起本案普通破产债权确认诉讼，已经超过上述法律规定的起诉期间。因此，二审判决据此驳回鑫盛担保公司的起诉有事实和法律依据，并无不当。在“广西建工集团冶金建设有限公司、广西有色再生金属有限公司破产债权确认纠纷案”②中，最高人民法院也认为异议人没有在法定十五日的起诉期限内提起诉讼，原审法院裁定驳回起诉，并无不当。同样的在“广州燃气工程有限公司、广州市华康地空开发有限公司普通破产债权确认纠纷案”③中，再审法院广州市高级人民法院也持类似观点。

肯定观点则认为，可以对法院裁定确认后的债权表提出异议，管理人也可以进行调整。关于既判力问题，确认债权的裁定是程序性裁定，不具有既判力，法院可以根据案件事实重新作出裁定确认债权，或者通过债权确认诉讼最终确认债权。实践中，有部分法院明确指出，法院的确认裁定不具有既判力。例如“武汉东方一新建设工程有限责任公司、陈某破产债权确认纠纷案”④中，破产法院根据武钢源通公司管理

① 参见山东省高级人民法院民事裁定书，（2022）鲁民申3449号。

② 参见最高人民法院民事裁定书，（2021）最高法民申6110号。

③ 参见广东省高级人民法院民事裁定书，（2020）粤民申8949号。

④ 参见湖北省武汉市中级人民法院民事判决书，（2020）鄂01民终7759号。

人编制的无争议债权表于 2018 年 4 月 11 日作出(2017)鄂 0115 破 4 号裁定书,确认武汉东方一新建设工程有限责任公司(以下简称东方一新公司)工程款债权 2,550,000 元为优先债权。债务人的另一债权人陈某后提起诉讼,请求确认东方一新公司对武钢源通公司的 2,550,000 元工程款本金债权为普通债权。一审法院江夏区法院认为,债权表的确认裁定属于程序性裁定而非实体性裁定,不具有确认各项债权真实、合法的实体性法律效力,不具有任何事实的既判力,所以仍允许对债权表上确认或(暂)不确认的债权提起债权确认诉讼,在其他权利人对债权表上记载的债权有异议时,法院仍应对争议债权进行实体审理。随后一审法院对 2,550,000 元工程款本金的债权进行了实质审查,并作出判决,认定优先权已消灭,该债权应为普通债权。二审法院武汉市中级人民法院同样认为,法院就债权表所作裁定属于程序性裁定,非实体性判决,不具有确认实体权利的既判效力。

另外,有部分法院虽未对既判力问题作出说明,但对债权人主张的债权进行了实体审理。例如,“郑某伟与直立汽配有限公司破产债权确认纠纷案”①中,郑某伟在法院裁定其债权为 0 元后,向法院提起破产债权确认之诉。管理人答辩称,郑某伟的债权已经法院裁定确认,应予驳回。但一审、二审法院均未对该答辩意见予以评述,而是直接对案件实体进行了审理。与之相似,“韩某与南陵宝钜汽车城有限公司破产管理人破产债权确认纠纷案”②中,法院同样认为债权人有权提起确认之诉。但需要注意的是,在这两个案例中,法院均以债权人缺乏证据为由,最终确认债权人的债权额为 0,也即维持了之前法院对债权表的确认裁定。

在破产实践中,破产管理人通常按照“条线”分工,核心工作分为资产、负债与引资,所有的工作都是这三项工作的延伸、加工与组合。负债条线的核心工作是债权申报与审查——管理人审查与确认债权,并在债权人会议中予以披露。如果债权人对管理人认定的债权并无异议,则管理人将汇总并报法院裁定批准确认。而异议债权不必然在债权人会议上出现。在破产重整古典主义时期,重整程序会经管理人匠人

① 参见浙江省湖州市中级人民法院民事判决书,(2014)浙湖商终字第 467 号。

② 参见安徽省芜湖市中级人民法院民事判决书,(2015)芜中民二终字第 00335 号。

般的各方面打磨。管理人在审查过程中,就会与债权人进行同步确认。一是证据材料等是否足以支持债权得到确认;二是如经管理人提出异议,要求债权人补正证据后,还是存在无法确认的情况,则管理人会告知审查初步结果并说明审查依据。即使管理人基于各种原因,没有事先做好沟通而导致债权人提出异议并诉讼,但因债权审查意见已经提前向法院汇报,除非债权人在诉讼中提出新的证据,否则,债权结果很难获得法院诉讼程序认可。

08

第八章

破产程序中的权力机关

债权人会议是债权人组织的决议机构，是破产程序中唯一的权力机关。全体债权人将通过债权人会议，监督债务人财产的管理和分配，并对破产程序中涉及债权人利益的重大事项作出决定。

一、债权人会议的组成与成员权利

《企业破产法》第 59 条规定："依法申报债权的债权人为债权人会议的成员，有权参加债权人会议，享有表决权。债权尚未确定的债权人，除人民法院能够为其行使表决权而临时确定债权额的外，不得行使表决权。对债务人的特定财产享有担保权的债权人，未放弃优先受偿权利的，关于本法第六十一条第一款第七项、第十项规定的事项不享有表决权。债权人可以委托代理人出席债权人会议，行使表决权。代理人出席债权人会议，应当向人民法院或者债权人会议主席提交债权人的授权委托书。债权人会议应当有债务人的职工和工会的代表参加，对有关事项发表意见。”

(一)债权人会议成员

关于债权人会议的组成成员及权利，债权人依法申报债权后，即成为债权人会议的成员；凡是债权人会议的成员，都享有出席会议和表决的权利。此外，确定享有表决权的债权人会议成员的范围，需要以债权确定作为行使表决权的前提条件。债权的确定一般涉及三个方面，即债权数额、债权性质和清偿期限。

(二)赋予临时表决权

关于债权尚未确定或存在争议的债权人，由于破产程序具有不可逆转性，为使其将来可能确定的债权不因“暂定”而被实质影响表决等权利，法院可以赋予其临时债权人身份及表决权，即允许其参加债权人会议并享有投票表决的权利。债权人按照临时确定的债权性质和数额行使表决权。

《企业破产法》第59条表述的“债权尚未确定的债权人”，实践中主要对应下述情形：(1)诉讼、仲裁未决的债权，包括在破产申请受理前进行而在破产程序开始后尚未结束的诉讼、仲裁；对管理人的审查结果不服提起的诉讼、仲裁，还包括经债权人会议核查后提起的诉讼、仲裁等；(2)债权申报期临近届满而管理人尚来不及审查的债权；(3)附条件、附期限的债权。

法院确定临时债权额的具体方式可以概括为以下三种：(1)以管理人初步审查的债权额作为确定临时债权额的标准；(2)以债权人向管理人申报的债权额的本金额作为法院临时确定债权额的标准；(3)在听证程序下，进行实质审查后，由法院根据相关的债权申报证据材料确定临时债权额。实践中的主流做法为，在召开债权人会议之前，如有债权人的债权尚未确定的，则由债权人或者管理人向人民法院申请确定临时表决权，人民法院可以为其确定临时债权数额和性质的，债权人按照人民法院确定的临时债权参加债权人会议。

需要注意的是，债权人会议也可以有除债权人之外的人员参加。如《企业破产法》第59条第5款规定的债务人的职工和工会代表，但是其“发表意见”的权利显然不同于"行使表决权"。《企业破产法》第85条规定的债务人的出资人也可以列席参加债权人会议,若重整计划草案涉及出资人权益调整事项,即会对股东等出资人的持股比例等事项进行调整的,则赋予出资人组关于该出资人权益调整事项的表决权。

关于有财产担保债权人的表决权,《企业破产法》第59条第3款予以限制。《企业破产法》第61条第1款第7项和第10项分别规定:在债权人会议表决"和解协议"和"破产财产分配方案"程序中,鉴于有财产担保债权人的权利有特定的财产提供担保,故这两项表决事项与有财产担保债权人的利益没有直接关系,所以法律对有财产担保债权人行使表决权进行了限制。同时,为了保证债权人权益的实现和权益的处分,《企业破产法》规定有财产担保的债权人可以通过放弃优先受偿权的方式获得相应表决权。

(三)表决权的意义

债权人拥有表决权意味其对破产程序的把控。在破产程序中,很多债权人并不重视表决权,最为明显的特征在于,出席债权人会议以及表决的过程中,对拟表决方案采取随大流的态度。确实,单个债权人一般而言很难发声并主导破产程序,但如果是大额债权人,尤其是具有一票否决权的债权人,其表决权的意义将十分重大。此时,临时表决权的赋予机制就会显得尤为重要。但这也导致在部分案件中,实践开始出现让人担忧的一种处理方式。例如,管理人将担保权人的表决权"没收",认为在担保物价值为0的情况下,担保权人不具备在担保债权组表决的权利。对此,部分法院也持同样看法。

笔者对上述实践操作持有不同看法——案件作出上述决定并非基于法律规定与法理逻辑,而是提前对表决可能造成的后果进行"倒推与预防"。以破产重整程序为例,如重整企业的普通债权人,数量众多且金额很高。与此同时,担保债权人人数稀少,其中某债权人一家独大,债权金额超过了全部担保债权金额的1/3。那么,按照破产重整程序的表决规则,重整计划草案的表决必须以包含担保债权组、普通债权组在内的各个表决组的一致通过(人数过半,金额2/3以上)为前提。因此,在担保债权组中,这家占据大部分担保债权金额的债权人,具有对任何方案一票否决的权利。

如果管理人预计到上述担保债权人将会与债务人或投资者产生不可调和的分

歧，则管理人可能不会静等不利后果的出现，而是会"草蛇灰线"地从头布局，即在一开始的临时表决权赋予程序中，对该债权人的表决权或拖延不认，或为避免该担保债权人一家独大，以"担保物价值为0，故实际等同普通债权"等理由，赋予其临时普通表决权额并要求其在普通债权组内表决。正如上文所述，因普通债权人人数众多且金额很高，故该担保债权人在担保债权组的优势地位将不复存在，借此规避该家债权人钳制成本过高的风险。

在上述模式下，该担保权人实际丧失了依据一票否决与管理人展开博弈的空间。对此，笔者依然保留不同的看法——担保物的价值不论如何，不应影响债权性质的确认，即使该担保物实际价值仅为1元，但该债权性质亦为有财产担保债权。简而言之，对担保物价值的效力应理解为，仅影响债权受偿金额而不影响债权性质。

（四）表决权在破产程序中的流通性

谁掌握了表决权，谁就掌握了债务重组。《企业破产法》第59条第4款允许他人代理行使表决权的规定涉及表决权收购等问题，即可能导致案外人或者与本案无关的人，通过收购表决权从而主导破产程序的进行。表决权在破产程序中具有流通性。实际上，资产如能在较短的时间以接近市价的价格转换成现金，而非大幅度降价，则意味着该资产具有较高的流动性。高流动性资产，尤其在股票与债券市场具有流动性溢价。同样的商品，如果A品牌比B品牌在市场上更好卖，就有人愿意花费更高的价格收购，以便自己未来可以更好价格脱手。破产债权的表决权属性也有类似的提升破产债权流动性溢价的作用。在破产重整或和解程序中，表决权可以债权转让为载体进行交易。

破产程序中经常看到的溢价案例，大体可以归纳为两种情形：

其一，特殊机会投资。谈及特殊机会投资，多在投资困境公司股权层面。例如，专业的"秃鹫"投资者会在企业陷入困境时，逐步甚至一次性收购股权。在上市公司破产重整案中，多见战略投资者"低价买股"式收购困境上市公司。但特殊投资的市场机会绝非仅限于此，例如，非上市公司的公司债券，也是可以积极投资的品种。在某上市公司的债务重组工作中，某些金融机构甚至愿意溢价收购公司债券，原因在于债券交易便捷性所带来的流动性溢价。

上述收购行为的本质在于"博弈"企业重整成功。此时,投资人通过股权或债权的提前进入,可掌握债务企业的真实财务数据,并利用信息不对称造成的真实价值与市场价值的估值偏差获得高额回报,以及通过重整计划中高于目前市场价格与收购价格的债券清偿率赚取差额价值;①另外,也有投资机构的收购行为系为弥补损失。例如,某投资机构是一家上市公司的重要债权人之一。上市公司因经营不善而进入破产重整程序。为弥补损失,该投资机构可能会积极劝说上市公司进行"债转股"并承诺作为财务投资者与产业资本一并重组该企业,以便实现债转股收益。② 这部分操作得当,可以减少损失甚至更有盈余。此时,债权所附的表决权就会发生重要作用。各方基于对债权人表决权的看重,可能答应债权人溢价收购的要求。

其二,依然和特殊机会投资相关,但实施者为战略投资者。此类战略投资者为更好地把控债务重组程序,也会积极收购债权或取得授权委托书,得到债权人赋予其的投票的权利。投资者在投资大型破产重组项目时,重整方案能否最终获得表决通过,客观上具有极强的不确定性风险。例如,投资者在投资房地产行业时,涉及与众多中小购房者、建设单位、装修公司、实际施工人员与地产企业中小股东等方方面面的协调。因此,为确保破产重组方案可以得到顺利通过,该战略投资者可能事先与债权人沟通,以便测算债权收购成本、出售意愿、表决债权所需笔数与金额等。如果战略投资者可以低成本地收购债权,达到法定通过方案的人数标准与金额标准,则其与现有债权人达成债权收购协议是最为稳妥的方案。实际上,很多债务重组金额较高的房地产企业破产重整程序中,战略投资者愿意采用这种模式,消除不可控风险。因此,战略投资者之所以收购债权,并非因未来可能获得收购成本与债权清偿额度间的"差额"收益,其真实目的在于债权所附的表决权。

① 参见张杜超、郭璐璐:《债务重组》,中信出版集团股份有限公司 2020 年版,第 236 页。

② 债务企业如果在行业中具有系统重要性或战略意义,则投资决策者通常会主动采取措施,确保债务人作为实体的完整性。"债转股"即主要手段之一,既能帮助困境企业减少债务规模,降低利率,也可把短期债务置换成长期债务,缓解近期债务压力。有的案件中,债权人甚至会主动提供流动性,确保公司维持最低限度的持续运营能力。在此过程中,尤其是地产行业,资产管理公司发挥了非常大的作用。

实践焦点
075

在债权人会议主席缺席时，其代理人授权委托书的提交问题

在“牛某波、河南峥辉典当有限公司与破产有关的纠纷案”①中，新安县人民法院于2017年7月25日裁定受理万山湖公司的破产申请，于2017年7月26日指定万山湖公司清算组担任管理人，于2017年11月30日裁定受理荆紫仙山公司同万山湖公司的合并破产申请，并于同日决定由万山湖公司管理人担任荆紫仙山公司的管理人。万山湖公司召开债权人会议时，因债权人会议主席缺席，参加债权人会议的代理人将授权委托书交给管理人。部分债权人以此行为违反《企业破产法》第59条第4款“……代理人出席债权人会议，应当向人民法院或者债权人会议主席提交债权人的授权委托书”的规定向法院提起诉讼，请求撤销债权人会议决议。

一审法院新安县人民法院认为，在债权人会议主席缺席的情况下，代理人将授权委托书交给管理人，管理人审核后同意代理人参加会议，该种做法并无明显不当，且债权人对该项事项不具有诉的权利。二审法院洛阳市中级人民法院认为，一审法院裁定驳回上诉人的起诉，处理并无不当。因此洛阳市中级人民法院裁定：驳回上诉，维持原裁定。

二、债权人会议主席的选任与职权

《企业破产法》第60条规定：“债权人会议设主席一人，由人民法院从有表决权的债权人中指定。债权人会议主席主持债权人会议。”

① 参见河南省洛阳市中级人民法院民事裁定书，(2021)豫03民终426号。

债权人会议的主席由法院从有表决权的债权人中指定，并在第一次债权人会议上当众宣布任命。一般情况下，在债权人会议前，管理人会根据案件实际情况，向人民法院推荐主席候选人，由人民法院在会上指定。这里的"有表决权的债权人"既可以是对所有表决事项都有表决权的普通债权人，也可以是对部分表决权事项有表决权的有财产担保债权人。

债权人会议主席必须是自然人吗？其实不然。债权人会议主席可以不是自然人，法人或者非法人组织都可担任。在破产实践中，企业法人、银行、政府部门担任债权人会议主席的案例时有发生。债权人会议主席如果由非自然人担任，则必须由担任债权人会议主席的组织经法院同意后指定一名自然人担任常任代表，代表担任债权人会议主席的债权人履行主席职务。在大型破产案件中，通常由金额较高，专业能力较强，具有参与积极性的金融机构担任。

债权人会议主席的职责主要是主持债权人会议，以及接受管理人、债权人委员会、占债权总额1/4以上的债权人提议，召开债权人会议。就前者来说具体包括：(1)宣布会议开始，说明会议议程和注意事项；(2)领导会议各项议题的审议和表决进程，维护会议秩序，如安排发言顺序，控制发言时间；(3)就会议决议事项宣布表决规则，主持表决进程，公布表决结果；(4)决定会议休会；(5)决定会议闭会；(6)审阅会议记录等。但由于债权人会议主席可能并不了解破产案件的运行机制和破产程序的具体规则，故实践中主持债权人会议的提纲，往往提前由债权人会议主席和管理人协商确定。

根据上述规定，部分法院会直接请债权人会议主席主持会议。但也有法院考虑到债权人会议主席单位及人员对破产程序不了解，可能无法对会议进行有效控场或应对突发情况，故会参照授权的方式，由债权人会议主席授权法院进行主持。管理人应当在会议议程与会务方案中详细地列明各种会议细节。届时，管理人事先将会议流程发送至债权人会议主席，降低主持难度，债权人会议主席照本宣科即可。若债权人会议主席不能正常行使职权，可以由人民法院临时指定会议主席，必要时也可以由人民法院另行指定债权人会议主席。

三、债权人会议职权

《企业破产法》第61条规定："债权人会议行使下列职权：(一)核查债权；(二)申请人民法院更换管理人，审查管理人的费用和报酬；(三)监督管理人；(四)选任和更换债权人委员会成员；(五)决定继续或者停止债务人的营业；(六)通过重整计划；(七)通过和解协议；(八)通过债务人财产的管理方案；(九)通过破产财产的变价方案；(十)通过破产财产的分配方案；(十一)人民法院认为应当由债权人会议行使的其他职权。债权人会议应当对所议事项的决议作成会议记录。"

债权人会议的职权范围主要包括推动破产程序顺利进行的程序性参与事项、对破产管理人的监督制衡事项以及破产程序中与债权人权益相关的表决事项等，其中最为重要的职权如下：

核查债权的职权。全体债权人通过债权人会议核查债权，既可对自身债权提出异议，也可就其他债权人的债权提出异议，通过"查阅债权表与债权申报文件""申报人问询"与"质疑辩论"来核查债权真实性、债权金额与债权性质等基本情况。如果异议未能得到管理人的认可，而债权人、债务人虽经管理人释明，但仍对债权表登记的债权存在异议时，可以向受理破产申请的法院提起诉讼。

申请法院更换管理人、审查破产费用和管理人报酬的职权。债权人会议认为管理人有不能依法、公正履行职务或者其他不能胜任职务之情形，可以请求法院予以解任，另行指定管理人。此外，因破产费用以债务人的财产随时优先清偿，为了促使管理人合理合法地开支费用、领取报酬，债权人会议对此具有审查权。若债权人会议对上述费用存在异议，则有权向法院提出。

监督管理人的职权。债权人会议对管理人的一般监督权，主要表现为知情权和异议权。知情权的行使方式，为听取管理人关于执行职务情况的报告并加以询问以及主动要求管理人对其职责范围内的事务予以说明或提供文件；异议权的行使范围，包括管理人的管理行为、管理人的费用和报酬以及管理人的任职资格、职业能力和职业操守等。

选任和更换债权人委员会成员的职权。但是,行使此项职权需要经过法院书面认可决定。在司法实践中,债权人会议与债权人委员会产生严重分歧与对立,直接要求更换债权人委员会成员的案件尚比较少见。

决定债务企业继续或者停止营业的职权。债务人进入破产程序后,该企业的财产处于为全体债权人利益而被保全的状态。因此,若继续营业有利于债务人财产价值的最大化,债权人会议可以作出继续营业的决定。但在破产程序开始后,债权人会议召开之前,应由管理人决定债务人是否继续营业。在破产重整与和解的司法实践中,为维护债务企业生存元气,保持市场份额与职工稳定以及避免生产线等机器设备因停产停工造成的加速减值折旧,各方倾向于维护企业的持续运营。因此,在正式召开第一次债权人会议前,管理人经与债务企业、股东、主要债权人及相关合作企业的座谈沟通,在力所能及的情况下,也倾向于直接同意继续营业并报请法院最终决定。

通过重整计划、和解协议和债务人财产管理、变价、分配方案的职权。例如,债权人会议在表决上述事项的过程中,出现重大分歧,导致重整计划草案等方案虽系现有条件下的最优方案,但受制于部分股东或债权人的“恶意”“不理性”“博弈”或其他原因等,经多轮沟通但始终不能达到法定通过标准,则《企业破产法》为保护债务企业与全体利益相关方的共同利益,授予法院根据方案的有效性、合法性与可执行性直接予以强行裁定批准的权力,即法院具有最终的决策权与批准权。实践中常称其为“强裁”。反之,如果根据表决规则,即使重整计划草案等方案,已经获得债权人会议表决通过,但法院依然有权以其涉及不当行为或不可执行等原因,拒绝裁定批准。

实践焦点 076

法院批准上市公司重整计划时的注意事项

上市公司作为公众公司,资质特殊并与地方经济发展、区域产业布局、财政税收、职工就业与社会稳定等息息相关。因此,相较于非上市企业的破产重整程序,法院关于上市公司重整计划的审批标准,具有更为细致与严格的要求。即便如此,市场仍会质疑并认为法院批准的上市公司重整计划有诸多值得商榷之处,主要集中于下述几方面:

其一,关于重整计划中的部分内容简单粗糙的质疑。例如在*ST 金城、*ST 锌业、*ST 新亿等上市公司破产重整案件中,重整计划的篇幅均在 20 页左右,其中关于企业重整后的经营方案的描述过于简单笼统,与上市企业自身情况的适配性不强。

其二,关于债权人的受偿资源分配失衡。例如*ST 锌业重整计划中,重整计划规定债权金额在 15 万元以上部分的清偿比例为 5%,而债权额在 15 万元以下的部分则达到了 100% 清偿,也就是说 15 万元以下的小额债权清偿比例为 100%。这种明显偏向于小额债权人的清偿方案,虽以保护小额债权人为出发点,但二者之间悬殊的清偿比例,也导致市场上出现管理人"买票"的质疑。

其三,重整程序相较于破产清算,未在债权清偿方面体现出明显优势。例如,*ST 宝硕在清算状态下的模拟普通债权清偿率为 10.12%,而重整计划中的清偿率仅提升至 13%;*ST 沧化在清算状态下的模拟普通债权清偿率为 9.09%,重整计划中的普通债权清偿率提高到 14.28%。在上述案件中,破产重整对债权人在清偿方面的作用微乎其微,也导致市场认为其主要目的在于减债保壳,而非维护债权人利益。

其四,重整计划对出资人的权益调整有失公平。在法院强裁的案件中,*ST 新亿、*ST 广夏等上市公司的出资人组均未通过重整计划。但从出资人股份让渡的比例来看，出资人实际作出了巨大的利益让步。此外，在出资人组内部也存在不公平，以*ST 金城的重整计划为例，在其首次的重整计划的表决上，债权人组通过率仅为25.87% 。为了筹措偿债资金，提高债权人同意比例，*ST 金城采用对出资人权益让渡的方法，规定由第一大股东让渡 30% ，而小股东仅让渡 22% 。此举引发了出资人组的不满，导致在后续出资人组的表决中，仅有 63.62% 的股东同意，使重整计划未能获得出资人通过，*ST 金城最终走上了强裁之路。

除此之外，《企业破产法》赋予了破产法庭将部分重要且难以决定的事项，交由债权人会议表决的权力。例如，破产法庭可将合并重整的决定权交由全体债权人，即交由债权人会议表决决策。在纵横集团"1 +5"公司合并破重整案①中，法院认为，鉴于《企业破产法》尚未将合并重整作为特殊事项，故无须对其表决条件作出特殊限制。因此，可以将合并重整理解为《企业破产法》第 61 条第 1 款第 11 项规定的"人民法院认为应当由债权人会议行使的其他职权"的事项，交由债权人会议按照一般事项的表决规则进行表决。

实践焦点 077

债权人会议是否有权管理和处分债务人财产

一种观点认为，"管理和处分债务人财产"是《企业破产法》第 25 条授予管理人的法定职权，管理人首先当然享有管理和处分债务人财产的权利。而《企业破产法》第 61 条并没有直接赋予债权人会议管理和处分债务人财产的职权，只有"通过债务人财产的管理方案""通过破产财产的变价方案"两项职权，所以债权人会议只能对管理人管理方案和处分债务人财产的方案进行决议，未通过决议的，应当依《企业破

---

① 参见浙江省绍兴市中级人民法院民事裁定书，(2009)浙绍商破字第 1－1 号。

产法》第 65 条由法院作出裁定。可见,债权人会议不享有直接对债务人财产管理和处分的职权。

另一种观点认为,《企业破产法》第 65 条规定的对管理、变价方案不通过时,由人民法院裁定的规定,其目的是解决破产程序陷入僵局、影响程序效率,而不是肯定管理人对管理、变价方案具有绝对的权利。并且,《企业破产法》第 65 条规定的法院裁定的前提条件是决议未通过管理、变价方案,现实中债权人完全可以拒绝决议,使管理人提出的方案无法进入决议程序。最后,债权人会议的职权是"通过债务人财产的管理方案""通过破产财产的变价方案",管理和变价方案完全可以由债权人提出,形成债权人会议直接决议管理和处分债务人财产的效果。

针对债权人会议和管理人管理、处分债务人财产的职权冲突,现行法律和司法解释没有作出明确的规定。因为对债务人财产的管理和处分直接关系到了债权人的利益,实践中也允许债权人会议依照法定程序作出管理处分财产的决议。但是允许这种决议事项可能会侵害少数债权人的利益,比如债权人会议作出不处置抵押物的决议,将会严重侵犯抵押权人的利益。所以关于债权人会议的决议,在原则上允许债权人会议对债务人财产管理和处分的同时,还应依据《企业破产法》第 64 条第 2 款的规定,为少数债权人提供救济的渠道。

无论是否肯定债权人会议能否直接决议管理和处分债务人财产,问题的本质是债权人会议对法定职权范围以外的非法定职权的决议权利。如果严格依照《企业破产法》第 61 条第 11 项的规定,非法定职权完全由法院决定,一方面可能会限制程序的效率,另一方面对法定职权采取扩张解释的方法,也可以达到扩充债权人会议职权的目的。在对非法定表决事项进行表决时,应考虑表决事项本身的性质。第一,如表决事项属于管理人职责范围的,应当考虑该事项客观条件下能否得以履行。如可以履行,则管理人应当履行其职责;如该事项客观上无法履行的,则可由债权人会议决议不再履行,以提高效率。第二,如表决事项属于债权人享有的权利,则应将提交表决的后果进行对比、分析。原则上,对特定债权人的权利限制不能由多数人意志决定,否则将损害持反对态度的债权人的合法权益;若对该事项提交表决确实有利于破产程序的进行,并符合破产程序利害关系人整体利益的,则应向权利受损人提供足额补偿后再提交表决。①

四、债权人会议的召集

《企业破产法》第62条规定:"第一次债权人会议由人民法院召集,自债权申报期限届满之日起十五日内召开。以后的债权人会议,在人民法院认为必要时,或者管理人、债权人委员会、占债权总额四分之一以上的债权人向债权人会议主席提议时召开。"

在破产案件中,债权人或者债权人代表不可能全程跟进,这从债权人会议并非常设机构也能看出。在司法实践中,除非重大、复杂案件,否则,债权人会议通常召开2~4次即可将全部重要议题审议完毕。即使上市公司破产重整案件中,召开债权人会议的次数,一般仅在2~3次。因此,债权人会议对整个破产程序而言是非常严肃且重大的事项。

法律规定债权人会议不得随意召开,必须符合严格的法律程序。第一次债权人会议的召开属于法定召开,由法院召集,且必须自债权申报期届满之日起15日内召开。一般情况下,债权人会议的组织者是破产管理人。管理人组织召开债权人会议的费用属于破产费用,由债务人财产随时支出。

根据《企业破产法》关于第一次债权人会议召开时间的相关规定,法院在发布债权申报公告之时,应确定第一次债权人会议的召开时间和地点。根据实务经验,第一次债权人会议的会议议程相对固定,通常包括:债权人会议主席的指定、管理人阶段性工作报告、债务人财产状况的报告、债权申报、审查情况及债权表的说明、财产管理及变价方案的公示、关于确定临时表决权额的请示以及管理人报酬收取方案的公示等。

第一次会议以后的债权人会议召开,需要由债权人会议主席召集,拥有提议权的主体包括法院、管理人、债权人委员会、占债权总额1/4以上的债权人。临时会议一

---

① 参见陈默、李琴仙等:《债权人会议非法定表决事项的处理》,载微信公众号"天同诉讼圈"2019年1月24日,https://mp.weixin.qq.com/s/41LMZAmWHiJc1Vx_wEbWsw。

般分为两种情况，一是法院或者管理人遇到必决事项，如重整计划草案、分配方案的表决等情形；二是债权人或者债权人委员会对于关系债权人利益的事项，认为需要提请债权人会议讨论决定等情形。关于管理人、债权人或债权人委员会提出的召开债权人会议的提议，债权人会议主席若无正当理由不得拒绝召开。如召开会议的提议未被采纳的，提议人可以向法院反映情况，由法院决定是否召开。

实践焦点 078

管理人处置担保财产是否须经债权人会议决议

以"中国邮政储蓄银行股份有限公司嘉峪关市分行、甘肃梓钊律师事务所管理人责任纠纷一案"①为例，2018 年 5 月 2 日，兴盛公司因无法按期偿还到期债务向一审法院提出破产清算申请。一审法院于 2018 年 5 月 22 日作出(2018)甘 02 破申 2 号民事裁定书，裁定受理兴盛公司破产清算。2018 年 6 月 11 日，一审法院作出(2018)甘 02 民破 2 号决定书，指定甘肃梓钊律师事务所(以下简称梓钊律所)担任兴盛公司管理人。

管理人接受指定后，接管了兴盛公司的全部资产(包括中国邮政储蓄银行股份有限公司嘉峪关市分行设定担保的财产)，并对中国邮政储蓄银行股份有限公司嘉峪关市分行(以下简称邮储银行)的担保财产进行了审计和评估作价。2018 年 10 月 13 日、11 月 16 日经过阿里巴巴司法拍卖网络平台两次公开拍卖，案涉啤酒花颗粒均未能成功变现。在案涉啤酒花颗粒无法变现的情况下，梓钊律所就以实物优先偿还担保债权方案与邮储银行进行了面谈，并向其送达关于担保债权以实物优先受偿的通知书。邮储银行签收该通知书，并在面谈中表示同意以实物优先受偿其担保债权，后续亦未明确作出放弃以实物折抵债务的意思表示。本案的争议焦点在于，梓

① 参见最高人民法院民事裁定书，(2021)最高法民申 1207 号。

钊律所作为破产管理人，是否有权以破产财产经变价后无人竞买为由，在未拟订破产财产分配方案并提交债权人会议讨论通过和人民法院裁定认可的情况下，自行决定以邮储银行享有优先受偿权的破产财产向邮储银行进行实物分配。

最高人民法院经审查认为，《企业破产法》第109条规定："对破产人的特定财产享有担保权的权利人，对该特定财产享有优先受偿的权利。"《破审纪要》第25条指出："担保权人权利的行使与限制。在破产清算和破产和解程序中，对债务人特定财产享有担保权的债权人可以随时向管理人主张就该特定财产变价处置行使优先受偿权，管理人应及时变价处置，不得以须经债权人会议决议等为由拒绝。"一审判决参考该会议纪要精神，认为管理人在保障债权人的优先受偿权的过程中处置担保财产不以债权人会议作出决议为必经程序，并无不妥。

五、通知债权人

《企业破产法》第63条规定："召开债权人会议，管理人应当提前十五日通知已知的债权人。"

债权人会议并非总是全员出席，有时候债权人怠于出席会导致债权人会议无法作出有效决议，进而影响破产程序的效率，所以提高债权人会议出席率，提前通知就显得十分必要。实践中，确定已知的债权人的范围和联系方式一般是通过审查破产债务人的债务清册获得相关线索。对于债务清册上列明的债权人，管理人应当履行直接通知义务；而未在债务清册上列明的债权人，可以通过发布公告的方式告知。通知的内容应包括债权人会议的时间、地点、形式、出席对象、主要议题等。

六、债权人会议决议规则

《企业破产法》第64条规定："债权人会议的决议，由出席会议的有表决权的债权人过半数通过，并且其所代表的债权额占无财产担保债权总额的二分之一以上。但是，本法另有规定的除外。债权人认为债权人会议的决议违反法律规定，损害其利益的，可以自债权人会议作出决议之日起十五日内，请求人民法院裁定撤销该决议,责令债权人会议依法重新作出决议。债权人会议的决议,关于全体债权人均有约束力。"

债权人会议的决议效力及于全体债权人与其他主体,对整个破产程序都有重要的影响,所以《企业破产法》对债权人会议的决议事项、决议程序都进行了严格规定。债权人会议表决标准采人数和债权额的双重标准,这与《公司法》一脉相承,尽管增加了形成决议的难度,但有利于平衡债权人群体的利益诉求,实现破产程序公平清偿的制度目标。

司法实践中,《企业破产法》关于人数与金额的双重表决标准,客观上起到了对抗"非对称否决权"的作用。"非对称否决权"是指赋权群体中的少数个体可以通过反复否决其他人偏好的办法,最终使群体内其他具有适度灵活性的成员接受他的选择。① 这呈现一种少数派主导规则的现象,与《企业破产法》均衡保护利益主体的原则相违背。应当明白,很多案件中破产方案的通过并非提供了优秀的偿付机制,而仅仅是因为他们没有被某特定的社会群体否决。上述破产表决规则,尽管有时会导致"多数人的暴政",也有时会被管理人加以利用,例如,通过额外设置小额债权组等方式,使重组方案通过成为一个大概率事件,但毕竟这种规则使单个债权人的力量被牢牢地束缚在有限的范围,使方案从理论上可以让多数人在这种民主投票程序中受益。

"人数标准"的计票基数以出席人数为准。"债权额标准"的计算基数包括未出席者所持债权在内的全部债权数额。需要注意的是,此处统计的债权数额不包括有财产担保债权额,但也有例外,即"但书条款"关于通过重整计划的规定和通过和解协议的规定。

债权人会议可以由网络方式进行,根据《破产法司法解释(三)》第 11 条第 1 款规定,债权人会议除现场表决外,可以由管理人事先将相关决议事项告知债权人,采取通信、网络投票等非现场方式进行表决,但必须在债权人会议召开后的 3 日内,以

---

① 参见[美]纳西姆·尼古拉斯·塔勒布:《非对称风险:风险共担,应对现实世界中的不确定性》,周洛华译,中信出版集团股份有限公司 2019 年版,第 97 ~101 页。

信函、电子邮件、公告等方式将表决结果告知参与表决的债权人。

债权人会议的决议体现了债权人的整体意志，自然也应赋予债权人申请撤销决议的权利。根据《破产法司法解释（三）》第 12 条规定，可申请撤销的决议包括：（1）债权人会议的召开违反法定程序，包括召集程序和通知程序存在瑕疵；（2）债权人会议的表决违反法定程序，如没有表决权的债权人行使了表决权、违反决议要件、没有满足法定人数要求或者计算方式违法等；（3）债权人会议的决议内容违法，即违反法律和行政法规的强制性规定，且该规定为实体性规定；（4）债权人会议的决议超过债权人会议的职权范围，主要为《企业破产法》第 61 条规定的内容。请求撤销的债权人除了证明该决议违反法律规定外，还必须证明自己因该决议受有损害，且必须在债权人会议作出决议之日起 15 日内提出，否则人民法院将不予受理或驳回请求。人民法院裁定撤销的，撤销的范围既可以是对全部事项作出的决议，也可以是对部分事项作出的决议。

债权人会议决议的效力对于全体债权人当然有效，各债权人无论是否出席会议，是否参加表决，是否投票赞成，都受到该决议的约束，否则债权人会议的地位将形同虚设，破产效率也无法得到切实的保障。

实践焦点 079

债权转让后债权人表决权的确定问题

《企业破产法》及相关司法解释对破产程序中的债权转让并未作相关规定，但普遍认为无论是在破产申请受理前还是在破产申请受理后，债权人均有权对债权进行转让。但考虑到个别债权人试图利用债权分割转让、债权收购实现对债权人会议表决层面的多数控制，或期望在偿债资源分配中占据优势地位，为平衡保护破产程序中债权人权益，部分法院对破产程序中的债权转让进行了一定的限制。

在破产程序受理前，若债权人将一份债权分割转让至多个主体，只要符合一般债权转让要求，各债权受让主体可直接向管理人申报债权，并作为独立的主体行使债权人的各项权利，法院对此并无限制。若同一债权人受让多笔债权，该债权人仅能作为单个债权人申报债权并行使债权人的各项权利。

在破产程序受理后，债权转让不能因债权转让而改变原债权的表决权利，包括金额和表决票数，常见情形如下：(1)在法院裁定受理破产程序后，债权人将一份债权分割转让至多个主体，各受让人的受让债权按其受让债权金额分别统计，但作为单个债权人以债权总额参加表决和分配。(2)在法院裁定受理破产程序后，同一主体受让多个债权人所持债权，受让人可以其受让的不同债权分别申报债权，并分别参加表决和分配。

在破产程序终结后，债权人将一份债权分割转让至多个主体，或同一主体受让多个债权人所持债权，则债权受让方均应按转让发生前原债权在清偿方案的地位，享有相应的权益，不因债权转让而获得比转让前更高的收益，也不因此而较转让前形成新的损失。若在债权分割转让时，未约定转让债权在破产程序中享有权益具体分配方案时，原则上应按债权受让方所持债权金额，按比例享有相应的权益。

七、决议事项的司法介入

《企业破产法》第65条规定："本法第六十一条第一款第八项、第九项所列事项，经债权人会议表决未通过的，由人民法院裁定。本法第六十一条第一款第十项所列事项，经债权人会议二次表决仍未通过的，由人民法院裁定。对前两款规定的裁定，人民法院可以在债权人会议上宣布或者另行通知债权人。"

债权人会议并非总能形成有效决议。各个债权人之间可能存在严重冲突，对决议事项持相反的态度。如果债权人会议总是不能形成有效决议，就陷入了破产僵局。此时，如果决议事项事关后续程序的进行，法院对此不加以干涉，破产程序将无法继续进行，大大降低了破产程序的效率。《企业破产法》第65条规定的可由法院加以干涉的事项为债务人财产的管理方案、破产财产的变价方案以及破产财产分配方案。如果与破产财产相关的管理方案、变价方案及分配方案不能及时做出并落实，势必会造成债务人财产贬值、管理费用增加，甚至错失变现时机而严重折损偿债资源，故法院应当及时干预。简而言之，通过财产分配等方案是破产清算的必经程序，立法政策不允许债务人在分配方案问题上陷入久拖不决的僵局。

在实践中，如财产分配方案经过第一次表决而未能通过，债权人则可在充分协商的基础上，对原方案进行适当修改并再次提交债权人会议表决。法院的上述裁定若在会议开会期间作出，则可直接在债权人会议上宣布。如果是在闭会期间作出的，则采用通知方式。

一般中小企业的破产清算案件中，普通债权的清偿比例偏低。很多债权人在逐步了解破产清算后，很快就对清偿前景感到失望而抗拒投入更多精力。在很多企业清算类案件中，即使债务人用优质资产进行担保，但受制于厂房与机器设备属于定制化资产、抵押资产变现难度大、市场无人问津以及意定担保与法定优先权竞合等原因，担保债权人较普通债权人亦未必占据受偿优势。在此情况下，普通债权人能够获得的债权清偿金额可能更寥寥无几。

因此，无论管理人出具何种财产变价方案、财产分配方案，担保债权人与普通债权人都可能因漠视或不满而拒绝通过。此时，因涉及税收、职工等其他利益相关方的整体利益，法律有必要赋予法院职能，不能将程序“冻结”于各方的对峙甚至情绪宣泄中。法院作为最终的破产程序把控者，应从社会整体利益与企业“生老病死”的自然规律出发，如果该方案不违反法律规定，具有执行性与可操作性，则应当裁定通过该项财产分配与变现方案。这就是实践中通常说的“强裁”。这里的“强”并非“强迫”同意，而是“强力”介入并批准。否则，《企业破产法》不但不能起到优胜劣汰与市场出清之效，反而会成为市场主体僵而不死的“堰塞湖”。

八、法院裁定的复议规则

《企业破产法》第66条规定：“债权人对人民法院依照本法第六十五条第一款作出的裁定不服的，债权额占无财产担保债权总额二分之一以上的债权人对人民法院依照本法第六十五条第二款作出的裁定不服的，可以自裁定宣布之日或者收到通知之日起十五日内向该人民法院申请复议。复议期间不停止裁定的执行。”

债权人会议决议的效力并不是绝对和终局的，法律还赋予了债权人进行救济的权利，此种做法既避免了司法的过度介入，也避免了债权人丧失自主决定权。若债权人对于法院作出的通过财产管理方案或破产财产变价方案的裁定不服，可以申请复议；关于破产财产分配方案作出的裁定，只有拥有的债权额达到无财产担保债权总额的1/2以上的单个或多个债权人才具有复议资格。凡是符合条件的复议申请，法院都应当受理。如果法院依据复议申请对原裁定作出纠正，应当对债权人因原裁定的执行所获得的利益或者受到的损失采取适当的补救措施。

需要注意的是，异议人没有就法院作出的关于通过财产管理方案和财产变价方案裁定进行上诉的权利。《企业破产法》中明文规定的破产程序中涉及上诉的只有两种情形，即裁定不予受理破产和裁定驳回破产申请。因此，债权人可以上诉的事项并不包括重整计划。在破产重整程序中，如有债权人就已经生效的重整计划提出挑战，实际上已不具备救济途径，至少不能对批准重整计划的民事裁定书，提出上诉或再审申请。

在大型破产案件中，尽管方案并不能得到债权人由衷认可，但债权人真正地对最终的破产方案提出异议或上诉的案件，或者异议或上诉的主张得到法院支持并推翻原方案的情形较为罕见。甚至可以说，上述异议的渠道在某种微观层面而言，更多地起到宣泄管道的作用。提供合法的管道让人可以宣泄不满的情绪，是法律体系相当隐微细腻却极其重要的功能。①

九、债权人委员会的组成

《企业破产法》第67条规定：“债权人会议可以决定设立债权人委员会。

① 参见[美]迈克尔·瑞斯曼：《看不见的法律》，高忠义、杨婉苓译，法律出版社2007年版，第106页。

债权人委员会由债权人会议选任的债权人代表和一名债务人的职工代表或者工会代表组成。债权人委员会成员不得超过九人。债权人委员会成员应当经人民法院书面决定认可。”

债权人会议并非常设机构,大部分债权人也不会花费大量成本跟进全部破产程序。在破产程序日常进行中,需要有一个代表全体债权人利益的组织,监督管理人行为。债权人委员会的设立目的就是如此。债权人委员会之于债权人会议类似于董事会之于股东会,所以债权人委员会的选任规则需要充分体现广泛的代表性。就债权人委员会构成而言,一般实践中倾向于将债委会成员的人员数量定为单数,其工作内容主要是了解和报告情况以及就某些问题发表意见,而不是作出具有法律约束力的决议。

债权人委员会的成员必须从债权人中指定,此外,还必须包括1名债务人的职工代表或者工会代表。通常管理人会推荐工会代表作为债权人委员会成员,表示对职工利益代言者的关切和重视。此外,与董事会的强制设立主义不同,债权人委员会的设立采取国际通行的任意设立主义,即根据具体案件的情况考虑是否设立,并不强制要求。《企业破产法》未规定进入债权人委员会的具体资格和条件,原则上由债权人会议选任,但成员选任情况需要报人民法院书面认可。需要说明的是,法院仅有权对债权人委员会的成员进行审查,而无权决定是否设立债权人委员会。

在债权人委员会成员的选任工作中,原则上应当由管理人向债权人会议推荐,并由债权人会议选举产生。债权人委员会名单是一个“名利场”,很多人想名列其中,也有主体避之不及。但不可否认,成为债权人委员会的一员有对破产程序信息第一时间掌握以及与管理人沟通顺畅的实在利益。管理人向债权人会议与法院推荐名单时,从代表债权人的广泛性与公平性角度,不能按照金额等标准一刀切,应尽量涵盖各类债权人的代表,比如金额最大的债权人、金额最大的金融债权人、金额最高的普通债权人、大额担保债权人、税款债权人、供应商债权人、重要合作方债权人以及小额普通债权人代表等。除上述按照债权金额、债权性质与企业性质进行的常规分类外,管理人还应当充分考虑其他因素,例如地域因素,将本地债权人与外地债权人的比例进行相应平衡。

上述类型的债权人有时会出现身份上的重复，加之债权人委员会成员名额有限，故应当技巧性地安排“多重身份”债权人，例如，A银行是最大金额债权人，其企业性质为金融机构，同时又属本地地方性银行，具有交流便利等优势，还能在未来信贷支持、信用恢复等方面给债务人带来进一步帮助，因此，推选A银行成为债权人委员会成员，乃至推选其成为债权人会议主席也是自然之事。但与此同时，B公司是债务人合作多年的供应商债权人，又是本次破产期间保持运营以及继续履行合同的相对方，让其加入债权人委员会也具有充分理由。除上述A银行和B公司外，如果C公司曾与债务人有过业务往来，但债权金额不高且人在外地，是否也应将其列为债权人委员会成员呢？如果C公司的情况具有普遍性且也有意愿参与，笔者认为，将C公司列为债权人委员会成员亦属合理。

在实际操作中，债权人委员会成员因管理人推荐而提名。这就意味主动权掌握在管理人手中，债权人竞选债权人委员会成员的权利并不充分。从管理人的角度而言，他们仅是向债权人会议推荐人选且最终由全体债权人决定，因此，管理人在此过程中并无利益冲突和影响力。但真实情况往往更为复杂。债务人的债权人除金融机构外，其他各类债权人相互并不熟悉，这就意味：若管理人直接在债权人会议，且通常是在第一次债权人会议上提名债权人委员会成员，往往会使不熟悉破产程序的债权人措手不及。因此，债权人委员会成员的选任工作，在通常情况下都会获得债权人通过。即使有的案件中，会有债权人当场表示愿意竞选，但因其他债权人对其不熟悉等原因，该名债权人可能不会得到支持。

十、债权人委员会的职权

《企业破产法》第68条规定：“债权人委员会行使下列职权：（一）监督债务人财产的管理和处分；（二）监督破产财产分配；（三）提议召开债权人会议；（四）债权人会议委托的其他职权。债权人委员会执行职务时，有权要求管理人、债务人的有关人员对其职权范围内的事务作出说明或者提供有关文件。管理人、债务人的有关人员违反本法规定拒绝接受监督的，债权人委员会有权就监督事项请求人民法院作出决定；人民法院应当在五日内作出决定。”

债权人委员会的职权主要包括：监督权、提议权和受托权。同债权人会议一样，债权人委员会职权被严格限制在法定框架内。因债权人委员会无权作出有法律约束力的决定，故在遇到涉及债权人利益的重大问题时，便会提议召开债权人会议。债权人会议可以在《企业破产法》第 61 条规定的职权范围内，授予债权人委员会行使其职权，但是，选任和替换债权人委员会的成员、通过重整计划、通过和解协议、通过破产财产变价方案和通过破产财产分配方案的职权，不能授予债权人委员会行使。

一般而言，法院既应时刻监督债委会行使职权，有时也要担任债权人委员会与管理人之间博弈的裁判员。实践中，债权人委员会的职权并非固定，有时会成为管理人通报事项的防火墙。管理人可能事无巨细地通报并请债委会发表意见，将原本属于管理人的工作与职责向外分担。另外，在《企业破产法》刚刚出台后，债权人委员会对整个破产程序，尤其是重整程序缺乏足够认识、经验与能力，无法与管理人形成充分博弈与相互制衡。随着破产重整在经济生活中的重要性增加，从金融机构、专业投资者到一众商事主体，越是体量大的主体越可能作为债权人或投资者参与到破产程序中，故以金融机构为代表的商事主体开始了解破产，具备了丰富的经验、能力与动机，开始与管理人就破产程序把控与重组方案制订等核心问题，展开配合、博弈与交锋。

因此，债权人委员会成为“兵家必争之地”。很多大型企业不再被动地接收管理人信息，甘做一个向其他债权人通报的传声筒。他们越来越愿意担任债权人委员会成员并真正地了解、质疑与发声。甚至债权人委员会的模式已经扩展到陷入债务危机企业的各个阶段，例如在危机企业进入破产程序前，大型企业集团的金融债权人可能就会由政府牵头，成立金融债权人委员会，统一协调处理相关问题。

债权人委员会功能从消极到积极的进化趋势，也产生了相应的副作用。债权人委员会有可能发生过分干预管理人、债务人有关人员行使职权的情形。此时，法院居中裁判的作用就会凸显——法院应当听取双方的意见并作出公正裁决。此外，债权人委员会的成员在行使职权的过程中，对全体债权人负有基本的诚信义务。如果因为故意或重大过失违反诚信义务，给债权人造成损害的，债权人可以请求债权人委员会承担适当的民事责任。

债权人委员会作为债权人会议的常设机构，代表债权人会议的利益，所以它当然可以行使债权人会议授权行使的职权，如《破产法司法解释（三）》第13条规定，债权人会议可以委托债权人委员会行使《企业破产法》第61条第1款第2、3、5项规定的申请人民法院更换管理人、审查管理人的费用和报酬、监督管理人、决定继续或者停止债务人的营业的债权人会议职权，但债权人会议不得作出概括性授权。

债权人委员会的表决议事规则，不必考虑其债权份额。例如《破产法司法解释（三）》第14条规定，债权人委员会决定所议事项应获得全体成员过半数通过并作成议事记录。债权人委员会成员对所议事项的决议有不同意见的，应当在记录中载明。债权人委员会行使职权应当接受债权人会议的监督，以适当的方式及时向债权人会议汇报工作，并接受法院的指导。

实践焦点 080

债权人委员会能否要求管理人提起诉讼前，必须取得债权人委员会同意或授权

在"胡某波与四川圣梓律师事务所、广安巨丰司法鉴定所管理人责任纠纷案"①中，广安市中级人民法院裁定受理四川广安建设集团有限公司等七家公司破产重整申请后，债权人委员会作出决议，管理人所有诉讼须报债权人委员会同意，月利率未超过3%的清偿，不得通过诉讼撤销。本案中，胡某波认为管理人未尽到勤勉忠实义

① 参见四川省广安市中级人民法院民事判决书，（2020）川16民初86号。

务，理由之一为管理人违反债委会决议，擅自对债务人个别清偿行为提起诉讼，引发新的矛盾。

对于上述理由，广安市中级人民法院认为，根据《企业破产法》第 68 条规定："债权人委员会行使下列职权：(一) 监督债务人财产的管理和分配；(二) 监督破产财产分配；(三) 提议召开债权人会议；(四) 债权人会议委托的其他职权。债权人委员会执行职务时，有权要求管理人、债务人的有关人员对其职权范围内的事务作出说明或者提供有关文件。管理人、债务人的有关人员违反本法规定拒绝接受监督的，债权人委员会有权就监督事项请求人民法院作出决定；人民法院应当在五日内作出决定。"

根据上述规定，债权人委员会的主要职责是监督管理人依法履职，而不是对管理人依法行使职权进行干涉。本案中，管理人根据法律规定对涉及个别清偿的债权人提起撤销之诉是法律要求管理人必须履行的职责，管理人如果不履行，反倒可能承担相应的赔偿责任，故本案中债权人委员会作出管理人提起诉讼必须经过债权人委员会同意、不得对个别清偿提起诉讼的决议，本身就属于非法干扰管理人依法履职，管理人依职责提起相关诉讼正确。因此，胡某波的该主张广安市中级人民法院不予支持。

实践焦点 081

个别债权人是否有权对管理人的财产处置行为提起诉讼

在"德宏隆川物资有限责任公司、祥云县跃峰物资有限公司债权人撤销权纠纷案"①中，债权人向法院提起诉讼，要求确认管理人在履行职务行为中处置破产企业财产的变卖合同无效。本案的争议焦点为在破产案件的审理过程中，对破产管理人处置破产企业财产的行为，个别债权人是否有权提起诉讼。

① 参见云南省高级人民法院民事裁定书，(2019) 云民终 293 号。

一审、二审与再审法院均认为，破产管理人的变卖行为属于执行职务的行为。由于破产程序中债权人之间往往存在利益冲突和意见分歧，为保障破产管理人依法行使职权、推进破产程序的顺利进行，《企业破产法》及相关司法解释赋予债权人通过债权人会议对破产管理人的职务行为予以监督之权，如债权人会议认为破产管理人不能依法、公正执行职务或者是有其他不能胜任职务情形的，可以申请人民法院予以更换。债权人认为破产管理人行使职务行为不当而给其造成损失，亦可以诉请赔偿。但是，债权人个人无权直接干涉破产管理人行使职务行为。

十一、管理人向债权人委员会的报告义务

《企业破产法》第 69 条规定："管理人实施下列行为，应当及时报告债权人委员会：(一)涉及土地、房屋等不动产权益的转让；(二)探矿权、采矿权、知识产权等财产权的转让；(三)全部库存或者营业的转让；(四)借款；(五)设定财产担保；(六)债权和有价证券的转让；(七)履行债务人和对方当事人均未履行完毕的合同；(八)放弃权利；(九)担保物的取回；(十)对债权人利益有重大影响的其他财产处分行为。未设立债权人委员会的，管理人实施前款规定的行为应当及时报告人民法院。"

管理人的一举一动皆牵系债权人的偿付利益，理论上当管理人行为关涉债权人重大利益时，应当及时向债权人会议报告，但是债权人会议并非常设组织，故立法者出于效率考虑，规定了管理人向债权人委员会的重大事项报告义务。《企业破产法》第 69 条规定的若干重大事项，管理人负有主动报告义务。上述事项皆属涉及债务人财产和债权人利益的重大财产处分行为或重大交易的条款，其中第 10 项为"兜底"条款，主要考虑的因素有：被处分财产本身的价值；被处分财产对于债务人财产的重要性；处分或交易中债务人财产价值流失的可能性。

报告义务人不限于管理人，也包括重整程序中自行管理的债务人。需要注意的是，在债权人委员会尚未设立或者债权人会议决定不设立的情况下，这种义务并不免除，义务人应转向法院汇报。若法院认为报告的事项存在损害债权人利益的情形，可

以采取适当的方式予以纠正。所以上述条文的重要性在于,其突破了“债权人会议”的章节,是对管理人行为的整体限制。

除上述主动报告义务外,原则上相关报告义务人也应承担被动报告义务,即在要求说明或提供文件时履行报告义务。此外,对于关涉债务人重大利益的财产处分行为,管理人不应事后报告,而应当先取得债权人会议决议同意。例如,《破产法司法解释(三)》第15条第1款规定,管理人处分《企业破产法》第69条规定的债务人重大财产的,应当事先制作财产管理或者变价方案并提交债权人会议进行表决,债权人会议表决未通过的,管理人不得处分。

但在实践中,管理人履行上述报告义务,有时使整个破产程序的因果链条无限延展,造成很多人力与财力的浪费,但又不会起到实质作用,具体来说:

其一,管理人工作事务的复杂性并不能完全由上述条文简单涵盖,其中部分事项很难界定是否应当汇报。因此,有的管理人习惯于从严掌握,事事汇报以求免责。但这种操作难免会影响债权人委员会成员单位的正常工作。诚然,在大型破产类案件中,债权人的债权金额普遍较高,其内部也会指派专人负责。但是,单位本身并不能保证给予其充足的时间和精力,可以全身心地“全职”处理这一项任务,且该负责人往往也会受限于内部管理要求,并不具备直接决定的权限。因此,若管理人事事汇报,则会导致债权人委员会成员应接不暇,尤其碍于内部权限又需请示上级单位或领导时,就会降低工作效率。因此,在部分案件中,有的债权人明确拒绝担任债权人委员会成员。在一些特殊情况下,如果该事项有着严格的时间要求,而债权人委员会成员无法按时回复,则管理人会书面表示——如不能按时回复则视为同意,这看似尊重债权人委员会成员的意见,实际上更加流于形式。

其二,管理人也有可能基于各种原因,并不能及时准确地将破产进展汇报给债权人委员会,或者及时同步给债权人。以上市公司战略投资者的引进工作为例,在此过程中,管理人有时因上市公司的保密需求,或因投资者的主动要求以及本身可能不想债权人过多干预和发表意见,不会向债权人透露引入投资者的进展情况。总之,管理人不会向债权人委员会按时披露工作细节,而债权人委员会因不知悉该等事项的存在,或者即使知悉但也认为无足轻重,便会默许这种处理方式。

综上所述，管理人向债权人委员会的汇报规则，并非没有缺点。毕竟，债权人委员会不是严格的统一整体，债权人间也会在破产程序中出现利益博弈，故债权人委员会成员有时并非以破产程序整体福祉为出发点，各自为政的情形并不少见。当然，笔者相信随着破产程序的日渐普遍，尤其是当金融机构越发熟悉与了解破产程序，债权人委员会的管控标准与参与机制也会越来越好，越来越完善。

实践焦点
082

"债权人会议表决通过"是否可以作为待履行合同所附生效条件

在"彭某萍、田某祎等合同纠纷案"①中，彭某萍、田某祎与隆图公司于 2015 年 1 月 24 日，签订《宜昌市商品房买卖合同》并办理合同备案登记，合同约定彭某萍、田某祎购买隆图公司开发建设的磨基山旅游综合体国华锦都 2 号楼 1 单元 25 层 012501 号房，房屋总价 637,773 元，其中签订合同之日支付首付款 337,773 元，剩余购房款 300,000 元采取银行按揭贷款方式支付。商品房买卖合同签订后，彭某萍、田某祎按照合同约定支付了购房款 387,773 元，并向交通银行宜昌分行申请个人住房贷款 250,000 元，交通银行宜昌分行经过审核已同意授信。后因隆图公司经营不善，资不抵债，隆图公司债权人武汉市黑马建工集团有限公司申请对隆图公司进行破产清算。2017 年 11 月 9 日，点军区人民法院受理了隆图公司破产清算一案，并于次日指定隆图公司破产清算组为破产管理人。

在破产清算程序中，就如何处理购房者的商品房买卖合同问题，破产管理人拟定了两套方案供购房者进行选择，一是解除《宜昌市商品房买卖合同》，二是签订承诺

① 参见湖北省宜昌市中级人民法院民事判决书，(2020)鄂05民终2525号。

函继续履行《宜昌市商品房买卖合同》。承诺函的内容为，“现本人选择继续履行《商品房买卖合同》，要求交付房屋，本人承诺：(1)放弃追究隆图公司逾期交房的违约责任。(2)在管理人指定的时间，缴清欠付购房款，并以欠付购房款金额为基数，从最后一次缴款之日顺延30日起至缴清所欠房款之日(最迟至2018年7月30日)止，按8%年利率，支付延期付款利息。(3)以前未签署商品房买卖合同的，按管理人要求在指定时间签署商品房买卖合同。(4)若违反上述规定，则视为主动解除买卖合同。隆图公司以收取房款金额为基数，从收款之日起至点军区法院破产申请受理之日(2017年11月9日)止，按8%年利率计算资金占用费，在破产财产分配时向本人优先返还已支付购房款及资金占用费。(5)本人充分知晓并了解，继续履行商品房买卖合同，须债权人会议表决通过，并经点军区法院确认后，方可实施。”

本案的争议焦点之一在于承诺函的效力问题。

一审法院点军区人民法院认为，关于承诺函是否为附生效条件。当事人对合同的效力可以约定附条件，附生效条件的合同，自条件成就时生效，但所附条件必须具有以下特点：一是所附的条件是由双方当事人约定的，而不是由法律规定的条件；二是所附的条件是将来可能发生的事实，过去的、现存的事实、将来必定发生或者必定不能发生的事实以及法律规定的事实不能作为所附条件；三是所附条件是当事人用来限制合同法律效力的附属意思表示；四是所附条件是合法的事实。本案承诺函中约定“继续履行商品房买卖合同须债权人会议表决通过，并经点军区人民法院确认后，方可实施”，该内容是法律规定的审理破产案件中的程序性事项，是法定程序，不能作为合同所附生效条件。且破产管理人在审核债权时将选择解除或继续履行购房合同的购房者的债权以及在第一次债权人会议召开之前暂未作出选择的购房者的债权作出了区分，隆图公司破产清算案第一次债权人会议也已表决通过破产管理人通报的债权初步审核情况的报告。故彭某萍、田某祎认为承诺函中的该条约定是合同所附的生效条件的意见，于法无据，对此不予采纳；认为债权人会议应对是否通过购房者签订的承诺函、是否通过购房者继续履行商品房买卖合同事项进行表决，而非对已付房款形成的债权进行表决的意见，依据不足，对此不予采纳。关于承诺函是否生效。依法成立的合同，自成立时生效。破产管理人拟定承诺函，彭某萍在承诺函上签字，表明双方就承诺函内容达成合意，承诺函自此成立并生效。关于承诺函是否可以依法解除。因不存在合同解除的法定情形，彭某萍要求解除承诺函于法无据。

二审法院宜昌市中级人民法院认为，针对承诺函的效力问题，彭某萍、田某祎上诉称承诺函中第 5 条约定所附条件未成就，故承诺函未生效。首先，承诺函系在隆图公司破产清算过程中，破产管理人与购房者就商品房买卖合同继续履行达成一致的情况下所产生的约定，该约定的形成并不违反法律法规相关规定。其次，根据《企业破产法》第 18 条："人民法院受理破产申请后，管理人对破产申请受理前成立而债务人和对方当事人均未履行完毕的合同有权决定解除或者继续履行，并通知对方当事人……"第 69 条第 1 款第 7 项："履行债务人和对方当事人均未履行完毕的合同。"破产管理人与购房者就继续履行商品房买卖合同达成一致所签订的承诺函，无须债权人会议表决通过即能生效，破产管理人仅有向债权人委员会报告之义务。最后，隆图公司破产清算案第一次债权人会议也已表决通过破产管理人通报的债权初步审核情况，一审法院所作出的（2017）鄂 0504 破 2－1－1 号民事裁定书也已确认 933 位债权人的债权，其中彭某萍和田某祎的已付购房款被确认为无异议债权。综上所述，承诺函第 5 条的约定并非限制合同法律效力的附属意思表示，一经双方签字确认即发生法律效力。

09

第九章

破产重整的涅槃作用

破产重整是指通过对各方利害关系人的利益协调，对可能或已经具备破产原因但又有挽救希望的企业，实行业务重组与债务清理，以使企业避免破产、获得新生。破产重整赋予了企业涅槃重生的机会。自《企业破产法》规定破产重整制度以来，其得到了广泛的应用，给部分虽然面临流动性困难和债务问题而无力解决，但本身具有市场份额、创新优势、前景可期的企业，带来一定的保护空间。

一、重整申请的提出

《企业破产法》第70条规定："债务人或者债权人可以依照本法规定，直接向人民法院申请对债务人进行重整。债权人申请对债务人进行破产清算的，在人民法院受理破产申请后、宣告债务人破产前，债务人或者出资额占债务人注册资本十分之一以上的出资人,可以向人民法院申请重整。"

根据重整申请提出的时间,可以将重整申请分为初始重整申请和后续重整申请。初始重整申请指在法院受理破产申请以前提出的对债务人适用重整程序的最初申请。初始重整申请的方式为债权人和债务人直接向法院申请,申请时应当按照《企业破产法》第8条的要求提交破产申请书和有关证据。债权人和债务人的举证责任不同,前者提出破产申请的举证责任范围为证明"债务人不能清偿到期债务",后者提出破产申请需要证明"债务人不能清偿到期债务并且资不抵债,或者债务人不能清偿到期债务并且明显缺乏清偿能力,或者有明显丧失清偿能力的可能"。

后续重整申请是指在债权人申请债务人破产清算,法院受理有关债务人的破产清算申请后至宣告债务人破产前,由债务人或者出资额占债务人注册资本1/10以上的出资人提出的重整申请。结合债权申报期限和债权人会议召开时间的规定,第一次债权人会议的最迟召开时间为破产申请受理公告之日起三个半月。管理人在此期间,应兼听债务人和出资人的意见,最后确定是否同意重整申请。

实践中,可能出现债权人与债务人或者不同的债权人在法院受理破产申请前分别申请重整、清算、和解的情形。此时,法院应当"自由裁量"地选择启动何种破产程序。《企业破产法》对此无明确规定,但最高人民法院出台的相关意见认为,人民法院应当根据债务人的客观情况并权衡《企业破产法》的价值目标而作出裁定。在债务人具有挽救希望和挽救价值时,应优先适用重整、和解等挽救程序。①

例如,在"重庆市永川区规划和自然资源局与重庆伟豪实业有限公司申请破产

① 最高人民法院《关于正确审理企业破产案件为维护市场经济秩序提供司法保障若干问题的意见》第6条规定:"人民法院要充分发挥司法能动作用,注重做好当事人的释明和协调工作,合理适用破产重整和和解程序。对于当事人同时申请债务人清算、重整、和解的,人民法院要根据债务人的实际情况和各方当事人的意愿,在组织各方当事人充分论证的基础上,对于有重整或者和解可能的,应当依法受理重整或者和解申请。当事人申请重整,但因企业经营规模较小、虽有挽救必要但重整成本明显高于重整收益的困难企业,有关权利人不同意重整的,人民法院可引导当事人通过和解方式挽救企业。人民法院要加强破产程序中的调解工作,在法律允许的框架下,积极支持债务人、管理人和新出资人等为挽救企业所做的各项工作,为挽救困难企业创造良好的法律环境。"

清算案"①中,重庆市第五中级人民法院认为,当事人同时申请债务人清算、重整,应根据债务人的实际情况和各方当事人的意愿,综合分析陷入困境的情况、重整可行性等因素。重庆伟豪实业有限公司(以下简称伟豪公司)出现破产的原因是市场因素和债务问题导致公司经营困难,资金链断裂。但其尚有待开发土地,开发完成后可以增加偿债能力,故具备重整的可能,应当依法受理重整申请,遂裁定伟豪公司进入破产重整程序。

实践焦点 083

债务人申请破产清算并由法院受理后，能否再行申请破产重整问题

在债权人申请破产清算后,债务人或者出资额占债务人注册资本 1/10 以上的出资人依然可以申请程序转换,但问题是如果是债务人自己申请的破产清算为法院受理后,能否再行申请程序转换为破产重整?

目前,《企业破产法》未对该情形作出明确的规定,但在"上海万豪投资有限公司申请破产重整强制清算与破产上诉案"②中,上海市第三中级人民法院给出了肯定的答案。2019 年 10 月 28 日,因上海万豪投资有限公司(以下简称万豪投资)不能清偿到期债务,并且资产不足以清偿全部债务,具备了破产原因,上海铁路运输法院依法裁定受理万豪投资的破产清算申请。其后,万豪投资提起上诉,要求撤销破产清算受理裁定,指令上海铁路运输法院受理万豪投资的破产重整申请。

对于上述问题,上海市第三中级人民法院认为,从立法本意看,《企业破产法》设立重整制度的目的,是挽救陷入债务困境但又具有挽救希望与挽救价值的企业,从而

---

① 参见重庆市第五中级人民法院民事裁定书,(2019)渝 05 破申 64 号。

② 参见上海市第三中级人民法院民事裁定书,(2020)沪 03 破终 6 号。

实现破产法的独特价值——破产保护。由此,《企业破产法》第70条对破产重整申请权作了相应规定:(1)在破产程序启动时,《企业破产法》第70条第1款赋予债权人和债务人直接申请债务人破产重整的权利;(2)在进入破产程序后,因债权人申请破产清算的,《企业破产法》第70条第2款又赋予债务人和1/10以上的出资人申请转为破产重整的权利。

《企业破产法》的上述规定,一是明确赋予债务人破产重整申请权;二是债务人的破产重整申请权不仅限于破产启动时,还包括程序转换时;三是破产重整申请权不仅赋予给债权人、债务人,出资额占债务人注册资本1/10以上的出资人亦享有该权利。可见,《企业破产法》第70条体现了对债务人破产重整申请权充分保障的立法旨趣。

因此,笔者认为,虽然《企业破产法》没有明确规定债务人申请破产清算后能否再转为破产重整,但不能因此就否认此情形下债务人启动程序转换的权利。债务人的破产重整申请权虽是一项程序性权利,但并不适用"法无授权不可为"的公法原则。事实上,债务人提起破产清算后,因市场环境因素等的转变,可能会发生债务人破产启动时陷入严重的财务困境,但启动后因资产升值从而具备从破产清算转向重整的可能。因此,债务人申请破产清算后,在宣告破产前,债务人仍可提出破产重整申请。

二、重整申请的审查受理及重整裁定

《企业破产法》第71条规定:"人民法院经审查认为重整申请符合本法规定的,应当裁定债务人重整,并予以公告。"

(一)重整申请的审查

破产重整程序的运行成本较高、法律流程复杂,法院应当对重整申请进行审查,具体包括形式审查和实质审查。其中,形式审查的内容包括对案件管辖、申请人资格、债务人破产能力、破产原因等的审查;实质审查即判断债务人是否具有重整价值。

在重整申请审查阶段,法院如何判断和查明债务人重整价值呢?《破审纪要》第

14 条进行了反向规定：对于僵尸企业，应通过破产清算，果断实现市场出清。人民法院在审查重整申请时，根据债务人的资产状况、技术工艺、生产销售、行业前景等因素，能够认定债务人明显不具备重整价值以及拯救可能性的，应裁定不予受理。① 最高人民法院《关于当前商事审判工作中的若干具体问题》第 5 条亦指出，从破产重整成功的案例看，重整程序一般适合于较大规模且明显具有运营价值的企业。在适用重整程序时，应当结合企业所属产业前景、陷入困境的原因、企业财务目标或指标等因素综合判断，严格控制增量，防止新的产能过剩。

实践中，部分法院亦根据审判实践，总结出自己的标准。例如北京市第一中级人民法院清算与破产审判庭认为，重整商业价值的判断可以参考以下标准：一是企业是否具备维持（或恢复）核心业务持续经营的良好基础，是否具有运营价值，核心资产和业务团队是否基本保持完整；二是企业的无形资产是否具备潜在价值，如是否保有特殊的行业资质（或生产许可）、知识产权以及核心的销售或客户资源网络；三是所在的行业是否仍然具备发展前景，符合国家的产业发展政策或行业重组整合、结构调整的整体方向。② 总之，并非所有企业均有条件启动重整程序，实践中关于企业重整价值的标准，由受理法院综合判断与掌握。

在破产申请审查过程中，法院可以召开听证会。根据《破审纪要》第 15 条规定，对于债权债务关系复杂、债务规模较大，或者涉及上市公司与金融机构重整的案件，法院在审查重整申请时，可以组织申请人、被申请人听证。债权人、出资人、重整投资人等利害关系人经法院准许，也可以参加听证。听证期间不计入重整申请审查期限。

关于召开听证会的具体操作规范，《上市公司重整纪要》第 4 条第 2 款规定，人民法院召开听证会的，应当于听证会召开前通知申请人、被申请人，并送达相关申请材料。公司债权人、出资人、实际控制人等利害关系人申请参加听证的，人民法院应当

---

① 《破审纪要》第 14 条规定："重整企业的识别审查。破产重整的对象应当是具有挽救价值和可能的困境企业；对于僵尸企业，应通过破产清算，果断实现市场出清。人民法院在审查重整申请时，根据债务人的资产状况、技术工艺、生产销售、行业前景等因素，能够认定债务人明显不具备重整价值以及拯救可能性的，应裁定不予受理。"

② 参见郑伟华：《破产审判中法院的角色定位——基于典型案例的思考》，载《法律适用（司法案例）》2017 年第 22 期。

予以准许。人民法院应当就申请人是否具备申请资格、上市公司是否已经发生重整事由、上市公司是否具有重整可行性等内容进行听证。该等上市公司重整案件的操作规范,非上市公司的企业重整案件也可参照适用。除此之外,江苏、山东、深圳、四川等地的法院通过发布破产审判指引性文件的方式,对重整价值的查明措施和程序进行了进一步细化。

(二)重整裁定

破产法院对重整申请进行审查,认为符合《企业破产法》规定的,应当裁定受理并予以公告。受理重整的民事裁定具有重要的程序意义——自法院裁定债务人重整之日起,债务人进入重整期间,重整程序的效力开始及于所有利害关系人,产生如下法律效力:(1)债务停止计息;(2)未到期债务视为已到期;(3)债务人须及时清偿债务以及财产持有人须返还财产;(4)执行程序中止;(5)保全措施解除,同时可以启动破产保全措施;(6)诉讼中的案件中止审理;(7)待履行合同决定继续履行或解除;(8)抵销权审查与限制;(9)罚金不清偿;(10)担保物权受限;(11)企业自行管理的除外,企业经营控制权易主至管理人;(12)禁止个别追偿,申报债权,统一处理;(13)个别清偿无效;(14)开展破产撤销权审查;(15)破产费用和共益债务随时支付;(16)衍生诉讼由受理破产的法院集中管辖。

(三)上市公司破产重整的审查

上市公司破产重整申请的审查流程更为复杂,根据《上市公司重整纪要》的规定,中国当前采用“司法+行政两条线”的审查标准。

一般情况下,司法审批的具体流程为,上市公司将破产重整申请材料报送至中级人民法院,中级人民法院收到材料后认为具备重整条件的,层报至高级人民法院进行审查。高级人民法院审查认为具备重整条件的,再报送至最高人民法院审查。最高人民法院在收到高级人民法院的请示及证监会的无异议函后,认为符合要求并同意立案的,批复重整立案。上述任一级法院审查后不同意,均可裁定不予受理。

行政审批的具体流程为,上市公司向当地人民政府提出启动破产重整受理审批流程的申请。当地人民政府层报至省级人民政府。省级人民政府审查后认为具备重整条件的,向证监会提出关于商请支持上市公司司法重整的函件。证监会同意后向最高人民法院出具函件,不同意的,则不出具函件。

鉴于上市公司破产重整需要证监会出具支持重整的函件,因此,上市公司如果存在资金占用、违规担保等事项,将成为影响其能否破产重整的重要问题。①

实践焦点 084

资金占用与违规担保问题的解决方案

根据司法实践,上市公司如拟申请破产重整,除符合破产申请受理条件外,还应当符合监管条件,即不存在大股东资金占用或违规担保等问题。如果存在上述问题,在上市公司未能彻底解决该等事项前,中国证监会从保护中小股民的角度出发,可能很难同意其重整申请。但这并不绝对,如上市公司能够提出切实可行的解决方案,亦有可能获得监管部门的认可。在上市公司的破产重整实践中,解决方案如下:

1.控股股东以自有资产解决违规担保与资金占用问题

例如,在 ST 银亿重整案中,公司控股股东将所持有的康强电子约 7400 万股扣除质押部分外,作价 4.8 亿元,转让抵偿对上市公司的 4.8 亿元资金占用债务。另外,控股股东如无其他优质资产可供变现,也可考虑利用重整程序中的独特优势——资本公积金转增股票,即控股股东承诺将其应获得的增量股票,抵债给上市公司。上市公司再通过以股抵债的形式于向自身债权人清偿,例如 ST 安通破产重整案。

---

① 国务院《关于进一步提高上市公司质量的意见》第 10 条规定:"严肃处置资金占用、违规担保问题。控股股东、实际控制人及相关方不得以任何方式侵占上市公司利益。坚持依法监管、分类处置,对已形成的资金占用、违规担保问题,要限期予以清偿或化解;对限期未整改或新发生的资金占用、违规担保问题,要严厉查处,构成犯罪的依法追究刑事责任。依法依规认定上市公司对违规担保合同不承担担保责任。上市公司实施破产重整的,应当提出解决资金占用、违规担保问题的切实可行方案。(证监会、最高人民法院、公安部等单位与各省级人民政府负责)"

2.通过债务豁免、债务抵销、投资者代为清偿、投资者提供股票与资金清偿以及投资者兜底清偿等方式,或单独或并行,最终一揽子解决

以ST赫美重整案为例,案涉重整计划专门规定了“历史遗留问题的解决”:其一,部分涉及违规担保的债权人,直接予以豁免;其二,债权人通过债务抵销的方式,代为偿付关联方欠付上市公司的债务;其三,债权人通过重整投资人将其购买的转增部分股票,无偿让渡债权人的方式偿还;其四,对于违规担保债权以及可能承担赔偿责任的债权,由重整投资人无偿提供股票和现金予以清偿;其五,如解决历史遗留问题所需的股票,超出重整投资者无偿提供的股票数量,则由部分投资者继续无偿提供且不得向赫美集团追偿。这也是一种兜底责任。

除上述ST赫美破产重整案件外,其他上市公司也有采取类似设计,例如,在ST安通、ST中南、ST中新的重整案中,资金实力雄厚的战略投资者以出具兜底清偿承诺函的方式,书面承诺出资受让转增股本股票,并以其中部分资金或股票,代为解决或清偿违规担保债权。而采用债务豁免、转移和抵偿安排解决的重整上市公司,包含ST华昌、ST海航、ST金贵等。

3.回避清缴程序,将对占用资金主体的应收款项作为破产财产,通过重整程序直接向债权人进行分配

上市公司大股东的资金占用或违规担保,形成上市公司对资金占用方的应收账款。为解决上述问题,逻辑最为顺畅的路径为控股股东向上市公司偿付债款。例如,上文提及的ST银亿控股股东用名下资产进行偿付。但是,并非所有上市公司的控股股东都有充足的优质资产可供变现偿付或抵债,因此,为尽可能地解决大股东资金占用等问题,实践中也有上市公司将应收账款进行抵债的交易设计与安排。例如,现已退市的天翔环境在其破产重整过程中即出现了以应收账款进行抵债的操作。这也是一种无奈之举。

2018年,现已退市的天翔环境因财务造假、大股东违规担保、非法占用上市公司资金等,被中国证监会公开点名批评,也遭到四川证监局顶格处罚,最终引发严重的债务危机。2020年12月,天翔环境经成都市中级人民法院裁定进入破产

程序。① 2021 年 3 月 7 日，天翔环境作出的重整计划规定，“每家普通债权人 30 万元以上的债权部分，一部分以转增股票清偿，剩余部分用天翔环境的应收款项清偿”“以应收款项清偿的部分，按每 100 元普通债权分得 100 元应收款项，应收款项为公司应收的亲华科技资金占用款和(或)对其他主体的应收款项。以天翔环境对亲华科技应收款项清偿的债权额即为债权人代替亲华科技向天翔环境偿还的资金占用额，债权人有权向亲华科技自行清收”。

这种方式，解决了上市公司与资金占用方无法直接解决的股东占款问题，但也给债权人造成了一定困扰，即上市公司无法完成的清缴工作，债权人又如何自行清收呢？但就结果而言，天翔环境通过变更债权用途、债务豁免等方式，最终解决净资产为负与资金占用两大难题，取得无保留意见的审计报告。债权人在天翔环境重整程序中的行为，更像是做出巨大牺牲的自救行动。

4.通过诉讼、仲裁程序与协议方式解决违规担保问题

上市公司可以通过诉讼或仲裁程序主张担保无效，进而免除担保义务。《民法典》及《担保制度司法解释》明确提出，上市公司为他人提供担保，相对人应当依据规定进行形式审查，并以上市公司公开披露的信息为准。担保权人在接受上市公司提供的担保时，未审查、确认公开披露的关于担保事项已经决议通过的相关信息，即与上市公司订立担保合同，则担保不发生效力。上市公司不承担担保责任。

在实践中，上市公司可以通过诉讼或仲裁程序，主张违规担保无效，进而免除自身担保债务。在上市公司进入破产重整程序后，管理人可根据案件裁判结果，履行相应义务。例如，在 ST 中南的重整程序中，管理人将违规担保债权暂缓确认，待取得裁判文书后，根据生效判决确定的债权人金额与性质，依照重整计划之规定统一清偿。

除上述诉讼方式外，上市公司亦可与债权人协议解除担保责任。这种即 ST 赫

---

① 根据报道，2018 年 12 月 26 日，天翔环境的债权人首次向成都市中级人民法院提交了重整申请，后该申请因关联方占用资金的清欠方案未被监管部门认可而暂缓，具体参见秦潇：《天翔环境的“救命稻草”：数十名员工自发到银行请愿债务重组》，载华夏能源网 2020 年 9 月 18 日，https://hxny.com/nd-49221-0-17.html。

美重整案中所采取的一种方式，即上市公司债权人为了自救，不得不做出让步，对上市公司债务进行部分豁免，以求上市公司重整成功并实现保壳，使自身持有的上市公司质押股票具有市场价值与流动性，避免公司破产清算以及保壳失败后的血本无归之极端情形。另外，在违规担保中，如违规担保债权人本身存在“通谋”等过错，也可能成为其接受债务豁免安排的原因。

实践焦点 085

债务人重整价值的审查标准

《破审纪要》第 14 条规定了破产重整申请的审查因素，但由于是否具有挽救价值和可能的判断标准较为主观，各地法院在受理破产重整申请时的审查标准并不统一，“朱氏国际集团（香港）有限公司、马鞍山迪嘉特科技发展有限公司申请破产重整案”①中审理法院的认定，对此问题有一定的参考价值。

马鞍山迪嘉特科技发展有限公司（以下简称迪嘉特公司）成立于 2004 年 9 月 28 日，注册资本为 1580 万美元，系有限责任公司（台港澳与境内合资），法定代表人为朱某尚，股东为朱氏国际集团（香港）有限公司（以下简称朱氏公司）、安徽省高新创业投资有限责任公司、安徽省普邦资产经营有限公司。因迪嘉特公司不能清偿到期债务且明显缺乏清偿能力，具有破产原因，一审法院已裁定受理迪嘉特公司破产清算一案。破产清算过程中，朱氏公司对迪嘉特公司提出重整申请。朱氏公司因不服马鞍山市中级人民法院不予受理朱氏公司提出的重整申请的裁定，向安徽省高级人民法院提起上诉。

安徽省高级人民法院认为，破产重整的对象应当是具有挽救价值和可能的困境企业，此是启动重整程序应具备的必要性和可能性标准。同时，重整程序成本高，耗

① 参见安徽省高级人民法院民事裁定书，（2020）皖破终 2 号。

时长，对利害关系人影响巨大，如让不具有拯救价值和可能的企业随意进入重整程序，只会造成重整程序的空转，徒增时间成本、经济成本，减损债务人企业的资产，损害债权人甚至是社会利益。同时，破产重整并非调整社会资源配置的唯一手段，破产清算同样具有优化资源配置、实现优胜劣汰的积极功效，对于经营无望的困难企业，通过清算尽早退出市场也是资源配置的最佳选择。为此，人民法院应对债务人是否具备重整价值以及拯救可能性进行必要审查。

就迪嘉特公司的实际情况来说：首先，迪嘉特公司实际资产情况极不理想，资产负债率为122.53%；其次，迪嘉特公司缺乏具有核心竞争力的主营业务；再次，重整方案明显不具有可行性；最后，部分债权人不同意重整方案，如果各方利害关系人没有挽救债务人企业的意愿，或者均不愿作出让步，也就表明债务人企业不具有挽救希望。

综合以上四点分析，安徽省高级人民法院认为迪嘉特公司明显不具备重整价值以及拯救可能性，故对朱氏公司的上诉请求不予支持，一审法院对其重整申请不予受理并无不当。

三、重整期间

《企业破产法》第72条规定："自人民法院裁定债务人重整之日起至重整程序终止，为重整期间。"

该条明确"重整期间"这一概念的目的，其一是将重整期间的具体范围明确，创造保护期，以免债权人在重整期间对债务人及其财产采取诉讼或者其他措施，保护债务人财产在一定期限内不受诉讼与执行追索影响；其二是对债务人股东、董事、监事和高级管理人员的行为加以限制，以增加重整成功的可能性。

重整期间的起算节点为法院裁定批准破产重整申请之日。需要注意的是，法院受理破产申请之日和裁定破产重整之日，二者并非同一概念。后者实为前者的一种情况，前者包括受理破产清算申请之日，受理破产和解申请之日，还包括受理破产重整申请之日，后者实际上就是受理破产重整申请之日。二者日期的重合即为直接重整情形，不重合即为后续转化重整情形。所以，重整期间应从破产重整申请受理之日开始计算。

重整期间的结束时间为法院裁定破产重整程序终止之日。重整程序终止的原因可分为以下五种情形：

1. 债务人原因致使破产重整程序终止。例如，债务人的经营状况和财产状况继续恶化，缺乏挽救的可能性；债务人有欺诈、恶意减少债务人财产，或者出现其他显著不利于债权人的行为；债务人行为致使管理人无法执行职务等情形。该等情形的出现，意味债务人破产重整程序客观上难以为继且重整制度的价值目标已很难达成。因此，《企业破产法》规定应当终止重整程序。

2. 未在法律规定的期限内提交重整计划草案致使重整程序终止。债务人或者管理人应当自法院裁定债务人重整之日起 6 个月内（若经法院裁定延期，则最长为 9 个月内），同时向法院和债权人会议提交重整计划草案。未按期提交重整计划草案的，法院应当裁定终止重整程序，并同时宣告债务人破产。

3. 重整计划通过并得到法院批准致使重整程序终止。重整计划得到法院批准后，即不再称为“草案”，具有了司法确信力。此时，法院应当同时裁定终止重整程序，债务人正式转入重整计划执行程序。

4. 重整计划未通过，法院依法裁定强制批准致使重整程序终止。重整计划虽未获得债权人会议与出资人组表决通过，但法院依法裁定强制批准，则应同时终止重整程序，债务人转入重整计划执行阶段。需要注意的是，重整期间不包括重整计划的执行期间，法院依法裁定批准重整计划，破产重整程序终止，但破产重整程序的终止并不意味着破产重整程序的顺利完成。“本章三”以及《企业破产法》第二章第二节的相关规定仍具有约束力。

5. 重整计划草案未获得法院批准致使重整程序终止。正如前文所述，法院是重整计划最终能否获批的裁决者。重整计划草案未能获得债权人会议与出资人组表决通过，或者虽已获得债权人会议及出资人组表决通过，但法院经审查认为该方案不兼具合法性、可操作性、可执行性的，则有权驳回并要求重新完善。例如，该重整计划草案经修改后，仍然无法满足法院裁定确认批准之要求，则法院将不予批准并终止破产重整程序。这也意味着债务企业的重整程序,最终以失败结束。

破产重整程序的终止可能会产生三种结果:其一,重整企业转入重整计划的执行阶段,其后重整计划执行完毕,重整最终成功;其二,重整企业转入重整计划执行阶段,但因债务人不能执行或不予执行重整计划,终止重整计划执行,最终转入破产清算程序并宣告破产;其三,重整企业的重整计划草案未能获得法院批准,故重整程序终止,转入破产清算程序并宣告破产。

四、管理人监督下的债务人自行管理

《企业破产法》第73条规定:"在重整期间,经债务人申请,人民法院批准,债务人可以在管理人的监督下自行管理财产和营业事务。有前款规定情形的,依照本法规定已接管债务人财产和营业事务的管理人应当向债务人移交财产和营业事务,本法规定的管理人的职权由债务人行使。"

破产重整不同于破产清算,重整企业维系日常经营管理活动,是挽救企业与维持企业投资价值的前提条件。对此,《企业破产法》规定了管理人管理与债务人自行管理两种模式。债务人自行管理模式采取"债务人申请+法院批准"的模式。《九民纪要》第111条第2款规定,债务人提出重整申请时可以一并提出自行管理的申请。由此,重整企业可在重整启动之初,即向人民法院提出自行管理财产和营业事务的申请,无须债权人会议的表决,也无须征求债权人的意见。

就债务人自行管理的适用条件而言,《九民纪要》第111条第1款作出了细化规定。在重整期间,债务人同时符合下列条件的,人民法院可以批准债务人在管理人的监督下自行管理财产和营业事务:(1)债务人的内部治理机制仍正常运转;(2)债务人自行管理有利于债务人继续经营;(3)债务人不存在隐匿、转移财产的行为;(4)债务人不存在其他严重损害债权人利益的行为。

就提交申请需要准备的材料而言,为明确管理人与债务人在自行管理财产及营业事务过程中的权责边界,破产法庭往往会要求管理人提交可行性报告、制定详细且具备实际操作性的自营监督管理方案。北京破产法庭《破产案件管理人工作指引

(试行)》和深圳市中级人民法院发布的《审理企业重整案件的工作指引(试行)》均要求管理人提供与债务人分工管理的详细方案。

债务人自行管理期间,法律并未对债务人和管理人的职权进行十分细致的划分。《九民纪要》第111条第2款规定,企业破产法规定的管理人职权中有关财产管理和营业经营的职权应当由债务人行使,即债务人自行管理的职权限于管理财产和营业事务。因此,《企业破产法》第25条规定的财产调查权、债权审查权、破产撤销权、诉讼代表权、提议召开债权人会议等其他职责,原则上仍由管理人行使为宜。

鉴于债务人自行管理期间涉及财产和营业事务的重大决策必然会影响债权人利益,故法院参照管理人行使相关职责时的程序要求,对上述事项的决策程序加以明确限制。例如深圳市中级人民法院发布的《审理企业重整案件的工作指引(试行)》以及河南省高级人民法院发布的《审理企业重整案件的工作指引》中规定,债务人签订新的合同、继续履行合同以及实施涉及财产、经营和人员的其他重大处分行为的,应当提请管理人审核。

就管理人的监督职责和债权人的救济途径而言,《破审纪要》第9条规定,在债务人自行管理的重整程序中,法院要督促管理人制订监督债务人的具体制度。《九民纪要》第111条第3款规定,管理人应当对债务人的自行管理行为进行监督。管理人发现债务人存在严重损害债权人利益的行为或者有其他不适宜自行管理情形的,可以申请法院作出终止债务人自行管理的决定。人民法院决定终止的,应当通知管理人接管债务人财产和营业事务。债务人有上述行为而管理人未申请法院作出终止决定的,债权人等利害关系人可以向人民法院提出申请。

实践焦点 086

债务人自行管理模式下的债务人职权范围

以"东北轻合金有限责任公司、北方重工集团有限公司对外追收债权纠纷案"①为例,北方重工集团有限公司(以下简称北方重工)于2018年6月22日,被沈阳市中级人民法院裁定进入破产重整程序。2018年6月29日,沈阳市中级人民法院批准北方重工自行管理。2019年4月10日,北方重工提起本案诉讼。2019年4月30日,沈阳市中级人民法院裁定批准重整计划。

二审法院辽宁省高级人民法院认为,本案系破产债权确认纠纷,《企业破产法》第25条第7项明确规定,代表债务人参加诉讼、仲裁或者其他法律程序是管理人的职责之一。由于本案的一审程序并非由管理人代表被上诉人北方重工参加诉讼,故应首先审查一审程序是否因此而违法。

第一,破产是一种概括的执行程序,其借助于公权力的介入,剥夺和限制债务人管理和处分其财产、决定内部事务以及自主参加诉讼等方面的权利,以建立破产程序内的公平的债务清偿秩序、保障全体债权人公平受偿的权利,故对进入破产程序的债务人的权利进行必要的剥夺和限制是破产程序启动的应有之义。

第二,管理人作为破产程序中的一个法定机构,承担着平衡维护债权人、债务人和社会公共利益多重利益的职责,而非是某一方主体利益的代表,其应以中立的各方利益平衡者的身份,独立地依照企业破产法的规定履行管理人的职责、承担相应的法律责任。

第三,《企业破产法》第73条规定,"在重整期间,经债务人申请,人民法院批准,债务人可以在管理人的监督下自行管理财产和营业事务有前款规定情形的,依照本

① 参见辽宁省高级人民法院民事裁定书,(2020)辽民终302号。

法规定已接管债务人财产和营业事务的管理人应当向债务人移交财产和营业事务，本法规定的管理人的职权由债务人行使”。但该条所规定的由债务人行使的管理人的职权并非是企业破产法所规定的管理人的全部职权，而是以“管理财产和营业事务”为限的职权，诸如破产法所规定的管理人对债务人调查及检查类型的职权、撤销及追讨财产类型的职权、重整事务类型的职权，则属管理人不可让渡的职权，仍应由管理人保留和行使。司法实践中，相关法院也结合《企业破产法》第73条之规定，进一步明确了债务人自行管理模式下债务人与管理人的职责分工，将代表债务人参加诉讼、仲裁或者其他法律程序确定为债务人自行管理模式下仍应由管理人行使的职权。其中，深圳市中级人民法院《审理企业重整案件的工作指引（试行）》第61条即是最典型的例证。由此，在债务人自行管理的重整程序中，管理人仍应当履行《企业破产法》第25条所规定的代表债务人诉讼等职责。同时，本案系被上诉人北方重工对外追收破产债权而引发的诉讼，对外追收破产债权直接关系着全体债权人的清偿利益，更应当由管理人代表债务人参加诉讼。

第四，《破审纪要》第9条明确指出，“进一步落实管理人职责。在债务人自行管理的重整程序中，人民法院要督促管理人制订监督债务人的具体制度。在重整计划规定的监督期内，管理人应当代表债务人参加监督期开始前已经启动而尚未终结的诉讼、仲裁活动。重整程序、和解程序转入破产清算程序后，管理人应当按照破产清算程序继续履行管理人职责。”结合本案，被上诉人北方重工的重整期间为2018年6月22日至2019年4月30日，重整计划执行的监督期间为法院裁定批准北方重工重整计划之日起的9个月。尽管一审法院2018年6月29日作出决定批准北方重工自行管理，但基于前述理由，管理人“代表债务人参加诉讼、仲裁或者其他法律程序”的职责并不能因此而被免除。鉴于被上诉人北方重工2019年4月10日提起本案诉讼时仍在重整期内，一审法院于2019年5月20日就本案的诉讼管辖问题作出的（2019）辽01民初520号民事裁定中，被上诉人北方重工仍以管理人为诉讼代表人，并且一审法院2019年7月22日第一次开庭审理本案时仍在重整计划执行的监督期内，依据前述法律规定，管理人仍应当代表债务人参加诉讼。

第五，依照《企业破产法》的相关规定，破产案件由债务人住所地的人民法院管辖，管理人由人民法院指定，管理人不履行职责的，人民法院可依照《企业破产法》的相关规定对其进行罚款等形式的处罚，故一审法院应通知管理人代表被上诉人北方重工进行诉讼。如果管理人拒不履行职责、代表被上诉人进行诉讼，人民法院可依据《企业破产法》及《民事诉讼法》的相关规定进行处理。

综上所述，辽宁省高级人民法院裁判一审程序违法并予以撤销。

五、管理人管理模式及其聘任权

《企业破产法》第74条规定："管理人负责管理财产和营业事务的，可以聘任债务人的经营管理人员负责营业事务。"

《企业破产法》为弥补管理人不熟悉债务人营业状况、缺乏特定行业知识以及管理经验的不足，赋予管理人聘任债务人的经营管理人员，继续负责营业事务的权利。这也是实践中破产案件管理人的惯常做法，需要注意的是，管理人行使聘任权需报经人民法院许可。

《企业破产法》第74条所说的"经营管理人员"，可以是现任管理岗位上的人员，也可以是不在现任管理岗位但具有所需经营管理能力的人员。例如在*ST钛白重整案中，管理人就聘请了同行业的第三方公司对重整企业进行托管经营。关于聘任经营管理人员的具体条件，一般要求其应当熟悉、了解债务人或者相关行业的基本情况，具有相关行业方面的经验与能力。关于有违反《企业破产法》的不当行为或对企业破产负有个人责任的经营管理人员，虽《企业破产法》没有禁止性规定，但管理人应谨慎决定是否聘任。如管理人因自己的重大过失或者故意，聘请了不负责任、没有相应能力的人员，造成债务人财产遭受重大损失的，应当承担相应的法律责任。

管理人聘任经营管理人员协助负责营业事务，需要签署正式协议，具体约定经营管理人员的工作内容、工作要求、职责分工、法律责任与聘任期限等。被聘任的经营管理人员依据书面授权从事营业事务，无权独自决策，无权处分财产，聘任期限至重整程序终结之日结束,但在重整成功后,新的战略投资者可以通过重整企业,重新与管理团队签署续任协议。关于因聘任经营管理人员产生的劳动报酬、社会保险费等,根据《企业破产法》第42条规定,作为共益债务予以随时清偿。

需要注意的是,管理人行使聘任权,应主动接受债权人会议和债权人委员会监督,及时报告有关情况。在特殊情况下,管理人还应及时与潜在投资者进行事先沟通,充分征询各方主体意见,以确保重整程序的顺利进行,竭力避免各种潜在冲突或摩擦成本。

六、担保物自动冻结和新担保借款

《企业破产法》第75条规定:“在重整期间,对债务人的特定财产享有的担保权暂停行使。但是,担保物有损坏或者价值明显减少的可能,足以危害担保权人权利的,担保权人可以向人民法院请求恢复行使担保权。在重整期间,债务人或者管理人为继续营业而借款的,可以为该借款设定担保。”

(一)重整期间对担保物权行使的限制

该条明确规定,担保权应在破产重整程序中暂停行使。这是为保护重整企业正常运营而设定的特殊保护规则。

关于担保权暂停行使的范围,《九民纪要》第112条第1款规定,重整程序中,要依法平衡保护担保权人的合法权益和企业重整价值。重整申请受理后,管理人或者自行管理的债务人应当及时确定设定有担保物权的债务人财产是否为重整所必需。如果认为担保物不是重整所必需,管理人或者自行管理的债务人应当及时对担保物进行拍卖或者变卖,拍卖或者变卖担保物所得价款在支付拍卖、变卖费用后优先清偿担保权人的债权。至于如何判断债务人的财产是否为重整所必需,则应具体案件具体分析。

有担保的债权人在特定情况下,具有恢复行使担保权的请求权。关于行使该请求权的程序和救济途径,《九民纪要》第112条第2款规定,在担保物权暂停行使期间,担保权人根据《企业破产法》第75条的规定向法院请求恢复行使担保物权的,法院应当自收到恢复行使担保物权申请之日起30日内作出裁定。

“财产是否为重整所必需”与“担保物是否有价值贬损”两个判断标准之间可能会存在价值冲突。例如,某地政府拟出台严格的房地产调控政策,厂房、土地使用权的价格有着明显的下降预期,此时,债权人是否有权要求管理人尽快处置变现该部分财产价值。但是,如果实现此部分担保权,则丧失了生产资料的重整企业,也将丧失运营价值。基于这种冲突,《九民纪要》第112条第2款规定,如经审查,担保权人的申请不符合第75条的规定,或者虽然符合该条规定但管理人或者自行管理的债务人有证据证明担保物是重整所必需,并且提供与减少价值相应担保或者补偿的,法院应当裁定不予批准恢复行使担保物权。担保权人不服该裁定的,可以自收到裁定书之日起10日内,向作出裁定的法院申请复议。在破产实践中,担保权人想要摆脱漫长的破产周期而提前处置担保物,实际上是处于弱势地位并非常困难的。①

根据实践经验,关于担保人优先受偿权的实现流程和变现款的处理方式:法院裁定批准行使担保物权的,管理人或者自行管理的债务人应当自收到裁定书之日起15日内,启动对担保物的拍卖或者变卖。拍卖或者变卖担保物所得价款在支付拍卖、变卖费用后,优先清偿担保权人的债权,即重整程序对担保权行使的限制,仅限于不得对担保财产变现处置。一旦行使变现,担保权人对变现款行使优先受偿权,不再受《企业破产法》限制,即管理人应当向担保权人立刻支付,无须等待财产统一分配;除特殊情形外,任何人不得作提存扣留。除上述请求权外,担保权人也可以根据《九民纪要》第112条第1款规定,通过协商方式,请求管理人或者自行管理的债务人,提供

① 担保权人在破产程序中受到严格限制,笔者认为实践中已经出现大量走样现象,法律亟须完善并对担保权人做出更多的保护。这类似迈克尔·瑞斯曼在《看不见的法律》中引用卡里克勒对规则的评论,“那些制订规则的人其实都是弱者,也是占多数的人。所以他们为了保全自己的利益而制定了规矩,并以此给人善评与恶评。他们胁迫那些有能力获得更多资源的人”,在有的破产案件中,因担保物权的上述限制规则存在,管理人基于自身责任而言,或是为了满足某种社会需求,单凭一句担保物对重整企业是必要的,就可以几乎“无限”地拖延并导致担保物权形同虚设。这种倾向极端危险,将导致人们对破产制度的不信任与妖魔化。

与担保物减少价值相当的担保或者补偿。①

(二)重整期间的新借款及担保

管理人或自行管理的债务人为维系重整企业运营,可以向第三方借款。鉴于重整企业资信不足,故应允许其为新的借款提供新的增信措施。但是,该笔新的借款与担保应对全体债权人有利,遵循债权人会议表决等法定流程。

根据《破产法司法解释(三)》第2条第1款的规定,借款需要经债权人会议决议通过,或在第一次债权人会议前经人民法院许可。新借款的性质为共益债务,按照《企业破产法》第42条第4项的规定予以清偿,但不得影响此前针对债务人特定财产已经设定担保的债权。

需要注意的是,这里的借款系为最低限度地维持重整企业的持续运营,解决流动性短缺的燃眉之急,通常发生在债权人会议表决重整计划前,甚至在启动重整程序之初。这不同于债务人根据重整计划获得的融资借款。借款的性质和清偿顺位取决于重整计划的安排,属于重整程序进行到最后的方案内容。

与重整阶段相同,预重整阶段也存在为维持营业而开展新一轮融资的需求。关于该类融资借款的性质。目前,《企业破产法》因欠缺关于"预重整"制度的规定,自然也无法就预重整阶段的融资性质进行明确定义。根据《企业破产法》第42条规定,共益债务形成的时间点是法院受理破产申请后,且为全体债权人、债务人、债务人

---

① 《九民纪要》第112条规定:"重整程序中,要依法平衡保护担保物权人的合法权益和企业重整价值。重整申请受理后,管理人或者自行管理的债务人应当及时确定设定有担保物权的债务人财产是否为重整所必需。如果认为担保物不是重整所必需,管理人或者自行管理的债务人应当及时对担保物进行拍卖或者变卖,拍卖或者变卖担保物所得价款在支付拍卖、变卖费用后优先清偿担保物权人的债权。在担保物权暂停行使期间,担保物权人根据《企业破产法》第75条的规定向人民法院请求恢复行使担保物权的,人民法院应当自收到恢复行使担保物权申请之日起三十日内作出裁定。经审查,担保物权人的申请不符合第75条的规定,或者虽然符合该条规定但管理人或者自行管理的债务人有证据证明担保物是重整所必需,并且提供与减少价值相应担保或者补偿的,人民法院应当裁定不予批准恢复行使担保物权。担保物权人不服该裁定的,可以自收到裁定书之日起十日内,向作出裁定的人民法院申请复议。人民法院裁定批准行使担保物权的,管理人或者自行管理的债务人应当自收到裁定书之日起十五日内启动对担保物的拍卖或者变卖,拍卖或者变卖担保物所得价款在支付拍卖、变卖费用后优先清偿担保物权人的债权。"

股东、债务人职工、重组方甚至管理人等不特定多数的共同利益而发生。而预重整阶段的债务人亦存在维持生产经营、进行资产保值增值等需求。该等需求亦为全体债权人利益而产生,因此,实务中倾向于将预重整阶段为继续营业发生的借款认定为共益债务。

司法实践中,部分地区法院作出了类似规定,例如,深圳市中级人民法院《审理企业重整案件的工作指引(试行)》第 36 条规定,在预重整期间,债务人因持续经营需要,经合议庭批准,可以对外借款。受理重整申请后,该借款可参照《企业破产法》第 42 条第 4 项共益债务的规定清偿。苏州市吴江区人民法院《审理预重整案件的若干规定》第 7 条规定,预重整期间,经本院许可,债务人可以为继续营业而借款。受理重整申请后,该借款可以参照《企业破产法》第 42 条第 4 项共益债务的规定清偿。

实践焦点 087

担保权人担保物权未恢复行使时的赔偿责任

以“张某生与济南金鼎房地产开发有限公司普通破产债权确认纠纷案”①为例,2016 年 10 月 28 日,山东省平阴县人民法院裁定受理济南金鼎房地产开发有限公司(以下简称金鼎公司)破产申请,张某生向金鼎管理人申报债权,金鼎公司管理人确认张某生对涉案财产享有抵押权。张某生认为因涉案抵押房产是独立的,不属于企业破产重整程序所必需,金鼎公司管理人在长达两年的破产期间未对抵押财产进行处置,扩大了其损失,故金鼎公司应对其损失进行公平补偿。

本案的争议焦点为,张某生主张对其损失进行公平补偿并优先受偿,有无事实及法律依据。

---

① 参见山东省济南市中级人民法院民事判决书,(2020)鲁 01 民终 12359 号。

一审法院山东省平阴县人民法院认为,在重整期间,例如,管理人未能及时确定设有担保物权的债务人财产是否为重整所必需的,债权人可以按照《企业破产法》第75条的规定向人民法院请求恢复行使担保物权,以此来维护其合法权益。本案中,张某生在金鼎公司重整期间,既未书面要求金鼎公司管理人对涉案抵押财产是否为重整所必需进行审查,亦未向人民法院请求恢复行使担保物权,系对其享有的民事权利的自由处分,相应的法律后果应由其自行承担。故张某生主张由金鼎公司对其扩大的损失进行公平补偿并享有优先受偿权,缺乏事实依据,对其主张不予采信。

其后,张某生上诉至二审法院。二审法院济南市中级人民法院认为,张某生与金鼎公司均认可涉案抵押财产在重整期间不存在损坏或者价值明显减少的可能,故不存在《企业破产法》第75条第1款规定的担保权人请求恢复行使担保权的情形。综上所述,张某生的上诉请求不能成立,应予驳回。

实践焦点 088

在债务人被裁定破产重整后,银行扣划债务人账户的保证金的效力问题

以"中国建设银行股份有限公司固原分行与宁夏上陵房地产开发有限公司破产重整管理人请求确认债务人行为无效纠纷案"①为例,2015年4月10日,宁夏上陵房地产开发有限公司(以下简称上陵房产公司)与中国建设银行股份有限公司固原分行(以下简称建行固原分行)签订《商品房销售贷款合同协议书》,约定建行固原分行为上陵房产公司某项目的购房人提供贷款。上陵房产公司为购房人的贷款提供阶段性保证,并按贷款金额10%或区分行批文规定的比例在该行开立的保证金账户中

① 参见宁夏回族自治区高级人民法院民事判决书,(2020)宁民终136号。

存款，当购房人未能按期偿还贷款本息时，建行固原分行有权在保证金账户中进行直接扣收。2015 年至 2017 年，有三位购房人分别在建行固原分行办理了房屋贷款手续，2018 年三位购房人多次未按时向银行还款，建行固原分行在 2019 年 1 月 24 日扣除了上陵房产公司的保证金 751,318.18 元。2018 年 12 月 19 日，银川市中级人民法院裁定上陵房产公司进入破产程序，并指定北京某律师事务所、宁夏某律师事务所为其重整管理人。上陵房产公司管理人向法院起诉，请求确认建行固原分行划扣上陵房产公司 751,318.18 元保证金的行为无效，并判令归还该笔保证金。

一审法院、二审法院均支持了上陵房产公司管理人的诉讼请求，理由均为《企业破产法》第 75 条规定的“在重整期间，对债务人的特定财产享有的担保权暂停行使”。

一审法院银川市中级人民法院认为，上陵房产公司与建行固原分行签订《商品房销售贷款合作协议书》，虽没有单独订立带有“质押”字样的合同，但协议内容明确上陵房产公司在建行固原分行开立“保证金专户”，上陵房产公司按照一定比例缴存保证金，建行固原分行对保证金账户取得控制权，保证金进入该账户后，上陵房产公司不能通过支取或转账方式支配该账户内的资金。当借款人不履行保证责任时，建行固原分行有权对“保证金专户”扣划相应款项。该合同具备原《物权法》第 210 条①规定的质权合同的一般条款，质押标的“保证金专户”也实际在质权人建行固原分行的控制下，质权人对该“保证金专户”内的资金（资金的具体金额取决于借款人未按期偿还的借款本息，浮动质押金额）在符合《商品房销售贷款合作协议书》条件下享有优先受偿权。但该优先受偿权在破产重整期间的行使受到限制。根据《企业破产法》第 75 条“在重整期间，对债务人的特定财产享有的担保权暂停行使”的规定，2018 年 12 月 19 日银川市中级人民法院裁定上陵房产公司进入破产重整，建行固原分行扣划“保证金专户”751,318.18 元的行为违反了《企业破产法》第 75 条规定，但这并不改变建行固原分行对“保证金专户”内的资金（资金的具体金额取决

① 现为《民法典》第 427 条。

于借款人未按期偿还的借款本息)在符合《商品房销售贷款合作协议书》的条件下享有优先受偿权的事实,建行固原分行可待上陵房产公司处于非"破产重整"期间时再行使担保权。上陵房产公司管理人申请判令建行固原分行向其退回保证金751,318.18元,因该"保证金专户"在质权人控制下,符合质押条件,仅是质权人在破产重整期间不得行使担保权,仅支持建行固原分行于判决生效之日起15日内将扣划的款项751,318.18元退回到涉案"保证金专户"。建行固原分行在上陵房产公司处于破产重整期间对上陵房产公司的"保证金专户"的部分资金行使担保权,导致上陵房产公司管理人提起诉讼,虽然上陵房产公司管理人对该"保证金专户"要求返还的依据为《企业破产法》第16条,"人民法院受理破产申请后,债务人对个别债权人的债务清偿无效",但本案处理并非基于该条款判令建行固原分行将扣划资金751,318.18元退回,而是建行固原分行在上陵房产公司破产重整期间行使了担保权。本案诉讼费应由建行固原分行负担。

二审法院宁夏市高级人民法院认为,根据《企业破产法》第72条"自人民法院裁定债务人重整之日起至重整程序终止,为重整期间"。第75条第1款"在重整期间,对债务人的特定财产享有的担保权暂停行使"的规定,银川市中级人民法院已于2018年12月19日裁定受理上陵房产公司的破产重整申请,因案外人未按时向建行固原分行偿还借款,2019年1月24日建行固原分行自上陵房产公司在建设银行固原分行开立的"宁夏上陵房地产开发有限公司(保证金)"账户中划扣保证金751,318.18元,行使了担保权,该行为发生在上陵房产公司重整期间,违反了上述法律规定,一审判决确认建行固原分行该行为无效有事实和法律依据,应予维持,但一审判决认为"上陵房产公司开立在'原告处'的保证金专户"的表述有不当之处,予以纠正。本案中,建行固原分行划扣保证金的行为与《破产法司法解释(二)》第14条"债务人对以自有财产设定担保物权的债权进行的个别清偿,管理人依据企业破产法第三十二条的规定请求撤销的,人民法院不予支持。但是,清偿时担保财产的价值低于债权额的除外"规定的情形不符,一审法院也未依据《企业破产法》第16条规定作出裁判,建行固原分行认为一审判决适用法律错误的上诉理由不成立。一审判决中将《企业破产法》误写为"破产法",二审法院予以纠正。综上所述,建行固原分行行的上诉请求不成立，二审法院不予支持。

七、取回权行使的限制

《企业破产法》第76条规定："债务人合法占有的他人财产，该财产的权利人在重整期间要求取回的，应当符合事先约定的条件。"

该条规定了在重整期间，财产权利人行使取回权的限制。这是《企业破产法》第38条关于一般取回权的例外规定。例如，债务人租赁厂房20年，企业重整需要继续使用该厂房，则该厂房的所有权人不能行使《企业破产法》规定的取回权。这里关于权利人取回权限制的前提，是债务人"合法"占有财产。如债务人"不法"占有财产，权利人可以随时取回。当然权利人不能满足事先约定的条件，也并非不能取回，但需要承担违约责任或对债务人进行补偿。

在实践中，重整企业因受困于现金流短缺，人员流失严重，企业管理存在漏洞。经营场所中的各项财产，有时会发生现实危险。对此，法律规定在紧急状况下，权利人也可以随时取回财产，即在重整期间，管理人或者自行管理的债务人违反约定，或者无法正常履行维护、保管等职责，导致取回物可能被转让、毁损、灭失或者价值明显减少的，法院允许该财产的权利人先行开展自力救济。

需要注意的是，关于事先约定的条件为待履行合同义务时，应先由管理人或者自行管理的债务人决定继续履行或者解除待履行合同：若决定继续履行合同，则取回权人只有在履行完合同义务后，方能取回其所有物；若决定解除合同，则取回权人可直接行使取回权，无须承担违约责任。

八、投资权益分配和股权转让的限制

《企业破产法》第77条规定："在重整期间，债务人的出资人不得请求投资收益分配。在重整期间，债务人的董事、监事、高级管理人员不得向第三人转让其持有的债务人的股权。但是，经人民法院同意的除外。"

《企业破产法》第75条、第76条和第77条发挥的作用是固定债务人占有的财产及其在重整期间的股本结构,保证债务人在相对静态,变数相对恒定的环境内进行重整,增加企业起死回生的概率。

在重整期间,对出资人的投资收益分配请求权进行限制的原因有二:

其一,债务人因现金断流,即丧失债务清偿能力而进入破产重整程序,但这并不意味着企业必然资不抵债,不存在账面可分配利润。重整程序中债务人现金流状况好转,是债权人、债务人、出资人和管理人等利害关系人合力拯救债务人的结果。这些现金对于维持营业和支付破产费用十分重要。为了保护其他利害关系人的合法权益,《企业破产法》有必要对债务人的出资人投资权益分配请求权进行限制。其二,当债务人进入破产程序,债权的清偿应当优先于出资人收益的分配。

根据《企业破产法》第 77 条第 2 款规定,在重整期间,债务人的董事、监事、高级管理人员不得向第三人转让其持有的债务人的出资份额。但是,经人民法院同意的除外。此处,法律对管理层转让出资份额的行为,采取"以限制为原则,以允许为例外"的态度。"管理层"为重整期间的现任管理层。另外,实践中争议较多的是"高级管理人员"的范围,一般根据《公司法》第 216 条规定进行认定,即公司的经理、副经理、财务负责人,上市公司董事会秘书和公司章程规定的其他人员。

《企业破产法》第 77 条如此规定,是出于巩固职工、投资人、债权人和其他利害关系人对企业重整的信心,促使债务人管理层积极参与重整程序的考虑,也是为了防止公司高层利用内部消息转让出资份额获利。该条的例外情况则是人民法院同意的情形。实践中,破产重整极有可能涉及战略投资人对重整后的公司持股的要求,而引入战略投资人对企业重整有益,人民法院一般能够同意。

上述例外规定的应用场景,在实践中并不常见。重整投资人一般不会在重整期间受让出资份额。以中小型公司破产重整案为例,债务公司单纯依靠股东自救已无可能,只得寄希望于破产重整:一方面,减免债务,优化资产负债结构;另一方面,招募战略投资者,引进增量资金。战略投资者与管理人签署的投资协议一般约定:将法院裁定批准重整计划作为生效条件,投资者在重整计划生效后实际出资、实际出资后再进行交股权交割登记。在一般案件中,管理人也会在重整计划草案中体现投资协议的主要内容,规定重整计划如果获得表决通过并得到法院裁定批准,则原股东持有债务人的 100% 股权,将无偿让渡给战略投资者。因此,投资者根本无须提前接受管理层股权。

需要注意的是,这一点可能在上市公司层面别具意义。若上市公司管理层持有该公司股票,则可能出现管理层公开出售该公司股票的可能。因此,《企业破产法》第 77 条规定并不限制除董事、监事、高级管理人员以外的股东的股权转让行为。债务人的股东可以进行股权转让,除非其本身的转让行为受到民事诉讼、证券监管方面的限制,比如股票存在保全措施、锁定期限未届满等。

在司法实践中,法院也持这一观点,例如"陈某妮等与李某博等股权转让纠纷案"中,法院认为,"现兴茂钛业公司已经进入破产程序。但陈某妮并非兴茂钛业公司登记的高级管理人员,故对其股权转让不应进行限制"①;"陈某、胡某委托合同纠纷案"中,法院认为"天人生态公司处于破产重整期间。陈某并非天人生态公司的董事、监事、高级管理人员,涉案股份的变更转让不存在上述法律规定的限制情形"②。

实践焦点 089

重整期间禁止股权交易规则中"第三人"的适用范围问题

按照《企业破产法》第 77 条规定,债务人的董事、监事、高级管理人员不得向第三人转让股权,但是这里的"第三人"范围是否包含其他同为董事、监事、高级管理人员的人员,实践中存在不同的理解。

有观点认为,债务人的董事、监事以及其他高级管理人员不得向第三人转让其个

① 参见北京市第三中级人民法院民事判决书,(2021)京 03 民终 6092 号。

② 参见广东省深圳市中级人民法院民事判决书,(2019)粤 03 民终 4035 号。

人对债务人持有的股权,但上述主体间相互转让对其债务人持有的股权不在此限;[1]亦有观点认为,考虑到立法本意之一在于防范董事、监事、高级管理人员通过转让股权逃避相关法律的监管与责任,所以对于董事、监事、高级管理人员间的相互转让也应予以限制;[2]还有观点认为,即董事、监事、高级管理人员进行的股权转让,无论属于哪种情形,都应受到《企业破产法》第77条第2款的限制。[3]

对此,笔者倾向于认为,在既定的立法目的前提下,允许高级管理人员之间自由转让股权,有违立法之本意,难以锁定风险、规避投机、激励各方利害关系人,故应认为这里的第三人包括其他董事、监事、高级管理人员。

九、重整程序的请求终止

《企业破产法》第78条规定:"在重整期间,有下列情形之一的,经管理人或者利害关系人请求,人民法院应当裁定终止重整程序,并宣告债务人破产:(一)债务人的经营状况和财产状况继续恶化,缺乏挽救的可能性;(二)债务人有欺诈、恶意减少债务人财产或者其他显著不利于债权人的行为;(三)由于债务人的行为致使管理人无法执行职务。"

破产案件的办理过程绝不可能一帆风顺。有的案件周期漫长;[4]有的案件局势多变;有的结果皆大欢喜;有的差强人意。破产重整企业并非总能化险为夷,涅槃重生。在重整期间,案件基于各种因素导致重整失败的情形并不少见。届时就会涉及如何终止重整程序的问题。《企业破产法》规定的终止重整程序的法定事由,可分为"依请求终止"和"依职权终止"两种。《企业破产法》第77条和第93条债务人不能

---

① 参见李国光主编:《新企业破产法理解与适用》,人民法院出版社2006年版,第385页。

② 参见王新欣:《破产法》(第4版),中国人民大学出版社2019年版,第307页。

③ 参见贺小电:《破产法原理与适用》(第2版),人民法院出版社2020年版,第910页。

④ 例如,新华证券历经证券公司行政清理程序到破产清算程序,工作周期已近二十年。当将满十年之际,管理人成员们曾笑言要在十周年之时,出版专门记录这宗不同寻常的案件的办理经验与心路历程的专业书籍,转眼书已成但案未结,恍惚间书与人俱老。

执行或者不执行重整计划属于前者。[①] 第79条未按期提交重整计划和第88条重整计划未获通过或批准属于后者。[②] 本部分主要论述“依请求终止重要程序”，具体而言，管理或利害关系人提出终止重整程序的请求需满足以下条件：

(1)关于“经营状况和财产状况继续恶化”的标准，该标准需要重整企业的经营状况和财产状况严重恶化到缺乏挽救可能性的程度，即债务人丧失了重整价值，已无继续重整的必要。例如公司重要资质丧失、核心资产毁损等。(2)除债务人本身情况的恶化，债务人的不诚信行为，亦会使重整程序丧失继续进行的基础，具体表现为债务人有欺诈、恶意减少债务人财产或其他显著不利于债权人的行为。(3)管理人因债务人的行为无法执行职务。这里债务人的行为既包括债务人管理层的行为，也包括债务人其他工作人员的行为。只要管理人因此无法继续推进重整程序，管理人即有权向法院申请终止。

总之，如重整期间发生上述行为，经管理人或利害关系人请求，法院在查明事实的基础上即可裁定终止程序，并同时宣告债务人破产。这里的申请人不只限定于管理人和债权人，也包括出资人、职工、重整投资人等其他主体，以便有利于对各方利益的保护。

破产程序中最主要的参与者就是债务人、债权人与投资者。这三类主体的破产目标，在本质上不可调和。各方暂时搁置争议的动机并非经济理性，而是遵从法律强制规定。《企业破产法》的硬性规定，可让各方在法律框架与基本共识下，共同努力

---

① 《企业破产法》第93条规定：“债务人不能执行或者不执行重整计划的，人民法院经管理人或者利害关系人请求，应当裁定终止重整计划的执行，并宣告债务人破产。人民法院裁定终止重整计划执行的，债权人在重整计划中作出的债权调整的承诺失去效力。债权人因执行重整计划所受的清偿仍然有效，债权未受清偿的部分作为破产债权。前款规定的债权人，只有在其他同顺位债权人同自己所受的清偿达到同一比例时，才能继续接受分配。有本条第一款规定情形的，为重整计划的执行提供的担保继续有效。”

② 《企业破产法》第79条规定：“债务人或者管理人应当自人民法院裁定债务人重整之日起六个月内，同时向人民法院和债权人会议提交重整计划草案。前款规定的期限届满，经债务人或者管理人请求，有正当理由的，人民法院可以裁定延期三个月。债务人或者管理人未按期提出重整计划草案的，人民法院应当裁定终止重整程序，并宣告债务人破产。”第88条规定：“重整计划草案未获得通过且未依照本法第八十七条的规定获得批准，或者已通过的重整计划未获得批准的，人民法院应当裁定终止重整程序，并宣告债务人破产。”

避免最坏结果的出现,进而能够合作开展下一步的求生工作。

破产重整程序是一个自救求生的程序。各方期待利用法律赋予的武器,避免最坏结果的出现,这一点对任何主体都一样——债务人渴望涅槃重生、债权人欲避免血本无归的结果、投资者希望获得投资回报。不过,一旦债务人生存希望渺茫,各方将很快失去耐心并自行其是。彼此不满和对抗的情绪,将迅速地在实际冲突中爆发出来。

举例而言,债务人是一个独立的主体,它可能会对抗管理人的命令,也可能本身已经孱弱到无人问津。此时,管理人同样可能因与各方的博弈以及从自身经济利益考虑,不愿意再继续投入时间和精力,去挽救希望渺茫的公司。此时,《企业破产法》允许管理人向法院申请终止破产重整程序。法院会综合考虑各方看法,评估债务人重整的真实前景并独立做出是否批准的判断。如果法院了解获悉,重整程序难以继续的原因在于管理人的僵化做法而非债务人真的丧失挽救价值,且债权人与投资者希望更换管理人并继续推进重整程序,则法院应该按照本书上文提及的"管理人更换流程"进行妥善处理。

十、重整计划草案的提交期限

《企业破产法》第 79 条规定:"债务人或者管理人应当自人民法院裁定债务人重整之日起六个月内,同时向人民法院和债权人会议提交重整计划草案。前款规定的期限届满,经债务人或者管理人请求,有正当理由的,人民法院可以裁定延期三个月。债务人或者管理人未按期提出重整计划草案的,人民法院应当裁定终止重整程序,并宣告债务人破产。"

根据该条第 1 款规定,债务人或者管理人提交重整计划草案期限的起算时间,为法院作出受理裁定之日,与重整期间的起算时间一致;根据第 2 款规定,重整计划草案提交的期限为 6 个月。当 6 个月期限届满,经债务人或者管理人请求,有正当理由的,人民法院可以裁定延期 3 个月。如未按期提交,则人民法院将依职权裁定终止重整程序。债务企业将不可逆地转入破产清算程序。

但是，就大型企业集团而言，该等时间要求略显严苛，为提高重整的成功率，近年来越来越多的企业通过预重整制度化解债务危机。预重整制度，是指在破产程序启动之前，由债务企业与债权人进行自愿谈判而达成重组方案，并以此为基础向法院申请启动重整程序的新型债务纾困模式，这种模式调和了重整程序的弊端。如果各方无法及时达成重组方案，则不进入破产重整程序，规避了重整失败而被迫清算的风险。①

需要关注的是，其一，此处是提交重整计划草案而非批准重整计划草案；其二，关于重整计划草案的提交时间，《企业破产法》第79条虽规定"同时"，但并非要求同一时间提交，而是要求分别向人民法院和债权人会议提交，缺一不可。事实上，管理人需要先提交给法院进行合法性审查，之后方能协调召开债权人会议进行表决。重整计划草案提交后，重整程序进入债权人会议审议表决的阶段。

实践焦点 090

重整计划草案提交期限的延期次数与期限限制问题

关于重整计划草案提出期限延期次数以及延长期限问题，有观点认为重整计划提出期限只能延期一次，且以3个月为限，若债务人或管理人在9个月期限届满时仍未提交重整计划草案，法院应当裁定终止重整程序，并宣告债务人破产；也有观点认为，《企业破产法》第79条第2款并未限定申请延期的次数，本着拯救债务人生命的目的，实践中债务人或管理人可以根据实际情况多次申请延长。

笔者倾向于认为，有对重整计划草案提交期限进行限制的必要。从立法目的来看，不经限制地突破"6+3"个月的期限有违立法本意，"在1995年的破产法立法草案中，重整期限为12个月，并可以申请延长，且延长时间不限但必须提交延长期间

① 参见张杜超、郭璐璐：《债务重组》，中信出版社2020年版，第88页。

的工作时间表。2000 年的草案将重整期限改为 6 个月并可以申请延长 6 个月。2004 年的草案将延长期缩短为 3 个月。缩短延长期的原因,主要是防止程序滥用,同时也是考虑到国际上已经存在一种将重整程序与法庭外重组相结合的'重整预案'(pre－packet)的做法,即债务人与主要债权人以及第三方投资者在启动重整程序前先就企业拯救的'一揽子'方案达成共识,然后提出重整申请。由此可以节省重整时间和提高重整成功率。考虑到这种做法在中国被采用的可能性,起草者认为,缩短重整期限后可以鼓励当事人在启动程序前就重整计划进行充分协商,有利于节省重整成本和减少重整失败的风险"①。

从法律效果的角度来看,重整程序应有其严格的步骤和时间节点划分。重整计划草案提交期限并不是一个简单的时间问题,其涉及破产程序中各方的切身利益,如重整期间涉及对担保权人等债权人普遍的权利限制,对债务人董事、监事、高级管理人员的权利限制等。因此,提交重整计划草案的期限设置,要在保证给到管理人或债务人处理混乱状况的时间充足的前提下,避免管理人、债务人在重整程序中久拖不决,从而浪费大量的人力与财力。

但是,对于一些体量巨大、疑难问题较多的债务人企业来说,在 9 个月的时间内提交重整计划草案几乎不可能。在不考虑之前已经启动预重整程序且形成明确的重整方案的情况下,进入破产程序后,管理人往往需要开展一系列工作,如开展接受债权申报及审核债权、调查及清理债务人财产、筹备第一次债权人会议、招募投资者等,而重整计划草案也需要根据债务人的实际情况去编写,为此有必要开展大量的市场、财务、法律等多方面的分析论证工作。因此,在法定的 6 个月,最长不超过 9 个月的时间内,完成重整计划草案的编写工作是一项具有挑战性的工作。在各方当事人都投入了大量成本的情况下,法院亦有必要考虑适当放开重整计划草案的提交期限,进行技术性处理,以保证债务人企业顺利起死回生。

实践中,大部分债务人企业都严守"6＋3"的法律规定,也有部分案例突破"6＋3"的规定,例如"东北特殊钢集团有限责任公司破产重整案",2017 年 4 月 10 日,根

---

① 王卫国:《破产法精义》(第 2 版),法律出版社 2020 年版,第 271 ~272 页。

据东北特殊钢集团有限责任公司(以下简称东北特钢)及其管理人的申请,大连市中级人民法院裁定延长提交重整计划草案的时间至2017年5月10日。2017年5月8日,大连市中级人民法院批准了东北特钢管理人将提交重整计划草案期限延长至2017年7月10日的再次申请。关于《企业破产法》第79条第2款的理解,东北特钢管理人认为,重整计划草案的提出期限可以至少不限于一次,多次延期亦属于现行法应有之义。基于此种逻辑,东北特钢管理人向大连市中级人民法院提出二次申请,相应的,大连市中级人民法院两次均予以裁定批准。但是在东北特钢重整案中,重整计划草案的提出期限虽经两次延期,但两次延期合计仍未超出3个月期限,仍在9个月的范围内。而在"华晨集团等十二家企业实质合并破产重整案"中,2020年11月20日,法院裁定受理其破产重整申请,并裁定其于2021年9月3日提交重整计划草案;2021年9月,经管理人申请,法院裁定重整计划草案提交期限延长至2021年12月3日;2021年12月,经管理人申请,法院裁定重整计划草案提交期限延长至2022年6月3日。至此,华晨集团重整计划草案提交期限已二度延期,且两次延长期限超过9个月。

十一、重整计划的制作主体

《企业破产法》第80条规定:"债务人自行管理财产和营业事务的,由债务人制作重整计划草案。管理人负责管理财产和营业事务的,由管理人制作重整计划草案。"

债务人或管理人制作重整计划草案时,遵循"谁管理,谁制作"规则。在管理人负责管理债务人财产和营业事务的情况下,由其制作重整计划草案当仁不让。但是,鉴于管理人往往缺乏生产、经营与管理方面的经验,对债务人所处行业的市场、技术、生产经营要素等情况也未必熟悉,故《破审纪要》第16条规定,人民法院要加强与管理人或债务人的沟通,引导其分析债务人陷于困境的原因,有针对性地制定重整计划草案,促使企业重新获得盈利能力,提高重整成功率。人民法院要与政府建立沟通协调机制,帮助管理人或债务人解决重整计划草案制定中的困难和问题。

此外，为保证重整计划草案的质量，提高表决通概率与方案执行效率，中国正积极探索推行庭外重组与庭内重整制度的衔接程序，即预重整制度。《破审纪要》第22条规定，在企业进入重整程序之前，可以先由债权人与债务人、出资人等利害关系人通过庭外商业谈判，拟定重组方案。重整程序启动后，可以重组方案为依据拟定重整计划草案提交人民法院依法审查批准。

十二、重整计划草案的内容

《企业破产法》第81条规定："重整计划草案应当包括下列内容：(一)债务人的经营方案；(二)债权分类；(三)债权调整方案；(四)债权受偿方案；(五)重整计划的执行期限；(六)重整计划执行的监督期限；(七)有利于债务人重整的其他方案。"

重整计划草案是利益各方的最终博弈结果，也是管理人的工作结晶。除该条规定的7项内容外，最高人民法院《关于审理企业破产案件确定管理人报酬的规定》第10条规定，在破产和解与破产重整案件中，管理人报酬方案中的内容应列入和解协议草案或重整计划草案。基于此，重整计划草案的内容，应至少包含下述内容。

(一)"债务人的经营方案"是重整计划草案的关键

(1)公司治理结构与调整方案，核心在于股权结构、董事会权责与高管激励等三个方面；①(2)员工安置预案，调整职工工作范围与人数，如有裁员安排，应制定有关被裁减人员的补偿安置和再就业帮助的措施；(3)重整企业运营方案，主要为关于企业未来在产业方向、经营重心、市场拓展与业务规划等方面的安排；(4)现金流动性恢复方案，如债务企业已经为继续营业而借款及设定担保、战略投资者的提供流动性

---

① 目前，市场欠缺对重整计划中的"企业公司治理结构完善方案"的重视，一般较少涉及，呈现重视市场经营、转型与开拓等进取型商业策略，忽视公司内部组织体的完善计划的特点。实际上，公司出现债务问题，很大程度上是公司治理结构失衡导致的，尤其是企业进入破产重整程序之后，能否及时纾困成功以及执行完毕重整计划，很大程度上取决于债务人在公司治理结构优化方面的努力。破产重整重新调试的公司治理结构，不但能够帮助企业对冲财务困境，更好地在重整程序中做出即时反应，还可保障重整计划全面有效的实施，最大限度地降低重整成本，提升重组绩效。

安排或未来将向特定对象定向发行新股等进一步筹集资金等，应当在重整计划草案中披露；(5)重要业务或财产的托管、转让或其他处置措施等；(6)其他对本次重整或未来发展有着重大影响的事项。

上市公司重整计划中的经营方案应更加详细具体。上市公司或管理人应当根据证监会、交易所等监管部门要求或意见，就经营方案单独履行信息披露义务，详细说明执行步骤和时间安排，分析论证经营方案的制定依据，并对该依据的充分性、方案的可行性以及是否有利于提高上市公司持续经营能力予以详细说明。

总体而言，翔实可行的经营方案是各方选择相信重整企业未来可期的基础，有助于提升重整企业股价与市值。如果上市公司的债权清偿方案中涉及以股抵债、留债等安排，则债权人也会将其作为表决重整计划草案时的重要考量要素。

(二)“债权分类方案”是管理人或债务人进行债权清偿的重要依据

《企业破产法》规定的债权清偿基本原则是“同类债权，同类清偿”，故债权分类方案是债权清偿的最重要依据之一。由于破产重整的债务人的现金流出现问题，债权通常不能获得全额清偿。为维护社会经济秩序的稳定，维护法律的权威以及保障与基本生存权有关的劳动债权，《企业破产法》对各类债权进行了分类，并据此设定了不同的权利位阶。

债权人对重整计划草案进行表决时，也采用分组表决的原则。债权分类应当以“重整计划表决分组”为依据。具体而言，包括以下五类：对债务人的财产享有担保债权或者法定特别优先权的债权、职工债权、税款债权、普通债权以及小额普通债权。在普通债权中存在众多小额债权的情况下，人民法院在必要时可以决定对普通债权组中的小额债权人在重整计划中给予比其他普通债权人更高的清偿待遇，并使其作为单独的债权组参加表决。

(三)“债权调整方案”决定债权清偿比例

“债权调整方案”是指重整计划草案可以对各类债权进行下述调整：(1)延期清偿；(2)减免本金或利息；(3)代物清偿；(4)以股抵债等。需要注意的是，不得对统筹社保债权进行调整，该项费用的债权人也不参加重整计划草案的表决。

（四）“债权受偿方案”与“债权调整方案”统称“债权调整和债权受偿方案”

“债权受偿方案”包括偿付资金数额和来源；债权清偿的顺序、期限；债权清偿的时间和地点；债权清偿方式（现金清偿或者实物清偿，分期分批清偿或者一次性清偿）等具体事项。原则上，不同类别的债权可以采用不同的清偿方案，同类债权必须采用相同的清偿方案，但普通债权中设小额债权组的除外。重整计划草案规定小额普通债权享有更高的清偿比例时，也要保证小额债权人以外的普通债权人获得的实际清偿比例，不低于在重整计划草案被提请批准时依照破产清算程序所能获得的清偿比例。

（五）“重整计划的执行期间”与“重整计划执行的监督期间”的关系

“重整计划的执行期间”是保证重整计划顺利执行的需要。《企业破产法》没有规定具体的执行期间，各债务人的重整计划应根据实际情况确定。

关于“重整计划执行的监督期间”，根据《九民纪要》第 113 条第 1 款规定，重整计划的执行期间和监督期间原则上应当一致。必要时经管理人申请，人民法院可以裁定延长重整计划执行的监督期限。但如果债务人的偿债能力和信用恢复能力较强，或者第三人为重整计划提供了可信赖的资助或担保，监督期限可以短于重整计划执行期限。

（六）“有利于债务人重整的其他方案”属于兜底条款

“有利于债务人重整的其他方案”属于兜底性方案。一般而言，税收政策优惠方案、出资人权益调整方案与偿债能力分析报告等均属于本项。例如，根据《上市公司重整纪要》第 6 条第 2 款规定，控股股东、实际控制人及其关联方在上市公司破产重整程序前因违规占用、担保等行为对上市公司造成损害的，制定重整计划草案时应当根据其过错对控股股东及实际控制人支配的股东的股权作相应调整。

关于“管理人报酬及收取情况”，在重整计划的执行期间和监督期间不一致的情况下，根据《九民纪要》第 113 条第 1 款规定，人民法院在确定和调整重整程序中的管理人报酬方案时，应当根据重整期间和重整计划监督期间管理人工作量的不同予以区别对待。其中，重整期间的管理人报酬应当根据管理人对重整发挥的实际作用等因素予以确定和支付。重整计划监督期间管理人报酬的支付比例和支付时间,应当根据管理人监督职责的履行情况,与债权人按照重整计划实际受偿比例和受偿时间相匹配。

十三、重整计划草案的分组表决

《企业破产法》第82条规定:"下列各类债权的债权人参加讨论重整计划草案的债权人会议,依照下列债权分类,分组对重整计划草案进行表决:(一)对债务人的特定财产享有担保权的债权;(二)债务人所欠职工的工资和医疗、伤残补助、抚恤费用,所欠的应当划入职工个人账户的基本养老保险、基本医疗保险费用,以及法律、行政法规规定应当支付给职工的补偿金;(三)债务人所欠税款;(四)普通债权。人民法院在必要时可以决定在普通债权组中设小额债权组对重整计划草案进行表决。"

该条将所有债权人按照债权类型,分为有担保债权、职工债权、税款债权和普通债权四组,另外可以根据实际需要,增设小额普通债权组。

(一)"有担保债权"及其表决组

"有担保债权"是以债务人财产为抵押物、质押物或者留置物的优先债权,不包括以第三人的财产作为担保财产的债权。在担保物变现价值充足的情况下,有担保债权可以获得全额清偿。

根据《民法典》第386条的规定,有担保债权就各自的担保物,具有优先受偿的权利。担保债权人在重整计划中所作出的让步是暂不实现担保物权,即担保物不予处分。债权人在担保物评估价值的范围内,接受以货币或其他财产的全部或部分延期清偿。在延期清偿的情况下,关于延期清偿的部分,原则上应当计算利息,但债权人同意减免利息的除外,并提供相应的担保或不接触原担保。

在司法实践中,担保物通常属于债务企业的核心资产,是维系企业涅槃重生的物质基础,因此,该部分资产一般不会在破产重整程序中变现。如果确定该等担保物不予变现的,除非有财产担保债权人自愿接受更低的条件,否则,有财产担保债权人将在担保物的评估价值范围内获得优先清偿，其因延期清偿所受的损失将得到公平补偿且担保权未受到实质性损害。

如果担保物的评估价值不足以覆盖该笔担保债权金额的，则担保债权人有权在评估价值范围内，享有优先受偿的权利。剩余债权部分将转为普通债权，按照普通债权的清偿比例受偿。此处的评估价值，指评估机构出具专项报告，模拟企业持续经营假设下的担保资产的市场价格。与之相对的是，在模拟企业进入破产清算条件下的快速变现价值，也称清算价值。显然，市场价值高于清算价值。

除上述情况外，在部分房地产企业破产重整程序中，基于对未来房价的预期，或出于回笼资金，补充企业现金流动性等目的，债务人或管理人也可能倾向于将担保财产处置变现。变现价款在优先向担保债权人清偿后，用于补充公司流动性等目的。

（二）“职工债权”及其表决组

关于“职工债权”组，《企业破产法》第 82 条的定义为“债务人所欠职工的工资和医疗、伤残补助、抚恤费用，所欠的应当划入职工个人账户的基本养老保险、基本医疗保险费用”。需要特别说明的是，根据《破审纪要》第 27 条规定，债务人欠缴的住房公积金，按照债务人拖欠的职工工资性质清偿。因此，住房公积金也应划入职工债权的范畴。

除“债务人欠付的应当划入职工个人账户的基本医疗保险、基本养老保险”部分外，债务人所欠的应当纳入社会统筹的社会保险费，不属于企业破产法意义上的“职工债权”，而是属于《企业破产法》第 83 条规定的“重整计划不得规定减免债务人欠缴的本法第 82 条第 1 款第 2 项规定以外的社会保险费用”，以及第 113 条第 2 款第 2 项规定的“破产企业欠缴的除前项规定以外的社会保险费用”。

在破产实践中，职工债权在重整计划中一般应当全额清偿，但在大多数职工同意的情况下，可以延期、分期清偿，也可以适当减免或者债转股。

（三）“税款债权”及其表决组

“税款债权”指因债务人欠缴税款而由国家税收机关主张的给付请求权。税款债权在重整计划中一般应当全额清偿，但在税收机关同意的情况下，也可以适当减免。需要注意的是,破产案件受理后因欠缴税款产生的滞纳金不属于破产债权。

(四)"普通债权"及其表决组

"普通债权"指不具有优先受偿地位的无担保债权。普通债权在重整计划中所获得的清偿比例,一般不得低于其在重整计划草案被提请批准时依照破产清算程序所能获得的清偿比例。

(五)"小额债权"及其表决组

《企业破产法》为更好地保护相对弱小的小额债权人的利益,也为方便重整计划在人数上获得顺利通过,允许法院在必要时依职权决定是否设立小额债权组(实践中通常由管理人建议),使小额债权人单独成组对重整计划草案进行表决。

如何确定具体小额债权的标准以及界限?现行《企业破产法》并未对此事项作出明确的金额限制。实践中如区分小额债权组,大都是管理人在测算普通债权总体清偿率后,根据最终测算的结果,再对全部普通债权的人数和金额进行对比分析,最终设定一个具体的金额标准,划分大额债权和小额债权。

实践中,相较于将小额债权与其他普通债权区别对待而单独分组的做法,仅设一个普通债权组,并在组内根据债权金额大小进行分段递减式清偿的表决方式,显得更为普遍。此种分段递减清偿方案与设置小额债权组相比,更加便于重整计划的通过。因为在分段递减清偿的情况下,小额债权人仍然享有优惠待遇而容易表决赞成,而大额债权人由于其债权在小额债权的分界线下的金额,也获得了与小额债权人同样的待遇,整体受偿金额相对提高,故更容易表决支持重整计划草案;分段清偿方案也比单纯设置小额债权组更接近债的平等性目标——至少在小额债权分界线之下,大额债权获得了和小额债权同等的受偿待遇。

但是,这种分段递减式清偿对金融债权的意义有限。鉴于金融债权的绝对额度较高,故小额债权部分即使100%受偿,对其整体受偿率的提升仍微乎其微。因此,金融机构更应关注的是担保物的评估价值而非小额债权部分是否可以得到100%清偿。

实践焦点 091

债权人会议的自由分组问题

《企业破产法》第 82 条将重整计划的表决组规定为担保债权、职工债权、税款债权、普通债权和小额债权组(如需)。但由于破产重整程序系以各类债权人为主的利益博弈过程,简单的分组未免僵化,不利于重整计划草案的通过。例如,普通债权组中的金融债权由于行业规定限制不能接受债转股的安排,而债务人的供应商则希望企业起死回生,否则,供应商自身也将沦为破产境地,可能更倾向于同意债转股方案。此时,各方诉求就难以同时调和并获得满足。

现今的破产重整实践中,很多法院和管理人都为此作出了有益的突破和尝试。比较常见的方式就是在遵循法定分组的前提下,在法定分组内部,特别是在普通债权组中进行再分类,以规定不同的受偿方式、偿付金额等方案,借此满足不同债权人的利益诉求,从而保证重整计划草案的通过,促进企业重生。但即使如此,债权人仍将依照债权性质在法定分组内进行表决。

例如"河南中孚实业股份有限公司破产重整案"中,管理人将普通债权中超过 20 万元的部分,分为金融类普通债权组和非金融类普通债权组,后者又分为非金融类有息债权和非金融类无息债权。重整计划中约定的具体的清偿方案为:金融类普通债权超过 20 万元以上的部分以转增股票的方式抵偿,每 100 元普通债权分得约 7.77604977 股中孚实业 A 股股票,股票抵债的价格为 12.86 元/股,该部分债权清偿比例为 100%;非金融类有息债权超过 20 万元以上的部分,本金部分按照金融类普通债权清偿方案通过以股抵债的方式进行清偿,本金以外的利息、违约金等部分以现金方式予以留债 5 年分期清偿,非金融类无息债权超过 20 万元以上的部分可选择以下任一种方式获得受偿:(1)债权金额的 60% 在本重整计划执行期间以现金方式一次性清偿;(2)全部以现金方式予以5年留债分期清偿。

实践焦点
092

未能全额受偿的有财产担保债权人的表决权行使问题

关于有财产担保债权人未能完全受偿时如何行使表决权,学界和实践中均存在两种观点:一是以全部债权作为担保债权表决,二是将能够通过实现担保权受偿的部分作为担保债权、不能受偿的部分作为普通债权分别表决。由于多数担保债权人为银行等金融机构,债权金额巨大,是否对表决权进行拆分对表决结果影响较大。比如,表决重整计划草案时,某一担保债权人在担保债权组中的债权金额相对较小,对该组的表决结果影响有限,又是第二顺序担保权人,预计实现担保权的可能性不大,但其在普通债权组中债权金额较大,此种情况下是否进行表决权拆分,直接决定债权人会议能否通过决议事项。

虽然《企业破产法》及相关司法解释中,并没有对破产重整程序中担保债权人的优先受偿权不能完全实现时其表决权如何安排作出规定,但某些地区法院已发布相关的审判指导文件。北京市第一中级人民法院《北京破产法庭破产重整案件办理规范(试行)》第106条规定,对特定财产享有担保权的债权人,经评估等方式能够判断其优先受偿权利不能完全受偿的,债权人可以就剩余债权金额在其他组别表决。表决前担保财产价值是否足以清偿担保债权暂不确定的,除人民法院能够为其在其他组别行使表决权而临时确定债权额的以外,该债权人只得以全部债权额在担保债权组表决。深圳市中级人民法院《审理企业重整案件的工作指引(试行)》第91条规定,经评估的担保财产价值不足以清偿担保债权,对该财产享有担保权的债权人同意对超出评估值以外的债权按普通债权清偿的,可以将评估值作为该笔债权在担保债权组的表决额,剩余金额作为其在普通债权组的表决额。实践中,比较通行的做法也是按照担保物权的资产评估价值对有财产担保债权人享有的表决权进行拆分，由有财产担保债权人在不同的表决权组分别进行表决。

需要注意的是，对债权人的表决权进行拆分并不意味拆分出的债权性质发生变更，其仍为有财产担保债权。例如，在“山东码头公共集中供热有限公司、中国电建集团山东电力建设第一工程有限公司破产债权确认纠纷案”①中，二审法院滨州市中级人民法院认为，债权人请求其承建工程的价款就工程折价或者拍卖的价款优先受偿的，人民法院应予支持。且管理人于 2019 年 5 月确认债权人在工程款 1884.97 万元范围内对涉案工程享有优先受偿权。上述事实不能因涉案工程按照“移地续用”方式评估，评估价值为 0 元，即改变债权人所享有债权的性质。再如，“中国华融资产管理股份有限公司湖北省分公司与湖北汇龙食品有限责任公司破产债权确认纠纷案”中②，恩施土家族苗族自治州中级人民法院认为，管理人以抵押物的评估价值为依据，确认债权人对重整企业享有抵押担保的债权数额为 517.29 万元缺乏法律依据。

实践焦点 093

名义清偿率的规制问题

曾几何时，债务重组的债权偿付，简单明了，都是实实在在的现金。而如今债务重组中的偿付手段，创新迭出，复杂多样。目前，以金融衍生品作为偿付工具开始变得普遍，例如重整计划草案中规定，用债务人财产成立信托计划，向债权人分配信托份额。

无论信托份额，还是应收账款、以物抵债、债权收益权等偿付方式，本质都是债务

① 参见山东省滨州市中级人民法院民事判决书，(2020)鲁 16 民终 1704 号。

② 参见湖北省恩施土家族苗族自治州中级人民法院民事判决书，(2019)鄂 28 民初 1 号。

人在资金不足的情况下，积极盘活企业资产，尽可能满足债权人实际需求的有益尝试。但问题是，以信托计划等金融衍生品作为偿付手段，本是弥补现金不足的无奈之举，如今却变成了门面之举与常态之举。例如，在破产重整项目中，因为资产变现能力不足，急于拆分处置会影响资产市场价值，此时对高价值的债务人财产进行甄别处理，成立信托计划，以时间换空间，创造更优价值，提升债权人的实际受偿额度，弥补债权人现金受偿不足之损。

这种看似合理的创新安排，实践中很大概率会走样，如将债务人财产不加严格甄别，整体性打包成立信托计划，并以高估值折算成货币价格，就会得出一个很高的清偿率，即"名义清偿率"。甚至该部分清偿有时会以极高的价格估值，全额覆盖债权金额，即以几倍于现金财产评估值的对价去折算债权偿付额度。这就实际造成了名义清偿率为 100% 的不公平现象。类似的方式还有，将上市公司的股票以股抵债，以重组后的企业包袱减轻，有了新股东加持为由，将以股抵债的股票价格，定为当下市场价格的 3 倍、5 倍甚至更多。如无充分的支撑依据，不考虑市场环境，也会造成这种看上去很高的"名义清偿率"。

如任其发展，上述弊端就会逐渐显现出来。就普通债权人而言，如仅将清偿率看成数字，则名义清偿率是 100% 还是 50% 无关紧要，因为实际得到的财产是一样的。虽然对一些债权人而言，名义清偿率更高，也是一件喜事。但是，在实践中这种名义清偿率带来的负面效应，往往更为复杂，甚至会产生更加难解的实践争议。例如，在破产重整案件中，债务人的清偿率达到 100% 。那么，债权人是否还有机会向第三人主张保证责任，就会存在争议。

总之，清偿率有了名实之别，这不是一个正常的现象。运用金融工具的创新，充分挖掘债务人的财产价值，"螺蛳壳里做道场"，本是辛苦事，但"任由人心过重"，则终会引起债权人对债务重组市场的信任崩塌。信任比黄金更宝贵，债务重组中尤是如此。①

---

① 参见张杜超、郭璐璐：《关于债务重组市场的几点思考》，载微信公众号"中信出版墨菲"2022 年 1 月 16 日，https://mp.weixin.qq.com/s/4ZH9k3KRg-EzLb-dAWpeVA。

十四、重整计划中的社会保险费用

《企业破产法》第83条规定:“重整计划不得规定减免债务人欠缴的本法第八十二条第一款第二项规定以外的社会保险费用;该项费用的债权人不参加重整计划草案的表决。”

《企业破产法》第48条第2款明确规定基本养老保险、基本医疗保险中职工个人缴纳的部分属于职工债权,无须申报,由管理人调查后列出清单并公示,可在重整计划中可以适当减免。而除此之外的社会保险费用,重整计划不得规定减免。这与在破产清算程序中,该部分社会保险费用可以减免的规定不同。此外,在破产重整程序中的该部分社保费用同样需要申报,申报主体为代表社会保险基金行使权利的税务部门。

值得注意的是,只有在用人单位已开设社保账户且已经申报职工社保但社保账户资金不足的情况下,社保部门的相关系统才会显示欠费。此种情况下,税务部门会申报欠缴的社保费用债权。但税务部门申报社保债权时,存在对划入个人账户以及划入统筹账户的医疗保险费用不做区分的情况。这会导致在破产财产无法覆盖全部职工债权、税款债权及社保债权时,无法让划入职工个人账户的医疗保险费用作为职工债权在第一顺位优先受偿。

十五、债权人会议的召集和重整计划的表决程序

《企业破产法》第84条规定:“人民法院应当自收到重整计划草案之日起三十日内召开债权人会议,对重整计划草案进行表决。出席会议的同一表决组的债权人过半数同意重整计划草案,并且其所代表的债权额占该组债权总额的三分之二以上的,即为该组通过重整计划草案。债务人或者管理人应当向债权人会议就重整计划草案作出说明,并回答询问。”

表决重整计划草案的债权人会议由人民法院负责召集。债权人会议实行分组表决制,即以债权分类为基础进行组别划分,以各表决组为单位进行表决。各债权人表

决组内采用“人数和债权额的双重多数决”。其中,人数标准为“出席会议”的有表决权的债权人过半数(不包括本数),已申报债权但未出席本次债权人会议的债权人,不计入债权人总数;债权额标准为“过半数同意”的债权人所代表的债权总额占该组债权总额的2/3以上(包括本数),此处的债权总额为该组经过确认的所有申报债权额。

根据《破产法司法解释(三)》第11条第2款规定,在重整中权益未受调整或影响的利害关系人不纳入重整计划草案表决,仅将权益因受重整计划草案调整或影响的利害关系人纳入表决程序,从而促进表决程序的高效性与结果的合理性,在保障债权人合法权益的基础上有效提升程序效率。2021年4月28日,最高人民法院发布的典型破产案例之“北京中电华通信息科技有限公司破产重整案”的重整计划草案表决过程中即适用这一表决机制,全额现金受偿的债权人,不参与重整计划草案的表决,所代表的债权额不计入债权总额。①

对于重整计划中规定留债展期的债权,是否视为全额清偿,实践中存在争议。有法院认为,不能将其视为全额清偿,比如“中国银行股份有限公司泸州分行与四川化工控股(集团)有限责任公司保证合同纠纷案”中法院认为,留债展期并非一般意义上对主合同履行期限的变更,仅是在破产重整下针对债务人偿还债务履行方式的变更。② 但也有法院认为,以留债展期形式清偿的债权,应视为债权债务关系履行完毕,例如“交通银行股份有限公司北京经济技术开发区支行与庞大汽贸集团股份有限公司、唐山市冀东物贸集团有限责任公司金融借款合同纠纷案”中的人民法院裁判观点。③

十六、出资人列席及其表决权

《企业破产法》第85条规定:“债务人的出资人代表可以列席讨论重整计划草案的债权人会议。重整计划草案涉及出资人权益调整事项的,应当设出

① 参见北京市第一中级人民法院民事裁定书,(2020)京01破33号之一。

② 参见四川省高级人民法院民事判决书,(2018)川民初119号。

③ 参见河北省唐山市中级人民法院民事判决书,(2020)冀02民初14号。

资人组，对该事项进行表决。”

根据《破产法司法解释（三）》第11条第2款规定，对重整计划草案进行分组表决时，权益因重整计划草案受到调整或者影响的出资人，有权参加表决；权益未受到调整或者影响的出资人，不参加重整计划草案的表决。若重整计划草案涉及出资人权益调整事项，应当设立出资人表决组，由该组对涉及出资人权益调整的事项进行表决。若重整计划草案不涉及出资人权益调整，则出资人不参加重整计划草案的表决，但是可以列席债权人会议并提出询问，也可以针对重整计划草案发表意见、提出建议。

《企业破产法》第85条对出资人组表决重整计划草案的通过标准未作规定，但实践中普遍认为出资人组的表决方法，应适用有关股东会和股东大会对公司重大事项的表决方法，①即有限责任公司的出资人权益调整事项，经股东所持表决权的2/3以上同意，即为通过；股份有限公司的出资人权益调整事项，经出席出资人组会议的股东所持表决权的2/3以上同意，即为通过。

关于上市公司的情形较为特殊，根据《上市公司重整纪要》第7条第1款规定，出资人组对重整计划草案中涉及出资人权益调整事项的表决，经参与表决（网络投票与线下投票皆可）的出资人所持表决权2/3以上通过的，即为该组通过重整计划草案。

实践焦点 094

出资人权益调整是否需经质押权人同意

重整计划中经常涉及股权让渡以及对出资人权益的调整，进而发生股权权属变

① 参见最高人民法院民事审判庭第二庭编著：《最高人民法院关于企业破产法司法解释（三）理解与适用》，人民法院出版社2019年版，第218页；安建主编：《中华人民共和国企业破产法释义》，法律出版社2006年版，第122页。

动的结果。在重整企业股权上设定质押的情形下，股权变动势必导致股权质押权标的灭失或减值，损害质押权人的利益。但《企业破产法》对破产重整程序中出资人权益调整是否需经质押权人同意，并无相关规定。

有观点认为股权质押权人对股权变更的决定应享有适当参与权，以实现企业重整中各方利益的平衡。然而，目前关于已设定质押的股权的调整，实践中依旧多采用强制调整手段，不以质权人的同意为必要前提。在"中原再担保集团股份有限公司、河南方欣米业集团股份有限公司管理人管理人责任纠纷案"①中，最高人民法院认为在破产重整中，出资人权益调整无须经过股权质押权人的同意，质押权人只能就被质押股权在对应价值范围内享有担保其债权优先受偿的权利，而不能代替股东在破产重整程序中行使表决权。关于股权质押权人提出的"重整计划损害其权利，故主张撤销"的观点，最高人民法院进一步说明，投资人通过支付对价资金获得破产企业股权，在破产企业处于严重资不抵债状态的情况下，股权无实际价值，股权质押权已无实现的价值基础。股权质押权人无法在本案中主张相关权利，清算状态下股权质押权人可获清偿的债权数额远低于按照重整计划可受偿的数额，故重整计划中出资人权益调整部分未损害股权质押权人的权利，该项主张不能成立。

十七、重整计划的通过和批准

《企业破产法》第86条规定："各表决组均通过重整计划草案时，重整计划即为通过。自重整计划通过之日起十日内，债务人或者管理人应当向人民法院提出批准重整计划的申请。人民法院经审查认为符合本法规定的，应当自收到申请之日起三十日内裁定批准，终止重整程序，并予以公告。"

重整计划批准可以分为"认可批准"与"强裁批准"，具体来说：认可批准分为各表决组第一次全部表决通过的重整计划的批准，以及各表决组第一次表决有部分表决组未通过，但未通过的部分表决组依法进行第二次表决并全部通过的重整计划的

① 参见最高人民法院民事裁定书，(2021)最高法民申6429号。

批准两种情况;强裁批准则为各表决组第一次表决有部分表决组未通过,通过的部分表决组拒绝再次表决,或虽然再次进行表决仍未通过的重整计划草案的批准的情况。

《企业破产法》第 86 条第 1 款规定了重整计划草案获得通过的整体表决标准,即各表决组通过重整计划草案的人数及其代表债权的数额,均达到《企业破产法》第 87 条第 2 款规定的标准。

重整计划获得债权人会议通过后,尚未成立并具有法律强制执行效力,其是否有效取决于法院是否批准。自重整计划通过之日起 10 日内,自行管理的债务人或者管理人应当向法院提出批准申请。经审查认为符合《企业破产法》规定的,人民法院应在 30 日内做出批准裁定,终止重整程序并予以公告。《破审纪要》第 17 条关于重整计划的审查与批准作出了细化规定——重整不限于债务减免和财务调整。重整的重点是维持企业的营运价值。法院在审查重整计划时,除合法性审查外,还应审查其中的经营方案是否具有可行性。重整计划中关于企业重新获得盈利能力的经营方案具有可行性、表决程序合法、内容不损害各表决组中反对者的清偿利益的,法院应当自收到申请之日起 30 日内裁定批准重整计划。

法院批准重整计划后,根据《九民纪要》第 114 条第 3 款规定,重整程序因人民法院裁定批准重整计划草案而终止的,重整案件可作结案处理。与此同时,发生重整计划生效、计息债权自此恢复计息的法律效力。此后,重整企业的重整期间结束并正式转入重整计划执行阶段。

若上市公司破产重整涉及重大资产重组的,根据《证券法》《上市公司重大资产重组管理办法》及其他相关法律、行政法规及部门规章的规定,上市公司应当编制重大资产重组报告书等信息披露文件,并按照《上市公司重大资产重组管理办法》等相关规定予以披露。根据上述规定,上市公司须向中国证券监督管理委员会申请行政许可的资产交易行为的,还应当按照规定的格式要求制作和报送申请文件。

十八、再表决和强行批准

《企业破产法》第 87 条规定:“部分表决组未通过重整计划草案的,债务人或者管理人可以同未通过重整计划草案的表决组协商。该表决组可以在协商后再表决一次。双方协商的结果不得损害其他表决组的利益。未通过重整计划草案的表决组拒绝再次表决或者再次表决仍未通过重整计划草案，但重整计划草案符合下列条件的，债务人或者管理人可以申请人民法院批准重整计划草案：（一）按照重整计划草案，本法第八十二条第一款第一项所列债权就该特定财产将获得全额清偿，其因延期清偿所受的损失将得到公平补偿，并且其担保权未受到实质性损害，或者该表决组已经通过重整计划草案；（二）按照重整计划草案，本法第八十二条第一款第二项、第三项所列债权将获得全额清偿，或者相应表决组已经通过重整计划草案；（三）按照重整计划草案，普通债权所获得的清偿比例，不低于其在重整计划草案被提请批准时依照破产清算程序所能获得的清偿比例，或者该表决组已经通过重整计划草案；（四）重整计划草案对出资人权益的调整公平、公正，或者出资人组已经通过重整计划草案；（五）重整计划草案公平对待同一表决组的成员，并且所规定的债权清偿顺序不违反本法第一百一十三条的规定；（六）债务人的经营方案具有可行性。人民法院经审查认为重整计划草案符合前款规定的，应当自收到申请之日起三十日内裁定批准，终止重整程序，并予以公告。”

当重整计划草案第一次表决未通过时，自行管理的债务人和管理人可以与未通过的表决组进行协商并再次表决，但非强制要求。双方协商的结果不得损害其他表决组的利益。这里所称的“损害其他表决组利益”，通常表现为改变既定的清偿顺序，或者降低其他债权组的清偿待遇，或者由于向本债权组提供特别的清偿优待而使债务人财产减少，导致其他债权组的清偿能力受到实质性的影响，又或在债转股等交易中造成实质性的不平等。因此，在偿付资源有限的情况下，各方想要重新协商一致并获得成功，往往需要重整投资人加大投资力度，以此获得异议表决组的通过。

如果未能通过重整计划草案的表决组，拒绝再次表决或者再次表决仍未通过重整计划草案，则管理人或自行管理的债务人可以直接申请法院强制批准重整计划草案。强制裁定的流程包括自行管理的债务人或管理人申请强制批准、法院在规定时限内审查重整计划草案、法院强制批准后进行公告等环节。但在实践中，人民法院关于强制批准裁量权的适用非常审慎。①

人民法院强制批准重整计划的具体条件，需要同时满足：(1)重整计划对待担保债权人的条款实际保护了担保债权人的金额利益，或者担保权未受到实质损害，又或担保权人组通过了重整计划草案。(2)职工债权和税款债权应当在重整计划中获得全额清偿，或者该表决组通过了重整计划草案。关于该部分债权，应为现金清偿。(3)重整程序应当取得比清算程序更好的法律效果，即普通债权能够取得更高的清偿率。(4)如果出资人组未通过重整计划，只要调整方案"公平、公正"，法院就可以强制裁定。(5)同一表决组的成员之间应遵守统一的调整比例和清偿标准，且符合《企业破产法》规定的清偿顺序。(6)重整计划中的经营方案具有可行性，具备切实可行的执行步骤、时间安排与业绩增长目标等。

若自行管理的债务人或管理人选择不向法院申请强制批准裁定，其应当将重整计划草案未获通过的事实报告人民法院，人民法院应当裁定终止重整程序，并宣告债务人破产。

需要说明的是，在上市公司重整案件中，重整计划草案不会总能得到法院的批准。这种市场普遍预期的刚性结果一定会被打破。随着市场变化以及上市公司终止上市的案例增多，上市公司"壳资源"的价值将被重估。上市公司重整失败的案例也将不断增多。现今市场，认为上市公司重整很难失败的一代人，依据既有经验，持有乐观主义的幻想，认为股东、公司与政府都不会视而不见，以为上市公司的利益诉求必然导致上市公司重整成功，这种观念迟早会被市场证伪。

---

① 最高人民法院《关于正确审理企业破产案件为维护市场经济秩序提供司法保障若干问题的意见》第7条规定："人民法院适用强制批准裁量权挽救危困企业时，要保证反对重整计划草案的债权人或者出资人在重整中至少可以获得在破产清算中本可获得的清偿。对于重整计划草案被提请批准时依照破产清算程序所能获得的清偿比例的确定，应充分考虑其计算方法是否科学、客观、准确，是否充分保护了利害关系人的应有利益。人民法院要严格审查重整计划草案，综合考虑社会公共利益，积极审慎适用裁量权。对不符合强制批准条件的，不能借挽救企业之名违法审批。上级人民法院要肩负起监督职责，对利害关系人就重整程序中反映的问题要进行认真审查，问题属实的，要及时予以纠正。"

《破审纪要》第18条规定："人民法院应当审慎适用企业破产法第八十七条第二款，不得滥用强制批准权。确需强制批准重整计划草案的，重整计划草案除应当符合企业破产法第八十七条第二款规定外，如债权人分多组的，还应当至少有一组已经通过重整计划草案，且各表决组中反对者能够获得的清偿利益不低于依照破产清算程序所能获得的利益。"

十九、重整计划未获批准

《企业破产法》第 88 条规定:"重整计划草案未获得通过且未依照本法第八十七条的规定获得批准,或者已通过的重整计划未获得批准的,人民法院应当裁定终止重整程序,并宣告债务人破产。"

重整计划未获批准有两种情形:(1)重整计划已通过但未获得法院批准;(2)重整计划未通过也未被法院强行批准。后者可再次细分为两种情况:①重整计划未通过,自行管理的债务人或者管理人未申请法院强行批准;②重整计划未通过,自行管理的债务人或者管理人向法院提出强行批准的申请,但法院未予采纳。

重整计划草案未获批准的,重整程序即告结束。法院应当裁定终止重整程序,并宣告债务人破产,由此转入破产清算程序。

二十、重整计划执行人

《企业破产法》第 89 条规定:"重整计划由债务人负责执行。人民法院裁定批准重整计划后,已接管财产和营业事务的管理人应当向债务人移交财产和营业事务。"

重整计划的执行人为债务人。重整计划草案的表决通过,标志着重整程序的终止。债务人虽然受到重整计划执行期间的约束,但其运营也开始渐复常态。债务人在执行重整计划的过程中,若需要有关机构、个人依法协助、配合,则有关机构、个人应当依法主动、积极配合,以保证重整计划有效、顺利地进行。例如,管理人应当根据本条第 2 款的规定,及时向债务人移交所管理的债务人财产和营业事务。

在重整计划执行过程中,人民法院与政府依然应当发挥积极作用。《破审纪要》第 21 条规定,企业重整后,投资主体、股权结构、公司治理模式、经营方式等与原企业相比,往往发生了根本变化,人民法院要通过加强与政府的沟通协调,帮助重整企业修复信用记录,依法获取税收优惠,以利于重整企业恢复正常生产经营。

在破产实践中,管理人会基于某些特殊原因,暂缓交还管理权限。这种情况并不少见,原因在于:其一,政府部门作为清算组成员并成为管理人而接管债务人的,在重整投资人正式将投资价款全部支付完毕前,政府为稳妥起见,会在一定时间内继续对企业进行行政保护。其二,在部分府院联动机制下的重整案件中,重整计划虽被批准,但市场化地引进投资者工作不顺利,地方政府的平台公司会在此时给予支持,但不排除未来继续寻求收购方。因此,政府平台公司对从管理人手中接管公司并不急迫,且后续很可能是一套领导班子继续负责。其三,自重整计划批准后,市场环境发生重大变化,投资者的履约能力出现不可控风险。此时,管理人还应当继续保持审慎义务,不能轻易将公司控制权第一时间交给投资人。其四,管理人与投资者发生矛盾,例如双方就管理人报酬的金额与支付发生分歧,投资者认为管理人报酬过高需要调整而管理人拒不接受等情况。检索现有案件,律师事务所作为管理人成员,认为自己履行的是管理人职责并应按照管理人报酬收取律师费,而债务人认为其仅为管理人就特定事项提供服务,例如关于应收账款的催缴与诉讼等工作,故应该按照一般债权审查与确认原则进行支付。因此,双方就管理人报酬与企业实控权的交接问题产生严重分歧乃至发生诉讼。

需要注意的是,关于重整期间的民事诉讼,在重整程序终止后尚未结束的,除重整计划另有规定外,原则上应当由管理人继续代表债务人进行。《破审纪要》第9条规定,在重整计划规定的监督期内,管理人应当代表债务人参加监督期开始前已经启动而尚未终结的诉讼、仲裁活动。据此推知,如果这类诉讼、仲裁在重整计划执行监督期结束时尚未终结,则应由债务人接替管理人工作并继续进行。

实践焦点
095

重整计划执行期间新发生的民事诉讼的管辖问题

《九民纪要》第113条规定,重整计划执行期间,因重整程序终止后新发生的事实或者事件引发的有关债务人的民事诉讼,不适用破产程序中集中管辖的规定。而关于重整计划执行期间，因重整程序终止前发生的事实或事件引发的有关债务人的民事诉讼的管辖问题，《九民纪要》未予以明确，司法实践中的做法为：

若涉案基础事实与重整程序密切相关，案件判决将对重整计划执行产生影响，则案件应适用有关集中管辖的规定，如在“国投电力控股股份有限公司、云南煤化工集团有限公司追偿权纠纷案”中，①最高人民法院认为，云南煤化工集团有限公司的破产重整程序虽已终结，但涉案债权发生于云南煤化工集团有限公司破产重整之前，经过债权申报，属于破产重整债权，系重整计划调整的范畴。重整计划约定的执行期限虽已届满，但其同时明确涉案债权完全实现的时间为 2019 年 12 月 10 日，该计划尚未实际执行完毕，云南煤化工集团有限公司仍处于破产重整阶段，本案判决对其重整有重大影响，属于“有关债务人的民事诉讼”。根据《企业破产法》第 21 条的规定，本案应由受理云南煤化工集团有限公司破产申请的人民法院管辖。

若案件判决不会对重整程序产生影响，案件不适用有关集中管辖的规定，例如“江苏国安建筑安装工程有限公司与大庆油田建设集团有限公司、中国石油四川石化有限责任公司建设工程施工合同纠纷案”，②最高人民法院认为，《企业破产法》第 21 条规定，“人民法院受理破产申请后，有关债务人的民事诉讼，只能向受理破产申请的人民法院提起”。其目的在于通过集中管辖确保破产程序的有序进行，避免在破产程序进行中发生的有关债务人的民事诉讼，由不同的法院审理导致其与破产案件的审理进度难以协调，影响破产程序的顺利进行，故有必要将这些诉讼集中于审理破产案件的人民法院一并审理。本案作为在破产重整执行期间新发生的有关债务人的民事诉讼，并无与江苏国安建筑安装工程有限公司破产重整案件审理相协调的必要，不应适用《企业破产法》第 21 条的规定集中管辖。

二十一、管理人对重整计划执行的监督

《企业破产法》第 90 条规定：“自人民法院裁定批准重整计划之日起，在

① 参见最高人民法院民事裁定书，(2019) 最高法民辖终 107 号。

② 参见最高人民法院民事裁定书，(2019) 最高法民辖 14 号。

重整计划规定的监督期内，由管理人监督重整计划的执行。在监督期内，债务人应当向管理人报告重整计划执行情况和债务人财务状况。”

管理人依法负责监督重整计划的执行。法律赋予管理人监督的职权，包括债务人执行重整计划的全部情况。管理人若发现债务人有损害债权人合法权益的事项，应当指出并要求债务人纠正。关于债务人不能执行或者不予执行重整计划中的事项时，管理人应当视情节的轻重以及造成的结果，考虑是否请求法院裁定终止重整计划的执行。

关于重整计划的监督期限与执行期限，二者并非相同概念。根据《九民纪要》第113条第1款规定，重整计划的执行期间和监督期间原则上应当一致。但如果债务人的偿债能力和信用恢复能力较强，或者第三人为重整计划提供了可信赖的资助或担保，则监督期可以短于重整计划执行期。

需要重点关注的是，重整计划若规定了留债分期清偿，只要满足重整计划执行完毕的认定标准，如留债展期告知书的送达等，则留债期间可长于执行期间和监督期间。这也是与现实世界相互配套的选择，毕竟面对现今商业世界债务规模的不断扩大，债务企业的留债期限越来越长。如果仅是因为展期的问题，也无必要将执行期间与监督期间完全等同，避免造成无效的成本开支，例如法院不能销案造成的司法成本，以及管理人留有工作人员的工作成本等。

二十二、管理人的报告义务和监督期延长

《企业破产法》第91条规定：“监督期届满时，管理人应当向人民法院提交监督报告。自监督报告提交之日起，管理人的监督职责终止。管理人向人民法院提交的监督报告，重整计划的利害关系人有权查阅。经管理人申请，人民法院可以裁定延长重整计划执行的监督期限。”

自重整计划执行的监督期限届满时，管理人应当通过提交监督报告的方式，完成自己的监督职责。关于监督报告的内容，法院如何审查监督报告，以及如果监督报告不合格如何处理，法律和司法解释均未具体规定，但在实践中，法院最为关注债务人

对重整计划的执行情况。

本条第2款规定管理人有权申请延长监督期。这也意味着管理人的监督期限可能与重整计划的执行期限并不重合。一般情况下,管理人申请延长监督期限的理由主要为有证据表明债务人在执行重整计划过程中,存在损害其他利益关系人或者有害于重整计划执行的道德风险,或者有证据表明债务人的经营情况和财务状况存在恶化的风险。

二十三、重整计划的效力

《企业破产法》第92条规定:"经人民法院裁定批准的重整计划,对债务人和全体债权人均有约束力。债权人未依照本法规定申报债权的,在重整计划执行期间不得行使权利;在重整计划执行完毕后,可以按照重整计划规定的同类债权的清偿条件行使权利。债权人对债务人的保证人和其他连带债务人所享有的权利,不受重整计划的影响。"

本条第1款所说的"全体债权人",既包括已参加重整程序的债权人,也包括未参加重整程序的债权人。这里所说的"约束"是指重整计划中关于债权豁免的清偿条件、时间和方式等的规定,对全体债权人均有效。任何债权人不得要求优于重整计划的清偿安排。债务人也不得对任何债权人作出优于重整计划的清偿行为,否则将视为存在损害其他利益关系人的行为而被管理人纠正。

破产实践中,重整计划进入执行阶段可能面临履行困难,若不及时对重整计划作出调整,将导致执行不能、转为破产清算的结果。因此,重整计划一旦作出,并非不可更改,只是变更重整计划的程序较为烦琐。

《破审纪要》第19条规定,因出现国家政策调整、法律修改变化等特殊情况,导致原重整计划无法执行的,债务人或管理人可以申请变更重整计划一次。债权人会议决议同意变更重整计划的,应自决议通过之日起10日内提请法院批准。债权人会议决议不同意或者法院不批准变更申请的,法院经管理人或者利害关系人请求,应当裁定终止重整计划的执行,并宣告债务人破产。

《破审纪要》第 20 条对重整计划变更后的重新表决与裁定批准作出规定，法院裁定同意变更重整计划的，债务人或者管理人应当在 6 个月内提出新的重整计划。变更后的重整计划应提交给因重整计划变更而遭受不利影响的债权人组和出资人组进行表决，相关程序与原重整计划表决阶段一致。

关于第 2 款中“未依照本法规定申报债权”的债权人，仅丧失参与重整程序的程序性权利，但在实体上仍然享有债权，在重整计划执行完毕后，可以按照重整计划规定的同类债权的清偿条件行使权利。届时，债权人可以直接向债务人请求清偿。债务人参照重整计划的规定，“同类债权，同类清偿”。在某种程度上，此类债权清偿模式在实践中容易引发不公平现象。例如有某未申报债权人，后续根据“待履行合同”的规定，要求 100% 清偿，或者将双方债权债务“滚动”为类似循环贸易的资金往来，变相实现 100% 清偿的效果。此时，其他债权人将很难察觉并及时提出异议。管理人也无法深入到单个交易层面审查。当然，这种情况出现的前提，一定是该债权人与债务人达成了新的约定，使债务人（新投资者）认为其对企业有更好的利益支持。否则，债务人自然不会白白支付更多的清偿价款。另外，这种情况在实践中并不常见，因为这种模式很难提前设计与对赌，即债权人很难有信心和耐心，等到重整期间结束再与债务人私下协商并解决债务问题。

需要注意的是，已申报债权的债权人在重整期间结束后，该笔债权的诉讼时效重新开始计算。关于未在重整程序中依法申报债权的债权人，其债权的诉讼时效按照正常情况持续计算，不发生时效的中断，超过诉讼时效即丧失在重整计划执行完毕后按照重整计划规定的条件受偿的权利。同时，由于并不存在导致权利人不能主张权利的客观情形，故不属于诉讼时效中止的情形。

破产程序终结之后，债权人在债务人破产程序中已接受部分清偿的，就其没有受偿的部分仍可请求保证人和其他连带债务人偿还。需要注意的是，担保人就此丧失对债务人的追偿权，否则相当于债务人重复清偿。最高人民法院《对〈关于担保期间债权人向保证人主张权利的方式及程序问题的请示〉的答复》中规定，关于债权人申报了债权，同时又起诉保证人的保证纠纷案件，法院应当受理。在具体审理并认定保证人应承担担保责任的金额时，如需等待破产程序结束的，法院可依照《民事诉讼法》第136条第1款第5项的规定,裁定中止诉讼。法院如径行判决保证人承担保证责任,应当在判决中明确应扣除债权人在债务人破产程序中可以分得的部分。

关于债务人的保证人或连带债务人,根据《企业破产法》第51条规定,可将其对债务人的求偿权或将来求偿权申报债权,但债权人已经向管理人申报全部债权的除外。

实践焦点
096

偿债资源提存的清偿效果问题

重整计划被裁定批准后,若管理人将偿债资源提存但未被债权人受领,该提存行为会根据债权人是否申报债权、申报债权后是否撤回申报而产生不同的法律效果。

关于已经申报且没有撤回申报的债权,重整计划通常会在"重整计划执行完毕的认定标准"中约定:以现金方式向债权人分配的偿债资金已经全额分配至债权人指定的银行账户,或债权人未受领的偿债资金已全额提存至管理人指定的银行账户;向债权人分配的抵债股票已经全额分配至债权人指定的证券账户,或债权人未受领的抵债股票已全额提存至管理人指定的证券账户,即现金清偿和抵债股票提存视为清偿完毕。

关于申报后又撤回申报的债权,最高人民法院认为,因债权人在法院裁定批准重整计划之前已经撤回了破产债权申请,破产管理人提存拟清偿给债权人的现金及股票的行为,在债权人撤回申报且不负有强制申报义务的情况下,不能对其产生清偿债务的法律效力。①

关于未按期申报的债权,按照上述最高人民法院的裁判思路,因其未申报,也即意味着债权人未同意加入重整程序接受概括清偿,提存行为自然对其不会产生债务清偿的法律效果。

---

① 参见最高人民法院民事裁定书,(2021)最高法民申7837号。

实践焦点 097

“以股抵债”的清偿效果问题

对于债权人接受“以股抵债”后，能否再要求连带债务人承担清偿责任，司法实践中存在不同的观点。

肯定观点认为，债权人在破产重整程序中受偿后，可以继续向连带债务人主张未清偿款项。根据各案重整计划中清偿率、抵债股票的定价以及当事人主张的不同，可分为两种类型：(1)重整计划载明“以股抵债”并不当然视为全额清偿、“以股抵债”的清偿率并非 100% 等情形的，可认定债权人未在破产重整中获得全额清偿，债权人有权继续向连带债务人主张权利。① (2)重整计划关于抵债股票的定价远超二级市场的收盘价，“以股抵债”不视为 100% 清偿，可向连带债务人继续主张权利。②

否定观点认为，例如“上海子妤实业有限公司、上海阿赞贸易有限公司票据追索权纠纷案”，③对于债权人能否向连带债务人追偿，法院认为，根据重整计划对债权清偿方式的安排，认定债务人在破产重整中，债权以偿债股票方式提存至管理人账户，债权人与债务人之间的债权债务关系已履行完毕，债权人无权再向连带债务人主张权利。④

司法实践中，否定观点较为普遍。笔者倾向于认为，债权人会议表决通过重整计划，表明债权人已经就“以股抵债”的相关条件作出同意的意思表示，因此债权人应受重整计划关于以股抵债表述的约束。具体而言：如重整计划中写明以股抵债后清

---

① 参见北京市高级人民法院民事判决书，(2021)京民终 3 号。

② 参见山东省青岛市中级人民法院民事判决书，(2020)鲁 02 民初 1505 号。

③ 参见河北省高级人民法院民事判决书，(2020)冀民终 819 号。

④ 参见许建添：《破产重整“以股抵债”后债权人权利保护》，载微信公众号“金融争议观察”2021 年 10 月 19 日，https://mp.weixin.qq.com/s/Nvg9Mrd6tYH1MxOf6cD8pw。

偿率为100%,债权人对重整计划的同意意味着其确认清偿率,此种做法也符合债权人自身意思;但是如重整计划中未明确写明以股抵债的抵债价格,而是简单地确认以股抵债后相关债权人获得的股票数量的,则股票价值应结合股票的市场价值、未来涨幅等多种因素确定。

实践焦点 098

出资人权益调整方案的强制执行问题

根据《企业破产法》并参考市场案例,出资人权益调整作为重整计划草案的一部分,经过债权人会议等法定表决程序表决,并经破产法院裁定批准通过后具有法律效力。但出资人权益调整的过程涉及多方利益主体,股权是否可以顺利转让,还要关注质押或保全的相关权利主体的态度,这也是经表决通过的股权调整方案无法立即执行、与股权负担产生冲突的根本原因,而现行法律对此无明确规定。在实践中,法院为保证重整计划的顺利执行,实现受限股权的顺利让渡,通常有两种做法:

一是由受理破产重整的人民法院直接裁定解除股权受限。例如,在"南昌宝葫芦农庄有限公司破产重整案"中,出资人持有的股权设立了质押登记,无法按照重整计划向投资人过户。此种情况下,受理该破产重整案件的江西高院直接作出裁定,解除了出资人股权的工商质押登记,并出具《协助执行通知书》,要求工商局协助解除质押登记并办理工商变更手续,最终将股权转让到了投资人名下。

二是请求共同上级法院决定。例如,在"北京五谷道场食品技术开发有限公司破产重整案"中,在重整计划获房山法院裁定批准后,却因为出资人的股权被广东、山东等六家法院冻结36.7%的股权而无法将股权变更到投资人名下。而重整计划里规定只有在股权过户之后,投资人才提供清偿债务和支付破产费用的资金,若无股权过户则意味着重整失败。房山区人民法院将此情况上报到北京市高级人民法院,北京市高级人民法院又上报最高人民法院。随后,最高人民法院就该问题召开专题研讨会,并作出特例批复,要求广东、山东等地法院在不损害权利人利益的前提下,协调处理股权解冻事项。此后,北京市高级人民法院与房山区人民法院也多次与相关法院沟通协调,最终对出资人股权解除冻结,完成工商变更登记。

虽然《企业破产法》对此未作明确规定,但部分地区明确法院可以协助执行方式解除股权受限。① 其经济学和法理解读逻辑为:破产重整程序中对出资人权益进行调整,实质上是基于司法程序和司法裁判效力进行的股权让渡,具有强制执行力且破产重整中对出资人权益进行调整是在股权现值的基础上进行的调整,债务人经过债权申报和管理人对债权依法认定之后已严重资不抵债,债务人股权的经济学理论价值已经为零,以此为前提,质权人享有质权的股票经济学理论价值也为零,按重整方案调整股权并未改变质权人享有的经济学理论价值。

根据我们对近年来上市公司重整案件中原股东的权益调整方案的整体分析,公司重整目的主要是"保壳",保持股票交易的流动性。换句话说,控股股东进行破产重整的动力,仅仅是为了变卖公司股权,这一点与美国大公司的破产重整有相似之处。道格拉斯·G.贝尔德和罗伯特·K.拉斯穆森在《重整法的末路》一文中,分析了此种现象。② 因此,为避免在重整程序中强制剥夺该等权利人的权利受到质疑,在涉及类似情况时仍建议先通过商务谈判来解除股权受限。

二十四、重整计划执行终止及程序转换

《企业破产法》第93条规定:"债务人不能执行或者不执行重整计划的,人民法院经管理人或者利害关系人请求,应当裁定终止重整计划的执行,并宣告债务人破产。人民法院裁定终止重整计划执行的,债权人在重整计划中

---

① 例如,深圳市中级人民法院《审理企业重整案件的工作指引(试行)》(2019年3月25日发布)、广东省高级人民法院《关于审理企业破产案件若干问题的指引》(2019年11月29日发布)、北京《破产法庭破产重整案件办理规范(试行)》(2019年12月30日发布)。

② 参见[美]道格拉斯·G.贝尔德、[美]罗伯特·K.拉斯穆森:《重整法的末路》,苏汶琪译,载李曙光、郑志斌主编:《公司重整法律评论》第4卷,法律出版社2015年版。

作出的债权调整的承诺失去效力。债权人因执行重整计划所受的清偿仍然有效,债权未受清偿的部分作为破产债权。前款规定的债权人,只有在其他同顺位债权人同自己所受的清偿达到同一比例时,才能继续接受分配。有本条第一款规定情形的,为重整计划的执行提供的担保继续有效。”

债务人不能执行或者不执行重整计划的,法院应当裁定终止继续执行重整计划并直接宣告破产,但需要管理人或者利害关系人提出请求。

破产重整转入清算程序会产生以下法律效果:(1)债权调整的承诺失去效力。债权恢复到重整计划以前的状态。债权人按照确认的申报种类和数额行使权利。(2)清偿有效与继续接受分配。债权人可以按照原来的债权额,扣除实施重整计划已受领的清偿额,以未受清偿的部分作为破产债权,在破产清算程序中行使权利、参加分配。债权人因执行重整计划所受的清偿,即使超过了破产分配应受的清偿,同样有效,不必返还,但要遵守“同类债权平等对待”的原则。(3)为重整计划的执行提供的担保继续有效。“为重整计划的执行提供的担保”指的是第三人对债务人执行重整计划提供的担保,包括抵押、质押、保证。也就是说,担保人即使在债务人转入破产清算程序后,仍要履行之前承诺的担保责任。

关于重整程序与破产清算程序的衔接问题,《九民纪要》第114条规定,重整期间或者重整计划执行期间,债务人因法定事由被宣告破产的,人民法院不再另立新的案号,原重整程序的管理人原则上应当继续履行破产清算程序中的职责。原重整程序的管理人不能继续履行职责或者不适宜继续担任管理人的,人民法院应当依法重新指定管理人。

关于重整程序转破产清算案件中的管理人报酬事项,应当综合管理人为重整工作和清算工作分别发挥的实际作用等因素合理确定。重整期间因法定事由转入破产清算程序的,应当按照破产清算案件确定管理人报酬。重整计划执行期间因法定事由转入破产清算程序的,后续破产清算阶段的管理人报酬应当根据管理人实际工作量予以确定,不能简单根据债务人最终清偿的财产价值总额计算。重整程序因人民法院裁定批准重整计划草案而终止的,重整案件可作结案处理。重整计划执行完毕后,人民法院可以根据管理人等利害关系人申请,作出重整程序终结的裁定。

对于债务人重整失败后,能否再次申请破产重整的问题,笔者认为,答案应该是否定的。《企业破产法》第70条规定了破产重整的申请时间为人民法院受理破产申请后、宣告债务人破产前。债务人企业若重整失败,则意味着其不具备重整价值,或未招募到合适的投资人,重整程序已无推行下去之必要。如仍允许在重整失败后再次重整,则在一定程度上会增加程序适用的不确定性,增加债权人通过破产清算程序获得清偿的额外成本。

二十五、重整计划执行完毕后的债务免除

《企业破产法》第94条规定:"按照重整计划减免的债务,自重整计划执行完毕时起,债务人不再承担清偿责任。"

第94条规定了重整计划执行完毕后的免责效力。关于破产免责制度在重整制度和破产和解制度中的适用,本条和《企业破产法》第106条分别规定了重整和和解计划执行完毕后,按照计划减免的债务不再清偿。

破产重整后的免除债务,是指按照重整计划内容中债权债务调整的条款所规定的减免债务,其中"不再承担清偿责任"的前提为该债务已经计划免除,且重整计划已经执行完毕。需要注意的是,本条规定免除的是债务比例,而不是免除特定时间节点后权利人主张的全部债务。在整个破产重整程序,包括重整计划执行阶段,债权人都可以进行债权申报。重整计划执行完毕后,债务人仍需要对在整个破产程序中没有出现但实际存在的债务按照重整计划中调整的比例承担清偿责任。

实践焦点 099

重整计划中规定的债务减免的效力问题

在"许昌恒源发制品股份有限公司、赵某栓保证合同纠纷再审案"中,[①]许昌市中级人民法院于2019年3月8日裁定批准许昌恒源发制品股份有限公司(以下简称恒源公司)的重整计划。该裁定中载明:"经本院审查发现,该重整计划草案中的个别条款存在合法性争议,但是并不能否定重整计划草案的整体效力。对于上述个别条款应根据相关法律规定和当事人自愿原则在重整计划执行中予以处理。"在此次表决重整计划草案时,优先债权组、大额普通债权组、出资人组经表决未通过该重整计划草案。二次表决时,优先债权组、大额普通债权组经表决仍未通过该重整计划草案。中原银行在大额普通债权组,其未参与表决。本案的争议焦点在于,债权人中原银行应否按照重整计划放弃对担保人的追偿问题。

最高人民法院认为,债权人设立担保旨在使债务人的保证人和其他连带债务人在债务人无力清偿,尤其是破产时承担责任。如因债权人在重整计划中不得已减免债务人的部分债务、变更清偿条件,便相应减轻保证人和其他连带债务人的责任,这与设立担保的宗旨相违背。重整计划依法定多数同意即可通过,经人民法院裁定批准的重整计划对债务人和全体债权人均有约束力。部分不同意的债权人也要受重整计划约束,如其债权设有保证担保,在他们不同意重整计划的情况下将债务人的保证人和其他连带债务人的责任也随之减免,不尽合理。《企业破产法》第92条第3款规定,债权人对债务人的保证人和其他连带债务人所享有的权利,不因重整计划中对债权人的债权数额、清偿条件的调整而受影响,仍应按照原有数额和条件进行清偿,该重整计划的效力不及于债务人的保证人和其他连带债务人,其不能以重整计划来

① 参见最高人民法院民事裁定书,(2020)最高法民申1676号。

对抗债权人的权利主张。虽然《重整计划(草案)》规定,"债权人应在重整计划批准生效后放弃对担保人的追索……"但该重整计划草案经人民法院审查后强制批准,中原银行并未参与表决,且在许昌市中级人民法院(2015)许中法破字第5—28号民事裁定书中写明了"经本院审查发现,该重整计划草案中的个别条款存在合法性争议,但是并不能否定重整计划草案的整体效力,对于上述个别条款应根据相关法律规定和当事人自愿原则在重整计划执行中予以处理"。

因此,最高人民法院在上述案件中,裁判观点更加倾向于作为连带责任保证人的再审申请人,不能以重整计划草案对抗债权人的主张。

10

第十章

破产和解的威力渐显

虽然破产清算、破产重整和破产和解是《企业破产法》中并存的三大制度，但在实践中，破产和解案件在破产案件中的总量占比不足1%。① 但从近来权威机构立法文件中的精神来看，和解程序在挽救困境企业中发挥的作用，越发得到重视。2019年11月8日，最高人民法院发布的《九民纪要》指出，要注重发挥破产和解制度简便快速清理债权债务关系的功能。2022年1月13日，最高人民法院发布的《关于充分发挥司法职能作用，助力中小微企业发展的指导意见》指出，对于已经进入破产程序但具有挽救价值的中小微企业，积极引导企业通过破产重整、和解等程序，全面解决企业债务危机，公平有序清偿相应债权，使企业获得再生。由此可见，在中国营商环境不断市场化的趋势之下，破产和解将逐渐靠近

① 参见吴江法院：《乘风破浪|破产和解助力小微企业纾困自救》，载澎湃网2022年3月31日，https://www.thepaper.cn/newsDetail_forward_17406335。

企业破产制度这一舞台中央。

一、和解申请

《企业破产法》第 95 条规定:“债务人可以依照本法规定,直接向人民法院申请和解;也可以在人民法院受理破产申请后、宣告债务人破产前,向人民法院申请和解。债务人申请和解,应当提出和解协议草案。”

按照本条的规定,提出和解的申请人必须为具备破产原因的债务人,这是因为相对于债权人,债务人更了解自身的实际经营情况和财产状况,也更能合理判断自身是否具有履行和解协议的能力和需要。当然,这并不意味着债权人无法参与。实践中,债务人在和解申请前必然会主动与债权人进行协商,债权人在债务人出现债务危机后,也可以建议债务人选择破产和解程序,甚至在破产案件的审理过程中,法院也会基于案件审理情况,向债权人和债务人提出建议。但无论和解程序由谁主导,申请人必须为债务人。

按照破产和解的申请时间,可以分为初始和解申请和后续和解申请。初始和解申请是指当债务人出现《企业破产法》第 2 条第 1 款规定的情形时,根据《企业破产法》第 7 条第 1 款的规定提出破产和解申请。此时,提出初始和解申请的债务人在提交和解协议之外,仍应按照《企业破产法》第 8 条的规定提交财产状况说明、债务清册、债权清册、有关财务会计报告、职工安置预案以及职工工资的支付和社会保险费用的缴纳情况等相关文件。在初始和解申请的情形下,根据债权人与债务人是否在申请前已经自行达成和解协议,分为强制和解与预和解,此处《企业破产法》第 95 条第 1 款规定的和解方式应理解为强制和解,即在债务人提出和解申请、法院作出和解裁定后直接启动破产和解程序,其后召开债权人会议通过和解协议。后续和解申请是指债务人在人民法院受理破产申请后、宣告债务人破产前,向人民法院申请和解。此时,除和解协议外,还须提交和解申请书。

针对和解协议,《企业破产法》缺乏细化规定,只规定了其提交时间为“提出和解申请的同时”,对其内容却未作说明。通过研究北京、上海等地区人民法院出台的相关规定,①和解协议应大致包含以下内容:债务人的财产状况,清偿债务比例、期限及财产来源,破产费用、共益债务的种类、数额及支付期限以及执行保障措施等。但这并不绝对,协议内容可视各方需要增加,如在西王集团和解案中,和解协议的内容和重整计划的内容类似,还包括债权调整方案、经营方案等内容。

二、法院裁定受理和解

《企业破产法》第 96 条规定:"人民法院经审查认为和解申请符合本法规定的,应当裁定和解,予以公告,并召集债权人会议讨论和解协议草案。对债务人的特定财产享有担保权的权利人,自人民法院裁定和解之日起可以行使权利。"

根据《企业破产法》第 10 条的规定,人民法院应当自收到和解申请之日起 15 日内裁定是否受理,有特殊情况的经上一级人民法院批准可以延长 15 日。根据《企业破产法》第 7 条、第 8 条、第 95 条的规定,结合实践中的普遍情况,人民法院主要对以下内容进行审查:(1)申请主体是否适格,即是否属于《企业破产法》意义上的债务人;(2)破产申请手续是否齐备,即破产申请书及相关证据是否齐备;(3)是否提交了和解协议。关于法院审查的标准、方式、审查范围和边界,《企业破产法》中并没有明确规定。在实践中,关于申请主体和申请手续的审查形成了较为明确的标准。关于和解协议的审查,在召开债权人会议、形成债权人多数合意之前,法院应紧紧围绕和解协议的公平性与效率性进行审查,不对和解协议内容作过度干预。根据河北、深圳等地人民法院出台的规定,②法院对本阶段和解协议草案一般应采取先形式审查、再实质审查的方式,主要审查主要债权人是否有和解意愿、和解协议对其他债权人是否公平、和解协议是否具备可执行性且具备执行保障、和解协议是否有利于拯救企业等

① 例如,北京市高级人民法院《企业破产案件审理规程》(2013 年 7 月 22 日)、上海市高级人民法院《破产审判工作规范指引(试行)》(2018 年 8 月 31 日)。

② 例如,深圳市中级人民法院《破产案件审理规程》(2015 年 2 月 5 日)、河北省高级人民法院《破产案件审理规程(试行)》(2019 年 9 月 11 日)。

方面。

经审查和解申请符合条件后，人民法院应当作出受理破产和解申请的裁定。需要注意的是，此处的和解裁定只是受理裁定，而非终结破产和解程序。而如果是初始和解申请，人民法院裁定受理的同时应指定管理人，且人民法院应当在裁定受理和解申请之日起 25 日内通知已知债权人并予以公告。在裁定和解程序开始后的整个和解期间，债务人不得对无担保债权人作个别清偿。与破产重整类似，在和解程序期间，无担保债权人提起的诉讼程序或者申请的保全措施、执行措施应终止。①

根据《破产法司法解释(二)》的规定，高度关联且法人人格混同，符合实质合并条件的多个债务人可以向法院申请实质合并和解。如在“山东玉皇化工有限公司、山东恒力供热有限公司、华宇橡胶有限责任公司等一般人格权纠纷案”中，②法院因人格混同裁定 32 个公司合并破产和解。

在破产和解程序开始后，债务人的和解协议被视为要约，需要由债权人集体作出承诺或拒绝承诺的意思表示。因此，人民法院裁定和解后应及时召集债权人会议以形成意思表示。

本条第 2 款是对担保物权行使的规定。该款规定在实践中受到部分诟病，即有观点认为本条不能限制担保权人别除权的行使。如果和解一开始便允许担保权人行使权利，就会使资产早已所剩无几的债务人雪上加霜。缺乏对担保权人的约束，会使和解无法实现破产预防功能。③ 对此，最高人民法院指导案例中的相关观点指出，对破产和解中的别除权并非毫无限制，在债务人向人民法院提出和解申请到人民法院裁定和解之前，别除权人应暂停别除权的行使。④

《破审纪要》第 25 条对债权人行使担保物权作出例外规定，在破产和解程序中，对债务人特定财产享有担保权的债权人，可以随时向管理人主张就该特定财产变价

① 参见王卫国：《破产法精义》(第 2 版)，法律出版社 2020 年版，第 314 页。

② 参见山东省菏泽市中级人民法院民事裁定书，(2020)鲁 17 破申 11 号。

③ 参见张钦昱：《破产和解之殇——兼论我国破产和解制度的完善》，载《华东政法大学学报》2014 年第 1 期。

④ 参见赵晓利、杨达、石磊：《〈通州建总集团有限公司诉安徽天宇化工有限公司别除权纠纷案〉的理解与参照——破产程序中建设工程价款别除权的认定》，载《人民司法(案例)》2018 年第 23 期。

处置行使优先受偿权，管理人应及时变价处置，不得以须经债权人会议决议等为由拒绝。但因单独处置担保财产会降低其他破产财产的价值而应整体处置的除外。

实践焦点 100

破产和解程序的程序价值

在“重庆海潮物业发展有限公司破产清算转和解案”中，①重庆海潮物业发展有限公司（以下简称海潮公司）于 1997 年 1 月 1 日登记设立，注册资本 3015 万元。由于企业自身管理不规范，大量为第三方企业提供担保的借款到期后触发诉讼和执行，海潮公司自身流动资金出现严重短缺。债权人胡某某以海潮公司不能清偿到期债务，且明显缺乏清偿能力为由，申请对海潮公司破产清算。重庆市第五中级人民法院于 2020 年 6 月 9 日裁定受理海潮公司破产清算案。破产程序推进过程中，管理人代表企业积极催收对外债权，最终收回款项 1.4 亿余元。其间，海潮公司具有强烈的重整意愿，但始终无法与担保物权人达成重整合意。考虑到海潮公司股东、职工债权、税款债权和普通债权类型债权人均对海潮公司进行和解表示支持，重庆市第五中级人民法院综合考虑认为本案具有一定的和解基础，遂指导管理人协助海潮公司制定了和解协议草案。2021 年 6 月 24 日，重庆市第五中级人民法院裁定海潮公司和解。2021 年 7 月 15 日，海潮公司第二次债权人会议高票表决通过和解协议草案。2021 年 8 月 19 日，重庆市第五中级人民法院裁定认可海潮公司和解协议并终止和解程序。

本案是精准识别企业挽救价值，在不妨碍担保物权人行权的情况下，准确运用破产和解程序挽救企业的典型案例。本案和解成功，一是精准识别挽救可能性。海潮公司进入破产清算程序由债权人申请，但债务人具有强烈存续意愿，且管理人对外收

① 参见重庆海潮物业发展有限公司破产清算转和解案，重庆破产法庭发布 2021 年十大典型案例之七。

回1.4亿余元资金可用于债权清偿,为企业存续提供了资金支持。在分析企业经营状况、资产负债比、财务困境发生原因后,债务人和多数债权人认识到避免海潮公司破产清算有利于各方主体实现共赢,愿意支持债务人重生。二是合理选择制度供给。在担保物权人不同意重整的情况下,考虑到对多数担保物权人而言,海潮公司仅是担保人而非主债务人等因素,在法院指导下,本案适用《企业破产法》第59条第3款、第96条关于担保物权人不享有对和解协议的表决权、和解程序不影响担保物权人行使权利的规定,通过破产和解程序成功实现海潮公司的重生。类似的还有"四川成安渝高速公路有限公司申请破产清算转和解案"。①

总之,在破产和解成功的案件中,各方主体必须学会妥协,否则就会出现罗马内战的场景,"我们知道我们赢得了世界;但是当晚没有胜利之歌,我们也没有人感到快乐"②。若各方坚持自身权利的绝对维护而拒绝任何形式的妥协,则至少没有办法通过破产和解的方式解决各自的实质问题。

三、和解协议的通过

《企业破产法》第97条规定:"债权人会议通过和解协议的决议,由出席会议的有表决权的债权人过半数同意,并且其所代表的债权额占无财产担保债权总额的三分之二以上。"

和解协议的表决规则,采用了人数和债权金额的双重标准。债权人会议是和解程序的实质性阶段,债权人会议接受和解条件,即为达成和解协议;债权人会议否决和解协议,即和解失败,和解程序终结。

债权人会议讨论和解协议草案时,出席的债权人应限于依法申报债权的债权人。根据《企业破产法》第59条的规定,对债务人的特定财产享有担保权的债权人,如未放弃优先受偿权,则对通过和解协议的决议不享有表决权。

通过和解协议的人数标准为过半数出席会议的有表决权的债权人,已经进行债

① 参见四川省资阳市中级人民法院民事裁定书,(2021)川20破1号之二。

② [美]约翰·威廉斯:《奥古斯都》,郑远涛译,上海人民出版社2018年版,第167页。

权申报但并未出席债权人会议的债权人不计入债权人总数。关于“过半数”的理解，参照《民法典》第1259条的规定，[①]笔者倾向于认为不包括半数。

通过和解协议的表决权标准为过半数同意的债权人所代表的债权额占无财产担保债权总额的2/3以上。关于2/3的理解，应认定为包括2/3本数。关于“债权总额”的理解，应认定为经申报记载于债权簿并经确认的全部无财产担保的债权额。

在强制和解实践中，债权人团体各自利益不同，债务人站在自身立场上提交的和解协议，通常不可能一次性地得到债权人多数同意。因此，债权人会议往往充斥着债权人与债务人之间的谈判、妥协。和解协议草案内容在这一环节可能会作出大量更改。例如，“山东滨州西王集团的破产和解案”中，和解协议在表决通过前，曾修改数十稿。这种博弈导致破产和解程序的不确定性强，管理人等各方的压力与日俱增，随时都有谈判破裂而和解失败的风险。因此，这也是破产和解程序在实践中运用较少的原因。

现今市场上采用破产和解方式进行纾困的企业正在增多，尤其针对上述案件中出现的难点和风险，实践中出现了类似“预重整”制度的“预和解”制度。在预和解模式下，债务人先行制作与提交框架性的“破产和解协议草案”，其后争取大额债权人的原则性的支持意见，待法院受理破产和解后，再就具体条款与全体和解债权人进行协商，最终形成正式的和解协议并提交债权人会议表决。

在破产和解实践中，“浙江盛丰塑胶有限公司破产和解案”系实际采用了预和解模式并最终取得成功的典型案例。一方面，预和解将协商环节前置，待各方达成一定共识后，再正式进入破产和解程序进行最终表决，既符合债务企业对和解成功确定性的要求，为债权人与债务人增加了多轮谈判的机会，提高了博弈容错概率；另一方面，预和解程序也避免了直接启动破产和解程序可能带来的失败清算风险，容易为债务企业及其实际控制人所接受。

破产和解程序属于严格的司法程序，区别于正常商业行为中的私人协议。因此，

---

① 《民法典》第1259条规定：“民法所称的‘以上’、‘以下’、‘以内’、‘届满’，包括本数；所称的‘不满’、‘超过’、‘以外’，不包括本数。”

和解协议与重整计划一样,都需要提交债权人会议表决通过。和解协议获得表决通过后即成立,但这并不意味着和解协议生效。和解协议如要生效,须经人民法院裁定认可。

四、和解协议的认可

《企业破产法》第 98 条规定:“债权人会议通过和解协议的,由人民法院裁定认可,终止和解程序,并予以公告。管理人应当向债务人移交财产和营业事务,并向人民法院提交执行职务的报告。”

本条对和解协议如何生效作出规定。《企业破产法》第 95 条至第 97 条的规定,仅仅是破产和解程序的第一阶段,破产和解协议从开始拟定到生效,需要经历两次法院审查与裁定。

在第一阶段,法院仅对债务人提交的和解协议进行初步审查。经审查认定符合条件,法院作出“受理破产和解案件”的民事裁定书。在破产和解案件中,民事裁定书存在“裁定某公司破产和解”与“受理某公司破产和解”两种表述。这两种表述均属于第一阶段的受理裁定。在法院受理后,和解协议需经债权人会议表决通过方能进入下一阶段。

在第二阶段,和解协议已经成立,但要对债权人、债务人双方产生具有约束力的效果,还需法院再次对已经成立的和解协议审查并作出认可裁定。在实践中,法院裁定中往往含有“认可”字样。一般而言,法院在本阶段的审查工作包括内容和程序两方面。在内容方面,法院主要审查和解协议内容是否违法违规或者是否具有涉嫌损害债权人、债务人权益等不正当行为;在程序审查方面,法院主要审查债权人会议的表决程序是否合法、票数统计是否准确。①

破产法院认可和解协议后,下达民事裁定书,裁定和解程序终止。自此,债权人与债务人执行与遵循和解协议的各类规定。在和解协议执行期间内,各类流程可以

① 参见王卫国:《破产法精义》(第 2 版),法律出版社 2020 年版,第 317 页。

参照破产重整程序的执行规定。例如，管理人应当向债务人移交财产和营业事务。但与重整程序不同的是，在和解程序终止后，管理人职务终止，不对和解协议的履行负有监督义务。

实践焦点 101

和解程序终止后管理人撤销权的行使问题

在“中国银行股份有限公司柯桥支行、浙江中兴会计师事务所有限公司请求撤销个别清偿行为纠纷案”中，①法院于 2016 年 6 月 29 日裁定受理庆盛控股公司、天工公司、荣盛公司、骏联公司、庆盛织造公司、新联公司六公司破产清算申请。经管理人申请，本院于 2017 年 2 月 14 日作出(2016)浙 0603 民破 6 号之二民事裁定书，裁定对上述六公司及绿洲公司进行合并破产清算。管理人在审查绿洲公司、庆盛织造公司、荣盛公司、新联公司与中国银行股份有限公司柯桥支行之间的账户交易记录中发现，庆盛控股公司等合并破产七公司在法院受理前 6 个月内存在个别清偿行为。管理人认为庆盛控股公司等合并破产七公司在法院受理破产前 6 个月早已严重资不抵债、具备破产原因，绿洲公司、庆盛织造公司、荣盛公司、新联公司向中国银行股份有限公司柯桥支行的清偿行为也未使债务人财产收益，故绿洲公司、庆盛织造公司、荣盛公司、新联公司对中国银行股份有限公司柯桥支行的个别清偿行为有损债权公平受偿秩序，故根据《企业破产法》的有关规定，应予撤销，故管理人诉至法院请求撤销上述个别清偿行为。本案的争议焦点在于，庆盛“1 +6”公司管理人是不是本案适格的原告。

中国银行股份有限公司柯桥支行主张根据《企业破产法》第 98 条的规定，自人民法院裁定认可和解协议后，管理人履职即结束，相关和解协议的执行由债务人自行

① 参见浙江省绍兴市中级人民法院民事判决书，(2020)浙 06 民终 4330 号。

处理，故庆盛“1+6”公司管理人并非适格原告。柯桥区人民法院认为，《企业破产法》第98条规定：“债权人会议通过和解协议的，由人民法院裁定认可，终止和解程序，并予以公告。管理人应当向债务人移交财产和营业事务，并向人民法院提交执行职务的报告。”根据该条款的规定，人民法院认可和解协议后，管理人需向债务人移交的系财产和营业事务，然而管理人在破产程序中的职务并非只有接管债务人的财产及营业事务，且法律并未禁止管理人在和解协议被法院裁定认可后继续行使撤销权，故庆盛“1+6”公司管理人有权根据法律规定提起本案诉讼。

二审法院绍兴市中级人民法院亦持相同态度，认为和解程序终止后，破产管理人并不解散，法律也未对其职责作出其他限制性的规定，破产管理人根据和解协议对未尽事务进行处理，有益于和解协议的履行及债权人利益。因此，上诉人的上诉请求不能成立，绍兴市中级人民法院判决驳回上诉，维持原判。

五、和解协议未成立、未生效

《企业破产法》第99条规定：“和解协议草案经债权人会议表决未获得通过，或者已经债权人会议通过的和解协议未获得人民法院认可的，人民法院应当裁定终止和解程序，并宣告债务人破产。”

本条规定的是和解协议未成立、未生效的情形及其后果。当债权人会议未通过和解协议时，和解协议不成立；当人民法院经审查，未裁定认可和解协议时，和解协议未生效。

《企业破产法》没有规定法院在和解程序中拥有强制裁定批准通过破产和解协议草案的权利。如果债权人会议对草案的表决没有通过，或者虽然经过债权人会议表决通过但是没有通过法院的审查，法院一般会宣告债务人破产。此时，破产程序的路径从和解程序转变为不可回转的清算程序。

因此，和解程序的终结并不意味着整个破产程序的终结，仅标志着破产程序的方向和路径发生变化——从破产和解转变成为破产清算。法院作出破产宣告的裁定，意味着破产预防程序的失败，债务人最终进入破产清算，破产财产将被拆分、变现与分配。破产和解管理人应提交履行职务的报告，终止职务并依法宣告债务人破产。而后，破产管理人的职务仍然可以在随后开始的破产清算程序中继续开展。①

实践焦点 102

债务人和解失败后，能否再行启动破产重整程序

如果债权人会议对草案的表决没有通过，或者虽然经过债权人会议表决通过但是没有通过法院的审查，法院一般会宣告债务人破产，但这并不绝对。和解失败后也有向重整程序转换的可能，具体来说：

首先，和解转为重整符合拯救债务人的立法追求。和解与重整虽然均为破产预防制度，但是重整重在拯救，和解重在清偿。和解程序中，债权人最关心的是自己的债权如何得到有效清偿而非债务人的生死存亡。②

其次，对于具有再建希望的债务人，和解失败后仍有重整成功的可能。因为在重整程序中，不仅担保权人的优先受偿权被限制得以满足债务人日常经营之需，而且在法定条件下，人民法院可以强制裁定重整计划以推动程序顺利进行。

再次，存在和解失败转为重整的案例，如"宿迁市金鼎混凝土有限公司重整案"中，③在法院裁定终结和解程序后，多数债权人具有进行破产重整的意愿，且债务人具有重整价值和拯救可能性，破产管理人草拟重整计划草案后向法院申请债务人破产重整，法院进而裁定受理重整申请。

最后，禁止和解向重整的转换不利于和解功能的发挥。若将本条理解为和解程序只存在和解成功和宣告破产两种结果，债务人肯定会倾向于选择能有效恢复债务

---

① 参见齐明：《中国破产法原理与适用》，法律出版社2017年版，第180页。

② 参见李永军：《强制和解与重整的制度差异及价值考量》，载吴汉东主编：《私法研究》第2卷，中国政法大学出版社2002年版。

③ 参见江苏省宿豫区人民法院民事裁定书，(2020)苏1311破44号之三。

人经营能力的重整制度，这将大大降低了和解制度的利用率。若和解失败后仍存在向重整程序转化的可能，则能够提升债务人申请和解程序的信心和可能。

六、和解协议的约束力

《企业破产法》第100条规定："经人民法院裁定认可的和解协议，对债务人和全体和解债权人均有约束力。和解债权人是指人民法院受理破产申请时对债务人享有无财产担保债权的人。和解债权人未依照本法规定申报债权的，在和解协议执行期间不得行使权利；在和解协议执行完毕后，可以按照和解协议规定的清偿条件行使权利。"

根据第100条的规定，经法院认可的和解协议的约束力及于全体和解债权人和全体债务人。区别于普通民事和解协议的"相对性"，破产和解协议效力具有普遍约束力。全体和解债权人指《企业破产法》第44条规定的在破产申请时，对债务人享有债权的债权人，无论其是否申报债权以及是否在和解程序中表示同意。和解债权人必须是在人民法院受理破产申请时已经存在的无担保债权人。如果债权人放弃以担保财产优先受偿的权利，或者实现担保物权后仍有未清偿债权，则应认定为无担保债权人。

债权人是否依法申报债权，不是和解协议对其产生约束力的前提条件。即使债权人没有申报债权，亦未参加债权人会议，同样应受和解协议的约束。根据本条第3款的规定，未申报债权也未补充申报债权的债权人，在接受清偿的时间上处于劣后地位。这类债权人在和解协议执行期间不得行使其权利，包括不得通过私下追索、民事诉讼、民事执行等方式行使追索权。在和解协议执行完毕后，未申报债权人才可按照和解协议规定的清偿条件行使权利。协议对债权人的效力主要为不得超出和解协议规定的数额、期限、方式对债务人进行追索。①

和解协议对债务人的效力，主要体现在必须严格履行和解协议，不得拒绝、迟延、

① 参见王卫国：《破产法精义》（第2版），法律出版社2020年版，第320页。

不当履行等方面:一是债务人应无条件执行和解协议中的内容;二是债务人不得违反和解协议的约定,给予个别和解债权人以额外的利益而损害其他债权人的利益;三是债务人依和解协议相对免责。和解协议免除了债务人即时清偿所有债务的责任,债务清偿不以先前债务的清偿期为准,而以和解协议规定的清偿期为限。债务人依和解协议免于清偿的债权,无须再清偿。

实践焦点 103

和解协议的效力与约束范围问题

在"深圳市瑞安投资有限公司、广州对外经济发展总公司破产案件"中,①广州市中级人民法院根据时利公司的申请,于2018年11月1日裁定受理广州对外经济发展总公司(以下简称外经总公司)破产清算一案。在该案审理过程中,仅有时利公司一位债权人向管理人申报了债权,广州市中级人民法院已裁定确认该无争议债权。后外经总公司和时利公司就相互间债权债务的处理自行达成了《破产和解协议》,广州市中级人民法院经审查后对该和解协议予以认可,并于2019年5月20日作出(2018)粤01破99-3号民事裁定,认可该和解协议,并终结外经总公司破产程序。深圳市瑞安投资有限公司(以下简称瑞安公司)对外经总公司享有的债权发生于2018年11月1日前,但其并未在外经总公司破产清算(和解)一案中申报债权。同时,自2019年5月20日至今,瑞安公司未对外经总公司产生新的债权。本案的争议焦点在于外经总公司与时利公司达成的《破产和解协议》对瑞安公司是否有约束力。

关于争议事项,广州市中级人民法院和广东省高级人民法院均认为,经破产法院审核后裁定认可的和解协议,对债务人和全体和解债权人均有约束力,其效力也及于

① 参见广东省高级人民法院民事裁定书,(2020)粤破终38号。

未申报债权的债权人。因此,本案所涉的和解协议对未申报债权的瑞安公司也有约束力。综上所述,瑞安公司的上诉请求不能成立,应予驳回。

七、破产和解不影响连带债务

《企业破产法》第101条规定:"和解债权人对债务人的保证人和其他连带债务人所享有的权利,不受和解协议的影响。"

究其本质,和解协议是债务人与债权人之间,就重新处理双方债权债务关系而达成的新的协议,只对债务人与债权人产生效力,而不应当约束双方以外的其他主体。这其中就包括与债务人利益交织最大的保证人和其他连带债务人。也就是说,和解协议中的债权让步不惠及债务人的保证人和连带债务人。和解债权人对债务人的保证人和连带债务人的请求权也不受和解协议影响。

《企业破产法》意义上的和解制度,首要目的在于拯救危困企业、保护债权人的利益。债权人在和解协议中的让步,虽有使自己免于更大债权损失之利,但亦已损失了部分清偿利益,更何况还有一部分债权人属于非自愿地服从多数人决议。所以,如果允许《企业破产法》上的和解协议具有更广的惠及面,则有违公平原则、难以保护债权人的利益,不利于鼓励债权人同意债务企业开展的拯救行动。

当然从实践功利角度来讲,本条安排也有利于在博弈冲突严重的破产和解案件中,降低尖锐的对抗,促进债权人更易于接受和解协议。在和解程序中,如果某债权人除对债务企业享有债权外,其债权之上还设立了其他担保措施,则间接证明了该笔债权的重要性,可能属于大额的金融债权。因此,如果不允许其仍具有向其他保证人追偿的"念想",可能会使和解程序自启动之初即因受到包含金融机构债权人委员会在内的主要债权人的激烈反对而失败。之所以称为"念想",是因为该等保证人通常为与债务企业关系密切的关联公司,甚至就是实际控制人本人或主要家庭成员,故在企业出现债务危机后,保证人等主体的清偿能力亦不乐观。本条的实质作用,更多的是基于对其他主体追偿的可能性,使债权人内部进行核销等财务处理与审计合规程序更为灵活。

需要说明的是,同样根据公平原则,在和解程序中,和解债权人已经依照和解协议获得部分清偿的,仅可就尚未清偿的剩余部分请求连带债务人偿还。而在非破产程序的情况下,如果债务人与债权人达成在债权让步基础上,变更原定清偿条件的和解协议,保证人可以依据《民法典》第695条的规定,①只对减轻后的债务承担保证责任。其他连带债务人可以按照民法关于连带债务和债的变更的规定,主张依据"变更后的清偿约定"承担连带责任。此时,非通过破产程序达成的和解协议是惠及保证人和其他连带债务人的。

八、和解协议的履行

《企业破产法》第102条规定:"债务人应当按照和解协议规定的条件清偿债务。"

和解协议达成后,和解协议的执行就成为破产和解制度的重心,本条即涉及这个问题。此时,债务人作为和解协议的一方当事人,有实际履行和解协议的义务,其必须诚实、公正地执行和解协议。只有和解协议得到履行,债务人依照和解协议规定的条件清偿债务,才能使债务人通过和解程序免于破产清算的制度功能得以实现。

因此,和解协议生效后,尽管法院裁定和解程序终止,但不意味着对债务人不履行清偿义务的行为没有任何规制。债务人如有不能执行和解协议或者不执行和解协议的情况,则构成和解协议违约。根据《企业破产法》第104条的规定,人民法院经和解债权人请求,应当裁定终止和解协议的执行,宣告债务人破产。

九、和解协议无效情形

《企业破产法》第103条规定:"因债务人的欺诈或者其他违法行为而成立的和解协议,人民法院应当裁定无效,并宣告债务人破产。有前款规定情

① 《民法典》第695条规定:"债权人和债务人未经保证人书面同意,协商变更主债权债务合同内容,减轻债务的,保证人仍对变更后的债务承担保证责任;加重债务的,保证人对加重的部分不承担保证责任。"

形的，和解债权人因执行和解协议所受的清偿，在其他债权人所受清偿同等比例的范围内，不予返还。”

（一）和解协议无效的原因

本条第1款规定的是和解协议的无效事由。“和解协议无效”是指法院对债务人的恶意和解、欺诈和解或者其他违法行为予以规制，裁定已成立的和解协议无效的法律制度。究其本质，和解协议属于债务人与债权人之间订立的合同。因此，法院认定第1款中的“其他违法行为”可以参照《民法典》中对合同无效事由的规定。

这里的“欺诈”主要是指假借破产和解之名，行拖延时间进行破产欺诈或者转移财产之实，或者假借破产和解程序，意图达到逃避行政监管或者行政审批的目的。[①]“欺诈”在《民法典》“合同编”中属于可撤销合同要件，且民法对欺诈主体没有规定，但是在破产和解制度下，这一行为却被规定为和解协议无效的要件，并且只能由债务人作出。

《企业破产法》之所以作出上述安排，一方面考虑到实践中债权人往往是多个主体，债务人作为享有程序利益的一方，具有作出欺诈行为的动机；另一方面，和解协议一旦生效，其效力具有普遍性，欺诈行为将会累及整个债权人团体，造成不可估量的损害。同时，因欺诈形成的债权人团体合意不能被认定为债权人的真实意思表示。[②]

债权人主张和解协议存在欺诈等不当行为的，应对以下事实承担举证责任：(1)债务人实施了欺诈行为；(2)债务人存在主观故意；(3)债权人因债务人的欺诈而陷入认识错误；(4)债权人为善意，即不知债务人的行为存在欺诈。

（二）和解协议无效的法律后果

本条第2款规定了和解协议无效的法律后果。首先，一旦和解协议被人民法院裁定无效，法院会立即宣告债务人破产，和解程序转化为清算程序。如果和解协议无效事由发生在法院裁定认可之前，则直接适用《企业破产法》第99条的规定，在不予

---

① 参见齐明：《中国破产法原理与适用》，法律出版社2017年版，第183页。

② 参见王卫国：《破产法精义》（第2版），法律出版社2020年版，第324页。

认可的情况下裁定终止和解程序并宣告债务人破产。①

其次,人民法院裁定和解无效后,会出现两种情况。第一种情况是和解协议尚未执行,此时直接进入破产清算程序,和解协议不再执行,自不待言。第二种情况是和解协议已经着手执行,此时按照民法原理,合同无效后已经履行的部分应当予以返还。但是在破产程序中,和解协议失效后直接进入清算程序,如果债权人返还已经执行的财产,在清算程序中被返还的财产还是要用来清偿债权人的债务。返还财产不仅不影响最终结果,甚至会徒增操作成本。因此,本条第2款规定,和解债权人因和解协议所受的清偿,在同等比例的范围内,不予返还。但对于超出部分,和解债权人仍负有返还义务。

十、和解协议执行不能

《企业破产法》第104条规定:"债务人不能执行或者不执行和解协议的,人民法院经和解债权人请求,应当裁定终止和解协议的执行,并宣告债务人破产。人民法院裁定终止和解协议执行的,和解债权人在和解协议中作出的债权调整的承诺失去效力。和解债权人因执行和解协议所受的清偿仍然有效,和解债权未受清偿的部分作为破产债权。前款规定的债权人,只有在其他债权人同自己所受的清偿达到同一比例时,才能继续接受分配。有本条第一款规定情形的,为和解协议的执行提供的担保继续有效。"

在破产和解程序中,债权人有权要求债务人执行和解协议,监督其公正、合理地执行和解协议。债务人不按或者不能按和解协议规定的条件清偿债务的,和解债权人可以请求人民法院宣告债务人破产。

这里根据债务人的主观态度,需要区分"主观不予执行"与"客观不能执行"两种情况。债务人"不执行"和解协议,属于主观不予执行,是指债务人客观上能够履行和解协议规定的清偿义务,但其主观上无履行和解协议的诚意,不按协议清偿债务的

① 参见王卫国:《破产法精义》(第2版),法律出版社2020年版,第325页。

情况。债务人“不能执行”和解协议，属于客观无法执行，是指债务人没有不履行和解协议的故意，但其清偿能力出现问题，客观上无法遵循和解协议的规定予以执行的情况。

债务人无诚意或者无能力按照和解协议清偿债务，都会造成债权人的损失。此时，债权人应当尽快向法院维权，申请债务人进入破产清算程序，对债务人财产进行管理、清算和分配，规避债务人财产的流失风险，使债权人的受偿损失降到最低。

债务人因不执行或者不能执行和解协议而宣告破产的，债权人依和解协议已受的清偿仍然有效。当然，债权人在和解协议中作出的让步，是以债务人能够完全执行和解协议为前提条件的。如果债务人不执行或者不能执行和解协议，人民法院废止和解协议，则债权人于和解协议中所作出的债权调整的承诺即失去效力，应当恢复到和解协议生效前的状态。和解债权人可以其原债权全额扣除其依和解协议已受清偿的债权额作为破产债权加入破产分配。但在其后的破产清算程序中，只有在其他债权人所受的分配同自己已受清偿达到同一比例时，才能继续接受分配。例如，假设3位和解债权人所受的清偿比例分别达到20%、15%、10%，则清偿比例达到20%的债权人，只有等其他和解债权人的受偿比例达到20%后，才可以同其他债权人一起再接受新的分配。需要注意的是，这与和解协议无效的法律后果不同，对于超出部分，和解债权人没有返还义务。

依照本条第四款的规定，为保护债权人利益，减少其因债务人不执行或不能执行和解协议所遭受的损失，债务人不执行或者不能执行和解协议，被人民法院宣告破产的，为和解协议执行所提供的担保继续有效。这也是保护融资交易的安全性，保障在危困企业争取免于清算注销而进行的破产和解程序中，更好地打消资金提供者对后续债务重组程序不确定风险的疑虑，便于引进新的资金。否则，出于对融资安全的担忧，在实践中破产和解企业将很难获取新的增量资金。

十一、自行和解

《企业破产法》第105条规定：“人民法院受理破产申请后，债务人与全体债权人就债权债务的处理自行达成协议的，可以请求人民法院裁定认可，并终结破产程序。"

除本章规定的人民法院主导下的强制和解程序外,在人民法院受理破产申请后,债务人还可以自愿与债权人就债权债务的处理进行协商,自行达成和解。通过协商自行达成协议的,依照本条的规定,人民法院可以应当事人的请求裁定认可并终结破产程序,以体现意思自治原则。本条与第 95 条构成破产和解程序中的自行和解制度。

根据实践经验,在程序启动方面,自行和解可于整个破产程序中多次、反复地实施,破产申请受理后至破产宣告前,债务人与全体债权人可就自行和解协议内容反复协商,甚至可以反复提请法院进行审查。"自行和解"不受正在进行的破产程序的种类限制,不管案件受理时的初始申请是破产清算、重整还是和解,皆可进行。这里的"全体债权人"指和解协议成立时已经申报债权的债权人,不包括未申报的债权人。

即使是自行和解,和解协议仍需提请法院进行实质审查,只有在法院裁定认可后方可生效。此时,自行和解的和解协议将与强制和解的和解协议效力相同,皆适用本章关于和解协议的规定。

对于债权人数量较少、债权债务关系简单的破产案件,实务中更加倾向采用自行和解程序,如"重庆奥禾建筑劳务有限公司破产和解案":2020 年 9 月 29 日,重庆破产法庭裁定受理渝金租赁站对重庆奥禾建筑劳务有限公司(以下简称奥禾公司)的破产清算申请并指定管理人。2020 年 12 月 2 日,重庆破产法庭组织召开奥禾公司第一次债权人会议。2020 年 12 月 22 日,重庆破产法庭根据管理人申请作出(2020)渝 05 破 256 号民事裁定,裁定确认渝金租赁站、李某两位债权人的债权。2020 年 12 月 25 日,债务人奥禾公司分别与两位债权人达成债权债务处理的《重庆奥禾建筑劳务有限公司和解协议》,同时提交债权人会议审核。经审核,全体债权人对《重庆奥禾建筑劳务有限公司和解协议》均无异议。同日,奥禾公司提请法院裁定认可该和解协议并终结破产清算程序。经审查,该和解协议不违反法律规定,重庆破产法庭依法裁定予以认可并终结破产清算程序。①

十二、债务人相对免责

《企业破产法》第106条规定："按照和解协议减免的债务，自和解协议执行完毕时起，债务人不再承担清偿责任。"

和解协议对债务人的效力：其一，债务人应当无条件地执行和解协议；其二，债务人依和解协议相对免责。在和解协议执行完毕后，债务人对依和解协议免于清偿的债权，不再负有清偿责任。

本条规定免除的债务，是按照和解协议内容中债权债务调整条款所减免的债务。债务企业依据本法"不再承担清偿责任"的条件有二：其一是该债务已经计划免除；其二是和解协议已经执行完毕。当这两个条件成就时，债务人即免除对债权人的清偿责任。

需要注意的是，根据《企业破产法》第101条的规定，免除的效力仅限于债务人。债务人的保证人和其他连带债务人，仍应依照约定对债权人承担连带清偿责任。这与民法上的债务免除有所不同。民法上的债务免除所产生的效果是债的消灭，但和解协议中对债务人的责任免除，并不导致债务的消灭，当然也不影响连带债务人的清偿责任。②

整体而言，破产和解程序属于司法程序，是庭内债务重组的重要组成部分，本质上是通过债权人让步的方式，由债务企业与债权人达成具有司法效力的和解协议，化解企业的债务纠纷，进而避免企业破产清算的法律制度。虽然破产和解与破产重整一样，以企业重生为目的，但二者最大的区别在于破产和解多关注于企业债务偿付问题，很少涉及企业资产与业务的调整，③如本书多次提及的西王集团破产和解案。

---

① 参见重庆市第五中级人民法院民事裁定书，(2020)渝05破256号之一。

② 参见王卫国：《破产法精义》(第2版)，法律出版社2020年版，第332页。

③ 参见张杜超、郭璐璐：《债务重组》，中信出版集团2020年版，第57页。

11
第十一章

破产清算的另类作用

破产清算,是指债务人具有破产能力及破产原因的情况下,人民法院在依法受理破产申请后,正式宣告债务人破产,并将其全部财产在依法变价后,按照法定顺序予以分配,以公平清偿所有债权人的债权,致使债务人的民事主体资格归于消灭的行为。因此,即使从经济学的角度理解,破产清算也指向企业主体资格真正的消亡,而非通过并购而消失。此类企业不再具有基本的生存能力指标,丧失了基础的新陈代谢功能。① 但反向理解,清算企业释放出来的生产资料和市场份额,又将“一鲸落,万物生”,通过重新排列组合,展现新的勃勃生机。

一、破产宣告的裁定

《企业破产法》第107条规定:“人民法院依照本法规定

① 参见[英]杰弗里·韦斯特:《规模》,张培译,中信出版集团2018年版,第404~419页。

宣告债务人破产的，应当自裁定作出之日起五日内送达债务人和管理人，自裁定作出之日起十日内通知已知债权人，并予以公告。债务人被宣告破产后，债务人称为破产人，债务人财产称为破产财产，人民法院受理破产申请时对债务人享有的债权称为破产债权。”

破产宣告是清算程序的正式启动标志。自此，债务人正式进入清算程序。实践中，债务人被宣告破产有两条路径：其一，关于法院依法受理的初始申请即为破产清算的案件，法院受理后，如无人在第一次债权人会议上提出转入重整或和解程序，则意味着各方一致认为该企业不具有挽救价值，管理人应及时向人民法院申请宣告破产。人民法院自收到申请之日起7日内，作出破产宣告裁定并进行公告。① 其二，关于人民法院依法受理的破产和解或重整案件，当债务人出现应当宣告破产的法定事由时，人民法院应当依法宣告债务人破产。

根据《企业破产法》的规定，在破产和解或重整转清算的案件中，宣告破产的法定原因包括：(1)重整期间，债务人的经营状况和财产状况继续恶化，缺乏挽救的可能性；债务人有欺诈、恶意减少债务人财产或者其他显著不利于债权人的行为；或者由于债务人的行为致使管理人无法执行职务。(2)债务人或者管理人未按期提出重整计划草案。(3)重整计划草案未通过或通过的重整计划未获得批准。(4)债务人不能执行或者不执行重整计划。(5)和解协议草案未通过或已通过的和解协议未获得认可。(6)和解协议因债务人的欺诈或者其他违法行为而成立。(7)债务人不能执行或者不执行和解协议。

当然，破产宣告并非都要等到第一次债权人会议之后或者启动重整程序或和解程序之后才可以进行。关于债务人明显缺乏拯救可能性的案件，特别是公司清算转

① 《破审纪要》第23条规定：“人民法院受理破产清算申请后，第一次债权人会议上无人提出重整或和解申请的，管理人应当在债权审核确认和必要的审计、资产评估后，及时向人民法院提出宣告破产的申请。人民法院受理破产和解或重整申请后，债务人出现应当宣告破产的法定原因时，人民法院应当依法宣告债务人破产。”第24条规定：“相关主体向人民法院提出宣告破产申请的，人民法院应当自收到申请之日起七日内作出破产宣告裁定并进行公告。债务人被宣告破产后，不得再转入重整程序或和解程序。”

破产案件、"执转破"案件以及债务人财产不足以清偿破产费用的案件,可以在破产案件受理时或者第一次债权人会议召开前裁定宣告破产。① 破产宣告后,债权人或者债务人对破产宣告有异议的,可以在法院宣告企业破产之日起 10 日内,向上一级法院申诉。上一级法院应当组成合议庭进行审理,并在 30 日内作出决定。

在法院宣告债务人破产后,破产相关主体法律地位便发生变更,即债务人称为破产企业,债务人财产称为破产财产,法院受理破产申请时债权人对债务人享有的债权称为破产债权。这一规定起到宣示作用,宣示破产企业以全部破产财产为全体破产债权清偿。一旦破产企业的财产全部用于清算分配,破产企业即因丧失继续生存的信用基础而人格消灭。②

实践焦点 104

破产清算简易程序的适用问题

部分破产案件,由于资产规模庞大,债权人众多,债权债务关系复杂,确需较长的审理周期。但是,考虑到国民经济和社会发展现状,近年来破产企业多为中小型企业,其事实清楚,债权债务关系简单,甚至部分企业"无产可破"。实践中,为节约司法资源,最高人民法院及各地法院也相继出台意见、指引,对破产清算简易程序进行了相应的规定。

1.适用范围

关于破产清算简易程序的适用范围,各地法院一般通过罗列"积极条件"予以明确,适用简易程序的案件应"债权债务关系明确、债务人财产状况清楚、案情简单"。但同时也规定了特定类型案件不得适用简易程序,避免损害债权人等参与方的合法

---

① 参见王卫国:《破产法精义》(第 2 版),法律出版社 2020 年版,第 337 页。

② 参见王卫国:《破产法精义》(第 2 版),法律出版社 2020 年版,第 335 页。

权益。一般认为,破产案件具有下列情形之一的,不适用快速审理方式:债务人存在未结诉讼、仲裁等情形,债权债务关系复杂的;管理、变价、分配债务人财产可能期限较长或者存在较大困难等情形,债务人财产状况复杂的;债务人系上市公司、金融机构,或者存在关联企业合并破产、跨境破产等情形的;其他法院判断不宜适用快速审理方式的。

此外,部分法院基于当地审判实践的需要,作了更详细的规定,如明确特定案件应当适用,或按照申请主体作了进一步区分,进一步提高了破产清算简易程序的可操作性。

2.审判组织

关于破产清算简易程序的审判组织,部分法院予以明确规定,允许由法官一人独任审理。例如,北京市高级人民法院《关于加快破产案件审理的意见》中规定:"基层人民法院适用快速审理的破产案件,可以由法官一人独任审理。中级人民法院适用快速审理的破产案件,应当由法官组成合议庭审理。"另外,上海、重庆与江西等地法院亦有类似规定。①

3.启动方式

关于破产清算简易程序的启动方式,部分法院规定应采用"职权主义",即由法院审查决定是否适用简易程序快速审理。但同时,也有部分法院规定,应征询破产参与人,如申请人、被申请人的意见,或者根据需要召开听证会。

4.债权申报期限与债权人会议

债权申报和债权人会议是破产清算案件中的主要制度之一。《企业破产法》第45条规定的债权申报期限是30日至3个月,《企业破产法》第七章为债权人会议的相关规定,对债权人会议的次数无限制。

---

① 上海市高级人民法院《关于简化程序加快推进破产案件审理的办案指引》中规定:"可以由审判员、人民陪审员组成合议庭审理"。江苏省高级人民法院《关于加快破产案件审理的工作指引》中规定:"可以由审判员一人独任审理";重庆市高级人民法院《关于破产案件简化审理的工作规范》、湖北省高级人民法院《关于规范破产案件简化审理服务法治化营商环境的工作指引》中规定:"可由法官组成合议庭审理,也可由法官独任审理";江西省高级人民法院《关于破产案件适用快速审理方式的工作指引》中规定:"除具有《中华人民共和国民事诉讼法》第四十二条之情形外,可以由审判员一人独任审理"。

关于债权申报，各地法院普遍规定申报期限应不少于 30 日，但部分地区限制了债权申报的最长期限，如江西省高级人民法院《关于破产案件适用快速审理方式的工作指引》明确规定，债权申报期限最长不超过 45 日。

关于债权人会议的次数，除上海市高级人民法院《关于简化程序加快推进破产案件审理的办案指引》、山东省高级人民法院《关于破产案件简易快速审理的工作指引(试行)》明确只召开一次，其余各地采用“一般不超过两次”“尽量避免召开第二次”的表述。

5.审理期限

审理期限是否缩短是检验破产清算简易程序的制度目的是否实现的客观标准之一。山东省高级人民法院《关于破产案件简易快速审理的工作指引(试行)》中较为详细地规定了应当压缩时限环节的时限要求，但并未明确审限要求。浙江省高级人民法院《关于深化执行与破产程序衔接推进破产清算案件简易审理若干问题的会议纪要(二)》中也未明确审限要求。其余各地，均以 6 个月为限，但是起算点不同，其中北京、上海、河南、海南、湖北、江西以裁定受理之日为起算日，而广东和重庆则以立案之日为起算日，江苏省高级人民法院《关于加快破产案件审理的工作指引》中，表述为“简单破产案件一般应当在六个月内审结”并未明确起算日。

6.“无产可破”企业破产清算程序再简易

对于“无产可破”案件的审理，适用简易程序及管理人查明财产不足以支付破产费用时提请人民法院终结破产程序等方面，多无争议。但考虑到债务人无财产可供分配，债权人无法获得任何财产的客观情况，需要探索将此类破产案件的审理程序再简易的方式，如进一步压缩债权申报期限、审理期限，不再召开债权人会议等。

实践焦点 105

企业在宣告破产后,能否启动破产重整或破产和解程序

关于债务人进入破产清算程序后,能否转入和解程序这个问题,《企业破产法》中并无明确规定。主流观点认为,债务人不能再转入重整或和解程序。《破审纪要》第 24 条就破产宣告的程序及转换限制作出规定,“债务人被宣告破产后,不得再转入重整程序或和解程序”。如此规定,原因有二:一是《企业破产法》明确限定在破产宣告前允许由清算程序转入重整程序或和解程序,而对破产宣告后是否允许未作明确规定;二是如果允许在破产宣告后转入重整程序或和解程序,在一定程度上会增加程序适用的不确定性,加大债权人通过破产清算程序获得清偿的成本。部分地方法院出台的相关指引也采取同样的态度。①

但也有观点认为,基于公平正义原则以及从保护债权人利益、挽救企业角度而言,一定条件下可以突破程序限制转入重整程序或和解程序。司法实践中,已有法院持此态度,突破了债务人被宣告破产后程序转换的限制。

---

① 上海市高级人民法院《破产审判工作规范指引(2021)》第九部分“重整、和解”第 174 条规定:“人民法院受理破产申请后、宣告破产前,经权利人申请,清算程序可转入重整或和解程序。宣告破产后,不得再转入重整或和解程序。”

山东省高级人民法院《关于印发〈企业破产案件审理规范指引(试行)〉的通知》第 178 条规定:“人民法院的破产宣告裁定作出即发生法律效力。债务人被宣告破产后,不得再转入重整程序或和解程序。”

四川省高级人民法院《关于审理破产案件若干问题的解答》第六部分第 11 项对破产重整、和解、清算程序可否进行转换作了解答:“相对于破产清算程序而言,重整及和解程序属破产拯救程序,清算程序与破产拯救程序之间可以转换,但需符合一定条件。清算程序转重整或和解程序的条件,一是应当在宣告破产前;二是需有法律规定的适格主体提出申请,转重整程序需由债权人、债务人或者出资额占债务人注册资本十分之一以上的出资人向人民法院申请,转和解程序只能由债务人提出申请。重整或和解失败则应当直接宣告破产。”

例如，在“深圳大世界商城发展有限公司破产重整案”中，深圳市中级人民法院于2000 年12 月6 日裁定宣告深圳大世界商城发展有限公司(以下简称大世界有限公司)破产清算，进入清算程序后，湖南省高级人民法院于2012 年8 月出具裁定撤销对大世界商城的拍卖，并将大世界商城交还深圳市中级人民法院作为破产财产依法处理。在湖南省高级人民法院撤销拍卖后，基于房地产市场向好情况，陆续有债权人向深圳市中级人民法院申请对大世界有限公司进行重整，经广泛征求债权人意见并经债权人申请，深圳市中级人民法院于2016 年6 月17 日裁定中止大世界有限公司破产宣告，并自2016 年6 月17 日起对大世界有限公司进行重整。①

再如，在“纺中纺(苏州)织造有限公司破产清算解案”中，②吴江区人民法院于2019 年5 月20 日裁定宣告纺中纺(苏州)织造有限公司(以下简称纺中纺有限公司)破产。2019 年7 月15 日，申请人纺中纺有限公司与全体债权人达成了一致的和解协议，吴江区人民法院撤销了宣告破产裁定书，认可纺中纺有限公司与13 位债权人达成的和解协议并终结了破产程序。在本案中，吴江区人民法院根据《企业破产法》第105 条的规定，认为纺中纺有限公司可与债权人自行达成和解协议，而且与全体债权人达成的和解协议均为真实意思表示，因此认可了纺中纺有限公司的和解协议，使纺中纺有限公司在被宣告破产后成功和解。

从上述破产宣告的特殊案例中可以看出，关于裁定在宣告破产后进入重整或和解的企业，法院主要考察两方面要素，债权人意愿与重整或和解计划的执行效果。在“深圳大世界商城发展有限公司破产重整案”中，由债权人向法院申请重整，表达自己强烈的参与重整的意向，深圳市中级人民法院在审查重整计划草案时认为该企业重整社会价值巨大；在“纺中纺(苏州)织造有限公司破产清算案”中，全体13 位债权人都与债务人达成了和解协议，并支付了第一期偿债资金1000 万元，和解协议能够正常履行的可能性较大。

综上所述，已经被宣告破产的破产企业，如果能取得大多数债权人的重整或和解

① 参见深圳大世界商城发展有限公司破产重整案，深圳市中级人民法院关于依法审理破产案件推进供给侧结构性改革的典型案例之五。

② 参见江苏省苏州市吴江区人民法院民事裁定书，(2019)苏0509 破5 号之三。

意向,在实践中也有机会获得重生,然而,这对于一般债务人来说十分困难。对于一般债务人,如果希望破产企业法人主体资格继续存续,则仍应极力避免破产企业被宣告破产,并着力通过庭下程序或重整、和解程序重建或喘息。

二、破产原因的消除

《企业破产法》第108条规定:"破产宣告前,有下列情形之一的,人民法院应当裁定终结破产程序,并予以公告:(一)第三人为债务人提供足额担保或者为债务人清偿全部到期债务的;(二)债务人已清偿全部到期债务的。"

债务人因为具有法定破产原因而进入破产程序,但在进入破产程序以后,因为某些法定情形的出现而使破产原因消失,此时法院就不应再宣告债务人破产,而应裁定终结破产程序。

本条第1项的规定又可以分为两类:

其一,在进入破产程序后,债务人以外的第三人为债务人履行全部债务提供了担保,保证帮助其清偿所有债务。此时,第三人的担保必须是足额的,仅为债务人的部分债务或债权人的部分债权履行提供担保不能构成法定的破产宣告障碍,且足额的认定需要与债权人达成一致意见或经过评估。当然,这里的担保也需要全部债权人同意,否则只要提供担保就可以导致破产程序终结,未来债权人还需向担保人主张担保责任。如担保人拒不履行或以各种借口拖延,会造成法律程序与司法资源的严重浪费,损害债权人权益,而且也未能真正终局性的解决问题。此外,担保的形式可以是多种多样的,可以采取财产担保的形式;而关于资金充足、信用良好的第三人,也可以采取保证形式。

其二,第三人帮助债务人清偿了全部债务。这种情形下只有当第三人同意并实际清偿了债务人所欠的全部债务,才构成破产宣告障碍。虽然本条排除了部分清偿的情形,但是对于清偿方式并无限制。原则上,这里的清偿方式需要按照债务人与债权人的原合同约定。但是,如果债权人同意,也可以采取实物抵债、延期清偿或分期清偿的方式。此外,到期债务应理解为既包括破产申请受理时已经到期的债务,也包括《企业破产法》第46条规定的视为到期的债务。

本条第2项的规定是指债务人自己清偿了全部到期债务。破产程序因为债务人不能清偿债务而开始,如果在破产宣告前债务人将全部债务予以清偿,破产程序自然没有必要进行下去。

值得注意的问题是,只有在破产宣告前出现本条规定的情形,才构成破产原因的消除,并使破产程序终结。这是因为,破产清算程序的进行原则上具有不可逆性。一旦进行,不可恢复。在债务人被宣告破产清算以后,破产财产的变价、分配等程序会紧随其后。如果终结破产案件,重新恢复原状,善后问题将变得十分复杂。因此,在破产宣告以后,清算企业即使出现了本条规定的上述情形,但人民法院原则上不能裁定终结破产案件,而是应该保证破产清算程序得以继续进行。

除上述内容之外,按照本条的规定,人民法院在因为破产原因消除而裁定终结破产案件后,应当予以公告。

三、别除权的行使

《企业破产法》第109条规定:"对破产人的特定财产享有担保权的权利人,对该特定财产享有优先受偿的权利。"

别除权是指在破产程序中,担保债权与普通债权相区别的重要方面。就普通债权而言,在破产程序开始之后,一律禁止个别清偿。在债务人被宣告破产以后,债务人的所有财产都成为破产财产,由管理人占有和管理,并由管理人按照债权人会议通过的破产财产分配方案,将其分配给破产债权人。但是,对于破产财产中的特定财产享有担保物权的权利人,可以不受破产程序的约束。在破产程序开始以后,直接向破产管理人请求就该特定财产行使优先受偿权。

行使别除权的前提是债权和担保权均合法有效,即担保权必须成立于破产宣告以前,且债权和担保权的设立不得存在《企业破产法》上无效或可撤销的事由,例如,如果当事人采取欺诈手段虚构债务,则此时债权人不享有别除权。原则上,在破产案件受理后至破产宣告期间,不允许以债务人财产设定新的担保,但根据《企业破产法》第18条、第37条、第75条第2款的规定提供的担保除外。

破产程序中的别除权人应包括对破产企业特定财产享有担保权的权利人。根据《民法典》中担保物权的相关规定，担保包括抵押、质押、留置三种形式。别除权的标的物必须是特定物，非特定物不能成为债权人行使别除权的标的物。此外，如果该特定物发生毁损、灭失，别除权也将不复存在。

别除权具有从属性，以债权申报和确认为前提。如果债权人未申报债权或者债权未得到确认，则其不享有别除权。别除权的行使，以债权全部清偿为限度，如果债权人行使别除权后仍有剩余财产，则归为破产财产；如果债权人行使别除权后不能清偿全部债务，则剩余债权被归为普通债权，有权继续受偿。

破产清算期间，在特定情形下，管理人可以拒绝债权人主张将特定财产变价以行使优先受偿权的请求。《破审纪要》第25条作出"但书"规定，在单独处置担保财产会降低其他破产财产的价值而应整体处置的情形下，管理人可以拒绝债权人随时就特定财产变价处置从而优先受偿的请求。

就动产质权人与留置权人而言，他们实际占有标的物，可以不经管理人同意，直接将标的物折价、拍卖、变卖，以实现自己的债权。在这种情况下，管理人如对别除权人的权利有异议，或认为标的物价值超过债权数额，可以直接提出归还请求。就抵押担保而言，此时别除权人不占有标的物，他们行使别除权必须向管理人主张权利，经管理人同意，取得对抵押物的占有，然后将抵押财产折价、拍卖、变卖，实现优先受偿。虽然就上述三种别除权人来说，其行使担保物权是否需要得到管理人同意的要求不同，但如果别除权人遭到管理人的拒绝，或双方不能协商达成一致，皆可诉请人民法院予以裁决。

在实践中，经常出现别除权标的物与其他破产财产存在价值上的关联性的情况。此时，拍卖方式显得非常重要。比如，某公司将其对某一宗土地上的建设用地使用权抵押给银行，但其后该公司在土地上建造厂房，并申请铁路专用线、铺设线路、安装设备等。此时，应当将别除权标的物加入整体变价，在变价后划分出属于别除权人的份额。别除权人对变价所得价款享有优先受偿权。但是抵押财产包括供水、供电、铁路等优质资产，单独拍卖会大大减损其利用价值，如果将抵押财产先行拍卖，只剩下土地和其他无实用价值的财产,那么剩下的财产价值也会大幅缩水。因此,这种情况下的别除权将受到行权限制,一般各方倾向于采用整体处置的方式,确保上述各项财产的价值得以最大化。

实践焦点 106

担保权人行使担保物权的变现方式问题

通常而言,担保权人更加关心其债权的实现而不过度追求担保物变现价值的最大化。因此,如将担保物交给担保权人自由变现,可能会损害债务人和其他债权人的整体利益。在现行立法下,担保物权的行使,根据不同的破产程序而存在不同的处置方式:

在破产清算与和解程序中,担保物权原则上不予暂停行使。根据《破审纪要》第25条的规定,在破产清算与和解程序中,担保权人可以随时要求管理人对自己的担保物变价处置,并就担保物的变价款享有优先受偿权。但这一权利亦应受到必要限制,例如单独处置担保财产,会明显降低其他破产财产的价值,则整体处置更佳,此时应暂停担保物权的行使程序。

实践中单独处置担保财产会降低其他破产财产价值,可能存在几种情况。第一种情况是担保财产仅为某一整体财产的部分。以写字楼、商场的部分楼层为例,单独处置担保财产可能难以实现整体财产的价值最大化。第二种情况是担保财产与其他破产财产之间具有一定程度的专属用途关系,单独处置会使其他财产价值显著降低。第三种情况是由于其他物理原因,担保财产与其他破产财产在客观物理层面难以分割,或存在重大依赖和庇护关系,分别处置将显著降低其他破产财产的市场价值。但是,如果财产价值的变动与分别处置还是合并处置无关,而是由其他因素决定的,就不能再以此主张合并处置。比如在实践中,作为抵押物的厂房和土地使用权等不动产财产，与债务人其他动产财产，如生产原料、半成品或成品，通常不存在必须合并处置的情况。①

在破产重整程序中，担保物权原则上应暂停行使，但在一定条件下可以恢复行使。这是《企业破产法》第 75 条的明确规定。在重整程序中，担保物权要暂停行使，主要是由于债务人为了维持经营而融资所提供的担保物，往往是债务人的核心资产，例如用于生产经营的厂房、土地等。如果将这些担保物都进行处置，债务人往往会丧失重整的价值和可能。但与此同时，担保权人的合法权利也要得到保护。

因此，《企业破产法》同时规定，担保物有损坏或者价值明显减少的可能，足以危害担保权人权利的，担保权人可以向法院请求恢复行使担保权。具体而言，管理人或者自行管理的债务人，首先应合理判断担保物是否为债务企业重整所必需的。如果不是重整所必需的，应当及时变价处置；如果担保权人对此存在异议，可以向法院请求恢复行使担保物权。法院应当在 30 日内作出裁定。若不予批准，担保权人可以向作出裁定的法院申请复议；若批准恢复行使担保物权，管理人或者自行管理的债务人应当自收到裁定书 15 日内，启动对担保物的拍卖或者变卖程序。

在“宁波长富壹柒投资中心（有限合伙）与鹿某平、鹿某龙等借款合同纠纷案”中，②宁波长富壹柒投资中心（有限合伙）（以下简称长富中心）向金恒基公司发放贷款，金恒基公司为此提供了抵押物担保。因金恒基公司未按约定偿还借款本息，长富中心要求金恒基公司偿还借款，并就本案所涉抵押物折价或者拍卖、变卖所得的价款优先受偿。此时，金恒基公司已经进入破产重整，其管理人致函法院，请求在金恒基公司破产重整期间，长富中心对金恒基公司特定财产的担保权暂停行使。最终，北京市第三中级人民法院判决，“长富中心优先受偿权的行使应在金恒基公司破产重整程序结束后进行”。

---

① 参见王欣新：《论破产清算程序中担保债权人优先受偿权的个别行使》，载《人民法院报》2021 年 2 月 4 日，第 7 版。

② 参见北京市第三中级人民法院民事判决书，(2016) 京 03 民初 82 号。

实践焦点 107

担保权人行使担保物权的时点问题

以“中朋瑞生(沈阳)房地产开发有限公司、辽宁三利房地产实业有限公司别除权纠纷案”为例,①和平区人民法院于2019年8月17日受理债权人对辽宁三利房地产实业有限公司(以下简称三利公司)的破产清算申请。2020年7月17日,三利公司管理人作出关于提请债权人会议核查债权的报告,载明确认享有优先债权3笔,其中1笔为债权人中朋瑞生(沈阳)房地产开发有限公司(以下简称中朋公司),管理人根据债权人提供的[2005]民(3)合初字438号民事判决书,确认担保债权金额为39,049,508.00元,担保财产为三利公司名下的某土地的使用权,本次债权人会议未对任何有关三利公司的破产事项进行表决。后中朋公司起诉,请求确认中朋公司对三利公司抵押给中朋公司的土地有权行使别除权,排除破产管理人及破产庭设置的行权障碍。

一审法院和平区人民法院认为,《企业破产法》第109条有关别除权的规定置于该法第十章“破产清算”的第一节“破产宣告”的相关规定中,并且规定在破产宣告程序之后,加之该条款中规定行使别除权的标的为“破产人的特定财产”,而该法第107条第2款又规定“债务人被宣告破产后,债务人称为破产人,债务人财产称为破产财产,人民法院受理破产申请时对债务人享有的债权称为破产债权”,由此可见,债权人行使别除权的时间节点应系在债务人被宣告破产,破产清算程序实质性开始之后。再根据《破审纪要》第25条担保权人权利的行使与限制的规定,进一步明确了担保权人向管理人主张行使别除权的时间节点为破产清算和破产和解程序中。结合本案情况,三利公司第一次债权人会议并未作出任何有关该公司破产程序的决议,

① 参见辽宁省沈阳市中级人民法院民事裁定书,(2021)辽01民终13120号。

考虑到三利公司在被宣告破产之前，尚不确定能否重整或和解，若对担保物进行变现，可能导致三利公司丧失营业价值，对可能进行的重整或和解程序产生消极影响，故中朋公司行使别除权的法定条件尚不具备，无法支持该项诉讼请求。中朋公司可在条件成就时另行主张权利。因此，一审法院判决确认了中朋公司的优先受偿权，并驳回了中朋公司的其他诉讼请求。

二审法院沈阳市中级人民法院认为，对于中朋公司是否有权直接且立即行使优先受偿权的问题，按照《企业破产法》第44条之规定，债权人应当依照《企业破产法》规定的程序行使权利。本案中，中朋公司的债权确认等程序尚未完毕，优先债权数额等事实也有争议，中朋公司的权利应当在《企业破产法》框架内行使，本案不宜实体处理。

本案中，对于担保权人可以行使别除权的时机，一审法院和二审法院的态度有细微差别。一审法院似乎倾向于认为，只有在债务人被宣告破产后，担保权人才可行使别除权；而二审法院则认为，在债权确定之后，担保权人可以行使别除权。但本着保护债权人利益的原则，笔者倾向于认为，别除权的行使虽然需要先经过债权确认程序，但并不应以债权人被宣告破产为前提。

实践焦点 108

担保财产产生的租金收益的性质问题

以“温州鑫瑜企业管理咨询合伙企业与浙江省温州市亚美包装有限公司别除权纠纷案”为例，①2013年3月11日，浙江省温州市亚美包装有限公司（以下简称亚美公司）因经营需要与原债权人平安银行签订最高额抵押担保合同，约定亚美公司以其名下龙港市宫后路601号的土地使用权为其借款的履行提供最高额1000万元

① 参见浙江省温州市中级人民法院民事判决书，(2021)浙03民终337号。

的抵押担保,并于 2013 年 3 月 12 日办理抵押登记手续。2014 年 11 月 28 日,浙江省温州市瓯海区人民法院作出(2014)温瓯商初字第 1135 号、第 1137 号民事判决,判决亚美公司应于本判决生效之日起 10 日内分别偿付平安银行借款本金 400 万元和 5,999,054.07 元及其相应利息等;若亚美公司未能按期偿付上述债务,则平安银行依据最高额抵押担保合同,有权对涉案宫后路 601 号土地使用权的拍卖、变卖或折价款在 1000 万元最高限额内优先受偿。2020 年 1 月 31 日,平安银行将其上述债权转让给光大金瓯资产管理有限公司,该公司又将上述债权转让给温州鑫瑜企业管理咨询合伙企业(以下简称鑫瑜企业)。另查明,2015 年 10 月 14 日,温州市瓯海区法院作出(2015)温瓯执民字第 189、190 号执行裁定,查封涉案宫后路 601 号土地。2016 年 5 月 3 日,一审法院作出(2016)浙 0327 民破 4 号民事裁定书,裁定受理亚美公司破产清算,并指定温州天原会计师事务所为管理人。2016 年 7 月 15 日,该院作出(2016)浙 0327 民破 4 号之一民事裁定书,裁定确定平安银行等 6 位无异议债权人的债权,其中平安银行无异议债权额为 933.2054 万元。后鑫瑜企业向管理人提出领款申请,管理人复函称鑫瑜企业对涉案宫后路 601 号的土地及土地上建筑物产生的租金,抵押权人无权优先领取。2020 年 7 月,管理人出具租金收取情况表,载明截至 2020 年 5 月 31 日共收取租金 58.4 万元,租赁期限自 2017 年 2 月 28 日至 2020 年 10 月 31 日止。鑫瑜企业向一审法院提起诉讼。请求确认原告对被告所有的抵押物龙港市宫后路 601 号的土地及地上建筑物的租金自 2015 年 10 月 14 日起在抵押担保范围内享有优先受偿权。本案争议焦点为,管理人收取的涉案抵押房产的租金 58.4 万元,鑫瑜企业是否具有优先受偿权。

一审法院苍南法院认为,《物权法》(已失效)第 197 条规定,"债务人不能履行到期债务或者发生当事人约定的实现抵押权的情形,致使抵押财产被人民法院依法扣押的,自扣押之日起抵押权人有权收取该抵押财产的天然孳息或者法定孳息,但抵押权人未通知应当清偿法定孳息的义务人除外"。① 孳息,是由抵押财产所产生的收益,租金应认定为法定孳息范畴。根据上述规定,抵押权人以诉讼方式实现抵押权,

① 现为《民法典》第 412 条。

且该涉案抵押财产已经法院查封，故抵押权效力应及于抵押财产自查封之日起所产生的法定孳息，即鑫瑜企业作为抵押权人对涉案抵押房产所产生的法定孳息即自扣押之日起的租金 58.4 万元享有优先受偿权。虽然法院于 2016 年 5 月 3 日裁定受理亚美公司的破产清算申请，但受理破产申请并不排除抵押权人对抵押物及孳息的优先受偿权，故判决确认鑫瑜企业对涉案宫后路 601 号土地及地上建筑物自 2017 年 2 月 28 日起至 2020 年 10 月 31 日出租所产生的租金 58.4 万元享有优先受偿权。

温州市中级人民法院认为，涉案宫后路 601 号的租金，其有别于该土地使用权，也不在最高额抵押担保合同约定的土地使用权范围之内。且据《物权法》第 197 条的规定，抵押权优先受偿的效力通常不及于抵押财产的孳息，亚美公司被一审法院裁定进入破产清算程序后，应当依照《企业破产法》第 19 条等相关规定，对涉案抵押财产的保全措施予以解除，由管理人管理、处分债务人财产。另外，涉案租金产生于亚美公司进入破产清算程序之后，本案也不符合《物权法》第 197 条规定的抵押权人有权收取抵押财产天然孳息或法定孳息的相应条件，故鑫瑜企业对涉案租金不享有优先受偿权。一审适用《物权法》第 197 条的规定确认鑫瑜企业对涉案租金享有优先受偿权不当，二审改判驳回鑫瑜企业的诉讼请求。

实践焦点 109

融资租赁债权的性质认定

以“洛银金融租赁股份有限公司、河南天冠燃料乙醇有限公司破产债权确认纠纷”为例，①一审法院于 2020 年 11 月 5 日作出(2020)豫 13 民破 10 号民事裁定，受理河南天冠燃料乙醇有限公司(以下简称天冠乙醇公司)的破产重整申请，并于

① 参见河南省高级人民法院民事判决书，(2021)豫民终 1039 号。

2020年11月9日作出(2020)豫13民破10号决定书,指定成立天冠乙醇公司清算组为该公司管理人,蒋某为管理人负责人。洛银金融租赁股份有限公司(以下简称洛银租赁公司)向天冠乙醇公司管理人申报债权,《债权申报表》载明,洛银租赁公司申报债权数额为72,566,800元,其中债权本金为60,926,598.24元,违约金3,090,426.23元,迟延履行期间的债务利息8,359,754.59元,律师费19万元,债权性质为优先债权。天冠乙醇公司管理人对该笔债权进行审查后,在《债权申报及审查情况工作报告》中明确:"管理人审查确认该笔债权总额为64,207,024.47元(其中本金60,926,598.24元),债权性质为普通债权。迟延履行期间的债务利息8,359,754.59元为劣后债权。"洛银租赁公司对管理人认定的债权数额无异议,但对管理人认定为普通债权有异议,并于2021年1月8日向管理人提出书面异议。管理人于2021年1月15日书面回复洛银租赁公司,认为洛银租赁公司异议理由不能成立,对债权表涉及的洛银租赁公司的核查结果不予调整。洛银租赁公司于2021年1月22日向一审法院提起诉讼。

一审法院认为,本案应当查明洛银租赁公司是否享有涉案租赁物的所有权或担保物权。首先,关于洛银租赁公司对租赁物是否享有所有权的问题。根据洛阳中院(2018)豫03民初389号民事判决查明的案件事实,洛银租赁公司在2018年5月31日起诉天冠乙醇公司时,请求天冠乙醇公司支付未付租金13,768,586.35元及违约金、支付未到期租金49,907,939.75元、支付留购名义货款10,000元。洛银租赁公司要求天冠乙醇公司支付全部约定剩余租金和租赁物留购款的行为表明洛银租赁公司已经放弃了对租赁物的所有权,而选择了主张租金债权。表明洛银租赁公司已经依据《合同法》(已失效)第248条①、《民法典》第752条之规定,放弃了租赁物的所有权,而选择主张租金债权,结合最高人民法院《关于适用〈中华人民共和国民法典〉时间效力的若干规定》第2条、第3条的规定,本案应当适用《民法典》的规定。洛阳中院(2018)豫03民初389号民事判决书基于洛银租赁公司的上述选择,判令天冠乙醇公司支付全部约定剩余租金和10,000元租赁物留购款,双方均未提

---

① 现为《民法典》第752条。

出上诉,该判决已经生效。且天冠乙醇公司破产重整程序中,洛银租赁公司向管理人申报的债权也包含了10,000元的租赁物留购款,表明洛银租赁公司也认可租赁物已归天冠乙醇公司所有。因此,本案洛银租赁公司主张享有租赁物所有权的理由不能成立。其次,洛银租赁公司对租赁物是否享有担保物权,是否基于担保物权享有该债权的优先受偿权。根据《企业破产法》第82条第1款第1项的规定,公司破产重整程序中的优先债权是指对债务人特定财产享有担保权的债权,"物权法定"原则是指抵押权、质权等担保物权,而本案中洛银租赁公司债权申报中提交的合同在中国人民银行的登记只属于合同备案性质,合同涉及的设备未在市场监督管理机关(原工商行政管理机关)办理抵押登记,并不能据此认定洛银租赁公司对租赁物享有抵押、动产质权等担保物权,不能对抗善意第三人,即天冠乙醇公司的其他债权人,故本案洛银租赁公司请求法院确认其申报的债权为优先债权没有事实和法律依据,一审法院不予认定。

二审法院河南省高级人民法院认为,洛银租赁公司、天冠乙醇公司于2015年5月27日签订《所有权转让协议》及《售后回租赁合同》,该租赁到期后,天冠乙醇公司未支付相应费用,双方发生纠纷,洛阳市中级人民法院于2018年5月31日受理该案,并于2018年10月22日作出判决,双方当事人均未上诉。天冠乙醇公司进入破产程序后,因管理人没有将洛银租赁公司申报的64,207,024.47元债权确认为优先债权,又引起本案纠纷。本案为民法典实施前的法律事实引起的民事纠纷案件,当时的法律和司法解释对此种情形如何处理,并无明确规定,适用民法典的规定更有利于保护民事主体合法权益,更有利于维护社会和经济秩序,且不存在明显减损当事人合法权益、增加当事人法定义务或者背离当事人合理预期的情形,故本案可以适用《民法典》的相关规定。《民法典》第759条规定,当事人约定租赁期限届满,承租人仅需向出租人支付象征性价款的,视为约定的租金义务履行完毕后租赁物的所有权归承租人。《担保制度司法解释》第65条规定,在融资租赁合同中,承租人未按照约定支付租金,经催告后在合理期限内仍不支付,出租人请求承租人支付全部剩余租金,并以拍卖、变卖租赁物所得的价款受偿的,人民法院应予支持。根据上述法律和司法解释的规定可以得出,融资租赁合同是具有担保功能的非典型担保合同,出租人对租赁物享有的所有权是对租金债权的一种担保，在承租人无法支付租金等款项时，出租人可以就拍卖、变卖租赁物所得价款受偿。本案中，洛银租赁公司与天冠乙醇公司签订的《售后回租赁合同》7.1 约定，租赁期限内，天冠乙醇公司确认洛银租赁公司是租赁物的唯一所有权人。再结合该合同 16.1 的约定，天冠乙醇公司逾期违约或根本违约，洛银租赁公司按照合同约定要求天冠乙醇公司支付所有到期未付租金、违约金、损害赔偿金、全部未到期租金和其他应付款项的，不影响洛银租赁公司在本合同项下依法享有的其他权利。因此，洛银租赁公司在洛阳中院(2018)豫 03 民初 389 号民事诉讼中要求天冠乙醇公司支付到期未付租金、违约金以及未到期租金、留购名义货款，洛阳市中级人民法院予以支持，但在天冠乙醇公司没有按照生效判决履行完毕租金义务并支付留购名义货款的情形下，租赁物的所有权仍归洛银租赁公司所有。涉案租赁业务及租赁物清单在中国人民银行融资租赁业务登记系统中进行登记，是对租赁物所有权的公示，具有对抗善意第三人的法律效力。故在天冠乙醇公司进入破产程序后，洛银租赁公司主张其申报的 64,207,024.47 元债权应在涉案租赁物拍卖、变卖等价值范围内优先受偿，没有背离双方当事人的合理预期，也符合上述法律规定。

综上所述，河南省高级人民法院最终支持了洛银租赁公司上诉请求。

实践焦点 110

让与担保权人破产时，担保财产是否应纳入破产财产范围

在破产实践中，当担保财产所有权转移后，担保权人陷入破产时，担保财产究竟是担保权人责任财产，抑或担保人责任财产，争议颇大。有观点认为，担保人选择让与担保这种交易模式，却没有采用抵押、质押等典型担保模式，由此产生的额外风险应当由其自身承担。而且，破产程序是一种对债务集中清理的概括执行程序，

根据商事外观主义，担保财产应当纳入担保权人的破产财产，担保人不享有对抗破产债权人的权利，但对于经清算让与担保股权价值超过债务的部分，担保人有权主张取回。①

也有相反观点认为，从实质正义的角度出发，担保权人既没有支付合理对价获得担保财产的意愿，通常也不享有担保财产的处分权，在担保权人破产的情形下，即使已经完成所有权的转移，担保人作为实际权利人，仍有权通过诉讼要求确认担保财产归属。例如，在"张某铎、张某梅股东资格确认纠纷案"中，②建德公司（原）股东张某铎、张某梅分别与王某江签订股权转让协议，二人分别将各自持有的建德公司77.5%及12.5%的股份（合计90%）转让给王某江，并于2011年1月5日在原工商管理部门办理了变更登记。二审法院天津市第一中级人民法院认为，股权转让是指股东依法将自己的股东权益有偿转让给他人，使他人取得股权的行为，股权转让当事人以转让股权为目的，出让方交付股权并收取价金，受让方支付价金得到股权。股权让与担保是让与担保的一种，是指债务人或者第三人通过将股权转让至债权人名下的方式，为主合同项下的债务提供担保的行为，作为担保财产的股权已经进行变更登记的，在债务人不履行到期债务或者出现约定事由时，债权人有权参照股权质押实现的相关规定，请求就担保财产优先受偿。股权让与担保与股权转让从形式上均需要办理股权工商登记手续，股权让与担保区别于股权转让之处在于股权让与担保本身并不具有股权转让的意思表示，仅具有为债权设立担保的意思。本案中，张某铎、张某梅与王某江确实进行了股权转让的工商变更登记行为，同时亦向工商登记机关提供了办理变更登记相应的股东会决议和股权转让协议。但是该行为实质是股权转让还是股权让与担保，就当事人内部关系而言，应根据双方订立及履行合同中的真实意思来认定。综合本案以上事实以及证据可以看出，张某铎、张某梅虽然与王某江进行了股权转让的工商变更登记，但是进行此种变更登记的真实目的是保证王某江债权的安全性以及利益的实现，实质上是以此作为2亿元借款的担保而并非使王某江

① 参见司伟、陈泫华：《股权让与担保效力及内外部关系辨析——兼议〈民法典担保制度解释〉第68条、第69条》，载《法律适用》2021年第4期。

② 参见天津市第一中级人民法院民事判决书，（2019）津01民终2073号。

成为该公司的真正股东。

对于上述争议，笔者倾向于认为，即使担保财产所有权形式上已转移至担保权人名下，该担保财产仍应纳入担保人的财产范围，担保权人仅有权主张优先受偿。

四、未能依别除权优先受偿的债权

《企业破产法》第110条规定："享有本法第一百零九条规定权利的债权人行使优先受偿权利未能完全受偿的，其未受偿的债权作为普通债权；放弃优先受偿权利的，其债权作为普通债权。"

在破产清算案件中，走到破产清算程序的债务企业，基本都面临资不抵债的境况。该等企业的特定财产一般都进行了多轮担保，以求实现融资利益的最大化。在实控股东尽最大努力进行融资后，还无法救活企业的，才会启动或接受破产清算。因此，在实践中的普遍情况是，别除权人就抵押财产变价后，依然无法获得足额清偿时，法律需要对未能受偿的部分作出合理安排。

当债权人依据本法第109条的规定行使别除权之后，如果未能完全受偿，则未受偿部分的债权作为普通债权进入破产程序，因该债权人的债权划分为了足额担保部分和普通债权部分，故而在二者金额可以区分的情况下，该债权人有权代表两部分债权类型和权重在破产程序中行使表决权。

别除权人有权放弃其优先受偿的地位。放弃优先受偿权的权利人应当签订书面承诺书，并且协助办理解除抵押权登记手续。在实践中，尽管债权人通过行使别除权所能得到的清偿，在多数情况下高于通过破产清算程序所能得到的清偿，但也存在例外，在标的物毁损、灭失，或者标的物流转受到法律限制的情况下，债权人由担保物受偿的比例可能很低甚至无法受偿。此时，放弃别除权而转为参加集体清偿，是对债权人相对有利的选择。

因此，根据本条的规定，别除权人放弃优先受偿权利的，其债权转为普通债权，并且按照普通债权行使破产程序中的表决权，依照本法相关规定参加清算分配。对此，基于公平原则，债权人针对特定债权的"优先受偿权"应当为全部放弃，而不能够部分放弃。

实践焦点 111

连带债务人仅提供物的担保，是否适用担保债权转为普通债权规则

以“杭州银行股份有限公司西溪支行、浙江中科房地产开发有限公司破产债权确认纠纷案”为例，①2011 年 6 月 2 日，杭州银行股份有限公司西溪支行（以下简称杭州银行西溪支行）与中融公司以及赵某根签订委托贷款合同一份，约定中融公司向赵某根申请借款，赵某根经审查同意后委托杭州银行西溪支行发放贷款。2011 年 6 月 2 日，杭州银行西溪支行与浙江中科房地产开发有限公司（以下简称中科公司）以及赵某根签订委托贷款抵押合同一份，约定中科公司以抵押财产清单所列的财产设定抵押。2016 年 12 月 20 日，法院裁定受理中科公司的破产清算申请。2017 年 4 月 21 日，中科公司管理人向杭州银行西溪支行出具债权复核通知书，确认中科公司享有优先债权金额为 30,313,518.75 元，普通债权金额为 7,070,856.64 元。杭州银行西溪支行起诉，请求法院确认杭州银行西溪支行的优先债权额，及其对中科公司的特定土地享有优先受偿权，优先债权金额不足受偿部分转为普通债权参与分配。

一审法院建德市人民法院认为，在债务人以其财产为自己债务提供担保时，如担保物的价款不足以清偿别除权人的全部债权额，未受偿的担保债权转化为对债务人的普通破产债权。但本案中，中科公司仅作为抵押担保人为中融公司的债务提供担保，担保债权人的债权在破产程序中虽可以构成别除权，但因中科公司并非主债务人，故在担保物价款不足以清偿担保债权额时，余债不属于可转化为普通破产债权的

① 参见浙江省杭州市中级人民法院民事判决书，(2020) 浙 01 民终 4338 号。

情形,而只能向主债务人中融公司求偿。涉案抵押担保的标的物变现后,抵押权人的实际优先受偿额小于抵押担保的债权额,而杭州银行西溪支行的优先债权受偿金额不足部分不属于可适用作为普通债权参与分配的情形,故杭州银行西溪支行主张的优先债权金额在本案中已无实际价值,其可通过执行程序另行向主债务人求偿。其后,二审法院杭州市中级人民法院亦持有上述观点,维持一审判决。

五、破产财产变价方案

《企业破产法》第111条规定:“管理人应当及时拟订破产财产变价方案,提交债权人会议讨论。管理人应当按照债权人会议通过的或者人民法院依照本法第六十五条第一款规定裁定的破产财产变价方案,适时变价出售破产财产。”

破产财产的分配应当以“货币分配”为原则,以“实物分配”为例外。因此,破产管理人在进行最后的破产分配前,必须对非金钱破产财产实施变价。破产财产处置应当以价值最大化为原则,兼顾处置效率,不能变价或者变价损失较大的,经债权人会议决议,可以采用实物分配,即以实物折价的方式抵偿应支付给债权人的配额。①

在实践中,破产财产变价在破产清算程序中具有十分重要的地位。破产财产变价结果决定了可供分配的破产财产的金钱数额,从而对债权人的实际受偿结果产生直接影响。一般来说,在企业进入破产清算程序以后,破产财产无法覆盖、清偿全部的破产债权。此时,破产财产应视为全体债权人的共同财产,由债权人会议按照法定程序表决通过破产财产变价方案加以处置。财产变价方案一经表决通过,视为代表了大多数债权人的意愿,有利于保证破产财产变价的公平、合理进行。

根据本条第1款的规定,管理人是破产财产变价方案的制订者。破产变价方案

① 《破审纪要》第26条规定:“破产财产处置应当以价值最大化为原则,兼顾处置效率。人民法院要积极探索更为有效的破产财产处置方式和渠道,最大限度提升破产财产变价率。采用拍卖方式进行处置的,拍卖所得预计不足以支付评估拍卖费用,或者拍卖不成的,经债权人会议决议,可以采取作价变卖或实物分配方式。变卖或实物分配的方案经债权人会议两次表决仍未通过的,由人民法院裁定处理。”

一般是原则性方案。破产管理人应将处置原则、处置财产的范围、处置方式等与破产财产变价有关的内容写入破产财产变价方案。破产管理人在准备破产财产变价方案时，对破产财产的处分有一定的灵活处置权，应当从使破产财产价值最大化的角度出发，根据破产程序的进行程度，按照破产财产的性质和市场变化，及时、合理地设计破产财产变价方案，以最大限度防止破产财产的价值贬损。

破产财产变价方案需要由债权人会议表决通过，通过标准应当按照本法第 64 条的规定，由出席会议的有表决权的债权人过半数通过，并且其所代表的债权额应当占无财产担保的债权额的 1/2 以上。如果债权人会议未能表决通过破产管理人提交的破产财产变价方案，则按照本法第 65 条第 1 款的规定，由人民法院作出最终裁定。

本条第 2 款规定，在变价方案经债权人会议通过或经人民法院裁定通过后，由破产管理人来执行变价方案的内容；破产管理人应当按照破产财产变价方案的规定，根据具体情形适时地对破产财产实施变价。此处关于"适时"的理解，在选择变价出售破产财产的时机方面，秉承使债务人财产保值增值的原则。在实践中，管理人对不动产或上市公司股票、债券等的处置时机选择非常关键。在必要时，管理人可以聘请证券公司等专业机构，委托其代为设计方案并处置相关资产。

鉴于管理人在变价过程中，拥有对破产财产的自由处置权，故应受到法院和债权人委员会的监督。具体监督的方法参见《企业破产法》第 68 条、第 69 条等相关规定。

六、破产财产的变价方式

《企业破产法》第 112 条规定："变价出售破产财产应当通过拍卖进行。但是，债权人会议另有决议的除外。破产企业可以全部或者部分变价出售。企业变价出售时，可以将其中的无形资产和其他财产单独变价出售。按照国家规定不能拍卖或者限制转让的财产，应当按照国家规定的方式处理。"

破产财产的变价方案与实施效果，直接影响了全体债权人的清偿利益。因此，破产财产的变价程序，原则上应当通过公开拍卖的方式进行。但本条同时规定，债权人会议有权另行决定破产财产的变价方式。如果大多数债权人认为,对部分待变价的破产财产或者全部待变价的破产财产,除拍卖以外的方式更能取得良好的处置效果,也允许通过协议等非公开方式进行。

关于破产财产的具体变现方式,应当允许适当的灵活性与变通性,即管理人可以根据不同情况,选择整体、部分或单独变价等处置方式。破产企业的整体或者部分变卖,既包括各种生产力要素在内的变卖,如不动产、成套设备、知识产权等,也包含品牌价值、市场影响、渠道资源、合作伙伴信赖与支持力度等无形资产或价值的变卖。

一般而言,整体变卖的变现所得会明显高于分散出售的处置价格。另外,整体处置还可维持破产企业的整体经营或者某一可以独立经营的营业项目,减少因破产企业注销对财富的贬损。另外,整体出售在一定程度上还可以保证就业,也易于被政府等监管部门所接受,便于在特定行业中获得监管部门的审批同意。

总之,破产清算程序中的处置方式,既可通过资产整体转让,享受整体出售溢价,亦可通过全部拆分变现等方式,单独处置破产财产。但无论如何,在破产宣告作出之后,管理人都必须以清算注销的方式终结破产程序,即破产企业的壳价值将无法继续保留。

本条第 3 款规定了破产财产变价的限制。按照国家规定不能拍卖或者限制转让的财产,应当按照国家规定的方式处理。《拍卖法》第 7 条对不得拍卖的物品作出规定。另外,根据相关法律规定,我国禁止流通物包括国家所有的土地、矿藏、水流、国家禁止交易的野生动物等。从国家性质以及维护社会公共利益出发,法律对一些物品的拍卖作出限制,具体包括:(1)危险品和受管制的物品,如枪支弹药等,禁止任意流通;(2)对稳定国家金融秩序有关的物品,由国家专门部门进行统一管理和经营;(3)历史文物的转让必须出售给国家指定的文物收购单位等。如果破产财产中有属于国家实行特别管制或者限制流通的物品,按照国家规定不能拍卖或者限制转让,就应当按照国家关于该物品的流通管理规定,依照法定的方式予以处理。

实践焦点 112

破产程序中数据资产的处置问题

1.估值方法

根据《企业破产法》的规定,在破产管理人接管债务人资产时,应对现有财产进行盘点清册、清产核资与审计评估,借助企业资产负债表等账簿信息,确定债务人的财产价值,但截至目前,在会计入表等方面,因数据资产存在法制缺失与实操难度,故管理人通过财务账簿等清点数据资产系极具挑战的命题,其核心是对数据资产的权属确认与价值计量。

在破产程序中,就管理人而言,对于无法确定价值的数据资产,不应完全依赖财务记账进行判断,而应秉持"应纳尽纳"原则,委托专门的评估机构对数据资产的价值进行评估。数据资产价值的评估方法包括成本法、收益法和市场法三种基本方法及其衍生方法。

(1)成本法是根据形成数据资产的成本进行评估。尽管无形资产的成本和价值,具有天然的弱对应性,成本具有不完整性,但部分数据资产应用成本法评估其价值,仍存在一定合理性。(2)收益法是通过预计数据资产可能带来的收益并估测经济价值。这种方法在实际中比较容易操作。该方法是目前对数据资产评估比较容易接受的一种方法。虽然企业使用数据资产"直接"获取经济收益的情况可能较为少见。但是,根据数据交易中心提供的交易数据,还是能够对部分企业数据资产的收益进行初步测算。(3)市场法是根据相同或者相似的数据资产的近期或者往期成交价格,通过对比分析,评估数据资产价值的方法。根据数据资产价值的影响因素,可以利用市场法对不同属性的数据资产的价值进行对比分析与动态调整,反映出被评估数据资产的市场变现价值。

综观上述三种评估方法，成本法简便易行但估值较低，收益法与市场法均取决于数据交易市场中存在相同或相似交易先例，方能确定参考坐标。破产管理人在对数据资产进行评估时，应结合三种方法综合衡量，配合评估机构，寻找价值最大化的评估方法，以便破产财产的真实价值得到最大化的发掘和利用，保护债务企业与债权人的合法权益。

2.处置方式

根据《企业破产法》第112条的规定，管理人在处置破产财产时，应以拍卖为原则，以协商转让为例外。关于数据资产的利用与处置，管理人应注意下述问题：

(1)处置前的准备工作

首先，管理人应确认数据资产是否属于破产财产，即通过数据确权明确数据资产拥有者，这是处置破产财产的前提条件。

其次，重视数据资产中的个人信息保护问题，保证在进行数据资产处置时，避免侵犯个人信息的相关权益；如债务人在收集个人信息时，个人已明确同意授权债务人有权进行后续处置时无须再次征得其个人同意，则管理人在履行对前期告知文件及个人同意的文件审核后，可对该个人信息形成或融入的数据资产进行转让。

再次，关于数据资产中的个人信息匿名化或脱敏处理结果的评估工作，鉴于管理人并非数据领域的专业人士，在对个人信息进行匿名化或脱敏处理时，需要专业第三方的帮助。例如，管理人合作的数据脱敏机构，应为具有关于数据脱敏专业技能与资质的企业或机构。在实践中，此类企业或鉴定机构可由法院联合数据信息化管理相关协会共同推荐。

最后，完成对数据资产价值的评估。无论是公开拍卖还是协商转让，均需对数据资产进行提前评估，以确定数据资产的交易价格和变现方式。如上文所述，数据评估可以根据成本法、市场法、收益法进行综合评定。

(2)处置方式的选择

其一，关于公开拍卖平台的选择与使用。目前在公开拍卖平台方面，管理人使用较多的是淘宝网等网络平台。我们在该等网站以“数据”为关键字进行查询，尚未找到数据资产的拍卖记录。该等网站主要体现为对商标、专利等传统无形资产的处置。

我们可以预见，在未来管理人选择公开拍卖平台时，必须在履行数据确权与数据评估的基础上，将数据资产上传，而其中的难点包括但不限于数据确权与数据评估的合法性、合理性。同时，在拍卖描述方面，数据资产与传统知识产权也在很多方面存在重大区别，例如数据具有可复制性，一旦潜在买家要求验货或了解数据资产的情况，即便只是公示数据的一部分，则该部分数据也可能被复制使用，从而使买家在一定程度上免费获取并使用；而简单的文字描述又无法使买家了解具体信息，致使数据资产拍卖可能被低价处置或流拍，出现价质不符的状况，导致数据资产的经济价值无法充分实现。因此，管理人如拟通过网络公开拍卖平台进行数据资产的评估与拍卖，既需做好数据确权、数据评估等前期服务，也要结合数据资产的特性，建立和使用完善的数据资产交易系统。

其二，关于数据交易所的选择与使用。在大数据发展与应用兴起后，作为数据流通的方式与场所，各省市逐步探索建立数据交易所，将其作为数据提供商入场交易的场所。自 2015 年，贵阳大数据交易所正式挂牌运营以来，先后已有近二十家数据交易所成立；2020 年之后，北京和上海等地成立了新一批数据交易所，包含北方大数据交易中心、西部数据交易中心、深圳数据交易所、广州数据交易所等在内的十余家数据交易所也开始陆续启动建设。目前，北京国际大数据交易所、上海数据交易所已经正式上线，其中，北京国际大数据交易所构建了数据交易平台 IDeX 系统，推出了保障数据交易真实、可追溯的“数字交易合约”；上海数据交易所上线了新一代智能数据交易系统，推出了数据产品登记凭证。新设数据交易所通常提供对数据资产合规审查及价值评估的交易前置服务，能够有效避免后期因数据确权产生的法律争议，同时因数据交易所属于专业机构，在其周围有较好的数据生态圈，也能够促进数据交易的实现。因此，将破产程序中的数据资产放在数据交易所进行交易，亦不失为较好的解决方式。

其三，关于协商转让。在数据资产存在潜在买家的情况下，协商转让方式能够经济、快速地实现资产变现。为避免因数据交易产生的法律风险，管理人在协商转让的情况下，同样应对数据确权、资产评估等事项进行前期处理并就该方式征得债权人会议的同意。

七、破产财产的分配顺序

《企业破产法》第113条规定:“破产财产在优先清偿破产费用和共益债务后,依照下列顺序清偿:(一)破产人所欠职工的工资和医疗、伤残补助、抚恤费用,所欠的应当划入职工个人账户的基本养老保险、基本医疗保险费用,以及法律、行政法规规定应当支付给职工的补偿金;(二)破产人欠缴的除前项规定以外的社会保险费用和破产人所欠税款;(三)普通破产债权。破产财产不足以清偿同一顺序的清偿要求的,按照比例分配。破产企业的董事、监事和高级管理人员的工资按照该企业职工的平均工资计算。”

破产清算制度的主要目的是平衡债权人与债务人之间的利益,利用破产企业的有限财产,合理地作出令各方债权人最大限度满意的安排。因此,在确定破产清偿顺序时,要考虑各类型债权人的特点,从维护社会和经济秩序的稳定的角度出发。

《企业破产法》对破产分配顺序作出以下规定:

(一)破产费用和共益债务

破产费用包括破产案件的受理费用、债务人财产的管理变价和分配所需费用以及管理人执行职务的费用等。共益债务是破产管理人为债权人的共同利益、在破产案件受理后管理破产财产所负担的债务。破产费用和共益债务均为破产程序进行的物质保障,应当从破产财产中随时支付。

(二)职工债权

我国作为社会主义国家,优先保护劳动者的合法权益。职工债权包括职工的工资和医疗、伤残补助、抚恤费用,所欠的应当划入职工个人账户的基本养老保险、基本医疗保险费用,以及法律、行政法规规定应当支付给职工的补偿金。①

《破审纪要》第27条规定,破产程序中要依法妥善处理劳动关系,推动完善职工

---

① 职工补偿金是指在《劳动法》规定的情况下,用人单位与职工解除劳动合同的,应当给予一定的经济补偿。

欠薪保障机制，依法保护职工生存权。由第三方垫付的职工债权，原则上按照垫付的职工债权性质进行清偿；由欠薪保障基金垫付的，应按照《企业破产法》第 113 条第 1 款第 2 项的顺序清偿。债务人欠缴的住房公积金，按照债务人拖欠的职工工资性质清偿。

(三)税款债权

其他社会保险费用及税款位于第三清偿位阶。具体而言，其他社会保险费用，即破产企业欠缴的基本养老保险和基本医疗保险，应当纳入统筹基金的部分以及失业保险、工伤保险、生育保险的保险费。破产企业应缴纳的各项税款，在职工债权清偿完毕后，优先于其他普通破产债权清偿。

税收是国家财政的重要来源，在破产清算程序中，保证其优先受偿，有利于维护社会公共利益。在实践中，根据《公司法司法解释(二)》第 18 条的规定，公司在破产清算中所欠税款，如果股东存在过错，会被税务机关请求承担连带责任。① 如“温州市地方税务局鹿城税务分局诉 B 公司股东损害公司债权人利益责任纠纷案”，②法院即对股东作出承担连带责任的裁判。③

(四)普通债权

普通债权是指除上述各项优先债权以外的，债务人欠付的无担保普通债权，也包括有财产担保债权未优先受偿的部分。

(五)劣后债权

随着实质合并破产案件以及大型企业集团破产案件增多，其内部复杂的财务往来，导致劣后债权这一概念出现在破产方案中的比例明显增多。一般来讲，在破产实践中，债权清偿顺序劣后于普通债权的特殊债权，即劣后债权。劣后债权只能在普通

---

① 《公司法司法解释(二)》第 18 条第 2 款规定：“有限责任公司的股东、股份有限公司的董事和控股股东因怠于履行义务，导致公司主要财产、账册、重要文件等灭失，无法进行清算，债权人主张其对公司债务承担连带清偿责任的，人民法院应依法予以支持。”

② 参见浙江省温州市鹿城区人民法院民事判决书，(2015)温鹿商初字第 3830 号。

③ 参见华税律师事务所：《这五起司法案例揭示股东如何合法规避破产企业欠税连带责任》，载微信公众号“华税”2021 年 5 月 7 日，https://mp.weixin.qq.com/s/fik2szktSfd0Cx11FlUdrQ。

破产债权完全受偿后，如有剩余，方可受偿。常见的劣后债权包括破产申请受理前产生的民事惩罚性赔偿金、行政罚款、刑事罚金等惩罚性债权、基于关联关系而产生的关联债权以及基于股东身份而发生的利润分配或剩余财产分配等。

《破审纪要》第 28 条规定了包含“劣后债权”在内的各类破产债权的清偿顺位原则，即人身损害赔偿债权优先于财产性债权、私法债权优先于公法债权、补偿性债权优先于惩罚性债权，并特别规定人身损害赔偿债权的清偿顺位与职工债权的清偿顺位相同。基于这一原则，民事惩罚性赔偿金作为私法债权，清偿顺位将优先于行政罚款、刑事罚金等公法债权。

关于关联劣后债权与其他劣后债权的清偿顺位，《破审纪要》没有规定。但有观点认为，考虑到关联劣后债权仍属私法债权，根据“私法债权优先于公法债权”的原则，其可优先于公法惩罚性债权受偿。又考虑到其债权的成立存在不当关系，在合法性上劣后于民事惩罚性赔偿金，所以，在清偿顺位上劣后于民事惩罚性赔偿金较为合理。①

本条第 2 款规定，破产财产不足以清偿同一顺序的清偿要求的，按照比例清偿。破产财产对同一顺序的债权清偿不能全部满足，则根据各个债权人的债权金额占该顺序总债权的比例，从破产财产中接受清偿。例如，某一顺序的总债权为 100 万元，共有四个债权人，其债权金额各为 25 万元，而可供分配的破产财产为 10 万元。此时，每个债权人可接受的清偿为 2. 5 万元。

本条第 3 款规定，如破产企业的董事、监事和高级管理人员，对企业破产负有一定的责任。同时，这部分高级管理人员的工资相对于企业的普通劳动者来说较高，法律认为将其工资与普通劳动者的工资均作为第一清偿顺序进行清偿，是不公平的。因此，本条第 3 款对破产企业的高级管理人员的工资清偿进行一定的限制。按照该款的规定，破产企业的董事、监事和高级管理人员的工资虽然可以作为第一顺序清偿，但其数额只能按照企业职工的平均工资计算。

---

① 参见王欣新：《论破产程序中劣后债权的清偿》，载《人民法院报》2018 年 7 月 4 日，第 7 版。

实践焦点 113

担保债权与成立在先的税款债权的清偿位阶

根据《企业破产法》第109条、第113条之规定，在破产程序中，担保债权在抵押范围内优先于破产费用、共益债务、职工债权、税款债权和普通债权等清偿。与此同时，《税收征收管理法》第45条规定，纳税人欠缴的税款发生在纳税人以其财产设定抵押、质押或者纳税人的财产被留置之前的，税收应当先于抵押权、质权、留置权执行。《税收征收管理法》与《企业破产法》关于税款债权与抵押担保债权清偿顺序的规定并不一致，由此产生税款债权和担保债权何者优先的问题。

司法实践中存在不同的做法。例如，在“中国农业银行股份有限公司绍兴越城支行与绍兴金宝利纺织有限公司、绍兴市柯桥区国家税务局破产债权确认纠纷案”中，①柯桥区法院认为税款债权应当优先于担保债权获得清偿。从《税收征收管理法》本身的立法规范、沿革、目的、体系及精神来分析：第一，从规范本身看，税收债权优先于担保物权系附有条件，即需税收债权发生在担保物权设定之前。第二，从立法沿革看，《税收征收管理法》自1992年颁行以来，经过1995年、2001年及2013年三次修订，其第45条之规定自2001年修订增加后，在2013年对《税收征收管理法》进行修订时对该条规定予以保留，从中亦可知立法目的之一贯性。第三，从立法目的、精神及体例看，该条规定旨在防范当事人之间通过恶意串通，而对纳税人的责任财产设定不当之负担，损害国家利益。就其精神而言，实为善意债权人提供税法之特别保护。具体而言，当事人之间的交易以信用为基础，而及时并积极履行纳税义务是当事人信用之基础。设定物上担保之目的在于补足相对方之信用，保障债权人之权利。若债务人或担保人本身存在欠缴税款之情形，则说

① 参见浙江省绍兴市柯桥区人民法院民事判决书，(2016)浙0603民初10874号。

明其本身信用不足。《税收征收管理法》亦为当事人设有相应途径,获悉相对方是否存在欠税情形。此种制度设计已为当事人进行交易时评估相对方之信用提供保护。因此,从上述立法目的、精神及体例看,《税收征收管理法》第 45 条之规定并无损害担保物权人利益之目的与结果,相反,为债权人在规避交易风险上提供了税法上的特别保护。

柯桥区法院同时指出,《税收征收管理法》第 45 条第 1 款的规定与《企业破产法》第 109 条及第 113 条的规定并无冲突。第一,《企业破产法》第 109 条规定对破产人的特定财产享有担保权的权利人,对该特定财产享有优先受偿的权利。此等优先受偿的权利之优先性如何,尚应根据担保权利之性质、顺位等因素来具体确定。根据《物权法》第 170 条之规定:"担保物权人在债务人不履行到期债务或者发生当事人约定的实现担保物权的情形,依法享有就担保财产优先受偿的权利,但法律另有规定的除外。"①《税收征收管理法》第 45 条第 1 款的规定应当为《物权法》第 170 条规定的除外情形。第二,如上所述,税收债权优先于担保物权系负有条件的特别规定,《企业破产法》第 113 条关于破产债权清偿顺序的规定系对破产债权清偿顺序的一般性规定,《企业破产法》的上述一般性规定并无排除适用《税收征收管理法》第 45 条第 1 款之本意及解释之可能。立法既已对特定情形下的税收债权作出优先于担保物权的特别安排,应当予以维护。此外,延津县法院裁定认可的破产财产分配方案中,②也认为根据《税收征收管理法》第 45 条的规定,纳税人欠缴税款发生在纳税人以其财产设定抵押、质押或者纳税人的财产被留置之前的,税收应当先于抵押权、质权、留置权执行。

也有许多法院持相反态度。例如,"国家税务总局苏州市吴江区税务局与云飞氨纶(苏州)有限公司、苏州资产管理有限公司破产债权确认纠纷案"中,③苏州市中级人民法院认为,抵押担保债权在抵押物折价或者拍卖、变卖所得价款范围内应优先于税收债权清偿。首先,从冲突权利性质来看,税款属于破产债权,担保物权属于物

① 现为《民法典》第 386 条。

② 参见河南省延津县人民法院民事裁定书,(2019)豫 0726 破 2 号之一。

③ 参见江苏省苏州市中级人民法院民事判决书,(2020)苏 05 民终 3917 号。

权。一般而言，物权请求权的效力优先于债权请求权，担保物权理应优先于税款债权得到清偿。对于前述原则，一般存在以下例外情形：一是经济上弱势地位一方需要予以特殊保护，如建设工程价款优先受偿权、商品房买受人物权期待权；二是维护交易安全、物尽其用等法定例外情形，如租赁合同债权。而就税收债权而言，其因有国家公权力予以征收保障，《税收征收管理法》中亦规定了多种强制手段，且税收债权为法定债权而非意定债权，不存在交易安全需要，不属于前述特殊例外情形。故根据物权优先于债权的原则，担保物权理应优先于税收债权得到清偿，且税收债权不具备合理的优先于担保物权的理由。其次，从法律适用规则来看，《立法法》第 92 条规定，同一机关制定的法律，特别规定与一般规定不一致的，适用特别规定。《税收征收管理法》与《企业破产法》均由全国人大常委会制定，两部法律的位阶相同。从调整对象来看，《税收征收管理法》调整的是全体纳税人的税款征缴事项，《税收征收管理法》第 45 条规定涉及任何状态下企业的税收债权与有担保债权的清偿顺序问题，而《企业破产法》调整的是进入破产程序的非正常状态企业债权债务概括公平清偿程序，该特定程序中破产企业及破产债权人等相关主体的权利均将受到限制，属于特别规定。因此根据特别法优于一般法的规定，应优先适用《企业破产法》的规定。事实上，2019 年 12 月 12 日国家税务总局下发的《关于税收征管若干事项的公告》第 4 条关于企业破产清算程序中的税收征管问题第 3 项规定，企业所欠税款、滞纳金、因特别纳税调整产生的利息，税务机关按照企业破产法相关规定进行申报，可见国家税务总局亦明确了破产企业所欠税款税务机关应当按照《企业破产法》的规定申报，认可适用《企业破产法》的规定。最后，从法律体系内在逻辑来看，在破产背景下适用《税收征收管理法》第 45 条的规定，如果税收债权金额大于抵押物变现金额，以抵押物变现金额为限的税收债权优先于破产费用、共益债务和职工债权清偿，超出部分将劣后于破产费用、共益债务和职工债权清偿，则税收债权在破产程序中的清偿顺序出现混乱。《税收征收管理法》第 45 条规定与破产程序中破产债权的清偿体系不相容，二者之间存在根本性的逻辑冲突，《税收征收管理法》第 45 条规定只能调整常态下税收债权和担保债权的清偿顺序，无法适应破产背景下税收债权、担保债权的清偿顺序。在“国家税务总局台州经济开发区税务局、台州市万治物资再生利用贸易有限公司普通破产债权确认纠纷案”①、“景德镇农村商业银行股份有限公司与江西佳森机械有限公司别除权纠纷案”②等案中，审理法院均作出了同样的认定。

《破审纪要》第28条规定：“对于法律没有明确规定清偿顺序的债权，人民法院可以按照人身损害赔偿债权优先于财产性债权、私法债权优先于公法债权、补偿性债权优先于惩罚性债权的原则合理确定清偿顺序。”这一规定大致体现了最高人民法院的态度——私法债权在清偿顺序上优先于公法债权。2021年，各地法院也相继出台了指导意见，如四川省高级人民法院、河南省高级人民法院等在关于企业破产程序涉税问题处理的实施意见中明确了税款债权的优先性，规定管理人应当对税务机关申报的债权优先情况进行审查，但对于税款债权的清偿顺位，仍然未作出明确的处理意见。

笔者倾向于认为，从《破审纪要》的精神来看，担保债权就担保物在折价或者拍卖、变卖所得价款范围内应优先于税款债权受偿，且近年来如此处理的案例也相对更多。但要从根本上解决这一问题，需要《税收征收管理法》和《企业破产法》予以明确规定。

实践焦点 114

在股权让与担保中，担保权人担保权的实现路径

目标公司破产时，由于担保权人持有的目标公司股权已大幅贬值，其享有的权利性质系股权或是债权，以及其相比目标公司其他债权人、其他股东的清偿顺位孰先孰后，均会对其利益产生重大影响。有部分观点笼统地认为，应考量破产法作为概括债务清理机制的核心功能和担保权人作为登记股东的外观表征，以担保权人劣后（目

① 浙江省台州市中级人民法院民事判决书，(2019)浙10民终1071号。

② 江西省景德镇市中级人民法院民事判决书，(2019)赣02民初87号。

标公司)普通债权人、优于其他股东为处理原则。但笔者认为,此时应区分不同的交易模式,进行处理:

(1)目标公司股东作为担保权人的债务人,转让原有股权实现让与担保

第一,可以明确的是,此时的担保权人既非目标公司债权人,亦非其担保权人,无权就标的股权或公司财产主张优先受偿。

第二,若让与担保交易发生在担保人和担保权人内部,目标公司及其他股东并不知情,则此时担保权人相对于目标公司已实际取得股东地位,仅能在公司财产清偿完毕所有破产债权后,才能就剩余部分与其他股东平等分配。

第三,基于有限公司的人合性,股权对外转让时其他股东一般需签署放弃优先购买权的承诺书,故目标公司及其他股东知悉让与担保的内部交易在实务中更为常见,此时宜将担保权人顺位劣后于目标公司债权人,但优先于其他股东,更能符合股东内部的预期。

(2)目标公司作为担保权人的债务人,向担保权人增资扩股实现让与担保

除以目标公司原有股权完成让与担保外,实务中还有一种常见的交易模式,即目标公司通过新增注册资本的方式,对担保权人增资扩股,作为目标公司或第三方向担保权人支付股权回购价款的担保。此种情形下,目标公司为债务人,而担保权人具有双重身份,既是目标公司名义股东,又是公司债权人。

此时,担保权人可以主张增资扩股系明股实债,其有权与公司其他普通债权人平等受偿。此时,公司其他债权人为避免清偿率降低,必然会主张,担保权人作为公司股东这一事实已经过登记公示,内部让与担保的交易安排无法被外部主体知悉,在其未办理股权回购和变更登记前,其对目标公司仅享有股权而非债权。

例如,在"青海华鑫水电开发有限公司与中融国际信托有限公司破产债权确认纠纷"中,①青海华鑫水电开发有限公司(以下简称华鑫水电公司)作为目标公司称,一审法院认定中融国际信托有限公司(以下简称中融信托公司)27 亿元增资款和 3.47 亿余元股权转让款为对华鑫水电公司享有的债权于法无据。首先,前述增资

① 参见青海省高级人民法院民事判决书,(2021)青民终 74 号。

和股权转让行为均已在工商部门登记完毕，具有公示效力，中融信托公司已经具备华鑫水电公司法律上的股东身份。即使相关协议内容对前述增资和股权转让行为有融资意思的表述，但在华鑫水电公司破产重整的情况下，依然应当根据工商登记认定中融信托公司为华鑫水电公司股东。

但是，二审法院青海省高级人民法院认为，从形式上看，中融信托公司持有华鑫水电公司股份，但事实上中融信托公司提交的证据证明其未参与华鑫水电公司的经营管理活动，且华鑫水电公司自 2014 年 8 月 15 日起至 2018 年 7 月 17 日如期向中融信托公司支付利息及中融信托公司自愿接受的行为，表明双方在履行合作、增资、股权转让协议期间并没有将中融信托公司作为股东对待……一审根据案件事实，将双方所产生的民事法律关系确定为明股实债，认定中融信托公司向华鑫水电公司、黄河再生铝公司融资款是债权，二审予以采纳。

即使就担保权人对目标公司享有债权而非股权达成共识，在公司其他债权人、担保权人、公司其他股东之间的清偿顺位方面，仍存在较大争议。部分观点认为，担保权人应优先于其他股东，与公司其他债权人平等受偿。相反观点认为，鉴于增资扩股时其他股东通常均已明知背后的交易安排，让与担保带来的资金融通对其他股东和公司经营均有积极意义，宜将其担保权人之顺位排在普通债权人之后、其他股东之前。

笔者倾向于认为，应将让与担保权人增资款认定为普通债权。例如，在"招商银行股份有限公司衡阳分行与湖南衡阳永兴集团有限公司破产债权确认纠纷、别除权纠纷案"中，①衡阳中院认为，从湖南衡阳永兴集团（以下简称永兴集团）与中信信诚签订的《资管计划》及《股权转让合同》来看，双方约定了股权回购事项，同时第三人中信信诚是阶段性持股，签订协议的目的是保证日后债权的实现而以股权作为担保，招商银行股份有限公司衡阳分行（以下简称招行衡阳分行）与中信信诚间的股权转让行为实质为股权让与担保。让与担保是指债务人或者第三人为担保债务人债务的履行，将担保标的物的所有权或者其他权利转让给债权人，当债务清偿后，标的物应

① 参见湖南省高级人民法院民事判决书，(2020) 湘民终 1211 号。

返还给债务人或者第三人;在债务人不能履行债务时,债权人有权获得担保标的物的所有权或就该财产优先受偿的非典型担保,属于市场经济发展中的特殊担保类型,其能够弥补典型担保和其他非典型担保方式之缺陷,为股权质押方式之有益补充。故永兴集团与中信信诚签订涉案《股权转让合同》,是基于担保债务履行的目的,明为股权转让实为股权让与担保的合同,系双方真实意思表示,未违反法律及行政法规的强制性规定,合法有效。故管理人主张中信信诚作为永兴集团的股东将公司巨额资产抵押在自己名下,该债权应为劣后债权,缺乏事实及法律依据,不予支持。二审法院虽撤销了一审判决,但并未认定招行衡阳分行债权为劣后债权。

八、破产财产分配方式

《企业破产法》第 114 条规定:“破产财产的分配应当以货币分配方式进行。但是,债权人会议另有决议的除外。”

在破产实践中,破产财产的分配主要分为“货币分配”、“实物分配”和“债权分配”三种,即将破产财产分别以货币、实物或者债权的形式分配给债权人。其中,以货币分配为主,因为这种方式最容易在债权人之间达到公平。后两种方式主要是在破产财产不容易变价或者不能变价转化为货币而拖延破产清算时间、增加破产费用的情况下,不得不采用的替代办法。根据债权人会议的决定,管理人可以不将破产财产中的实物或者债权变价,而是按照破产财产分配方案的规定直接将其分配给债权人。例如,破产企业的应收账款较多,债权关系复杂,破产管理人收回债权的难度较大,且又难以通过竞价交易等方式实现债权,在此情况下,破产债权人中有愿意接受实物或者应收账款进行分配的,可以通过债权人会议将某一实物或者应收账款直接分配给特定债权人。

上述分配方式的法理基础即民法上的代位清偿制度。以分配实物和应收账款的形式偿付债权,有利于省略拍卖环节,节省时间和成本。但也存在一定弊端,通常难以保持较高程度的公平性,具体而言:

在实物分配方面,其欠缺了实物变现的市场化询价环节与定价机制,使财产估价过程存在一定的随意性。因此,各方只能在之前所进行的审计和评估结果的基础上,通过协商来确定抵债金额。而在应收款项分配方面,因应收账款的实现存在不确定性、非货币财产的市场价值存在波动性,加之债权估价过程存在一定的随意性,因而很可能损害债权人的利益。

有时,即使应收款项可以确定清缴追回,但要得以实现,也须付出一定的财务成本与时间成本,变相地减少了破产债权人受偿额度,并给破产债权人带来不必要的麻烦。同时,在实践中也存在部分破产企业或管理人利用实物分配和债权分配的弊端,将没有实际价值的实物和应收款项,分给了代位追偿难度更大的外地债权人或者小额债权人,这就变相地损害了该等债权人利益。因此,关于破产财产的分配方式,法律必须进行一定的限制,以保护全体破产债权人的利益。

在破产清算程序中,"以实物或应收账款清偿"一般体现在破产财产的分配分案中。管理人采用实物或应收款项清偿时,应当注意以下几点:首先,应当将待分配财产的情况向全体债权人充分披露;其次,应当采取评估或其他适当方式,对待分配财产进行市场化定价;最后,接受实物或应收账款分配的个别债权人,应当以实物或债权清偿债务后的差价支付或领取补偿,但在计算补偿时应考虑到财产折旧、变现成本、贬值风险等因素。

九、破产财产分配方案

《企业破产法》第115条规定:"管理人应当及时拟订破产财产分配方案,提交债权人会议讨论。破产财产分配方案应当载明下列事项:(一)参加破产财产分配的债权人名称或者姓名、住所;(二)参加破产财产分配的债权额;(三)可供分配的破产财产数额;(四)破产财产分配的顺序、比例及数额;(五)实施破产财产分配的方法。债权人会议通过破产财产分配方案后,由管理人将该方案提请人民法院裁定认可。"

破产财产分配方案须经管理人拟订、债权人会议讨论表决、法院裁定批准等三大主要环节。其中,破产管理人拟订的破产财产分配方案,应当载明的事项包括本条款所列明的五项内容,解决"破产财产有多少,分给谁,如何分"的问题。

破产财产分配方案,遵循绝对优先原则,保证顺位在前的债权,可在方案中获得优先清偿。在破产清算中,由破产管理人负责管理和支配破产财产。因此,破产财产分配方案应当由管理人负责拟订。管理人在对破产财产进行清理、评估、变价后,应当尽快撰写、出具破产财产分配方案并提交债权人会议表决。

从内容上看,破产财产分配方案是破产案件终结前的最终方案。一方面,《企业破产法》通过确定债务人财产的范围,规定破产撤销权和破产行为无效制度以及包括《企业破产法》第18条、第53条在内的制度安排,尽可能地扩充与追回债务人财产。在破产宣告之后,这些财产便成为供全体债权人进行统一分配的破产资产池。另一方面,法律通过规定债权申报、审查、确认等制度,确定破产案件中需要解决的、应当获得分配的债权金额、种类。这些内容最终都要体现在破产财产分配方案中,因此,该方案的重要性不言而喻。具体而言,破产财产分配方案应当包括以下内容:

(1)参加破产财产分配的债权人的基本信息。在破产案件受理前,对破产企业享有的所有债权,都可以进行申报并成为破产债权。但并不是所有的破产债权人都会参加破产财产的分配。有担保的破产债权人通过行使本法规定的别除权,债权已经得到清偿的,不必参加破产财产分配;有的破产债权人通过依法行使抵销权,使自己的破产债权与对破产企业的负债同归消灭,也不必参加破产财产的分配。

(2)参加破产财产分配的债权额。为方便债权人会议审议破产财产分配方案,故在方案中,管理人除应记载每一笔接受分配的债权的具体数额,还要如实披露参加破产财产分配的债权总额,以便债权人进行简单的审阅核算。

(3)可供分配的破产财产数额。破产管理人在记载这一事项时,应当说明如下内容:其一,破产财产的总体情况;其二,作为别除权标的物的破产财产的情况;其三,破产企业占有的被行使取回权的财产情况;其四,破产财产变价的情况;其五,破产费用、共益债务的情况;其六,破产财产在扣除上述应当优先支付的事项后,所余的可供分配的财产数额。

(4)破产财产分配的位阶、比例与数额。按照《企业破产法》规定的清偿位阶,对每笔破产债权应当接受的分配位阶、依法可以获得的清偿比例以及具体可获分配的清偿数额,皆由破产管理人详细记载于破产财产分配方案中。这是破产财产分配方案最重要的核心内容,也是债权人最关心的重点内容。

(5)实施破产财产分配的方法,包括破产财产是实行一次分配还是多次分配,是实行货币分配还是实行非货币分配,以及破产财产分配的时间、地点等。

管理人完成破产财产分配方案后,应当提交债权人会议讨论。按照本法第64条之规定,由出席债权人会议的有表决权的债权人过半数通过,并且其所代表的债权额占无担保的债权总额的1/2以上的,视为通过破产财产分配方案。

债权人会议在通过破产财产分配方案以后,应由管理人提交人民法院进行审查。人民法院对破产财产分配方案的真实性、准确性和合法性进行审查,认为符合法定条件的,作出民事裁定书,予以书面裁定确认。如债权人会议未能通过破产财产分配方案,则按照本法第65条的规定,通过协商、修改并再次表决。经债权人会议两次表决均没有通过的,人民法院可以直接对破产财产分配方案作出批准裁定。该裁定一经作出即具有司法意义上的强制执行效力。①

十、分配方案的执行

《企业破产法》第116条规定:"破产财产分配方案经人民法院裁定认可后,由管理人执行。管理人按照破产财产分配方案实施多次分配的,应当公告本次分配的财产额和债权额。管理人实施最后分配的,应当在公告中指明,并载明本法第一百一十七条第二款规定的事项。"

破产管理人负责执行具有司法确信力的破产财产分配方案。管理人应当在破产财产分配方案生效后,及时通知参加破产财产分配的债权人接受分配,并按照破产财产分配方案规定的清偿顺序、偿付方式、地点和时间,将可供分配的破产财产分配给

① 《企业破产法》第65条规定:"本法第六十一条第一款第八项、第九项所列事项,经债权人会议表决未通过的,由人民法院裁定。本法第六十一条第一款第十项所列事项,经债权人会议二次表决仍未通过的,由人民法院裁定。对前两款规定的裁定,人民法院可以在债权人会议上宣布或者另行通知债权人。"

债权人。

破产财产的分配可以采取一次分配或者多次分配的方式。一次分配是将破产财产在特定时间内,一次性地分配给债权人;多次分配是将破产财产根据变现情况,在两个或者两个以上特定集中的时期内分配给债权人。

实践中,破产财产实行一次分配还是多次分配,主要取决于破产财产的变现难度。如果破产财产相对集中或者变价顺利,在相对集中的时间内变现完毕的,则采取一次分配的方式;如果破产财产的构成相对复杂,范围较广,不容易一次性或者在相对集中的时间内变价,则实行多次分配,即“变价一部分,分配一部分”,至于具体分配次数,则根据破产财产变现的具体情况而定。

破产管理人在对破产财产进行分配时,应当及时公告分配进展。实施数次破产财产分配的,管理人在每次分配前,都应当将本次分配的破产财产的具体数额和破产债权的债权额进行公告,以达到使债权人充分知悉之目的。破产管理人在多次分配的情况下,进行最后一次分配前,还应按照本条第2款的规定,除了要公告破产财产的数额和债权额以外,还要公告附条件的债权的分配规定。

十一、附条件债权的破产分配

《企业破产法》第117条规定:“关于附生效条件或者解除条件的债权,管理人应当将其分配额提存。管理人依照前款规定提存的分配额,在最后分配公告日,生效条件未成就或者解除条件成就的,应当分配给其他债权人;在最后分配公告日,生效条件成就或者解除条件未成就的,应当交付给债权人。”

按照《企业破产法》的规定,附条件的债权也可以进行债权申报,作为破产债权参与破产财产的分配程序。但是,附条件的债权毕竟不同于一般的破产债权,具有不确定性,债权的存在与否将随着条件的成就或者不成就发生变化。因此,附条件债权的分配规则,不同于一般破产之债的分配程序,通常采取提存等方式进行特殊处理。

关于附条件的债权,管理人应当将其分配额进行提存。“提存行为”是导致民法上债务消灭的原因之一,是指由于债权人的原因而无法向其交付债的标的物时,债务人将该标的物提交给提存机关而消灭债务的一项制度。提存发生后，债务消灭，债权人不能再向债务人主张权利，提存标的物的灭失、毁损风险也转移给债权人。同时，提存费用也从提存标的物中支付。在破产分配时，管理人将附条件债权的分配额提存以后，即视为已经向附条件债权的债权人履行了清偿义务。债权人只能按照法律的规定，向提存机关主张领回其提存标的物，而不能再向破产企业要求清偿。

本条第 2 款是关于提存的附条件债权分配额的相关规定。根据该款的规定，提存以后，根据所附条件的不同，存在不同的处理方式：

(1)关于附解除条件的债权，在破产管理人实施最后一次破产分配并进行公告之时，解除条件尚未成就的，此时的债权为有效成立的债权，应当将提存的分配额交付给债权人；如果在最后分配公告之日，解除条件已经成就，此时债权债务关系解除。附解除条件债权的债权人不再是破产债权人，提存的分配额应当分配给其他债权人。

(2)关于附生效条件的债权，在破产管理人实施最后一次破产分配并进行公告的时候，生效条件尚未成就的，此时债权债务关系尚未有效成立，提存的分配额应当分配给其他债权人；如果在最后分配公告之日，生效条件成就，此时的债权为有效确定的债权，提存的分配额应当交付给债权人。

实践焦点 115

质保金是否属于附条件的债权

在“湖北东升建设有限责任公司、湖北蓝翔置业发展麻城有限公司建设工程施工合同纠纷案”中，[①]2014 年 5 月 11 日，湖北东升建设有限责任公司（以下简称东升公司）与湖北蓝翔置业发展麻城有限公司（以下简称蓝翔麻城公司）签订《湖北省建设工程施工合同》，合同约定：东升公司承包施工蓝翔麻城公司某工程。合同价款

① 参见湖北省高级人民法院民事判决书，(2018)鄂民终 621 号。

采用可调价格,按进度付款每月完成工程,申报实际完成工作量,经甲方和监理工程师签证确认后付至该月的70%,工程竣工后付至合同总价85%,结算后支付至结算价的95%,余下5%为质保金,待质保期满后付清。2017年8月8日,麻城市人民法院裁定受理蓝翔麻城公司的重整申请。东升公司向法院起诉,请求判令蓝翔麻城公司向东升公司立即支付下欠的已完成工程量的尾款8000万元(准确金额以工程造价鉴定结论扣减实际付款8025.56万元确定)。

一审法院黄冈市中级人民法院认为,杜鹃世纪广场工程尚未过质量保修期,不能确定工程在质保期内是否存在质量问题,不能确定质保金是否应当扣除,应在保修期后确认返还质保金的具体数额,因此该债权属于附生效条件的债权。承包协议约定的两年质保期不符合《建设工程质量管理条例》的规定,应按《建设工程质量管理条例》确定质量保修期。二审法院湖南省高级人民法院对此予以确认,涉案工程尚在保质期,故应当预留质量保证金,且该部分债权为附生效条件的债权。

在"天津塘沽瓦特斯阀门有限公司与太平洋水处理工程有限公司普通破产债权确认纠纷案"中,①法院同样确认,双方合同中约定的质保金是为了保证产品的质量而在一定期限届满后支付的款项,而非在期限到来后必然支付的款项,故质保金的支付可视为附条件的债权。

从上述案例来看,当事人在合同中约定质保金的,属于附条件的债权,管理人应当对这部分债权对应的分配额予以提存。

十二、债权人未受领的破产财产分配额的处理

《企业破产法》第118条规定:"债权人未受领的破产财产分配额,管理人应当提存。债权人自最后分配公告之日起满二个月仍不领取的,视为放弃受领分配的权利,管理人或者人民法院应当将提存的分配额分配给其他债权人。"

---

① 参见江苏省南通市经济技术开发区人民法院民事判决书,(2020)苏0691民初131号。

本条作为《企业破产法》的强制性规定,其目的在于避免破产分配程序的久拖不决,在实质上影响破产程序的终结时间。在依据破产财产分配方案的规定,实施破产财产分配时,破产管理人会进行公告,将本次分配的时间、地点以及分配的财产数额和债权额,及时地向破产债权人进行通报。

破产债权人应当按照管理人公告和破产财产分配方案规定的方式和时间,协助管理人完成破产财产分配。如果破产债权人在指定的期限内不去受领其破产分配额,则意味着破产管理人仍必须继续保存并管理该分配额。这会额外增加破产管理人的负担,增加破产费用,甚至会导致破产程序的久拖不决,损害全体债权人的利益。因此,法律必须对债权人迟延受领破产财产分配等消极行为进行限制。

根据本条的规定,债权人未按照规定时间受领破产财产分配的,管理人应当将其分配额进行提存。管理人将分配额提存后,应当通知债权人及时领取。如果债权人在最后分配公告之日起满两个月仍不领取,按照本条的规定,视为债权人放弃受领分配的权利。管理人(破产程序已经终结的,则由人民法院负责被提存分配额的支付或再分配)应当将提存的债权分配额分配给其他债权人,而提存额被再分配的债权人,不得在以后的追加分配中要求补偿。

如果债权人在最后分配公告之日起两个月内没有领取提存的分配额,能否以破产债权人的身份参加提存财产的追加分配。司法实践对此采取肯定态度,主要理由在于:债权人在此期间不领取提存财产,丧失的只是以受领分配债权人的身份,受领该提存财产的权利,但是当提存财产变为可供再次分配的财产时,未受领提存财产的债权人作为破产债权人仍然享有参与分配的权利。破产管理人或者人民法院在以提存的破产财产进行追加分配时,也应当通知未领取提存财产的破产债权人参加分配。

实践焦点116

重整计划执行过程中用以清偿债务的财产的性质问题

以“中国信达资产管理股份有限公司陕西省分公司与陕西秦建房地产开发公司返还原物纠纷案”为例，[①]西安市中级人民法院于2009年3月31日受理陕西秦建房地产开发公司（以下简称秦建公司）的重整申请。在重整计划执行过程中，秦建公司将其名下7套房屋通过以房抵债的方式清偿原债权人中国工商银行北大街支行（以下简称工行北大街支行）的普通债权。因工行北大街支行拒绝秦建公司以房抵债，秦建公司管理人经秦建公司申请，于2014年9月30日向工行北大街支行作出《普通债权受领通知》，于2014年10月17日向工行北大街支行、秦建公司作出《提存决定》《普通债权清偿确认表》。又，原债权人工行北大街支行与中国信达资产管理股份有限公司陕西省分公司（以下简称信达陕西分公司）于2014年12月8日签订《债权转让协议》，工行北大街支行将其享有的债务人秦建公司的不良贷款本金及相应利息转让于信达陕西分公司。后双方在陕西日报发出《债权转让通知暨债务催收联合公告》，信达陕西分公司遂取代原债权人工行北大街支行，成为秦建公司新的债权人。现信达陕西分公司主张享有涉案房屋的受领权，请求法院将抵债房屋过户给信达陕西分公司。

信达陕西分公司诉称，其接受原债权人工行北大街支行享有秦建公司的债权后，与秦建公司协商受领秦建公司抵债给原债权人工行北大街支行提存的房屋，但秦建公司一直拖延至今，拒不办理。被告秦建公司辩称，信达陕西分公司无权对提存的房产主张任何权利。在工行北大街支行明确表示拒绝以物抵债清偿后，秦建公司管理人依据法律的规定对此所涉破产财产进行提存，秦建公司因管理人的履约行为已经

---

① 参见陕西省西安市中级人民法院民事判决书，(2020)陕01民初513号。

完成了债务清偿的义务,其与原工行北大街支行的债权债务已经消灭。在债权人收到提存公告后两个月内未受领可视为放弃受领分配权利。同时,根据《企业破产法》第123条的规定,债权人在重整结束后的两年除斥期间从未行使过任何救济权利,信达陕西分公司早已丧失了对该部分财产主张权利的资格。

西安市中级人民法院认为,在重整计划执行过程中,秦建公司管理人将涉案房屋作为清偿债务的方式,依照《企业破产法》第107条的规定,秦建公司在重整计划执行阶段的财产不能视为"破产财产"。因此,信达陕西分公司未受领的房屋与《企业破产法》第118条规定的"债权人未受领的破产财产分配额"不相一致。另依照《企业破产法》第89条的规定,在重整计划执行过程中,秦建公司负责执行重整计划,秦建公司管理人负责监督重整计划的执行。秦建公司主张涉案房屋依照该条规定已过两个月的除斥期间,辩称信达陕西分公司丧失涉案房屋受领权,于法相悖,西安市中级人民法院依法不予采纳。

但西安市中级人民法院同时指出,现涉案房屋分别登记在秦建公司及本案第三人名下。信达陕西分公司基于工行北大街支行转让其享有秦建公司的到期金钱债权,而主张受让享有秦建公司的金钱债权。信达陕西分公司作为基于以房抵债行为而拟受让不动产的受让人,仅享有未来的债权请求权。该债权请求权不符合法定物权变动的条件,因而不能直接取得上述房屋的所有权。另外,秦建公司在重整程序中通过以房抵债方式而产生的权利仍未超过债权的范畴,其与基于买卖而产生的物权期待权具有基础性的区别。因此,信达陕西分公司主张对上述房屋享有的权利不符合不动产物权期待权的保护条件,在信达陕西分公司不享有上述房屋所有权的前提下,其要求秦建公司过户及移交上述房屋的请求不能成立。

十三、对诉讼或者仲裁未决的债权的破产分配

《企业破产法》第119条规定:"破产财产分配时,对于诉讼或者仲裁未决的债权,管理人应当将其分配额提存。自破产程序终结之日起满二年仍不能受领分配的,人民法院应当将提存的分配额分配给其他债权人。"

根据《企业破产法》第47条的规定,诉讼或者仲裁未决的债权也可以进行申报,并且在破产程序进行过程中,债权人、债务人对债权表记载的债权有异议的,也可以向受理破产案件的人民法院提起确认债权的诉讼。① 诉讼和仲裁案件的进行并不影响债权人在破产程序中权利的行使,可以根据破产法院为其临时确定的债权额,参加债权人会议并享有参加表决等具体权利。但是,诉讼或者仲裁未决的债权,毕竟不能等同于已确定的债权,诉讼或者仲裁的结果可能会随时导致该主体丧失其破产债权人的身份。因此,在对诉讼或者仲裁未决的债权进行破产财产分配时,也应和对一般破产债权的分配程序有所不同。

根据《企业破产法》第119条的规定,在进行破产财产分配时,关于诉讼或者仲裁未决的债权,也采取提存的方法,由管理人将其分配额提存。在诉讼或者仲裁结果出来后,根据结果的不同将提存的分配额分配给作为诉讼或者仲裁一方的债权人,又或将其归入破产财产分配给其他债权人。诉讼或仲裁未决的债权提存额,以债权人会议审议确定的债权表的记载为准。

本条对债权人受领提存分配额的时间进行了必要限制。根据本条的规定,在破产程序终结之日起满2年,债权人仍不能受领分配的,无论其不能受领是因为诉讼或者仲裁程序尚无结果还是其他原因,人民法院都应当将提存的分配额重新归入破产财产,向其他破产债权人实施追加分配。

自破产程序终结之日起满两年之前的任何时间,该类债权人在诉讼、仲裁程序中获得胜诉的,经债权人请求,管理人应当将提存额随时支付给该债权人。该债权人经生效判决或仲裁裁决确认的债权额,按破产财产分配方案规定的比例计算,其分配额高于提存额的,不足部分作为待分配债权,以未分配的破产财产(如事后追回的财产)予以补偿;低于提存额的,剩余的部分应当分配给其他债权人。

自破产程序终结之日起满两年之前的任何时间,该债权人在该诉讼仲裁中败诉或者以非胜诉方式终结诉讼(如撤诉等)的,或者两年届满仍未取得胜诉判决的,如果破产程序尚未终结,由管理人将其提存额分配给其他债权人;如果破产程序已经终

① 《企业破产法》第47条规定:“附条件、附期限的债权和诉讼、仲裁未决的债权,债权人可以申报。”

结，由人民法院通过追加分配将提存额分配给其他债权人。

破产程序终结之日起满两年，该债权人仍不能受领分配的，应当追加分配。破产程序终结之日，是指法院作出破产程序终结裁定之日。根据本法第123条的规定，追加分配是指在破产程序终结之日起两年内进行的分配。

本条为《企业破产法》的强制性规定。首先，确定诉讼或者仲裁未决的债权部分给予提存的相关规则，也就是说，虽然破产程序可能已经终结，但是仍然给未决债权获得分配的机会；其次，法律规定给未决债权留有分配机会的时间是两年。如在破产程序终结之日起两年内，该债权仍然处于未决状态，那么，前述提存的分配额将用来给其他债权人进行分配。由此可知，在本条的规定中，破产程序终结时间是一个关键的节点。本条第2款中"其他债权人"是指普通债权人。鉴于破产程序终结之日起两年之时，破产管理人已经履行完毕职责，此时的分配工作由法院完成。本条的规定解决了所提存的财产在分配时管理人可能缺位的问题。

十四、破产程序终结的裁定

《企业破产法》第120条："破产人无财产可供分配的，管理人应当请求人民法院裁定终结破产程序。管理人在最后分配完结后，应当及时向人民法院提交破产财产分配报告，并提请人民法院裁定终结破产程序。人民法院应当自收到管理人终结破产程序的请求之日起十五日内作出是否终结破产程序的裁定。裁定终结的，应当予以公告。"

无论破产程序的目的已经达到或者不能达到，都将导致破产程序已无继续进行之必要，应由人民法院裁定结束破产程序。破产程序进行之目的，在于公平分配债务人的破产财产，以清偿债权人的债权。在破产程序进行中，如果发生债务人已无财产可供分配、破产分配完成、债权人已经获得清偿等情况，或者由于其他原因的出现，继续进行破产程序已无必要，则人民法院应当依申请或者依职权，裁定终结已经开始的破产程序。

《企业破产法》前述条款规定的是破产程序终结的三种情形，即因债务人财产不足以支付破产费用而终结、因自行达成和解协议而终结、因债权得到全部清偿而终结。本条规定了破产企业无财产可供分配和最后分配完毕而终结破产程序的两种情形。

本条第1款规定了破产企业无财产可供分配而终结破产程序的情形。债务人无财产可供分配的原因很多,比如破产财产不足以清偿破产费用,破产财产毁损、灭失、丧失价值或者被第三人取回等。如果债务人没有财产可供分配,破产程序已无继续进行之必要,管理人应当请求人民法院裁定终结破产程序。

本条第2款规定了最后分配完结而终结破产程序的情形。通过破产分配清偿债务是破产程序进行的主要目的。如果破产财产已分配完毕,则破产程序的目的已达到,任务已完成,管理人应当在最后分配完结后,向人民法院提交破产财产分配报告,申请终结破产程序。人民法院应当自收到管理人终结破产程序的请求之日起的15日内,作出是否终结破产程序的民事裁定。裁定终结的,应当予以公告。

需要注意的是,如果在破产程序终结后,重新发现有利于债务清偿的财产线索,则破产管理人仍应继续以管理人身份,忠实、勤勉地履行管理人的职责,积极追查破产财产。如在"无锡依锦毛纺有限公司破产清算案"中,无锡中院认为,程序终结后发现有破产财产线索的,管理人应当依法履职、勤勉尽责,追收破产财产。①

十五、破产企业注销登记

《企业破产法》第121条规定:"管理人应当自破产程序终结之日起十日内,持人民法院终结破产程序的裁定,向破产人的原登记机关办理注销登记。"

企业法人是依登记成立的,企业法人破产清算后也应当办理注销登记。注销登记是企业法人消亡的法定程序,是终止企业法人的权利能力和行为能力,即取消企业的民事主体资格、使得破产企业法律人格归于消灭的法律形式。

破产企业的注销登记是人民法院作出破产程序终结裁定以后,管理人的一项法

① 参见无锡依锦毛纺有限公司破产清算案,无锡市中级人民法院发布2020年度破产审判十大案例之九。

定工作,也是法定义务。只有这项工作完成,管理人的工作才告结束。管理人应当自破产程序终结之日起10日内,持人民法院终结破产程序的民事裁定书等司法文件,向破产企业登记机关办理注销登记。受理企业注销登记的法定机关是国家和地方各级市场监督管理部门。债务企业设立之初是由哪一级别、哪一地区的市场监督管理部门颁发的营业执照,最后仍应向该部门办理注销登记。

如在具备破产程序终结事由的情况下,管理人不履行或者不能履行提请人民法院裁定终结破产程序的义务,人民法院可以责令管理人履行义务。仍不履行的,人民法院可以依职权裁定终结。管理人依职权裁定终结的,终结后的有关法律事务,如企业注销登记,由人民法院或者人民法院委托的人员办理;由此发生的费用,除管理人能够证明其未提请终结有正当理由外,应当由管理人承担。

此处需要注意的是,人民法院裁定破产程序终结属于事实宣告的性质,其基本依据是破产清算结束的事实,因而其裁定权不依赖管理人的提请行为。管理人不履行义务,并不影响人民法院裁定书的效力。在注销登记办理完毕后,市场监督管理部门应当进行公示,管理人也应当及时向人民法院报告办理注销登记的情况。

实践焦点 117

企业在破产程序终结至办理注销登记期间的诉讼主体资格问题

在"天水长城控制电器厂、天水长控资产经营有限责任公司诉天水长城控制电器有限责任公司与企业有关的纠纷案"中,①天水长城控制电器厂为本案原告。一审法院认为,天水长城控制电器厂的法人资格因其破产程序终结而终止,破产管理人未

① 参见甘肃省天水市中级人民法院民事裁定书,(2021)甘05民终470号。

按法律规定在破产程序终结后为其办理注销登记,不影响天水长城控制电器厂法人资格已经终止的事实。故天水长城控制电器厂作为原告的诉讼主体不适格,其起诉不符合受理条件。天水长城控制电器厂上诉称,其尚未办理注销登记,法人资格未归于消灭,其仍具有民事诉讼主体资格,仍应以公司名义进行诉讼。二审法院认为,法人的民事权利能力和民事行为能力,到法人终止时消灭。而法人被宣告破产的,依法进行破产清算并完成法人注销登记时,法人方终止,因此,虽然天水长城控制电器厂破产程序已经终结,但在其未办理注销登记前,仍然具备法人资格。根据《公司法司法解释(二)》第10条的规定,公司依法清算结束并办理注销登记前,有关公司的民事诉讼,应当以公司的名义进行。公司成立清算组的,由清算组负责人代表公司参加诉讼。对于天水长城控制电器厂破产管理人是否按规定及时办理注销登记的问题,并不影响其在注销登记前依法代表公司提起诉讼的权利。一审法院以破产程序终结,天水长城控制电器厂作为原告诉讼主体不适格,不符合起诉条件为由驳回起诉不当。综上所述,二审法院撤销了一审裁定,并指令一审法院审理。

与上述案例相似,在"连云港市三剑管桩厂诉连云港市第三建筑工程公司等房屋租赁合同纠纷案"中,①法院认为,破产企业连云港市第三建筑工程公司虽已破产终结,但尚未注销,故其主体资格依然存在,有权作为本案适格当事人主张相关权利。

从上述案例来看,破产程序终结后、破产企业办理注销登记前,破产企业仍然是诉讼的适格当事人。

十六、管理人职务的终止

《企业破产法》第122条规定:"管理人于办理注销登记完毕的次日终止执行职务。但是,存在诉讼或者仲裁未决情况的除外。"

破产管理人的工作是以对破产财产的接收、保管、处分、变价和分配为中心展开的,当人民法院裁定破产程序终结,管理人办理完成破产企业的注销登记,表明管理

---

① 参见江苏省连云港市中级人民法院民事判决书,(2017)苏07民终3177号。

人已完成全部法定工作后，其职务应当终止。而这也标志着，管理人不再在其参与的已终结的破产程序中继续承担义务和责任。若以后发生有关原破产程序的事务，例如发现应当追回的财产等，原则上应由人民法院直接处理。

管理人于办理注销登记完毕的次日终止执行职务。但是，如果存在诉讼或者仲裁未决的情况，作为代表债务人参加诉讼或者仲裁的管理人应当继续履行职务，这是其职责之一，更是因为在破产程序终结后，如果没有人代表债务人参加未决的诉讼或者仲裁，会给破产财产的善后管理和诉讼、仲裁活动带来诸多不便。

但在此种情形下，管理人继续执行职务的范围应当有所限制。在《企业破产法》第 25 条规定的各项管理人职责中，管理人此时需要继续执行的，将仅限于该条第 1 款第 7 项，即代表债务人参加诉讼、仲裁或者其他法律程序，以及该条第 1 款第 9 项，即人民法院认为管理人应当履行的其他职责，例如执行生效判决等事项。① 该等未决诉讼和仲裁，包括人民法院受理破产申请后已经开始而尚未终结的有关债务人财产的民事诉讼或者仲裁，以及在破产程序进行中，因债务人财产发生争议而提起的诉讼或仲裁程序。

破产实践中，这通常表现为破产企业对外追索债务或请求其他财产给付。以破产企业为被告的债务纠纷案件，应当在破产程序开始后中止诉讼，由债权人向受理破产案件的人民法院申报债权。其中，无其他被告和无独立请求权的第三人的，在宣告破产后终结诉讼；有其他被告或者无独立请求权的第三人的，待破产程序终结后，恢复审理。关于后一种情况，恢复审理的意义在于解决原告与其他当事人之间的纠纷，故管理人可以向主审法院说明情况后退出诉讼。

---

① 《企业破产法》第 25 条规定："管理人履行下列职责：（一）接管债务人的财产、印章和账簿、文书等资料；（二）调查债务人财产状况，制作财产状况报告；（三）决定债务人的内部管理事务；（四）决定债务人的日常开支和其他必要开支；（五）在第一次债权人会议召开之前，决定继续或者停止债务人的营业；（六）管理和处分债务人的财产；（七）代表债务人参加诉讼、仲裁或者其他法律程序；（八）提议召开债权人会议；（九）人民法院认为管理人应当履行的其他职责。本法对管理人的职责另有规定的，适用其规定。"

实践焦点 118

管理人终止执行职务的时点问题

在“聊城市建筑装饰工程总公司破产清算组、聊城正坤有限责任会计师事务所所有权确认纠纷案”中,[①]破产企业的清算组为本案被告。2009 年 8 月 28 日,聊城市中级人民法院作出(2009)聊民破字第 1 -1 号民事裁定书,裁定受理聊城市建筑装饰工程总公司(以下简称装饰公司)的破产申请。2020 年 6 月 5 日,聊城市中级人民法院作出(2009)聊民破字第 1 -9 号民事裁定书,裁定终结装饰公司破产程序。本案的争议焦点之一为破产企业的清算组作为本案的诉讼主体是否适格。

一审法院东昌府区人民法院认为,装饰公司破产清算程序已宣告终结,装饰公司破产管理人应当自宣告终结之日起 10 日内向登记机关办理注销登记,装饰公司的法人资格现已经终止或消灭。装饰公司破产清算组作为装饰公司财产管理人,应协助聊城正坤有限责任会计师事务所(以下简称正坤会计师事务所)办理涉案房屋过户登记手续,因此是本案适格被告。装饰公司清算组上诉称,管理人作为被告主要有两种情形:第一,管理人未勤勉尽职履行职务,给债权人、债务人或第三人造成财产损失;第二,管理人因职务行为致人损害的。本案中管理人不符合以上作为被告的条件。被上诉人正坤会计师事务所辩称,上诉人仍未办理注销登记手续,作为管理人的诉讼资格尚未丧失,是本案适格被告。二审法院聊城市中级人民法院认为,聊城市中级人民法院已裁定终结装饰公司破产程序,但装饰公司清算组尚未办理注销登记,其仍应代表装饰公司参加诉讼,故装饰公司清算组作为本案的诉讼主体适格。

与之相似,在“天津中车投资租赁有限公司与江苏省恒源汽车零部件制造有限

① 参见山东省聊城市中级人民法院民事判决书,(2021)鲁 15 民终 3678 号。

公司管理人租赁合同纠纷案”中,①破产企业的管理人为本案原告,起诉请求法院认定个别清偿无效,关于江苏省恒源汽车零部件制造有限公司(以下简称恒源公司)管理人是不是本案适格原告的问题,一审和二审法院都认为,虽然《企业破产法》规定,管理人应当自破产程序终结之日起10日内向破产企业的原登记机关办理注销登记,并于办理注销登记完毕的次日终止执行职务。但本案中恒源公司管理人尚未办理注销手续,企业法人资格仍存续。且管理人起诉追回破产财产,是为了债权人的利益,因此恒源公司管理人是本案适格原告。

从上述案例来看,破产程序终结后,只要尚未办理破产企业的注销登记,管理人仍需执行其职务,而且如果破产企业存在诉讼或者仲裁未决情况的,即使破产企业已经注销,管理人仍应代表破产企业参与诉讼、仲裁程序。

十七、破产财产追加分配

《企业破产法》第123条规定:“自破产程序依照本法第四十三条第四款或者第一百二十条的规定终结之日起二年内,有下列情形之一的,债权人可以请求人民法院按照破产财产分配方案进行追加分配:(一)发现有依照本法第三十一条、第三十二条、第三十三条、第三十六条规定应当追回的财产的;(二)发现破产人有应当供分配的其他财产的。有前款规定情形,但财产数量不足以支付分配费用的,不再进行追加分配,由人民法院将其上交国库。”

“破产财产追加分配”是指在破产程序终结以后,关于新发现的属于破产企业的可用于破产分配的财产,由人民法院按照破产财产分配方案,对尚未获得完全清偿的债权人所进行的债权补充分配的方式。

一般情况下,破产程序应在财产分配结束后予以终结。因此,破产程序一旦终结,也意味着债务人已无财产可供分配。但在某些情况下,破产企业可供分配的财产在破产程序终结后才被发现。同时,在先前的分配程序中,破产债权人并未获得完全

① 参见江苏省淮安市中级人民法院民事判决书,(2021)苏08民终1758号。

清偿。此时,法院规定应当采取补救措施,将新发现的可供分配的破产财产进行补充分配,以保护债权人的利益。依据本条的规定,破产程序终结后应当追加分配财产的范围包括:

(1)依照本规定应当追回的财产,如个别清偿行为、欺诈行为等。因本法禁止的行为而取得债务人财产的,应当在破产程序进行期间由管理人追回并作为破产财产向债权人进行分配。如果这些财产在人民法院裁定破产程序终结后才追回,应当补充分配给债权人。

(2)破产企业有应当供分配的其他财产,主要包括:①因纠正破产程序中错误支出而收回的款项,具体是指对债务人不应支出而支出或者虽应支出但多支出的错误支出予以纠正,在破产程序终结后收回的款项。②因权利被承认而追回的财产。如破产程序终结前与相对人存在争议,在破产程序终结后被确认属于债务人的财产;在破产财产分配时,关于诉讼或者仲裁未决的债权,管理人将其分配额提存,在破产程序终结后由于债权人败诉或者部分败诉而应分配给其他债权人的财产。③债权人放弃的财产,是指获得财产分配的债权人明确表示放弃的财产,以及根据本法第 119 条规定,自破产程序终结之日起满 2 年仍不能受领分配的财产。④破产程序终结后获得的可供分配的其他财产。

根据本条规定,在破产程序终结后,实施追加分配不是无限期的,只有在破产程序终结后 2 年内发现可供分配的财产的,才实施追加分配。从本条规定来看,债权人获得追加分配需要满足如下条件:(1)上述符合条件的财产是在破产程序终结后 2 年之内被追回或确认;(2)财产数量超过分配费用;(3)债权人向法院提出申请。

在破产程序终结后,除存在诉讼或者仲裁未决的情况外,管理人已经终止执行职务,因此,追加分配由人民法院实施。债权人发现破产企业还有可供分配的财产时,可以请求人民法院进行追加分配。人民法院应当依债权人的请求追回财产并进行分配。另外,人民法院也可以依职权进行追加分配。

根据本法的规定,破产财产应当优先清偿破产费用和共益债务。有本条第 1 款规定的应当追回的财产,但财产数量不足以支付实施追加分配所需费用的,没有必要再进行追加分配,由人民法院将其上交国库。

值得注意的是,该条只是原则上的规定,在司法实践中极有可能遇到实操问题。例如,本条规定适用的前提是"债权人发现",而实践中显然仅凭"发现"是无法追回财产的,追不回财产就不可能进行追加分配。同时,由于本条规定追加分配的情形发生在破产程序终结之后。因此,债务人的主体资格可能已经被注销,无论是债务人行使撤销权还是债权人行使撤销权,可能皆会受到不利影响。

十八、连带债务人的继续清偿责任

《企业破产法》第124条规定:"破产人的保证人和其他连带债务人,在破产程序终结后,对债权人依照破产清算程序未受清偿的债权,依法继续承担清偿责任。"

本法中,既有第92条第3款"债权人对债务人的保证人和其他连带债务人所享有的权利,不受重整计划的影响"的规定,也有第101条"和解债权人对债务人的保证人和其他连带债务人所享有的权利,不受和解协议的影响"之规定。由此可见,本条规定是对"破产程序不惠及连带债务人"这一立法政策的延续。

在企业破产清算的情况下,随着清算程序的终结,破产企业作为民事主体的资格归于消灭。但是,破产企业未能清偿的债务并未消灭,而是处于债务人履行不能的状态。此时,如果不存在其他连带债务人,则该债务成为永久性的履行不能。债权人只能将其作为无法追收的债权。如果存在保证人或者其他连带债务人,则债权人势必就其在破产程序中未能清偿的债权,请求保证人或连带债务人履行清偿责任。

需要注意的是,破产程序具有中断诉讼时效的效力。破产程序终结后,债权的诉讼时效重新起算。因此,破产程序终结后,债权人应注意在法定诉讼时效期间内,及时向保证人或者其他连带债务人行使权利。具体而言,应当在破产程序终结后3年内行使权利。

实践焦点 119

债权人向连带责任人主张权利的诉讼时效问题

以“武汉中成世纪系统工程有限公司、松滋市金蒙房地产开发有限公司合同纠纷案”为例，①2015 年 9 月 22 日，泰和公司与武汉中成世纪系统工程有限公司(以下简称中成公司)签订《工程承包合同》，约定由中成公司承建部分工程，合同签订后中成公司向泰和公司交纳工程保证金 100 万元。同日，中成公司向泰和公司转账 100 万元。2016 年 11 月 4 日，松滋市金蒙房地产开发有限公司(以下简称金蒙公司)将泰和公司与中成公司签订的《工程承包合同》收回，同日，金蒙公司与中成公司签订《消防工程施工合同》，约定“原签订合同时所交质保金 100 万元，金蒙公司认可，并同意在进场时一次性返还给中成公司，但不承担利息”。肖某彬代表金蒙公司在合同上签字并加盖公章，在泰和公司向中成公司出具的保证金收据上签署“此款由金蒙公司负责退付”，并加盖公章。2017 年 8 月 25 日，法院裁定受理了泰和公司破产清算一案，并于 2018 年 9 月 3 日宣告该公司破产。2017 年 9 月 25 日，中成公司向泰和公司管理人就 100 万元质保金申报债权。破产财产分配过程中，中成公司实际受偿 144,506.43 元。2020 年 11 月 2 日，中成公司向法院起诉，判令被告金蒙公司返还保证金 859,220.76 元。

本案的争议焦点之一为，中成公司主张权利时是否已经超过诉讼时效。一审法院与二审法院均将申报债权的时间作为诉讼时效重新起算的时间点。一审法院认为，法院裁定受理泰和公司破产清算案后，中成公司于 2017 年 9 月 25 日向管理人申报债权时应当知道与金蒙公司签订的合同已无法履行，该时间节点应作为诉讼时效期间的起算点。而中成公司直至 2020 年 11 月 2 日才向一审法院提起诉讼向金

---

① 参见湖北省荆州市中级人民法院民事判决书，(2022)鄂 10 民再 4 号。

蒙公司主张权利,已经超过了法定的诉讼时效期间。二审法院同样认为,中成公司于2017年9月25日向泰和公司破产管理人申报了涉案保证金100万元债权,中成公司对于金蒙公司的诉讼时效于此时中断,并从2017年9月26日开始重新计算。故中成公司的诉讼时效应于2020年9月25日届满。

中成公司申请再审称,一审和二审确定的诉讼时效重新起算时间有误。破产法院裁定宣告破产时,申请人才知道权利受损害,而非申报债权之时就已知道。本案应从破产程序终结时重新计算诉讼时效,而非申请人申报债权的时间。

再审法院最高人民法院认为,最高人民法院《关于审理民事案件适用诉讼时效制度若干问题的规定》第11条规定,申请破产、申报破产债权的人民法院应当认定与提起诉讼具有同等诉讼时效中断的效力。第15条规定:"对于连带债务人中的一人发生诉讼时效中断效力的事由,应当认定对其他连带债务人也发生诉讼时效中断的效力。"中成公司于2017年9月25日向泰和公司申报债权,中成公司对于金蒙公司的诉讼时效发生中断,此后,中成公司先后于2017年10月20日,2018年8月20日、2020年10月20日三次参加泰和公司的债权人会议,证明中成公司一直在积极向泰和公司主张权利,诉讼时效持续中断。又根据《企业破产法》第124条的规定:"破产人的保证人和其他连带债务人,在破产程序终结后,对债权人依照破产程序未受清偿的债权,依法继续承担清偿责任。"因金蒙公司与泰和公司为共同债务人,应对涉案债务承担连带清偿责任,金蒙公司作为泰和公司的共同债务人,在破产程序终结后,对于中成公司未受清偿的债权应当继续承担清偿责任。综上所述,再审申请人中成公司的再审理由成立,对于再审申请人中成公司要求被申请人金蒙公司返还保证金855,493.57元的诉讼请求应予支持。最终,再审法院撤销了一审与二审判决,并判决金蒙公司向中成公司返还855,493.57元。

根据最高人民法院《关于审理民事案件适用诉讼时效制度若干问题的规定》第11条的规定,债权人申请破产和申报破产债权两种行为会导致诉讼时效中断。此外,抵销是主张权利、履行义务的一种方式,所以债权人在破产程序中主张债务抵销的，同样会发生诉讼时效中断的效果。① 关于参加债权人会议是否会导致诉讼时效中断，立法并无相关规定，但结合本案最高人民法院的判决，应认定为可以导致诉讼时效中断。在“山东天源食品有限公司、谢某青等借款合同纠纷执行异议案”中，②法院同样认定债权人申报债权、参加债权人会议、提出异议的行为均属于积极主张权利的行为，诉讼时效中断。

① 参见王欣新：《破产程序与诉讼时效问题研究》，载《政治与法律》2015 年第 2 期。

② 参见山东省平邑县人民法院民事裁定书，(2021)鲁 1326 执异 64 号。

12

第十二章

各类主体的责任问题

为加强法律监督力度，完善破产程序中法律责任制度，保障债务人破产合法有序进行，减少纠纷，《企业破产法》对破产程序中各类主体的法律责任作出了专门的规定。

一、经营者责任

《企业破产法》第6条规定："人民法院审理破产案件，应当依法保障企业职工的合法权益，依法追究破产企业经营管理人员的法律责任。"

保障企业职工的合法权益是《企业破产法》的一贯政策，除本条外，《企业破产法》通过程序和实体的双重保障，保障了职工的合法权益。需要注意的是，就职工群体内部划分来说，《企业破产法》重点、优先保护的是普通劳动者而非企业经营管理人员的利益。

企业经营管理人员指公司的董事、监事、高级管理人员等主要负责人。《企业破产法》对此类债权人的保护并不完全等同于职工。按照《企业破产法》的规定,职工债权应当予以优先清偿,但是,并非全部职工皆会优先。例如,如果高管工资明显高出于普通职工,则管理人可能会适当地对该部分职工工资进行调减,甚至在山东齐星集团的破产和解案件中,管理人认为应按照当地平均工资收入进行职工债权确认。关于高出部分的欠付高管薪酬,不视为优先偿付的职工债权,但可作为普通债权申报。

对此,从同工同酬的社会公益角度看,似有道理。债务人企业处于困境之中,高管是否也应承担一定限度的责任,或者在普通工人工资都很难及时发放的时间点,债务人反而要继续为高管的高额酬金买单,在公平正义的视角下这些都会让管理人或者法院很难接受。但这种现象不应一概而论,很多困境企业维持最低限度的生存而保留"火种"(企业存续价值和涅槃希望),很大程度上依赖于实际控制人与高管对企业的感情与坚守。在某种意义上,破产程序中高管层面用脚投票的速率与比例显著低于普通职工。

另外,高管有时还会为企业的发展做出更多贡献。例如,在某上市公司出现债务危局后,高管团队基于对企业的信心与感情,甚至以自家财产为企业提供担保和借款。此时,如果企业进入破产重整程序,管理人除将该等借款视为普通债权外,还将全部高管工资按照当地平均工资标准计算,这是否也是一种"僵化适用破产法律制度"的"不公平"?这种做法必然会对企业重整造成负面影响,很多肱骨老臣尤其是业务、市场与技术等关键部门的精锐加速离开,他们的离去也导致企业迅速丧失投资价值与重生希望。

除上述实操层面对职工工资优先权具有不同理解与做法外,高管的破产义务和责任也会体现在其他方面,尤其是刑事方面。如经营管理人员未尽忠实、勤勉义务导致企业破产的,应追究其法律责任,除本条规定外,在《企业破产法》第 125 条等条文中,亦对经营管理人员应承担的民事或刑事责任作出了明确规定。

上述条文关于高管法律责任约定笼统,在实践中亦少见追究高管责任的案件。但实际上,当公司有偿付能力时,经理和董事履行信托责任时,要忠实于公司和股东的利益，而债权人的利益保护全部由原合约条款的内容约束。但是，当公司变得无偿付能力时，这个关系就发生了变化，其亦要对债权人负有相关责任。法学界的一种观点认为，一个无力偿付的公司的董事对债权人和股东负有信托的责任。①

实践焦点 120

职工为公司垫付费用是否应当认定为职工债权

以“云南第一公路桥梁工程有限公司与张某喜职工破产债权确认纠纷案”为例，②云南第一公路桥梁工程有限公司（以下简称路桥一公司）因不能清偿到期债务，并且有明显丧失清偿能力的可能，被李某辉于 2018 年 11 月 8 日向大理白族自治州中级人民法院申请路桥一公司破产重整。大理白族自治州中级人民法院于 2018 年 12 月 13 日裁定受理重整申请。2019 年 8 月 26 日，张某喜向路桥一公司管理人申报债权 68,032.70 元，申报理由为“职工报销款”；2019 年 9 月 20 日，张某喜向路桥一公司管理人申报债权 82,388.85 元，备注为“工资”。2019 年 11 月 14 日，路桥一公司管理人公示债权，将张某喜申报的 82,388.85 元工资确认为高管工资列入普通债权，将张某喜申报的报销款 68,032.70 元列入普通债权。2019 年 9 月 20 日，张某喜向路桥一公司管理人提出债权异议认为：（1）管理人将其工资中的 82,388.85 元认定为高管工资并列入普通债权不妥，其并非公司高级管理人员，该工资亦非高管工资，该工资应计入职工债权；（2）管理人应将其 68,032.70 元职工报销款计入职工债权。管理人经审查作出《债权复核结果通知书》，认为张某喜的异议不成立，张某喜于 2019 年 12 月 4 日提起诉讼。

① 参见［美］爱德华·阿尔特曼、伊迪丝·霍奇斯基：《公司财务危困与不良债权投资》，邱继成等译，中信出版集团 2019 年版，第 264 页。

② 参见最高人民法院民事裁定书，（2021）最高法民申 3624 号。

一审法院大理白族自治州中级人民法院认为，因张某喜为路桥一公司部门经理，并非该公司经理、副经理，也不是公司章程中规定的高级管理人员，故不应将其认定为高级管理人员。张某喜全部工资 82,388.85 元应当认定为职工债权，管理人在债权审查中将其部分工资认定为高管工资并列入普通债权属于处理不当。关于张某喜 68,032.70 元职工报销款的性质问题，因该报销款属于垫付款，不属于职工债权（职工因为履行劳动合同所应当享有的工资报酬、福利待遇，以及用人单位依法应当给予劳动者的经济补偿等）中的任何一种，故不应认定为职工债权。

张某喜不服一审判决，上诉至二审法院云南省高级人民法院。经审查，云南省高级人民法院认可一审判决中确认的 82,388.85 元职工债权。对于 68,032.70 元职工报销款的性质问题，代垫报销款包括差旅费、投标的费用等，该项费用收益人是路桥一公司，并不是张某喜与路桥一公司建立的平等的债权债务关系，不能认定为普通债权。并且，按照张某喜二审提交的《云南第一公路桥梁工程有限公司等五个关联企业第一次债权人会议决议》，债权人委员会第一次会议已通过“同意报销除债务人股东、董事、监事（不含职工代表）、高级管理人员（部门主管以上，不含部门主管）之外职工代垫的差旅费用”的决议，本案中路桥一公司对该笔费用应由其报销亦无异议，故参照《破产案件若干问题规定》第 58 条第 1 款，“债务人所欠企业职工集资款，参照企业破产法第三十七条第二款第（一）项规定的顺序清偿。但对违反法律规定的高额利息部分不予保护”的规定，张某喜的报销款应认定为可优先受偿的职工债权。综上所述，本案中张某喜的代垫报销款可以认定为职工债权。

路桥一公司提出再审申请，关于二审法院认定张某喜非路桥一公司的高级管理人员且 82,388.85 元工资为职工债权是否正确的问题，路桥一公司主张根据张某喜在所处的岗位、作用，及张某喜在工资报酬及福利待遇上远高于普通员工等情况，应认定张某喜实质上为高级管理人员，工资并非职工债权。最高人民法院认为，根据《公司法》第 216 条第 1 款第 1 项的规定可知，高级管理人员是指公司的经理、副经理、财务负责人，上市公司董事会秘书和公司章程规定的其他人员。高级管理人员系一个法定概念，应当以《公司法》第 216 条第 1 款第 1 项的规定为标准进行严格认定，避免公司不当扩大高级管理人员的范畴，以加重劳动者的负担，造成劳资关系的失衡。在本案中，张某喜为路桥一公司的市场部经理，并不属于法律规定的高级管理人员，且公司章程亦未将张某喜认定为高级管理人员，故二审法院认定符合法律的规定。关于二审法院认定路桥一公司拖欠张某喜职工报销款68,032.70元为职工债权是否正确的问题，路桥一公司主张，该笔报销款不是法定的职工债权，是普通债权。最高人民法院认为，企业职工为公司垫付的招投标费用、未报销的差旅费用等系基于劳动者履行职务而产生，不同于基于日常交易而与公司发生的一般性债务，垫付款往往源于职工工资性收入，且该项支出目的是满足公司的生产经营需要，最终受益人是路桥一公司，故该笔报销款不应当认定为普通债权。二审法院将该项垫付款认定为职工债权并无不当。综上所述，路桥一公司的再审申请不符合《民事诉讼法》第207条规定的再审情形。

结合本案法院对报销款等职工垫付款性质的认定，笔者认为垫付款因涉及代为履行、无因管理等产生的债权债务关系，应具体问题具体分析。但如该笔垫付款是为了公司的生产经营，且受益人为公司，该垫付款应认定为可优先受偿的职工债权。

二、企业管理层的破产责任

《企业破产法》第125条规定："企业董事、监事或者高级管理人员违反忠实义务、勤勉义务，致使所在企业破产的，依法承担民事责任。有前款规定情形的人员，自破产程序终结之日起三年内不得担任任何企业的董事、监事、高级管理人员。"

《公司法》第147条规定了董事、监事、高级管理人员的忠实和勤勉义务。董事、监事、高级管理人员应当遵守法律、行政法规和公司章程，对公司负有忠实义务和勤勉义务。董事、监事、高级管理人员不得利用职权收受贿赂或者其他非法收入，不得侵占公司的财产。

《公司法》第148条规定了忠实义务和勤勉义务的具体内容，董事、高级管理人员不得有下列行为：(1)挪用公司资金；(2)将公司资金以其个人名义或者以其他个人名义开立账户存储；(3)违反公司章程的规定，未经股东会、股东大会或者董事会同意，将公司资金借贷给他人或者以公司财产为他人提供担保；(4)违反公司章程的规定或者未经股东会、股东大会同意，与本公司订立合同或者进行交易；(5)未经股东会或者股东大会同意，利用职务便利为自己或者他人谋取属于公司的商业机会，自营或者为他人经营与所任职公司同类的业务；(6)接受他人与公司交易的佣金归为己有；(7)擅自披露公司秘密；(8)违反对公司忠实义务的其他行为。

若债务人的董事、监事与高级管理人员违反上述规定且主观上具有过错，致使债务人破产的，应当承担民事赔偿责任，并面临本条第2款规定的任职限制，即3年内不得担任任何企业的董事、监事、高级管理人员，而且这里的"企业"应理解为各种责任形式的企业，不仅仅包括公司。

实践焦点
121

在破产程序中公司高管身份的涤除问题

以"刘某与成都正邦房地产开发有限责任公司请求变更公司登记纠纷案"为例，[①]成都正邦房地产开发有限责任公司（以下简称正邦公司）于2006年4月13日成立，2009年8月25日，经正邦公司股东会决议，刘某作为股东被选举为公司监事，并进行了工商登记。2010年10月29日，正邦公司召开股东会，并形成股东会决议，载明刘某将其名下的正邦公司股权全部转让给杨某，并于2010年11月3日进行了工商变更登记，自此刘某不再是正邦公司的股东。但2010年10月29日形成的另一份股东会决议载明"本公司总经理、监事不变"。正邦公司的监事至本案判决作出之日仍被登记为刘某。2019年3月7日，青白江区人民法院裁定受理正邦公司的破产清算申请，且截至本案判决作出之日，破产清算程序尚未终结。刘某诉至法院，请求判令正邦公司立即办理涤除刘某作为正邦公司监事职务的公司登记备案

① 参见四川省成都市青白江区人民法院民事判决书，(2020)川0113民初266号。

事项。

青白江区人民法院认为,依据《企业破产法》第 36 条"债务人的董事、监事和高级管理人员利用职权从企业获取的非正常收入和侵占的企业财产,管理人应当追回"以及第 125 条"企业董事、监事或者高级管理人员违反忠实义务、勤勉义务,致使所在企业破产的,依法承担民事责任。有前款规定情形的人员,自破产程序终结之日起三年内不得担任任何企业的董事、监事、高级管理人员"之规定,因公司已进入破产清算程序,对公司监事是否尽到忠实、勤勉义务进行相应的审查系属管理人的职责范畴,在管理人尚未对此作出相应的评价时,公司监事不享有通过司法途径要求涤除其监事身份的权利,另外,如经管理人核实公司监事无须对公司破产承担民事责任,待破产终结,公司注销,其监事身份自然消除,故刘某主张涤除其监事身份的诉请,法院不予支持。综上所述,青白江区人民法院判决驳回原告刘某的诉讼请求。

三、违反信息披露义务的法律责任

《企业破产法》第 126 条规定:"有义务列席债权人会议的债务人的有关人员,经人民法院传唤,无正当理由拒不列席债权人会议的,人民法院可以拘传,并依法处以罚款。债务人的有关人员违反本法规定,拒不陈述、回答,或者作虚假陈述、回答的,人民法院可以依法处以罚款。"

债务人有关人员违反信息披露义务的司法责任,具体可以分:违反列席义务的法律责任与违反说明义务的法律责任。

(一)债务人有关人员违反列席义务的法律责任的构成要件

(1)责任主体为负有列席债权人会议义务的债务人有关人员,即企业法定代表人,以及经人民法院决定的企业财务管理人员和其他经营管理人员。(2)不法行为是经人民法院传唤后,无正当理由、拒不列席债权人会议。需要注意的是,此处仅指一次传唤,与《民事诉讼法》第 112 条规定的须经两次传唤方可拘传的规定不同。(3)责任形式为拘传、罚款。关于本条涉及的人民法院作出的拘传和罚款两项强制措施,《民事诉讼法》第118条规定,对个人的罚款金额,为人民币10万元以下。对单位的罚款金额,为人民币5万元以上,100万元以下。《民事诉讼法》第119条规定,拘传、罚款、拘留必须经院长批准。拘传应当发拘传票。罚款、拘留应当用决定书。对决定不服的,可以向上一级人民法院申请复议一次。复议期间不停止执行。

(二)债务人有关人员违反说明义务的法律责任的构成要件

债务人有关人员违反说明义务的法律责任的构成要件:(1)责任主体为负有说明义务的债务人有关人员,即企业法定代表人,以及经人民法院决定的企业财务管理人员和其他经营管理人员。(2)不法行为为以拒不陈述、回答或者作虚假陈述、回答的方式,违反对债权人的说明义务。此处的"说明义务"包括《企业破产法》第15条第1款第3项、第68条第2款和第84条第3款规定的各项说明义务。(3)责任形式为罚款。

实践焦点 122

破产企业"挂名"人员法律责任的承担问题

张某会因不服郑州市中级人民法院(2021)豫01司惩15号罚款决定,向河南省高级人民法院申请复议。张某会申请复议称:申请人在农商公司仅是挂名股东和监事,不参与农商公司的任何经营管理工作,不享有任何权利;申请人从未收到过破产管理人及受理法院的通知;申请人并不属于《企业破产法》第15条中所规定的企业法定代表人或经人民法院决定的财务管理人员和其他经营管理人员;法院以《企业破产法》第127条第2款之规定,对申请人进行处罚严重错误。因此,张某会请求依法撤销郑州市中级人民法院(2021)豫01司惩15号《罚款决定书》。

河南省高级人民法院认为,张某会作为农商公司的股东,经人民法院传唤,无正当理由拒不列席债权人会议,郑州市中级人民法院对张某会罚款符合《企业破产法》

第 126 条的规定,故张某会的复议理由不能成立,本院不予支持。[①]

因此,笔者认为,无论该人员是否真的为《企业破产法》规定的相关人员,均应承担《企业破产法》规定的相关责任。

四、违反提交、移交义务的法律责任

《企业破产法》第 127 条规定:“债务人违反本法规定,拒不向人民法院提交或者提交不真实的财产状况说明、债务清册、债权清册、有关财务会计报告以及职工工资的支付情况和社会保险费用的缴纳情况的,人民法院可以对直接责任人员依法处以罚款。债务人违反本法规定,拒不向管理人移交财产、印章和账簿、文书等资料的,或者伪造、销毁有关财产证据材料而使财产状况不明的,人民法院可以对直接责任人员依法处以罚款。”

如果债务人向法院申请破产,则具有向法院提交破产申请书和有关证据的义务;若债权人或债务人向法院申请破产,债务人具有向人民法院提交财产状况说明、债务清册、债权清册、有关财务会计报告以及职工工资的支付和社会保险费用的缴纳情况等相关材料的义务。

债务人若违反上述提交义务,要承担相应的法律责任,该法律责任的构成要件为:(1)责任主体为直接责任人员。此处的“直接责任人员”是从具体行为与法律责任的因果关系角度,对承担某一具体破产法律责任的主体进行的规定,其并非一定在企业中履行经营管理职责,而是强调直接责任人员与债务人行为及其所造成的不利后果之间的因果关系。(2)不法行为分为“违法的不作为”和“违法的作为”两种情形,前者是指相关人员拒不向人民法院提交相关资料和信息,后者表现为提交不真实的材料。(3)责任形式为罚款。

五、欺诈破产行为的法律责任

《企业破产法》第 128 条规定:“债务人有本法第三十一条、第三十二条、

① 参见河南省高级人民法院复议决定书,(2021)豫司惩复 10 号。

第三十三条规定的行为,损害债权人利益的,债务人的法定代表人和其他直接责任人员依法承担赔偿责任。”

本条对债务人欺诈破产行为的法律责任作出规定。该法律责任的构成要件为:(1)责任主体为债务人的法定代表人和其他直接责任人员;(2)不法行为为《企业破产法》第31条、第33条规定的欺诈破产行为和第32条规定的个别清偿行为,并且造成损害债权人利益的后果;(3)责任形式为民事赔偿责任。

为促使相关责任人员积极配合管理人追回流失的债务人财产,《破产法司法解释(二)》第18条明确赋予管理人提起追责诉讼的起诉权:管理人代表债务人依据《企业破产法》第128条的规定,以债务人的法定代表人和其他直接责任人员对所涉债务人财产的相关行为存在故意或者重大过失,造成债务人财产损失为由提起诉讼,主张上述责任人员承担相应赔偿责任的,法院应予支持。

六、擅离住所地的法律责任

《企业破产法》第129条规定:“债务人的有关人员违反本法规定,擅自离开住所地的,人民法院可以予以训诫、拘留,可以依法并处罚款。”

本条规定了债务人有关人员擅离住所地的法律责任。此处的“有关人员”是指企业的法定代表人,经人民法院决定,可以包括企业的财务管理人员和其他经营管理人员。

若有关人员擅离居住地,法院既可予以训诫、拘留,也可依法并处罚款。有关拘留的具体实施规则:《民事诉讼法》第118条规定:“拘留的期限,为十五日以下。被拘留的人,由人民法院交公安机关看管。在拘留期间,被拘留人承认并改正错误的,人民法院可以决定提前解除拘留。”《民事诉讼法》第119条规定:“拘传、罚款、拘留必须经院长批准。拘传应当发拘传票。罚款、拘留应当用决定书。对决定不服的,可以向上一级人民法院申请复议一次。复议期间不停止执行。”

同时,需要注意下述司法解释规定。《民事诉讼法司法解释》第183条规定:“《民事诉讼法》第一百一十三条至第一百一十六条规定的罚款、拘留可以单独适用,也可以合并适用。”第184条规定：“对同一妨害民事诉讼行为的罚款、拘留不得连续适用。发生新的妨害民事诉讼行为的，人民法院可以重新予以罚款、拘留。”第185条规定：“被罚款、拘留的人不服罚款、拘留决定申请复议的，应当自收到决定书之日起三日内提出。上级人民法院应当在收到复议申请后五日内作出决定，并将复议结果通知下级人民法院和当事人。”第186条规定：“上级人民法院复议时认为强制措施不当的，应当制作决定书，撤销或者变更下级人民法院作出的拘留、罚款决定。情况紧急的，可以在口头通知后三日内发出决定书。”

七、管理人违反义务的法律责任

《企业破产法》第130条规定：“管理人未依照本法规定勤勉尽责，忠实执行职务的，人民法院可以依法处以罚款；给债权人、债务人或者第三人造成损失的，依法承担赔偿责任。”

本条对应《企业破产法》第27条“管理人应当勤勉尽责，忠实执行职务”之规定，同时对应《破产法司法解释（二）》第33条的规定，确定管理人违反勤勉义务和忠实义务，人民法院可以依据行为的情节轻重（过错程度、行为后果）决定是否处以罚款；若违反勤勉义务和忠实义务的行为给债权人、债务人或者第三人造成损失，应承担民事赔偿责任。在实践中，此类诉讼的管辖法院多为破产受理法院。

实践焦点 123

管理人的权责边界问题

2021年11月19日，紫光集团第二大股东健坤集团实名举报，称现紫光集团重整方案将直接造成700亿元的国有资产流失。同时，健坤集团称，其作为紫光集团的股东，“自紫光集团重整工作组全面接管紫光集团以来，一直被排斥在紫光集团引进战投和司法重整的任何决策和信息之外”。随后,紫光集团管理人发表严厉声明称注意到紫光集团少数股东健坤集团和实控个人赵某国散布有关紫光集团债务风险处置的不实言论,企图干扰并影响紫光集团司法重整工作进程,管理人坚决反对,并将采取措施,依法追究相关个人和单位法律责任。

这不是偶然。2022 年 5 月 18 日,凤凰网撰写了一份关于山东民企老板实名举报企业被中国信达恶意贱卖的文章,①文章称山东洪业集团原董事局主席余某明也不明白为何自己 29 家企业 270 多亿元的资产最后竟被 50 亿元卖出去。他告诉凤凰网《风暴眼》,在 2017 年的清产核资报表中,洪业集团账面资产为 270 亿元,后被低评、漏评至 136.95 亿元。随着 2018 年菏泽中院裁定山东洪业化工集团“破产重整”,在《合并重整专项审计报告》中,山东洪业集团资产再次“缩水”至 75 亿元,并最终以 50 亿元的价格被整体出售。余某明还透露,从 2017 年企业被玉皇化工托管,到 2019 年被裁定破产重整,自始至终他跟他的团队都没有看到过正式版的资产审计报告。随着余某明在网上实名举报,当地政府已经成立调查组介入此事。

破产企业股东与管理人的对立,正折射出债务重组中新老股东先天对立的内核——新投资者常以取得老股东被强制无偿让渡的股权为对价,向困境企业提供偿债与运营资金。换言之,新股东的“躬身入局”是以老股东的“净身出户”为代价。此类案件中,各方争议往往聚焦于困境企业是否真的“资不抵债”。“资不抵债”是困境企业进入破产重整程序的前提。但困境企业是否真的“资不抵债”,是原控股股东彻底出局之际,质疑新投资者“低价”取得困境企业股权的灵魂之问。

实践中,在困境企业的原股东与新投资者之间,产生严重对立绝非孤例,但达到上述案件中的剑拔弩张程度,实属罕见。在政府和法院尚未公布最终的调查与认定结果前,双方博弈可能仍会继续。暂且搁置案件的孰是孰非,我们将目光聚焦于未来,即该等冲突的加剧,是否会演变成趋势性问题。若股东、新投资者与债权人之间无法形成有效制衡,亦无法形成统一的权责观念,破产管理人将可能产生“偏颇”的

---

① 参见《270 亿资产卖 50 亿?民企老板实名举报企业被中国信达恶意贱卖》,载凤凰网 2022 年 5 月 18 日,https://baijiahao.baidu.com/s?id=1733134336483817539&wfr=spider&for=pc。

价值取向和逻辑路径：困境企业的价值取决于市场，那么投资者出价属于市场行为，其资金只要根据《企业破产法》的规定，按照职工、税收、担保与普通债权的清偿顺位和优先位阶进行清偿，即符合法律规定。因此，投资者只要完成了“价高者得”的规定动作，那么，下一步自然就是一手交钱，一手交股的“市场化”结果。这是自然、合理而毋庸置喙的。①

这也是业内人士开始反思管理人权利是否过大的重要原因之一。当然，也有不同声音，认为“管理人在破产案件中的权利并非独立，而是在法院监督和指导下工作，属于司法程序中的一个环节，并没有想象中的那么重要”。这种将问题转嫁到法院背书的观点自然不能令人信服，但无论如何，管理人在破产程序中的重大影响力，至少到了需要明确权利边界的时刻。当下破产管理人法律服务市场，类似美国出台钱德勒法案后的局面，各地鼓励破产业务开展的同时，“破产法律业务被各种微不足道的二流或三流的律师事务所，也就是那些小型破产律师事务所控制。……这些律所作为一个利益集团，在很多方面却更有战斗力”②。但实际上，笔者认为管理人是否会对股东、债权人或投资人造成伤害，不在于管理人是否具备充分的履职能力等硬件，例如管理人规模大小，而在于管理人是否可以摆正自己的位置，即破产管理人并非管理者——破产实践中，我们通常会以管理人为中心视角，这一点最恶劣的影响在于“管理”二字，导致管理人以破产程序的管理者自居，而非将自己定位为破产程序的服务者。

① 参见张杜超、郭璐璐：《关于债务重组市场的几点思考》，载微信公众号“中信出版墨菲”2022 年 1 月 16 日，https://mp.weixin.qq.com/s/4ZH9k3KRg－EzLb－dAWpeVA。

② 参见［美］小戴维·A. 斯基尔：《债务的世界：美国破产法史》，赵炳昊译，中国法制出版社 2010 年版，第 212 页。

实践焦点 124

管理人违反勤勉尽责义务时，民事赔偿责任的确定问题

以“高某、安徽同盛会计师事务所有限公司管理人责任纠纷案”为例，①债权人高某以《新纽置业公司破产财产变卖方案》未经债权人会议决议无效，相关资产转让协议的签订系双方恶意串通侵害其作为普通债权人的权益，应当就其未受清偿债权承担赔偿责任为由，提起管理人责任纠纷之诉。但二审法院安徽省高级人民法院认为，管理人民事赔偿责任在性质上属于侵权责任，按照侵权责任的构成要件，管理人承担民事责任须同时具备以下四个条件：(1)管理人实施了违反勤勉尽责义务和忠实义务的客观行为；(2)管理人的不当行为给债权人、债务人或第三人造成损失；(3)管理人的不当行为与债权人、债务人或第三人所遭受的损失之间存在一定范围的因果关系；(4)管理人主观上存在故意或过失。因此，高某请求同盛会计师事务所、上海爱家投资公司赔偿其损失，不仅应当证明同盛会计师事务所作为新纽置业公司管理人未履行勤勉尽责、忠实履职的义务，其损失系管理人的不当行为所致，而且还要证明相关损失的具体数额。因新纽置业公司破产程序尚在进行中，高某的债权额1,553,869.17元能否得到清偿、能得到多少清偿、是否因管理人的责任而发生不能依法得到清偿的损失，均处于未最终确定的状态，故一审法院以高某的诉讼请求不具有确定性和可判决性为由，驳回其起诉，并无不当。综上所述，高某的上诉请求不能成立，裁定驳回其上诉。

因此，如债权人要求管理人按照《企业破产法》第130条的规定，承担赔偿责任的，管理人的行为需要满足侵权责任的构成要件。尤其是损失数额，不能单纯依据债权数额确定。另外，对于管理人的主观状态还有特别限定。在“河南安彩高科股份

---

① 参见安徽省高级人民法院民事裁定书，(2019)皖民终536号。

有限公司与华飞彩色显示系统有限公司管理人管理人责任纠纷再审申请案”中,①最高人民法院认为,管理人未勤勉尽责,忠实执行职务的判断标准应当限定于管理人有故意或者重大过失的范围内,即必须有充分证据证明管理人在履行职务过程中因故意或重大过失造成破产财产损失时,才可追究管理人的民事赔偿责任。

八、破产犯罪

《企业破产法》第131条规定:“违反本法规定,构成犯罪的,依法追究刑事责任。”

本条规定了破产犯罪的刑事责任问题,具体应当根据《刑法》和有关司法解释的规定,按照相应的罪名追究责任。例如,《刑法》第162条规定的妨碍清算罪,隐匿、故意销毁会计凭证、会计账簿、财务会计报告罪,虚假破产罪;第313条规定的拒不执行判决、裁定罪;第314条规定的非法处置查封、扣押、冻结的财产罪。

关于破产犯罪的问题,现今各方务要重视。一方面,破产企业本身债务问题源于自身经营层面的犯罪行为,如涉嫌民间集资诈骗罪、非法吸收公众存款罪的P2P公司等,导致破产程序与刑事程序存在交叉适用难题;②另一方面,部分企业通过欺诈破产等方式,实施转移资产,逃避债务的行为。尤其是第二种刑事问题,已经严重伤害了债权人、职工乃至投资者的合法权益。我们此处所说的为第二种,即破产犯罪问题。

破产犯罪的类型多样,犯罪主体绝非债务企业和实际控制人如此脸谱化。暂以“假破产、真逃债”为例,从破产申请受理到重整和解和清算整个过程,此类破产欺诈行为时有发生,司法机关也面临认定和处理上的难题。除了确实资不抵债的情形,有些经济效益还不错的企业往往通过隐匿、转移财产等欺诈手段申请破产并逃债,有时甚至出现债权人为了维权竭力阻止债务人进入破产程序的怪象,法律权威和程序价

① 参见最高人民法院民事裁定书,(2014)民申字第827号。

② 参见张杜超、郭璐璐:《债务重组》,中信出版集团2020年版,第80页。

值被严重削弱。①

尽管《破审纪要》等法律法规将债务人巨额财产去向不明、恶意逃债和债权人不正当竞争等情形规定为破产立案的障碍事由，旨在严把破产受理关，从制度上防止滥用破产程序逃债或不正当竞争等恶意破产行为。对于已经受理了破产清算申请但借破产程序逃废债务的非诚信企业，撤销和否定其不当处置财产的行为，使其借破产逃废债务的目的落空。这一遏制破产逃债行为的思路虽属对症下药，加强了对破产欺诈的法律规制力度，但实施效果仍有很大的提升空间。

① 参见张勇、李静怡：《破产欺诈的法律规制：以类型化为视角》，载微信公众号“破产法快讯”2022 年 7 月 24 日，https://mp.weixin.qq.com/s/vkyin4alieLid8LrnfWhIg。